經義考新校

十

卷二六九～卷三〇〇

擬經　承師　刊石　書壁

鏤板　著録　通説

[清]朱彝尊　撰

林慶彰　蔣秋華　楊晉龍　馮曉庭　主編

經義考卷二百六十九

擬經二

宋氏衷**注太玄經**

隋志：「九卷。」

未見。

按：新唐書藝文志有宋仲孚太玄經注十二卷，考隋書及舊唐書經籍志俱無之，疑即宋仲子注書，「子」爲「孚」，因譌「孚」爾。第卷帙不符，未可臆決。

王氏肅**太玄經注**

七録：「七卷。」

佚。

魏志：「肅年十八，從宋忠讀太玄，而更爲之解。」

陸氏績太玄經注

隋志：「十卷。」唐志：「十二卷。」

未見。

績自述曰：「昔嘗見同郡鄒邠，字伯岐，與邑人書，歎揚子雲所述太玄，連推求玄本，不能得也。鎮南將軍劉景升遣梁國成奇修好鄙州，奇將玄經自隨，時維幅寫一通，年尚暗稚，甫學書、毛詩，王誼人事，未能深索玄道真，故不爲也。後數年，專精讀之，半歲閒，粗覺其意，於是草創注解，未能也。章陵宋仲子爲作解詁，後奇復銜命尋盟，仲子以所解付奇與安遠將軍彭城張子布，績得覽焉。仲子之思慮，誠爲信篤，然玄道廣遠，淹廢歷載，師讀斷絶，難可一備，故往往有違本錯誤。績智意豈能弘裕？顧聖人有所不知，匹夫誤有所達，竊緣先王詢於芻蕘之義，故遂卒有所述，就以仲解爲本①，其合於道者，因仍其説，其失者，因釋而正之。所以不復爲一解，欲令學者瞻覽彼此，論其曲直，故合聯之耳。夫玄之大義，揲蓍之謂，而仲子失其指歸。休咎之占，靡所取定，雖得文閒異説，大體乖矣。書曰：『若綱在綱，有條而弗紊。』今綱不正，欲弗紊，不可得也。績不敢苟好著作以虚譽也，庶合道真，使玄不爲後世所尤而已。」

① 「就以仲解爲本」，四庫薈要本、文淵閣四庫本作「就以仲子解爲本」。

〔補正〕

自述内「時維幅寫一通」，「維」當作「雖」。「誠爲信篤」，「信」當作「深」。「就以仲解爲本」，「仲」下脱「子」字。「雖得文閒異説」，「異」或作「義」。（卷十一，頁二—三）

虞氏翻**太玄經注**

七録：「十四卷。」

佚。

陸氏凱**太玄經注**

七録：「十三卷。」

佚。

范氏望**太玄經注**

唐志：「十二卷。」通考：「十卷。」①

存。

① 文津閣四庫本無「通考：『十卷』。」等字。

望自序曰：「子雲著玄，桓譚以爲絶倫，張衡以擬五經，非諸子之傳也。自侯芭受業之後，希有傳者。建安中，宋衷、陸績各以淵通之才，窮核道真，爲十篇解釋之。文字繁猥，今以陸爲本，録宋所長，訓理其義，爲十卷。」

〔補正〕

望自序内「非諸子之傳也」，「傳」當作「儔」。（卷十一，頁三）

晁公武曰：「吴范望叔明注，以首分居本經之上，以測散處贊辭之下，其前又有陸績序，以子雲爲聖人云。」

蔡氏文邵**太玄經注**

隋志：「十卷。」

佚。

員氏俶**太玄幽贊**

十卷。

佚。

唐書注：「開元四年，京兆府童子進書，召試及第，授散官文學直弘文館。」

王應麟曰：「開元四年，京兆童子員俶進太玄幽贊十卷，紫微省召試賦頌及第。」

王氏涯太玄經注

通志：「六卷。」

佚。

說玄

通志：「一卷。」

存。闕。

〔補正〕

案：今萬玉堂刻本有之，並不闕。（卷十一，頁三）

王讜曰：「王相涯注太玄，嘗取以卜，自言所中多於易筮。」

晁公武曰：「唐王涯廣津撰，涯始以貞元丙子，終於元和己丑二十六年間，注太玄爲六卷，今不之見，獨說玄行於世，凡五篇：明宗一、立例二、揲法三、占法四、辨首五。」

李燾曰：「自晉范望而後，爲玄學者無聞，而涯獨能名家，諸儒共宗之。涯别有經注六卷行於世，說玄特其大略耳。揲法所稱并芀之後，便多數之，不中分，蓋誤也。若爾則終不成七八之數，當云又中分其餘，而三數之，但不復掛一。然本都如此，今姑存其舊，使觀者自擇焉。」

王應麟曰：「前世多詆太玄，自王涯著說，發明淵奥，其學遂盛。」

按：鄭氏通志既列涯説玄，又列玄賾，考玄賾即係説玄，徐庸目之云爾，不應重出也。

張氏昜**太玄注**

佚。

南唐書：「張昜，字簡能，元城人，右諫議大夫，判大理寺，改勤政殿學士，判御史臺。注太玄未成，卒。」

杜氏元穎**太玄經傳**

通志：「三卷。」

佚。

范氏諤昌**補正太玄經**

通志：「十卷。」

佚。

林氏瑀**太玄經注**

通志：「十卷。」

佚。

太玄經釋文

通志：「一卷。」

佚。

宋氏惟幹**太玄解**「幹」，通志作「翰」。

通志：「十卷。」

未見。宗旨一篇存。

晁公武曰：「皇朝宋惟幹注。惟幹嘗得太玄古本於昭應。咸平中，知滑臺，取宋衷、陸績、范望三家訓解別爲之注，仍作太玄宗旨兩篇附於後，其學蓋師濟東田告，司馬温公所謂小宋者也。」

王應麟曰：「景德元年五月，直昭文館宋惟幹上太玄新注十卷，付史館。」

章氏詧**太玄經講疏**

通志：「四十六卷。」通考注：「十四卷，疏三十卷。」

佚。

太玄經發隱

通志：「三卷。」

未見。

太玄圖

一卷。

佚。

蘇軾曰：「詧本閩人，遷於蜀者數世，遂爲成都人。」

晁公武曰：「皇朝章詧撰。嘉祐中，成都帥蔣棠①獻其書於朝，詔書褒寵，賜號沖退處士。實録：詧字隱之，雙流人，通經術、善屬文，性恬淡，屏居林泉，以養生治氣爲事。」

李燾曰：「其説以范望爲宗，望所否者輒改正之。大抵玄之吉凶專在晝夜，而子雲之辭或奇奥難曉，諸家往往迷誤，指凶爲吉，違背經義。詧獨以晝夜訂其辭，於吉凶無所差，比諸家誠最優焉。詧，成都人，字隱之，博通五經，尤長於易、太玄。王素、趙抃守蜀，皆賓禮之，賜號沖退，素所請也。詧將死，其鄉人夢詧以小童自隨，投謁告别，曰：『此閒囂塵，非修行地，吾歸閬苑矣。』詧蓋明術數得道者。」又

① 「蔣棠」，文淵閣四庫本作「蔣堂」。

曰：「箸有太玄講疏四十九卷，其説甚備，發隱之作蓋在講疏以前，其大略可見矣。下篇所稱王莽旦筮，遇干之一、五、七，乃宋衷、陸績舊注，本寓言也。而箸謂宋、陸皆居漢世，去揚雄未遠，必得之傳聞，故因用之，要恐非實耳。然亦不害學者，觀其意焉可也。」

〔補正〕

李燾條内「尤長于易、太元」，「易」下脱「與」字。（卷十一，頁三）

長編：「至和元年十二月，以益州布衣章箸爲本州助教。箸通經術，尤深於太玄，著發隱三篇，講疏四十五卷，田況上其發隱，特録之，箸辭不拜。嘉祐四年十一月，賜號沖退處士。」

玉海：「皇祐五年閏七月，章箸上太玄經發隱三篇，又太玄圖一卷，慶曆中撰發隱，始序雄出處本末、著玄之意，中陳準易造玄之法，末論玄之妙以適變通。」

宋氏咸**太玄音**

一卷。

佚。

徐氏庸**太玄經解**紹興闕書目作「釋文」。

通考：「十卷。」

未見。

晁公武曰：「皇朝徐庸注。庸，慶曆間人也。以范望解指義不的，因王涯、林氏諸解，重爲之注。取王涯説玄附於後，目爲玄賾，通名之爲太玄性總。其自序云爾。又多改其文字，如以杚爲仡，以姽爲妮，以牡凡爲札乃，以半爲手，以孌爲孌，以稚①爲推之類。其所謂林氏者，瑀也。賈文元嘗闢瑀之妄於朝。」

郭氏元亨**太玄經疏**

通志：「十八卷。」

佚。

晁公武曰：「皇朝郭元亨撰。元亨序云：『昔揚雄作玄，傳之侯芭，後獨有張衡、桓譚、張華見而稱嘆。吴郡鄒伯岐求本不能得，宋衷爲訓解，陸績爲注解，范叔明、王涯亦注之，皆未明白。元亨在蜀，自淳化末迄於祥符八年，凡三十年，撰成今疏。』又云：『太虛潤色於君平，未知何書也。』」通考經籍志作「太玄潤色於君平」，未知何所據而言然。

李燾曰：「其疏專主范望，雖講論極詳，然於望本注無所增益也。元亨自謂得歸於蜀，而不著其師之名氏，蜀人蓋多玄學，疑嚴、揚所傳，固自不絶，但潛伏退避，非遇其人，則鮮有顯者耳。元亨之本末亦未詳。」

①「稚」，文淵閣四庫本作「雅」。

陳氏漸演玄

通志：「十卷。」國史志：「七卷。」

佚。

宋史：「漸，字鴻漸，少以文學知名於蜀。淳化中，與其父堯封皆以進士試廷中。太宗擢漸第，輒辭不就，願擢其父，許之。至咸平初，漸始仕爲天水縣尉。時學者罕通揚雄太玄經，漸獨好之，著書十五篇，號演玄，奏之，召試學士院，授儀州軍事推官，後耀州節度推官①。」

〔補正〕

宋史條内「後耀州節度推官」，「後」下脱「遷」字。（卷十一，頁三）

晁公武曰：「皇朝陳漸撰。漸，堯佐之族子②也，國史有傳。凡十四篇。漸謂：史以揚雄非聖人而作經，猶吴、楚僭王；按子雲法言、解嘲止云『太玄』，然則經非其自稱，弟子侯芭之徒尊之耳。」

王應麟曰：「國史漸傳：著書十五篇，號演玄，奏之。演玄本十卷，其間多言星曆，自焚三卷，所存七卷者，有玄統、述策、紀鷸、鍵略各一篇，彈誤二篇、玄圖一篇、玄箱一篇、字纂十六篇。」

---

① 「後耀州節度推官」，四庫諸本「後」下有「遷」字。

② 「族子」，文津閣四庫本作「倣子」。

孔氏旼**太玄圖**

一卷。

佚。

長編：「慶曆七年八月，賜汝州龍興縣處士孔旼粟帛。旼，孔子四十六代孫，隱居縣之龍山滍陽城。晚年惟玩易、老，爲太玄圖。張壁上，外列方、州、部、家，而規其中心空之，無所書，曰：『易所謂寂然不動者，與此無以異也。』」

張氏揆**太玄經集解**

通考：「一卷。」

〔補正〕

按：晁氏讀書志及通考俱作「太元經淵旨」。（卷十一，頁三）

佚。

宋史：「張揆，字貫之，齊州人，擢進士第，歷大理寺丞，以疾解官。十年不出户，讀易，因通揚雄太玄經，上集解數萬言，召對邇英閣，擢天章閣待制，累遷翰林侍讀學士。」

長編：「慶曆七年九月，以工部郎中集賢殿修撰張揆爲天章閣待制①兼侍讀學士。揆上所著太玄集解，召見延和殿，令揲蓍，得斷首，具言斷首準易之夬卦，蓋陽剛以決陰柔，君子進、小人退之象也。帝悦，故有是命。」

玉海：「皇祐四年九月，丁度上張修撰寫太玄經。」

張氏齊**太玄正義統論**

一卷。

佚。

釋文玄説

二卷。

佚。

許氏洞**演玄**

十卷。

① 「待制」，文津閣四庫本誤作「侍制」。

佚。

王應麟曰：「許洞演玄十卷，其説分三紀、二體。上紀甲首丙尾，日月迭居以辨數。中紀丙首戊尾，男女異政以辨位。下紀庚首癸尾，山川沖氣以辨德。二體曰範、曰緯。」

王氏鴻**太玄經注**

佚。

江西通志：「王鴻，字翼道，雩都人。皇祐中，試南宫不第，幡然歸隱，目其山曰峿山，巖曰需巖。嘗注太玄經，時周濂溪倅郡，鴻亦在講，郡守劉彝請掌郡教，不就。」

師氏望**玄鑒**

十卷。

佚。

馮氏元**太玄音訓**

通志：「一卷。」

佚。

宋史：「馮元，字道宗，七歲讀易，母夜夢異人以紺蓮花與元吞之，且曰：『善讀此，後必貴顯。』真宗試進士殿中，召元講易，直龍圖閣詔預内翰①。天禧初，數入講易於宣和門北閤，官至户部侍郎。元且老，率三日一誦易。卒贈尚書，謚章靖。」

〔補正〕

宋史條内「詔預内翰」，「翰」當作「朝」。（卷十一，頁三）

吴氏祕**太玄經注**

佚。

太玄音義

佚。

長編：「嘉祐二年十一月，司封員外郎吴祕上所注太玄經及音義，降勑獎諭。」

陳振孫曰：「太玄釋文一卷，相傳自侯芭、虞翻、宋衷、陸績互相增損，非後人所作也。吴祕嘗作音義，豈即此耶？」

① 「翰」，四庫薈要本、文淵閣四庫本作「朝」。

蘇氏洵**太玄論**

一卷。

存。

邵子雍**太玄準易圖**

未見。

雍自序曰：「夫玄之於易，猶地之於天也。天主太極①，而地總元氣，元氣轉而爲三統在元，則謂之三元。三元轉而爲九州，九州轉而爲二十七部，二十七部轉而爲八十一首，首有九贊，贊分晝夜，而剛柔之用見矣。故玄之贊七百二十九而有奇，以應三百六旬有六日之度，蓋本出於元氣而作者也。太極生兩儀，兩儀生四象，四象生八卦，八卦因而重之爲六十四，故易有乾、坎、艮、震、巽、離、坤、兑八卦以司八節，又以坎、離、震、兑四正之卦二十四爻以司二十四氣，以復、臨、泰、大壯、夬、乾、姤、遯、否、觀、剥、坤十有二卦以司七十二候。節也，氣也，候也，既各有統矣，然周天之度未見其所司也，於是又去四正之卦，分取六十卦，引而伸之，爲三百六十爻，各司其日，則周天三百六十度，而寒暑進退之道，陰陽之運備矣，蓋本乎太極而作者也。由是觀之，則天地各有生成之數，而相爲表裏之用，故天數西行，上

①「太極」，備要本作「大極」。

承而左轉者，在地之元氣也；地數東行，下順而右運者，在天之太極也。太極運三辰五星於上，元氣轉三統五行於下，此所謂成變化而行鬼神者也。所謂玄之於易，猶地之於天者，如斯而已，準而作之，不亦宜乎。若夫分天度、列次舍、序氣候、明卦爻、冠首贊，位列八重，先以夜贊布諸外，然後畫贊首位爻象候卦氣卦宮分度數次諸內，復會於辰極，而玄、易顯仁藏用之道，循乎數者可見矣。是故始於上元甲子天正朔旦日纏①牛宿之初，後四千六百一十七年復會於太初之上元者，玄之贊也；自上元甲寅青龍之首氣起未濟之九四，後三萬一千九百二十年復會於太極之上元者，易之爻也。原始要終，究其所窮，則體用雖殊，其歸一而已矣。」

按：是序載元吳草廬支言，然晁以道嵩山集即載之，當屬康節之作。

司馬氏光**太玄經集注**

通考：「十卷。」

存。

光自序曰：「漢五業主事宋衷始爲玄作解詁，吳鬱林太守陸績作釋文，晉尚書郎范望作解贊，唐門下侍郎平章事王涯注經及首、測，宋興都官郎中直昭文館宋惟幹通爲之注，秦州天水尉陳漸作演玄，司封員外郎吳祕作音義。慶曆中，光始得太玄而讀之，作讀玄，自是求訪此數書皆得之，又作説玄。疲精

①「纏」，四庫諸本作「躔」。

勞神三十餘年，訖不能造其藩籬，以其用心之久，棄之似可惜，乃依法言爲之集注，誠不知量，庶幾來者或有取焉。其直云宋者，仲子也；云小宋者，昭文郎中也。」

晁公武曰：「司馬光君實集漢宋衷解詁、吴陸績釋文、晉范望解贊、唐王涯注經及首測、宋惟幹通注、陳漸演玄、吴祕音義七家爲此書。自慶曆至元豐，凡三十年始成。」

陳振孫曰：「集取宋衷以下七家之説，而斷之以己意。」

張岳序曰：「揚子太玄自司馬氏注出，而諸家之説可廢，然好之者故少，今之學者豈惟不好，縱有精力，亦不暇及，故歲久而訛脱愈甚。予始得是書，愛其文字奇古，又愛司馬氏以其所自得之義理説玄，明暢詳盡，因并讀之，患無善本可以讐校。丙戌冬，使過廣信，郡守張侯景周方圖刻玄，乃出予本與張本參校之，得其訛謬可正者數處，而闕其疑。序之曰：『子雲之爲是書，將以擬易也。夫易於天地萬物之理賾矣，豈待别有一言與之並行，而能有所發明哉。自先天之學不傳，吾夫子贊易僅存其辭於大傳中，而世之爲丁、何、焦、京學者，方蔽於傳注，拘於術數，莫有能察其所由然者也。子雲博極群籍，又好深湛之思，其於天地之運、陰陽二氣之往來，蓋見其機緘之不容已者。於是考之於律，則十二管相生之氣應；參之於曆，則四時分至之候驗；測之以乾象，則日月五緯之度合；獨反而求之於易，不得其説，乃以爲四聖亦有未備，必待己而後明也。於是奮而爲玄，其數肇於一、參於三、成於九，而極於八十一。一者，陽之數也，積陽之極輕清而運於上者爲天，故八十一首以象周天之體，太陰五緯俱麗乎天者也，遲留伏逆，參差不齊，惟日一日一度，無有餘欠。日法既定，則太陰五緯所躔之度皆可考，故爲七百二十九贊，以象日行一歲周天之度。氣始於冬至，辰始於子，律始於黃鍾，宿度始於牽牛，而疏布其節候分秒於八十一首、七百二十九贊之中，終始迭運而不窮，與先天氣運之序，真有相合者，而不知易已有之，以爲待己而後明，則是於易學之未深矣。或謂子雲善於模倣，是書倣太初曆及京房卦氣。夫太初，漢人本曆，自當用之；房之書，惟互換卦序，分卦直日及四正①六爻各主一氣，爲牽合無取，若其十二辟卦次第，雖羲、文未之及也，特房用之異耳。子雲玄首專言陰陽消息，而深致意於盛衰勝負之際，至於贊辭所斷吉凶，又直以義理人事得失爲言，不雜乎占驗小數，此其意正與房反。自劉向父子號爲精達陰陽，視子雲不知何如，而豈京氏之所敢擬哉。故予嘗謂子雲是書，雖不得先天之數與象，而得其意。其他得失，先儒之論已辨，學者擇之可也。或曰：象數亦有二乎？曰：有理則有氣，有象則有數，盈天地間皆象也。因象起數，皆可顯造化之體，惟其所起有偏全，故其顯於是者時有不神耳。譬之萬物，皆得造化之氣以生，而有正者、偏者、通者、塞者，謂偏且塞者造化之氣不在是，不可也。易之與玄，以是求之，斯得矣。』」

程氏賁**太玄經手音**或作義訓。

通志：「一卷。」

佚。

①「四正」，文津閣四庫本作「四方」。

黄休復曰：「賁，字季長，自號邱①園子，江陽人。」

林氏共**太玄圖**

通志：「一卷。」

佚。

玄圖發微

通志：「三卷。」

佚。

孫氏胄**太玄正義**

通志：「一卷。」

佚。

太玄叩鍵

通志：「一卷。」

---

① 「邱」，四庫薈要本、文淵閣四庫本作「丘」。

佚。

張氏行成**翼玄**

十二卷。

未見。

〔四庫總目〕

朱彝尊經義考注云未見，今檢永樂大典尚載其本，然太元已贅，翼更蛇之足矣。（卷一百十，頁二，翼元十二卷提要）

〔校記〕

四庫存目著録。（擬經，頁六九）

李氏泝**太玄集解義訣**

十卷。

佚。

王應麟曰：「集宋、陸、范、王，并撰筮法、占法，又爲圖并雜記①，總十五篇。」

---

① 「雜記」，四庫薈要本、文淵閣四庫本作「雜説」。

〔補正〕

王應麟條内「并雜記總十五篇」，「記」當作「説」。（卷十一，頁三二）

晁氏説之易玄星紀譜

存。

通考：「二卷。」

説之自序曰：「説之在嵩山，得温公太玄集解讀之，益知揚子雲初爲文王易而作玄，姑託基於高辛及太初二曆，此二曆之斗分强弱，不可下通於今，亦無足議。温公又本諸太初曆而作玄曆，其用意加勤矣，然簡略難明。繼而得康節先生玄圖，布星辰，辨氣候，分晝夜，而易、玄相參於中，爲極悉矣。復患其傳寫駢委易亂，歲月斯久，莫知其躅，手欲釋而意不置，乃朝維夜思，取曆於圖，合而譜之。於是知子雲以首準卦，非出於其私意，蓋有星候爲之機括，不得不然。古今諸儒之失則多矣：如羨準小過，而以準臨則失之，是時水澤腹堅，已終於臨上六，而小過初六用事矣。或者以羨準解，尤非是。夷準豫，而以準大壯則失之，是時始電，終於大壯上六，而豫初六用事矣。應準咸而非離，沈準觀而非兑，惟震、離、兑、坎是謂四正卦，易所不用，則玄亦無所準矣。且玄既不準坎、震，而乃獨準離、兑邪？永準同人而非恒，先此涼風至，常已準恒，繼之以白露降，度乃準節，今永當寒蟬鳴，則準同人，豈可汩亂後先，乃復準恒於後邪？疑準賁而非巽，蓋鴻鴈來而翕準巽，玄鳥歸而聚準萃，群鳥養羞而積準大畜，雷乃收聲而飾準賁矣。疑當蟄蟲培户，則又可汩亂後先，乃復準巽邪？或者以疑準震，尤非是。此難與諸家口舌辨，而按譜以視之，則彼自屈矣，此譜之所以作也。晬準乾而在地中，則無當於乾；沈準觀而在人中①，則無當於觀；守再準否，而無當於否；馴準坤而星窮候盡，則無當於坤；將準未濟，而析木之已終，星紀之未見，則火不能降以濟水，水不能升以濟火，此玄又以明易之陰陽、進退、盈虛之幾②者也。惟坤既無當於卦，則無當於爻，以示爲用者八十，而一則虛也。虛一者，即虛五也。易天地五十五之數，與夫大衍四十九之數、復七日之數，其所以虛而無用者，坤以藏之也。陰虛無用，而運行無疆，陽則始終變化而不息，故彊準乾而爲冬至之終，晬又再準乾而爲夏至之始，與馴之準坤者不同也。易乾坤之闢闔乃著。易以頤、中孚爲一氣，玄則始之於中，終之於養，通而候之，則養退乎一日，中進乎一日，易之歲功乃建。中先乎周，以明中孚之生復，迎先乎遇，以明咸之生姤，易之月紀乃正。易三百八十四爻以直日而夜藏其用，玄之用百二十九贊③則各分晝夜而用事，易之日法乃全。曰中、曰更、曰減，是謂三玄，而三易之相盪乃不誣。凡此之類，若玄之異乎易者，而於易則深研幾之功則大矣。如養爲陽而中不爲陰，狩④爲金而羨不爲土之類，則又若玄之自相詭異者，然變化之微於是乎在。學者按譜以視之，則皆易了矣。圖、曆所用斗分，自有強弱，不能

① 「中」，文津閣四庫本誤作「卜」。
② 「幾」，文津閣四庫本誤作「機」。
③ 「百二十九贊」，應依補正、四庫諸本作「七百二十九贊」。
④ 「狩」，「疏」之異體字，備要本誤作「狩」。

同，并古今諸家異同之説，悉以著之，學者可自考焉。顧僕之愚，何足以與①此，然用意專而私竊好之，以俟將來之知易者。嗚呼，苟不明乎易，則亦無以玄爲；而不通乎玄者，則又乃徒爲易也，可不勉諸！今之學者，知尚其辭耳，而莫知其辭之所自來，寧顧此耶！或曰：歐陽公不讀玄，而於易何如？曰：子非歐陽公，奈何？大觀四年庚寅，甬江官舍。」

〔補正〕

自序内「其用元之用百二十九」，「之用」二字當作「七」。（卷十一，頁三）

晁公武曰：「從父詹事公撰。以温公玄曆及邵康節太玄準易圖合而譜之，以見揚雄以首準卦非出私意，蓋有星候爲之機括，且辨正古今諸儒之失，如羡不當準臨，夷不當準大壯之類，凡此難與諸家口舌争，觀譜則彼自屈矣。此譜玄所以作也。」

曾氏元忠**太玄經解**

佚。

許氏翰**玄解**

通考：「四卷。」

① 「與」，文津閣四庫本作「語」。

佚。

玄曆

通考：「一卷。」

佚。

陳振孫曰：「右丞襄陵許翰崧老撰。所解十一篇，通温公注爲十卷，倣韓康伯注繫辭合王弼爲全書之例也。大抵玄首如彖，贊如爻，測如象，文如文言，攡、瑩、掜、告如繫辭，數如説卦，衝如序卦，錯如雜卦之類。其於易也，規規然擬之勤矣。太玄曆者，亦翰所傳，云温公手録，不著何人作。」

胡氏次和**太玄集注**

十二卷。

未見。

太玄索隱

四卷。

未見。

張萱曰：「宋慶元間江源胡次和撰。第十一卷，唐相王涯説玄五篇，宋司馬光讀玄、説玄、太虚曆；第十二卷，易玄星紀譜皆附焉。」

林氏希逸**太玄精語**

三卷。

存。載膚齋十一稿

希逸序曰：「子雲作太玄以擬易，昔人以爲僭，惟韓退之屢稱之。至我朝康節、司馬公、老泉卻喜其書。康節用其數，老泉論其書，司馬公爲之注，獨東坡乃謂以艱深之辭，文淺近之說。但子雲之辭雖非易比，然亦豈易能哉？今取其語之精者，表而出之，亦略爲解釋，使讀者易曉，庶有意於古書者，不以坡老一言而忽之也。」

吴氏霞舉**太玄圖説**

十卷。

佚。

釋全瑩**太玄略例**

一卷。

佚。

佚。

趙氏秉文箋太玄贊

秉文自序曰：「太玄何爲者也？將以發明大易而羽翼之者也。易有八物，而五行萬事在其中，玄則列之以三才，本之以五行，表之以陰陽，推之以律曆，而天下萬事之理具，要其歸爲仁義而作也。卦用八、蓍用七，玄則首用九、蓍用六，互彰之也。易有道數象義，説易者言道義則遺象數，言象數則遺道義，玄實兼之，其於聖經不爲無助。昔人譏屋下架屋，不猶愈於章句一偏之學乎？後之言數術者，孰與張平子？以平子不敢輕議太玄，而後儒非之，恐幾率易。顧僕何從以知太玄，姑以范注之小誤，以證本經之不誤。范注以九首次九陽家陽畫，至十首羡之初一，又爲陽家陽畫，則晝多於夜，禍福殽亂，故其説時有不通，王氏已辨之矣。揲法一扐之後而數其餘，王氏依之，注本作兩扐，非經誤也。經云：『旦筮用經，夕筮用緯。』舊注以旦用一五七，夕用三四八，日中、夜中用二六九，蘇氏攻之，以爲中夕筮吉凶雜，至旦筮非大吉則大凶，是吉凶雜，終不可得而遇也。揚子大賢，擬聖而作，不應筮法尚誤，此殆歲久失其傳也。及考玄數，五爲中央，注土行所在，經緯雜用，旦筮有三表：一二三一表也，四五六一表也，七八九一表也。表取其一以爲占，旦筮用一與七，皆取其初遇，至於四爲緯，五則經緯雜，無已則用六矣。一六七吉凶雜，與日中、夜中、夕筮同況，晬首一六七皆吉，而唫首一六七皆凶，亦有時而純吉純凶矣。恐旦筮當用一六七，夕筮用三四八，日中、夜中用二五九，二爲經、九爲緯，五雜用之也。筮有四：

星、時、數、辭。注：星若於一度也，時謂旦中夕也，數謂首數之奇耦，辭皆同，若九贊之辭也①。時若旦筮遇陽家，其數自奇，辭自多吉，是時、數、辭皆同。何以别之？竊意星若二十八宿是也，又有四方之宿，各分配日月五星，數有干支之數、律曆之數、玄算之數，與筴數雜用之，此揚子所以知漢二百載而中天，平子所以知漢四百載，玄其興乎之驗也。其然，豈其然乎。玄有文、告等十一篇，道義象數之學，宋、陸二注及王氏辨之詳矣，茲不復云。獨首贊與晝夜不合，及首贊之辭與首之名義，亦如六十四卦與卦義當相合，如同人、睽六爻皆言同人、睽之類是也。而注閒有不悟，輒以他義釋之，恐有未安，理當釐正，使贊與首名義相合，庶幾粗明玄經之萬一。僕亦未能審於是非，姑録備遺忘，以爲學玄之階耳，俟得前人之注，改而正諸。」

葉氏子奇太玄本旨

九卷。

存。

子奇自序曰：「揚子作太玄以擬易，易之用二，而玄之用三。用二，故二其二以爲四，二其四以爲八，二其八以爲十六，二其十六以爲三十二，二其三十二以爲六十四也。用三，故三其三以爲九，三其九以爲二十七，三其二十七以爲八十一也。易凡六重之，故其爻六；玄凡四重之，故其位四。易畫自

①「辭皆同，若九贊之辭也」，四庫諸本、備要本作「辭若九贊之辭也」，同趙秉文滏水集原文。

下而上，自前而後，以☰①乾一、☱兑二、☲離三、☳震四、☴巽五、☵坎六、☶艮七、☷坤八。八卦，一貞八悔而互重之，故其究爲六十四卦；玄畫②則自上而下，自内而外，以⚌一方一州、⚍一方二州、𝌁一方三州、⚎二方一州、⚏二方二州、𝌂二方三州、𝌃三方一州、𝌄三方二州、𝌅三方三州。九首，三部三家而互重之，故其究爲八十一首，此易、玄取用不同之效也。易立天地人之道，曰陰陽、剛柔、仁義，故其畫不過於一奇一耦之兩端。玄立天地人之道，曰始中終、思福禍、下中上，故其畫遂有𝌆一方一州一部③一家、𝌮二方二州二部二家、𝍖三方三州三部三家之三體。蓋易以兩之，玄以參之也。易自復至乾爲陽，自姤至坤爲陰，此二至陰始陽生之機也。玄自中至法爲陽，自應至養爲陰，此亦二至陰始陽生之候也。復之初九、姤之初六當二至晝夜子午之半；中之次六、應之次六亦當二至晝夜子午之半，此則易之與玄應天之運也。易則一正一反，對待而爲序；玄則跌陰跌陽，交錯而分家。易則爻多而卦少，由其晝④止偶；玄則位少而首多，由其晝至三。至於遡流而窮源，自象而推理，則易有太極，玄則有玄也。是則用雖不同，而所同者體；數雖不同，而所同者理也。此則易之與玄可以類推而通者也。雖然，易之儀、象、卦、數，布置錯綜，與天地造化無不合，由其理出於自然，此所以爲聖人之學。玄之方、州、部、家，分綴附會，求律曆節候而強其合，由其智出於臆見，此所以爲賢人之術。易之立象命名，莫不有義，如乾之六陽，健莫如也，故以名乾；坤之六

---

① 從「☰」以下之卦象，文淵閣四庫本皆無。僅有文字敘述；「☰」，文津閣四庫本作「⚍」。
② 「玄畫」，文淵閣四庫本脱「玄」字。
③ 「一州一部」，文淵閣、文津閣四庫本作「一部一州」。
④ 「晝」，應作「畫」。

陰，順莫如也，故以名坤；天地交而爲泰，天地隔而爲否；一陽來而爲復，一陰生而爲姤；五陽決一陰而爲夬，五陰剥一陽而爲剥，以至六十四卦，莫不皆然。我不知玄之爲中、爲周、爲礥、爲閑，以至八十一首，其於四畫之位，果何所見以取象命名乎？此求而未通者一也。夫卦與首既不同，爻與位亦有異，徒擬中於中孚，擬周爲復，擬礥、閑爲屯，吾不知何中之虚、何陽之復、何剛柔始交而難生？初無其義，此求而未通者二也。夫易爻以立卦，辭以明爻，故爻有六而辭亦六；今玄畫有四，而贊辭反九，是上無所明，下無所屬。首自首而贊自贊，本末二致，此求而未通者三也。易畫自下而上，故爻辭亦自下而上；玄畫自上而下，而贊辭乃自下而上，上下背馳，此求而未通者四也。易名陽爻以九，陰爻以六；今玄雖列九贊，但以次言之，初無指名，此求而未通者五也。易之爻位吉凶，推之以才德、時象之變，錯之以中正、剛柔之位，故可吉可凶，其法變動而不拘。今玄例以陽家一三五七九爲晝，措辭吉；二四六八爲夜，措辭凶。陰家二四六八爲晝，措辭吉；一三五七九爲夜，措辭凶。自始至終，一定不移其法，膠固而無變，此求而未通者六也。聖人之於易，雖未嘗不致其扶陽抑陰之義，然陰陽者，造化之本，不可相無，聖人於其不可相無者，則以健順仁義之屬明之，雖其消息之際，有淑慝之分，固未始以陽全吉，而陰全凶也。今玄例以晝吉、夜凶，陰禍、陽福，恐亦未足以盡聖人之微旨，此求而未通者七也。聖人仰觀俯察，見天地之間，不過陰陽兩端而已，因畫一奇以象陽，畫一耦以象陰，奇耦之上，復加一陰一陽，馴而至於六十四卦、三百八十四爻，其餘歲數雖不求其盡合，而自無不合。今玄首畫既不同，别立九贊，以兩贊當一日，凡七百二十九贊，當一歲三百六十四日半，外立踦、嬴二贊以當氣盈朔虚，雖於歲數盡合，蓋亦模倣於曆以附會焉，初未見其必然，恐彌綸天地之經，殆不如此，此求而未通者八也。故朱子曰：『太玄亦是拙的工夫。』豈不以此乎？雖然，不究六經之旨，無以見諸子之缺；不觀諸子之缺，無以見六經之全。如玄也，劉歆見謂覆瓿，則已甚之毁；桓譚比之聖人，則過情之譽。要之，雄蓋學聖人之作而未至者也，求之兩漢，又豈多得哉，蓋亦自成其一家之學者也。觀宋、陸舊注尚多舛失，輒不揆而爲之解，雖膚見謏聞，不足以窮玄之藴奥，然於文義之近，亦或庶幾焉。然而雄也擬易於玄，有以傳其學；愚也索玄之旨，未免闕其疑。雖其固陋不能有以知玄，然亦不可謂後世無揚子雲也，今疏其所疑於卷首，尚俟來哲以折衷云。」

葉氏良珮**太玄經集解**

未見。

劉氏瑄**玄幹**

二卷。

未見。

屠氏本畯**太玄闡**

一卷。

未見。

許氏世卿**太玄玄言**

未見。

黄虞稷曰：「世卿，字伯勳，無錫人，萬曆乙酉舉人。」

陳氏梁**太玄經測**

一卷。

存。

亡名氏太玄釋文

一卷。

未見。

〔補正〕

按：此一卷萬玉堂刻本有之。（卷十一，頁四）

陳振孫曰：「相傳自侯芭、虞翻、宋衷、陸績互相增損，非後人所作也。吴祕嘗作音義，豈即此耶。」①

玄測一卷。佚。

太玄事類一卷。佚。

① 本條文淵閣四庫本全缺。

經義考卷二百七十

擬經三

楊氏泉**太玄經**

七録：「十四卷。」

佚。

梁元帝曰：「桓譚有新論，華譚又有新論，揚雄有太玄經，楊泉又有太玄經，或曰：『桓譚有新論，何處復有華譚？揚子但有太玄經，何處復有太玄經也？』皆由不學使之然矣。」

胡應麟曰：「太玄經十四卷，晉楊泉撰。鄭氏通志略作太玄，無『經』字。今馬氏意林所抄，第存百餘言。馬氏注云：『望國楊泉，字德淵。』而不言何時人，鄭藝文略、隋經籍志俱云晉人，惟舊唐書作唐人。然唐人諱『淵』，泉乃字德淵，其爲晉人無疑，舊唐書字誤也。」

按：有金樓子之言，泉非唐人，可不置辨。

王氏長文**通玄經**

四卷。

佚。

晉書：「王長文，字德叡①，廣漢郪人也。少以才學知名而放蕩不羈，州郡辟命皆不就。州辟别駕，乃微服竊出，舉州莫知所之。後於成都市中蹲踞齧胡餅，刺史知其不屈，禮遣之。閉門自守，不交人事。著書四卷，名曰通玄經，有文言、卦象，可用卜筮，時人比之揚雄太玄。同郡馬秀曰：『揚雄作太玄，惟桓譚以爲必傳後世，晚遭陸績，玄道遂明。長文通玄經未遭陸績君出②耳。』成都王穎引爲江源令，梁王肜爲丞相，引爲從事中郎。」

〔補正〕

晉書條内「出耳」當作「山耳」。（卷十一，頁四）

關氏朗**洞極經**

宋志：「五卷。」

① 「叡」，備要本誤作「獻」。

② 「陸績君出」，應依補正、四庫諸本作「陸績、君山」。

未見。

朗序曰：「業儒蓄書積數世矣，自六代祖淵會鼎國之亂，徙家於汾河，所藏之書散逸幾盡，其祕而存者，惟洞極真經而已。六世祖嘗謂家人曰：『洞極真經，聖人之書也。吾後數世當有賢者生，如得其用，功不下於稷、契，儻不時偶，其顏淵之流乎，是經之藴當可明也。』朗幸生其族，得聞遺言於祖父，敢不勉勉以發揚先祖之意乎。因伏讀累年，思以傳次，然而性蒙識泥，不能洞達，聞崆峒山有秝先生者，世之異人也，故往師焉。至之幾歲，孜孜焉，未嘗敢廢弟子之禮。一日，齋戒盥沐，發卷以請藴，先生乃掩卷而歎曰：『此天地之樞機，聖賢之壼奥也。潛而不傳也久矣，子孰從而得之？』朗具以先祖之言告先生，因爲朗著翼以明其大端，作則以指諸人事，於是洞極之義煥然可詳。朗既得而歸，有頃，聞先生已飛昇矣。嗚呼，聖人之言將假先生而視諸人邪？將不可使下民知之耶？不然，何先生之傳而不留矣。朗以謂天以先生而啓之，而不可以先生盡之，使盡之者，其非朗乎？因以先生之翼、則附於經，又編其遺言爲洞極論，凡十一篇，復作傳以釋其藴，爲圖以序其篇，庶乎來者知洞極之道焉。太和末年正月。」

鄭寅曰：「關朗洞極取揚氏之玄而殺其一畫焉。」

胡一桂曰：「洞極經莫知作者，而元魏關子明之所傳次也。雖無預於易，然序本論述聖人本河圖以畫卦，朱子啓蒙之所援，證其爲極也。又起於洛書之數，以北方一爲生之一，西南二爲育之一，東方三爲資之一，而極有一畫矣。又以東南四爲生之二，中央五爲育之二，西北六爲資之二，而極有二畫矣。又以西方七爲生之三，東北八爲育之三，南方九爲資之三，而極有三畫矣。每一極演而爲九，三九二十七而極終，亦猶近世蔡氏皇極内篇演洛書之數，至於九九八十一也。」

雷思齊曰：「楊次公自著洞極經，託名於關子明。」

按：洞極之書，隋、唐志不載，宋藝文志有之，度亦僞撰。凡二十七象，曰生、曰萌、曰息、曰華、曰茂、曰止、曰安、曰燠、曰實，言乎天也。曰資、曰用、曰達、曰興、曰斎、曰悖、曰静、曰平、曰序，言乎人也。曰育、曰和、曰塞、曰作、曰焕、曰幾、曰抑、曰冥、曰通，言乎地也。

衛氏元嵩元包

唐志：「十卷。」

〔校記〕

四庫本作五卷。（擬經，頁六九）

存。

李江序曰：「包之爲書也，廣大含弘，三才悉備。言乎天道，有日月焉，有雷雨焉；言乎地道，有山澤焉，有水火焉；言乎人道，有君臣焉，有父子焉；理國、埋家，爲政之尤者。昔文質更變，篇題各異，夏曰連山，殷曰歸藏，周曰周易，而唐謂之元包，其實一也。包者，藏也，言善惡、是非、吉凶、得失，皆藏乎其書也。觀乎囊括萬有，籠罩八紘，執陶鑄之鍵，啓乾坤之扃，孕覆育載，通幽洞冥，窮天人之祕，研造化之精，推興亡之理，察禍福之萌，與鬼神齊奥，將日月並明。謂六五經而四三易，雖太玄莫與之京，蓋然文字奇詭，音義譎怪，紛而不釋，隱而不明者，得非遭於離亂與？易曰：『作易者，其有憂患乎？』蓋所謂憂亂世而患小人也，故其辭危，衛先生近之矣。祕書少監武功蘇源明洗心澄思，爲之修傳，解紛以釋之，索隱以明之，帝王之道，昭然著見，有以見理亂之兆，有以見成敗之端。江考於訓詁，耽於講習，輒演玄義，庶傳於學者焉。」

釋道宣曰：「衛元嵩，本河東人，遠祖從宦，遂家於蜀。梁末爲僧，佯狂浪蕩。周氏平蜀，因爾入關，天和二年嘗上書。」

楊楫序曰：「大觀庚寅夏六月，予被命來宰兹邑，莅官之三日，恭謁衛先生祠，顧瞻廟貌，覽古石刻，先生實高士也。既而邑之前進士張昇景初攜元包見遺曰：是經先生所作也。自後周歷隋、唐，迄今五百餘載，世莫得聞。頃因楊公元素内翰傳祕閣本，俾鏤版以貽諸同志，然妙用所寄，奇字居多，大率類揚雄準易，非深於道者有不能知。予觀斯文，竊謂易之興也，伏羲畫卦，文王重爻，孔子作翼，更三聖人而後備，故曰：『加我數年，五十以學易，可以無大過矣。』包之爲書，其學易之至者與！辭簡義奥，殆未可以象數盡也。唐蘇源明、李江爲之傳注，作經之意，思過半矣。非先生之獨知，不能造易之妙，非蘇、李之絶學，不能探元包之旨，苟非其人，道不虛行，豈謂是耶？先生名元嵩，益州成都人。少不事家産，潛心至道，明陰陽曆算，時人鮮知之。獻策後周，賜爵持節蜀郡公，武帝尊禮，不敢臣之。塋域在縣廨東偏，邑人崇奉，至今不絶。先生有傳在北史，恐讀是經者未知其出處之大致，故爲之序。」

張洸跋曰：「右元包經，舊有序云爾。景初即洸之先君子也。家藏此書，常以貽好事者，然字古理奥而難通，好之者鮮。洸來宰臨邛，得同年張公文饒所爲疏義，及邑士韋漢卿校正舊本，隨卦附釋音於下，因并鏤板，合爲一編，庶幾觀者得其門而入焉，則好之矣。」

崇文總目：「元嵩，唐人撰，武功蘇源明傳，趙郡李江注。包以坤爲首，因八純之宫以生變，極於六十四，自繫其辭，言外卦體不列爻位，以謂易首乾尚文，包首坤尚質，夏連山、商歸藏、周易、唐包，其實一也。雖欲馳騁而放言，趨理近止，易家之區鄙云。」

晁公武曰：「元包以坤爲首，因八卦世變爲六十四卦之次，又著運蓍、説源二篇，統言卦體，不列爻位，自云周易、元包一也。」

張行成曰：「衛先生元包，其法合於火珠林，火珠林之用，祖於京房。」

陳振孫曰：「其書以八卦爲八篇首，而一世至歸魂，各附其下，先坤，次乾、兑、艮、離、坎、巽、震。坤曰太陰，乾曰太陽，餘六子有孟仲少之目，每卦之下各爲數語，意僻怪，文險澀，不可深曉也。」

胡一桂曰：「元包祖京房易傳八宫卦，以坤宫八卦爲元包太陰卷一，乾宫八卦爲元包太陽卷二，次兑宫八卦爲少陰，次艮宫八卦爲少陽，次離宫八卦爲中陰，次坎宫八卦爲中陽，次巽宫八卦爲孟陰，次震宫八卦爲孟陽，運蓍第九，説源第十，凡十卷。唐蘇源明傳，李江注。」

王世貞曰：「元包一書，楊元素由祕閣傳本鏤行，而張昇以授楊楫者也。予疑此即元素撰，或張昇撰而託者也，經與傳注若出一人手。」

詹景鳳曰：「元包雖本火珠林，實商易之意，元即歸之反下者，包即藏也，游魂、歸魂，蓋即夫子游魂之言稍變，以代消息兩字耳。」

張氏行成元包數總義

二卷。

存。

行成自序曰：「揚子雲太玄，其法本於易緯卦氣圖，衛先生元包，其法合於火珠林，皆革其誣俗而歸諸雅正者也。伏羲始作八卦，因而重之爲六十四，是名先天，陳希夷所傳先天圖是也。其數有二圓圖者，天也，自一陰一陽各六變爲三十二陰、三十二陽者，運行數也。方圖者，地也，八卦縱横，上下一卦爲主，各變七卦者，生物數也。卦氣圖以六十卦爲主，一爻當一策，所謂乾、坤之策三百六十，當期之日，其於繫辭則序卦之義也，主於運行之用者，天而地之數，故爲天地之大數也。火珠林以八卦爲主，四陰對四陽，所謂天地定位，山澤通氣①，雷風相薄，水火不相射，其於繫辭則説卦之義也，主於生物之用者，地而物之數，故爲人物之小數也。卦氣圖之用，出於孟喜章句；火珠林之用，祖於京房易。末流之弊，雜亂於星官曆翁，其事失之誣，其辭失之俗，故二君以其法爲書而歸之雅正也。太玄日始於寅，義祖連山；元包卦首於坤，義祖歸藏，由是三易世皆有書矣。唐蘇源明作元包傳，李江爲之注，徒言其理，未達其數。夫天下之象生於數，而數生於理，未形之初，因理而有數，因數而有象；既形之後，因象以推數，因數以推理。論理而遺數，譬如作樂而棄音律，造器而舍規矩，雖師曠之聰，工倕之巧，安能無

① 「通氣」，備要本作「通義」。

失哉。僕本爲康節之學，患其難明，乃徧求古之言易者而旁通之，因識元包之旨，不敢自私，輒具述之，以示同好。」

王應麟曰：「乾道中，張行成以蘇源明、李江於元包徒言其理，未達其數，著元包數總義二卷。」

張氏志和太易

唐志：「十五卷。」

佚。

唐書：「張志和著太易十五篇，其卦三百六十五。」

司馬氏光潛虚

通考：「一卷。」

存。

光自題曰：「玄以準易，虚以擬玄，玄且覆瓿，而況虚乎？其棄必矣。然子雲曰：『後世復有揚子雲，必知玄。』吾於子雲雖未能知，固好之矣。安知後世復有司馬君實乎？」

晁公武曰：「皇朝司馬光君實撰。光擬太玄撰此書，以五行爲本，五行相乘爲二十五，兩之得五十。首有氣、體、性、名、行、變、解七圖，然其辭有闕者，蓋未成也。其手寫草稿一通，今在子建姪房。」

朱子曰：「范仲彪炳文家多藏司馬文正公遺墨，嘗示予潛虚别本，則其①所闕之文甚多，問之，云：『温公晚著此書，未竟而薨，故所傳止此。』嘗以手稿屬晁景迂補之，而晁謝不敢也。近見泉州所刻乃無一字之闕，始復驚疑，然讀至數行，乃釋然曰：此贋本也。」

陸游曰：「學者必通易，乃能以其餘緒通玄，玄既通矣，又以其餘及虚，非可以一旦驟得也。」

陳淳曰：「潛虚本爲擬玄而作也，玄之數九，而虚之數十。九者，取三才相乘之數；而十者，取五行生成之數也。温公之自序曰：『萬物皆祖於虚，生於氣，氣以成體，體以受性，性以辨名，名以立行，行以俟命。』故其爲書也，有氣、體、性、名、行、命之别，其意蓋曰：萬物之始，未有萌兆之謂虚，此即一元之未形，所以表是而出之以爲物之祖，以擬玄之所以爲玄，而命其書曰虚。自天一生水於北，而地六成之；地二生火於南，而天七成之；天三生木於東，而地八成之；地四生金於西，而天九成之；天五生土於中，而地十成之，於是乎五行之氣，流行乎天地之間。故虚於水之一則命之曰原，而六則命之曰委；火之二則命之曰熒，而七則命之曰焱；木之三則命之曰本，而八則命之曰末；金之四則命之曰丱，而九則命之曰刃；土之五則命之曰基，而十則命之曰冢，自有是五行之氣也，而後生萬物而爲之體。故虚以是一原、二熒、三本、四丱、五基與夫六委、七焱、八末、九刃、十冢者，隨其序迭分左右而偶之，自上一、次二而下至於十等爲五十五體，以應王公、岳牧、率侯、卿大夫②、庶人之象，而周五行生成

① 「其」，四庫薈要本作「有」。
② 四庫諸本，「卿大夫」下有「士」。

五十有五之數。自夫物之有是體也，而後性具於中，隨其體而有純駁之不齊，故虛於五生數偶，五生數曰水火木金土，而爲生純之性五；於五成數偶，五成數亦曰水火木金土，而爲成純之性五。十純之外，其次降一，則自二至六，偶五生數，自七至一，偶五成數，皆曰火木金土水。又其次降二，則自三至七，偶五生數，自八至二，偶五成數，皆曰木金土水火。又其次降三，則自四至八，偶五生數，自九至三，偶五成數，皆曰金土水火木。又其次降四，則自五至九，偶五生數，自十至四，偶五成數，皆曰土水火木金。合四降有四十，是爲生成之錯，最後於五生數偶五生數，復得水火木金土之序，是爲五配之性，以合五十有五體而性備矣。自夫物之有是性也，而後爲之名以別之，故虛於一，與一偶則名之曰元，以爲物之始，而中於齊，終於餘，元、裒、齊、散、餘五者，形之運也；自是而次，柔、剛、雍、昧、昭，則性之分也；容、言、慮、聆、觀①，則動之官也；繇、懠、得、罹、眈，則情之訹也；奔、卻、庸、妥、靈②，則事之變也；訒、宜、忱、喆、戛，則德之塗也；特、偶、暱、續、考，則家之綱也；范、徒、醜、隸、林，則國之紀也；禋、準、資、賓、戒，則政之務也；斆、乂、積③、育、聲，則功之具也；興、痛、泯、造、隆，則業之著也，凡五十五名，秩然有序。於是乎又爲之行以文之，凡五十五行，行下有辭，以述行之意，自初至上，凡七變，變下有解，以釋變之義。於是乎又爲蓍法以占之，以五行相乘，五其五爲二十五，又以三才乘之，三其

① 「觀」，依四庫諸本應作「覌」。
② 「靈」，依四庫諸本應作「霝」。
③ 「積」，依四庫諸本應作「績」。

二十五爲七十五策，虛其五而用七十，揲之以十，而觀其餘以斷吉凶。元、齊、餘三行無變，皆不占；其他五十二行初上亦不占，而惟占其中之五變，然後以俟命焉。氣、體、性、名、行、命備，而書以全，雖若別爲一家，而大概與玄相準。虛之二數之相偶，則以擬玄之四位之迭畫；虛之五十五行，則以擬玄之八十一首；虛之七變，則以擬玄之九贊；虛之七解，則以擬玄之九測；虛之虛五，則以擬玄之虛三；虛之揲十，則以擬玄之揲七。① 玄以冬至之氣始於中，而虛則以冬至之氣始於元；玄有七百二十九贊以當期三百六十四日有半，而又有踦、嬴之贊二，虛則有三百六十四變以當期三百六十四日，而又有元、齊、餘不變之行三；玄以後世有子雲者必好玄，虛亦以後世有君實者必好虛，一一模倣。要之，俱不足以有補於易，是亦工於其數而道則未也。夫性者，人所稟於天以生之理，蓋生生之所以爲主，而非氣形而下者，今其言曰體以受性，又曰形然後性，則性在於氣形之後矣，性之本體純粹至善，萬物一原，而非有不齊之品也。今其言以柔、剛、雍、昧、昭爲性之分，則是止論氣之稟而非性之謂矣。其學已不識大本，而其他又多爲艱奧之辭，以文淺近之理，而所謂虛者，即不能免乎老氏之歸。於聖賢之心傳、大義要旨，亦將何所發明哉？胡不移是心以講明羲、文、周、孔之易，上以發前藴，中以洗吾心，而下以開後學，胡爲亦區區空自苦而復效雄之贅也。」

〔補正〕

陳淳條内「卿大夫庶人之象」，「庶」上脱「士」字。「容言慮聆觀」，「觀」當作「覯」。「冓卻庸妥靈」，

---

① 「七」，四庫薈要本、文淵閣四庫本作「三」。

「靈」當作「蠢」。「數乂積育聲」，「積」當作「績」。「元之揲七」，「七」當作「三」。（卷十一，頁四）

陳振孫曰：「言萬物者皆祖於虛，玄以準易，虛以準玄。」

林希逸曰：「潛虛未必出於温公，其辭亦可觀，視太玄則迥異矣。太玄猶有古意，潛虛只是後世文字。」

熊朋來曰：「潛虛之言曰：萬物皆祖於虛，虛生於氣，氣以成體，體以受性，性以辨名，名以立行，行以俟命，故潛虛有氣圖、其次體圖、又其次性圖、又其次名圖、又其次行圖、又其次命圖，其目凡六，而張氏或言八圖者，行圖中有變圖、解圖也。潛虛主河圖，所謂原、委，即天一地六之水；所謂熒、焱，即地二天七之火；所謂本、末，即天三地八之木；所謂卝、刃，即地四天九之金；所謂基、冢，即天五地十之土。一與六合，一得五成六；二與七合，二得五成七；三與八合，三得五成八；四與九合，四得五成九；五與十合，五得五成十。皆稟中宫戊己之功，此潛虛五十五行所以齊行獨居中也。潛虛之畫，即如今人布算之籌；潛虛之行，即如周易之卦；行有七變，即如卦有六爻；變有解辭，即如爻有小象。然周易以八乘八，則爲六十四卦，潛虛以十乘十，宜爲百行，而止五十五行，玆所以爲潛虛也。五十五者，天地自然之數，以氣圖觀之，原一、熒二、本三、卝四、基五、委六、焱七、末八、刃九、冢十，湊合成五十五數。以體圖觀之，一元之下，從左體逆推，二等止於二，三等止於三，四等止於四，五等止於五，六等止於六，七等止於七，八等止於八，九等止於九，十等止於十，亦自然爲五十五數最是。性圖先列十純，十純既浹，其次降一，其次降二，其次降三，其次降四，至五配而性備，始於純，終於配，尤足以見五十五數自然之妙。至於名圖所以具五十五行之名，行圖所以見五十五者之行，命圖所以著夫吉凶臧否，平之五變，五十五行之中，每行七變，元、餘、齊三行不占，則五十二行該三百六十四變，元當一變，餘則奇分，是爲三百六十五變有奇，上應周天三百六十五度四分度之一。可以步天軌，可以協歲紀，此則潛虛之大概也。然而圖不盡意，學者但觀圖上之言，而未嘗布蓍執策，以試其周流變動之處，則不過曰潛虛者虛其半而已，是豈足以知潛虛哉。」又曰：「周易之蓍五十，虛一而用四十九；潛虛之蓍七十五，虛五而用七十；周易以四揲之，潛虛以十揲其名，而以七揲其變；周易揲蓍平分之後，先取右一蓍卦於左，手之左右皆揲，十有八變而成卦。潛虛揲蓍平分之後，取左一蓍掛於右，初揲左則虛右，次揲右則虛左，此亦虛半之意。至於定名之餘，斂蓍復揲，取陰取陽，此又於虛半之中，兩開其端，故其法曰五行相乘得二十五，又以三才乘之，得七十五，言蓍數所由定也。」

吴師道後序曰：「某少好占筮等書，嘗購得司馬公潛虛，附以張敦實發微諸論者，不知何人所刻，其書完具無缺，意爲善本也。又得里中孫氏寫本，蓋提刑公憲文故物，紙背有梁克家爲福建安撫使韓彦直知泉州時手書名，當時往來書札也，於是百五六十年矣，特愛之甚，見其文闕，因以前本令學子補書之。後數年，讀朱子跋張氏潛虛圖，記所得范炳文别本首末，乃知完本爲贋書，赧然流汗，愧前日之輕率，而增加猥雜，不可削除，以爲大恨。因與許君益之言之，君遂出藏本，亦闕文者。歸以參校，用朱子法，非其舊者，悉以朱圈别之，仍前録跋語於卷後，以識愚之愧恨，又以示兒輩，俾之廣見聞、慎取予，而毋蹈予之失也。按：朱子所記行變解之數，此本亦不合，未有所考，特命圖之後、跋語之前一條凡例二十六字，記占四十三字，注六字，所謂命圖之關紐，占法之變者，此獨有之，而許君本亦闕，則此豈范君所傳之舊與？因抄二一條示許君，而并記其説於此。」

季本曰：「潛虛揲法亦猶太玄之強排，太玄之揲既違大衍之義，而虛又蹈之。」

胡應麟曰：「潛虛，司馬公屬草未成，後人贗補行世，見朱紫陽語録、黄東發日抄，世以數學，無辨其是非者。」

詹景鳳曰：「洞極旨似傳易，潛虛則法太玄。」

按：潛虛五十五行，曰元、曰裒、曰柔、曰剛、曰雍、曰昧、曰昭、曰容、曰言、曰慮、曰聆、曰覿①、曰繇、曰懠、曰得、曰罹、曰耽、曰歬、曰郤、曰庸、曰妥、曰蠢、曰訒、曰宜、曰忱、曰喆、曰戞、曰特、曰偶、曰暱、曰續、曰考、曰范、曰徒、曰醜、曰厲②、曰林、曰禋、曰準、曰資、曰賓、曰戒、曰斆、曰乂、曰績、曰育、曰聲、曰興、曰痛、曰泯、曰造、曰隆、曰散、曰餘③。

〔補正〕

竹垞案内「曰厲」當作「曰隸」。「曰餘」下當補「曰齊」二字。（卷十一，頁四）

張氏敦實**潛虛發微論**

十篇。

---

① 「覿」，備要本誤作「覯」。

② 「厲」，依四庫諸本應作「隸」。

③ 「曰餘」下，四庫諸本、備要本有「曰齊」二字，當據補。

存。

吳師道曰：「張敦實，徽婺源人。其鄉有刊本潛虛完書，又聞昭武有艮齋謝氏所注釋，未見。」

范欽曰：「敦實官左朝奉郎監察御史。」

謝氏諤**潛虛注釋**

佚。

張氏漢**辨虛**

一卷。

佚。

樓鑰曰：「張德深漢邃於易、玄，著辨虛一編，兼綜易、玄二書。易曰卦，玄曰首，虛曰名。卦有爻，首有贊，名有變。二體四位十等之象，八物五行生成之數，乾中元之所以始，一三五之所以虛，與夫揲法占法，皆若異而實同。又辨氣體性名行命與蓍虛之法，無餘蘊。辨名之末，謂齊處大中之內，斟酌造化，其斗之任乎！發微論乃曰：處大中之內，在天，其北極之任乎！輕改一言，失其旨矣。土分王於四季，齊亦土也，居中而斟酌造化，故喻以北斗之任，非謂若極之居其所也。德深讀書躬耕，耽嗜古學，天文地理無不該貫，此特其一耳。」

張氏行成**潛虚衍義**

十六卷。

未見。

林氏希逸**潛虚精語**

一卷。

存。

希逸序曰：「太玄起九數，潛虚起五數，自是天地閒不可泯者。先師嘗云：易則正穴，此支龍也。辭之有古今，又不可不精別之。張炳文以爲果。温公所作前後本，有闕有全，續添者爲僞，文公言之詳矣。初本已有膚淺無味者，況續增者乎？今以其語之工者，摘而録之。」

吴氏霞舉**潛虚圖説**

一卷。

佚。

朱氏德潤**潛虚易説**

一篇。

存。載存復齋集。

周伯琦志墓曰：「君諱德潤，字澤民，朱姓。其先睢陽人，子孫著籍於吳。延祐末，以薦召見，命爲應奉翰林文字同知制誥，兼國史院編修官。英宗嗣位，授鎮東行中書省儒學提舉。」

經義考卷二百七十一

擬經四

邵子雍**皇極經世書**

通考：「十二卷。」

存。

晁公武曰：「皇朝邵雍堯夫撰。雍隱居博學，尤精於易，世謂其能窮作易之本原，前知來物，其始學之①，睡不施枕者三十年。此書以元經會②，以運經世，起於堯即位之二十一年③甲辰，終於周顯德六

① 「其始學之」，四庫諸本「之」下有「時」字。

② 「以元經會」下當依補正、四庫諸本補「以會經運」四字。

③ 「二十一年」，四庫諸本作「元年」。

年己未。編年紀興亡治亂之事以符其學，後又有繫述敘篇，其子伯温解。」

〔補正〕

晁公武條内「其始學之」下脱「時」字。「以元經會」，下脱「以會經運」四字。「起于堯即位之二十一年」，當作「元年」。案：此沿近刻郡齋讀書志之誤，今據性理大全所引晁公武語改正。（卷十一，頁四）

張行成曰：「以元經會者，以十二萬九千六百年爲元，則以十二會，每會一萬八百爲月，三百六十運爲日，四千三百二十世爲時，十二萬九千六百年爲分，此天之數也。起於一而終於十六，變同人二萬八千兆之數，則於掛一圖中，用四爻直一運，凡二百五十六卦，中有閏存焉。若三百六十運，則實用二百四十卦，尚有十六卦，則管二十四運之閏，散於二十四氣之首。故掛一圖合管三百八十四運，而二十四運爲閏也。其直日之實，文則爲用，數即奇耦，卦分進退，以直四千三百二十世矣。」

陳振孫曰：「其學出於李之才挺之，之才受之穆修伯長，修受之种放明逸，放受之陳摶，蓋數學也。曰元、會、運、世，以元經會①，以運經世，自帝堯至於五代，天下離合，治亂興廢，得失邪正之迹，以天時而驗天時②，以陰陽剛柔窮聲音律吕，以窮萬物之數。末二卷論所以爲書之意，窮日月星辰、飛走動植

①「以元經會」下，應依補正、四庫諸本增「以會經運」四字。

②「以天時而驗天時」，四庫諸本作「以天時而驗人事，以人事而驗天時」。

之數，以盡天地萬物之理；述皇王帝霸①之事，以明大中至正之道。書謂之皇極經世，篇謂之觀物，凡六十二篇。其子伯温爲之敘系，具載先天、後天、變卦、反對諸圖，又爲易學辨惑一篇，敘傳授本末真僞。然世之能明其學者蓋鮮焉。」

〔補正〕

陳振孫條内「以元經會」下脱「以會經運」四字。「皇王帝霸」，當作「皇帝王霸」。（卷十一，頁四）

朱子曰：「易是卜筮之書，皇極經世是推步之書，經世以十二辟卦管十二會，棚定時節，卻就中推吉凶消長，其書與易自不相干，只是加一倍推將去。」

蔡沈曰：「以數爲象，則奇零而無用，太玄是也。以象爲數，則多耦而難通，經世是也。」

王應麟曰：「皇極經世十卷，以元經會，以會經運，以運經世。天者，日月星辰陰陽也；地者，水火土石剛柔也；變者，暑寒晝夜；化者，雨風露雷；感者，性情形體；應者，走飛草木。人，目鼻耳口；物，聲色氣味；事，皇帝王霸；體用也。業，易、詩、書、春秋，心迹也。天開於子，地闢於丑，人生於寅。孔子贊易，自羲、軒而下，祖三皇也；序書，自堯、舜而下，宗五帝也；删詩，自文、武而下，子三王也；修春秋，自桓、文而下，孫五霸也。一元之運，始於日甲月子、星甲辰子。自開闢以來，推其年數，雍得之於李挺之，挺之得於穆伯長；自天地運化、陰陽消長，皆以數推之，以窮萬物之變，程伯淳謂加一倍法。其書以日、月、星、辰、水、火、土、石盡天地之體用，以暑、寒、晝、夜、雨、風、露、雷盡天地之變化，以

---

①「皇王帝霸」，四庫諸本作「皇帝王霸」。

性、情、形、體、走、飛、草、木盡萬物之感應，以元、會、運、世、歲、月、日、辰盡天地之終始，以皇帝王霸、易、詩、書、春秋盡聖賢之事業。易用九、六，經世用十、十二，一元統十二會，十二會統三十運，三十運統十二世，一世統三十年，一年統十二月，一月統三十日，是十二與三十迭爲用也。」

〔補正〕

王應麟條内「詩書」，當作「書詩」。（卷十一，頁四）

祝泌曰：「經世書六卷，曰元經會、會經運、運經世，其下四卷，以律呂聲音之變觀萬物。不名『經會』、『經運』而曰『經世』，憂世變也。其書有總一書之卷目，有分篇旨之卷目，元經會十二篇，會經運十二篇，運經世十篇，凡三十四篇；律呂聲音之變化十六篇，内篇十二篇，此康節分篇之卷數各分次第也。康節慮其書之未有統也，復以觀物篇通一部之數，而繫之以總其書六十二篇。又有外篇二，不以觀物繫之書，實六十四篇也。」又曰：「康節先生以皇極圓圖觀天、觀地、觀歷世之泰否，以皇極方圖觀動物、觀植物、觀運用之物。」又曰：「易以占爲神，極以算爲智。占者，聽圓變之蓍以求將見之象；算者，布一定之卦以御無窮之數。占則取驗於天神之研幾也，算則斷在人智之極深也。神以知來而未嘗不藏往，智以藏往而未始不知來，惟易之與極其旨若相似，而致用實不同。易與極之八卦名同而位殊，爻同而旨異。位之殊，今先天、後天之圖可識矣。旨之異，則易之乾爲天、爲金；而極則爲日、爲暑之類也。易之坤爲地、爲土；而極則爲水、爲雨之類也。易之震爲雷、爲木；而極則爲辰、爲夜也。易之巽爲風、爲木；而極則爲石、爲雷也。坎爲水、爲月者，易也；極則爲土、爲露矣。離爲火、爲日者，易也；極則爲星、爲晝矣。艮爲山，而今爲火、爲風；兑爲澤，而今爲月、爲寒矣。自是充之，非惟八卦取象之異於易，而吉凶悔吝亦大不同。愚謂極只取伏羲卦畫，不用文王、周、孔之辭，故其作用之不同，固無怪其然矣。」

俞邦翰曰：「邵子經世凡古今治迹，只憑一定之卦以推步，動植事物，則隨時取聲音數以求卦而占測也。」

查伯復曰：「康節經世書本先天方圓圖。」

王申子曰：「邵康節經世書，程明道以爲加倍法是也，謂一生二，二生四，四生八，八生十六，十六生三十二，三十二生六十四，由是推而爲萬物之數，皆純乎用耦而無奇。其爲元、會、運、世也，則以日經日爲元之元，其數一，謂日甲之數一也。以日經月爲元之會，其數十二，謂月之數十二也。以日經星爲元之運，其數三百六十，謂日之數三百六十也。以日經辰爲元之世，其數四千三百二十，謂時之數四千三百二十也。是日爲元，月爲會，星爲運，辰爲世也。一元象一年，十二會象十二月，三百六十運象三百六十日，四千三百二十世象四千三百二十時，此一元之經，即一年之數也。一世三十年，是爲一十二萬九千六百年，自元之元更相變而至於辰之元，自元之辰更相變而至於辰之辰，故名經世，著一元之數，使人引而伸之，終而復始。起帝堯甲辰，終顯德己未，紀世之治亂以符其説，故自顯德後，人皆可以續之。易之道不止於是，故不免謂之數學，此愚所以於古今説易七百餘家之中，獨取周子太極圖以附天地及四聖人之易爲六易者，此也。」

何瑭曰：「邵子元、會、運、世之分無所依據，先儒已有議其失者。其論天以日月星辰，變而爲寒暑晝夜；地以水火土石，化而爲雨露風雷，此其書之大指也。自今觀之，寒暑晝夜皆天，於日月星辰何有焉？風爲天所變，雷爲火所變，雨露皆水所變，其理甚明，少思則得之矣，火爲風、石爲雷、土爲露，豈不牽强之甚哉。且其取象，乾不爲天而爲日，離不爲日而爲星，坤反爲水，坎反爲土，與伏羲之易象大異，乃自謂其學出於伏羲之先天圖，吾不知其説也。」

詹景鳳曰：「皇極經世以擬易也，其元會運世六卷，凡三十四篇，如易有上經；聲音律吕四卷，凡十六篇，如易有下經；觀物十二篇，則暢二數之義，如易有繫辭。」

王弘撰曰：「邵子經世之書本於易，嘗欲傳程子，程子不學，而當時之欲學者，邵子又不許，蓋未易言也。」

黄宗炎曰：「邵堯夫撰皇極經世十二卷，以謂天地之氣化、陰陽之消息，皆可以數推之，其理其數咸本於易。噫，此何説也，其所稱元會運世，實效揚雄之方州部家也，揚以地言，邵以時言也。其所稱元數一，會數十二，運數三百六十，世數四千三百二十，亦準太玄之三方、九州、二十七部、八十一家也。至於一元、十二會、三百六十運、四千三百二十世，一世三十年，是爲一十二萬九千六百年，以至無窮無盡，則又近於釋氏之劫數。夫易之變化不可測者，以其無方無體也，隨在隨時，隨象隨占，稗經之值年值日，已屬愚夫愚婦之見，而況於欲取一十二萬九千六百年之天下，排而按之，籌而計之，以爲定數，則天地陰陽真魄然蠢動，絶無靈異之物矣。其起帝堯甲辰，至後周顯德六年己未，編年以紀治亂興亡之事，以驗其説，無論其傅會誣妄，即使若合符節，獨不思帝堯甲辰至顯德己未，僅僅四千年耳，視一元之數，不啻杯水之在江河，惡得以杯水之在鼎烹，而指江河之可吸盡也，此亦不攻而自破者矣。大傳曰：『其稱名也小，其取類也大。其言曲而中，其事肆而隱。』皇極經世則一一與之相反，蓋稱名也大，取類也小，言直而誕，事儉而顯，使潔静精微之學，化爲矓鄙狂妄之窟矣，學者其毋耳食焉。」王庭曰：「程子言堯夫於儒術未見所得，上蔡亦言堯夫所學與聖門不同，如皇極一書，以天之日月星辰配寒暑晝夜、性情形體，以地之風雨露雷配水火土石、飛走草木，大是牽強不合，然人不敢議者，以其占驗神也。」

按：皇極經世一書，明初編性理大全，與通書、正蒙並列。崇禎間，帝幸太學，議禮者欲躋周、程、張、朱於七十子之上，康節亦與焉，然五行爲洪範九疇之首，傳稱天生五材，廢一不可，康節乃去木、金而益之以石，是威侮五行也。庶徵爲洪範九疇之八，書稱五者來備，各以其敘，康節乃去暘燠寒而易之以露雷，是一極無凶也。五官去心，則不成大人矣；五經去禮，則無以别於禽獸矣。不知諸儒何故而神明其説，争推演之，此蒙之所不識也。

又按：康節之水火土石，仿諸佛氏之地水火風也；色聲氣味，取諸佛氏之色聲香味也；遇數之五，率去其一，若夫天有五星，地有五服、五溝、五塗，人有五藏，教有五典、五禮，祭有五祀，目有五色，耳有五音，口有五味，鼻有五臭，手有五指，繪有五章，律有五度、五量、五權、五則，康節亦安能悉爲減損其説？亦窒而不可通矣。

王氏豫皇極書體要

佚。

張鉉金陵新志曰：「建昌南城人廖應淮好異端之學，游俠江湖，客臨安，疏丁大全誤國狀，大全中以法，配漢陽軍，荷校出都，説禍福多中。抵漢陽，遇蜀道士杜可大於漢江濱，謂曰：『子非廖應淮邪？予待子久矣。』因言：『邵堯夫以先天學授王天悦，天悦死，葬未百年，而吴曦叛，盜掘其冢，得皇極書體要一篇，内外觀物數十篇，予賄盜得之，數當授子。』爲之請於郡將，脱軍籍，館諸道院，盡教以冢中書，其算由聲音起，年餘乃别。應淮復之臨安市，大衍數夜，沽酒痛飲，大叫曰：『天非宋天，地非宋地矣。』歌曰：『禽聲兮啾啾，草色兮幽幽，風熚熚兮火怒，泉殷殷兮血流。屋將焚兮，燕呢喃而未已，鼎漸沸兮，蝨婆娑其不休。歸去來兮，不歸兮焉求？』宋亡後四年，病死處州學。」

張氏行成**皇極經世索隱**

一卷。

未見。

〔四庫總目〕

朱彝尊經義考注云未見，今見永樂大典中者，别載序文總要及機要二圖，而所解觀物諸篇，乃散綴於邵伯温解各段之下，蓋割裂分附，殊失其舊，今摘録敘次，以還其原第，遂復爲完書。（卷一百八，頁十—十一，皇極經世索隱二卷提要）

〔校記〕

四庫有輯大典本二卷。（擬經，頁六九）

邵氏伯温皇極經世内外篇解

未見。

楊時喬曰：「伯温學宗家傳，篇解得父精意，出處皆當。」

張氏栻經世紀年

通考：「二卷。」

未見。

栻自序曰：「太史遷作十二國世表，始紀甲子，起於成周共和庚申之歲，庚申而上則莫紀焉。歷代浸遠，其事雜見於諸書，靡適折衷，則亦傳疑而已。本朝嘉祐中，康節邵先生雍出於河南，窮往知來，精極於數，作皇極經世書，上稽唐、堯受命甲辰之元，爲編年譜，如去外丙、仲壬之紀，康節以數知之，乃合於尚書『成湯既歿，太甲元年』之説。成湯之後，蓋實傳孫，孟子所説，特以太丁未立而卒，方是時外丙生二年、仲壬生四年耳。又正武王伐商①之年，蓋武王嗣位十一年矣，故書序稱十有一年，而復稱十有三年者，字之誤也。是類皆自史遷以來傳習之謬，一旦使學者曉然得其真，萬世不可改者也。某不自揆，輒因先生之曆，考自堯甲辰至皇上乾道改元之歲，凡三千五百二十有二年，列爲六圖，命之曰經世

①「伐商」，文淵閣四庫本誤作「代商」。

紀年，以便觀覽。閒有鄙見，則因而明之，其大節目有六，如孟子謂堯、舜三年之喪畢，舜、禹避堯、舜之子而天下歸之，然後踐天子位，此乃見帝王奉天命之大旨，其可闇而弗彰？故於甲申書服堯之喪，乙酉書踐位之實，丙戌書元載格于文祖。自乙酉至丁巳，是踐位三十有三載也，則書薦禹於天，與尚書命禹之辭合。自丁巳至癸酉，是薦禹十有七年也，與孟子之說合。於禹受命之際，書法亦然，然而書稱『舜在位五十載，陟方乃死』，則是史官自堯崩之明年通數之耳。夏后相二十有八載，寒浞弑相，明年少康始生於有仍氏，凡四十年而後祀。夏配天不失舊物，寒浞豈可使閒有夏之統，故缺此四十載不書，獨書少康出處，而紀元載於復國之歲，以見少康四十年經營宗祀，絶而復續，足以爲萬代中興之冠冕。於新莽之簒，缺其年亦足以表光武之中興也。漢呂太后稱制，既不得係年，而所立他人子名爲少帝者，又安得承統？故復缺此數年，獨書曰：『呂太后臨朝稱制。』亦范太史祖禹係嗣聖紀年之意也。漢獻之末，曹丕雖稱帝，而昭烈以正義立於蜀，不改漢號，則漢統烏得爲絶，故漢帝之後①即係昭烈年號，書曰蜀漢，迨後主亡國而始係魏。凡此皆節目之大者。妄意明微扶正，不自知其愚也。其他如夏以上稱載，商稱祀，周始稱年，皆考之書可見，而周書洪範獨稱祀者，是武王不欲臣箕子，尚存商，立箕子之志也。由魏以降，南北分裂，如元魏、北齊、後周皆夷狄也②，故統獨係於江南，五代迭摞，則都中原者不得不係之。」

① 「漢帝之後」，四庫薈要本、文淵閣四庫本「漢」作「獻」。
② 「皆夷狄也」，四庫薈要本改作「皆竊據也」，文津閣四庫本改作「非諸夏也」。

〔補正〕

自序内「故漢帝之後」，「漢」當作「獻」。（卷十一，頁五）

陳振孫曰：「侍講廣漢張栻欽夫①撰，用皇極經世譜編，有所發明則著之。其言邵氏以數推知，去外丙、仲壬之年，乃合於尚書『成湯既没，太甲元年』之説。今按孔氏正義正謂劉歆、班固不見古文，謬從史記，而張衡通載乃云：以紀年推之，外丙、仲壬合於歲次，尚書殘闕而正義之説誤，蓋三代而上，帝王歷年遠而難考類如此。劉道原所謂『疑年』者也。」

〔補正〕

陳振孫條内「欽夫」，「欽」當作「敬」。（卷十一，頁五）

馬廷鸞曰：「愚按張氏本皇極經世書作經世紀年圖，愚之所述蓋亦本此，然嘗疑堯之前標甲子者六，而不載世代與事迹，意者黄帝命大撓作甲子，則甲子紀年自黄帝始，以前無甲子，則亦不可得而書也。」

王應麟曰：「栻因經世之歷，攷自堯甲辰至乾道改元之歲，凡三千五百二十二年，列爲六圖，曰經世紀年。」

---

① 「欽」，四庫諸本作「敬」。

蔡氏元定**皇極經世指要**

三卷。

存。

元定自序曰：「龍馬負圖，伏羲因之以畫八卦，重之爲六十四卦，初未有文字，但陽奇陰偶，卦畫次序而已。今世所傳伏羲八卦圖，以圓函方者是也。康節曰：『上古聖人皆有易，但作用不同，今之易，文王之易也，故謂之周易。若然，則所謂三易者，皆本於伏羲之圖，而取象繫辭以定吉凶者，名不同耳。連山首艮，歸藏首坤，周易首乾，連山、歸藏雖不傳，意其作用必與周易大異，然作用雖異，其爲道則同一太極也。皇極經世之書，命數定象，自爲一家，古所未有，學者所未見，然亦皆出於伏羲卦畫奇偶之序，其爲道則亦同一太極也。今以伏羲卦圖列之於前，而以皇極經世疏之於後，則大略可見矣。」

朱子曰：「康節書固好，季通推得來又甚縝密。」

王弘撰曰：「邵子之學，當時惟傳王天悅，而後之得其傳者，無過蔡氏。」

周氏奭**經世節要**

未見。

〔四庫總目〕

浙江遺書目録題元周爽撰。案：朱彝尊經義考載經世節要宋周奭著。奭，湘鄉人，乾道間嘗與胡安國、

張栻游，潛心於易云云，則是周奭非周爽，是宋人非元人也。（卷一百十，頁三，皇極經世節要提要）

〔校記〕

四庫存目有皇極經世節要，無卷數，不著撰人。浙江采進遺書録作元周爽，殆即宋周奭之譌。（擬經，頁六九）

朱氏中**經世補遺**

佚。

邱氏富國**經世補遺**

三卷。

未見。

祝氏泌**皇極經世書鈐**

十二卷。

存。

〔四庫總目〕

案：朱彝尊經義考有泌所撰皇極經世鈐十二卷，此本題作觀物篇解，又止五卷，與彝尊所記目次不

合，而别載泌自序一篇，所陳大旨又頗與此本義例相近，或一書兩名，而後人合併之歟？（卷一百八，頁十四，觀物篇解五卷提要）

泌自序曰：「易繫曰：『天生神物，聖人則之；天地變化，聖人效之；天垂象見吉凶，聖人象之。河出圖，洛出書，聖人則之。』制法垂教，祖道鈎玄，是極也。先高厚而肇始，運萬有而不遺，推其動静得兩儀之本，沿其始交得四象之元，循其變化識卦位之分，得河圖、洛書而證其擬議形容之實。傳十四圖而悟布卦、用卦之旨，今探賾索隱，儻不明其所由肇，是康節之學，且入於術矣。不揣其本，而齊其末，可乎？粵疏造物之圖，達於取卦之妙，而後備列先天之所由，運行動植之所以感應，而要之以折衷之法，庶幾覽者由門及序，升堂入室，識其條貫。是編也，尚少裨好古博雅之君子，若鄭夬所謂泄天之藴，豈無禍福，不可謂之知言。今但虞絶學之無傳，亦何暇䠞跋乎禍福之閒哉？世有覺者，幸相與發明之。端平乙未。」

楊時喬曰：「泌以邵子意注經世，蓋多折衷於伯温，曲詳其辭。」

吴任臣曰：「泌字涇甫，鄱陽人，自稱觀物老人。」

馬氏廷鸞皇極觀物外編解①

〔補正〕

① 「馬氏」，文津閣四庫本誤作「馮氏」。「編」，四庫諸本作「篇」。

「編」當作「篇」。（卷十一，頁五）

佚。

方氏回**皇極經世攷**

佚。

鄭氏松**皇極經世書續**

未見。

江西通志：「鄭松，字特立，亦名復，樂安人，三預進士貢不第。以邵子經世書止於周顯德，乃自庚申宋興，至甲午金亡，續二百七十五年於邵子所紀三千三百一十六年間，頗有更定書法，視昔尤謹。論國統絶續離合，謂興國無所承、亡國無所授者各爲系。漢、魏、晉、宋、齊、梁、陳爲一系，魏、齊、周、隋、唐、梁、唐、晉、漢、周爲一系，遼、金、元爲一系。松入元，隱居布水谷。」

耶律氏楚材**皇極經世義**

未見。

杜氏瑛**皇極引用**

八卷。

佚。

皇極疑事

四卷。

佚。

極學

十卷。

佚。

蔡氏仁**皇極經世衍數**

一百五十四卷。

未見。

張萱曰：「元至元中，饒州布衣蔡仁和仲撰。前集五十五卷，因張行成、祝泌甫之書，復考訂以成帙編。卦各有圖，圖各有說。後集五十三卷，因蔡季通續正邵氏曆數衍其數，紬發其義，條陳其類例，凡古今證應皆備載焉。内闕十五卷至十八卷。别集十五卷，續集十六卷，皆卦變爻象及揲蓍之說。支集十五卷，又因麻衣道人心法而衍之，皆占卜書也。」

齊氏履謙經世書義式

佚。

經世外篇微旨

一卷。

佚。

安氏熙續皇極經世書

佚。

徐氏驤皇極經世發微

佚。

徽州府志：「徐驤，字伯驥，婺源人，學於程直方，深造邵氏之學。」

朱氏本皇極經世解

存。

黄虞稷曰：「本，字致其，豐城人，元福州路儒學提舉。明初以賢良召至京，固辭，安置和州，後放歸卒。」

朱氏隱老皇極經世書解

〔校記〕

四庫存目作皇極經世書説。（擬經，頁六九）

十八卷。

存。

隱老自序曰：「先天之學，心學也。本無文字，然而非有文字，則亦無以驗其所學之爲何如矣。翼之十也，夫子之所以教也，其自十翼以上，有出自於周公者焉，繫於爻者是也；有出自於文王者焉，繫於卦者是也。教之所興，止是已乎？未也。其自二繫以上，有出自於羲皇者焉，自一奇以至於百九十二奇，自一耦以至於百九十二耦，凡著焉而有象，滋焉而有數者，皆是也，不啻足矣。雖然，求之天地，則又有未畫之易存焉。自無畫而有畫，則羲皇是也；自無言而有言，則文王、周公、孔子是也。既已有言矣，可得無言乎？此邵子之書所以有作也。然其言自爲一家，驟而觀之，有莫知其所以然者，予病之久矣。童而習之，乃至於白髮紛如也，若有得焉，上下古今，跋涉經史，凡邵子之所不甚致意者，皆以管窺之所及，妄是非而折衷焉。若夫邵子之所自爲説者，深也而淺言之，遠也而近言之，源也而姑述其流，本也而姑述其末，非能造乎其極也，而亦以書説爲言，此無他，自海外而來者，必重三譯然後可達於中國，夫自學者而言，其於道也，何啻由海外而望中國也哉。得吾說而讀之，譬之一譯，雖未至於再譯、三譯，然自是而每一進焉，不患乎不造其極矣。且夫寵榮聲利，人之所奔而赴焉者也，已得則夸，未得則毗，及其既得而復失，則又悵然而悲，不能自遣於其懷，未深於道者也。然而從事於斯，恍不知得之爲在彼歟，失之爲在此歟，此與彼不相及也。雖然，極天下之紛華不足以戰吾道，戰則吾道其勝矣。夫然，故悲莫足悲，喜莫足喜，付得失於兩忘，則庶幾其心無所累者歟。噫，先天之學，未易言也，姑以其心言之，即文字而泥焉者非也，離文字而塊焉者亦非也。吾以文字洗吾之心焉，則夫文字也者，有之未必爲非，無之未必爲是，此吾所以因是書而爲是說也。」

黃虞稷曰：「隱老，字子方，號灊峰，明大學士朱善之父。」

劉氏誠**補注皇極經世**

未見。

周氏瑛**皇極經世管鑰**

未見。

黃虞稷曰：「瑛，字梁石，別字翠渠，又號蒙中子，莆田人。成化己丑進士，歷四川右布政使。」

楊氏廉**皇極經世啓鑰**

未見。

倪氏復**皇極經世通解**

未見。

童氏品**皇極經世書内篇注**

未見。

黄氏畿**皇極經世書傳**

八卷。

存。

畿自序曰：「夫有畫無言，庖犧之易也，象後斯有言矣。予欲無言，象帝之先，故曰四時行焉，百物生焉。天道變化，道之顯也；鳳鳥不至，河不出圖，天地否塞，道之晦也。立象盡意，而律吕聲音豈能外哉？自畫前觀之，太極分二，先得一爲一，以統四時，後得一爲二，以奠四維。加倍則一與十二相乘，終於六十。皇極之心，天地之心也，兩倍爲四，元會運世以彌綸耳，天下之物管是矣。故夫仰則觀物於天，日月星辰也；俯則觀法於地，水火土石也；近取諸身，性情形體也；遠取諸物，走飛草木也。幽明之故，死生之説，鬼神之情狀，其一動一静之閒乎，是窮理之事也。三皇象春，五帝象夏，三王象秋，五霸象冬，與天地相似而道濟天下矣。贊易以祖三皇，序書以宗五帝，删詩以子三王，修春秋以孫五霸，旁行不流，而樂天安土矣，是盡性之事也。生長收藏以盡物，一元猶一日也；化教勸率以盡民，古今猶旦暮也；權變事業，其神用矣乎！故曰範圍天地之化而不過，曲成萬物而不遺，通乎晝夜之道而知，故神無方而易無體，是至命之事也。昊天四府而陰陽以升降焉，聖人四府而禮樂以汙隆焉，歷居陽治陰而象數以禮行焉，律居陰治陽而聲音以樂和焉。故河出圖則天數五，地數五，象數也；鳳鳥至則雄鳴六，雌鳴六，律吕也。倍而四之，皆以爲用焉。天道之用，陰始乎陽矣；地道之用，柔成乎剛矣；先天之用，圓唱乎方矣；皇辟①之用，羲兼乎黄②矣。歷以藏閏，乾、坤、坎、離所以不用也③；律以顯閏，日、星、水、土所以必用也。邵子之學，其仲尼之學乎？仲尼之道，其庖羲之道乎？邵伯温，子也，不能受之於父；張岷、王豫，徒也，不能盡之於師；而牛無邪、張行成、祝泌、廖應淮、朱隱老五家，臆鑿紛如，不有九六之鍵，曷啓乾、坤之門乎？畿也不揣固陋，爲管窺十有三篇以訂之，而日加注釋以爲之傳，凡八卷云。弘治甲子。」

---

① 「辟」，四庫薈要本、文淵閣四庫本作「極」。
② 「黄」，文淵閣四庫本作「皇」。
③ 「也」，文津閣四庫本作「矣」。

子佐序曰：「皇極經世本有全書，先君得之道藏，手自録之，今性理所載，乃蔡西山指要，非其全也。祝泌氏鈐以泰爲元，六十四卦皆用四爻，與邵子異矣。廖應淮玄玄集從之，惟朱隱老始宗本旨爲之説，然未盡也。先君自成化乙巳隱居粵州草堂，潛心内外篇，會意先天圖，垂二十年始悟氣以六變，體以四分，用九則三十六宫，用六則二十四閏，聲音律吕、圓唱方和，而後乾、坤、坎、離用焉，天地萬物之理貫於一矣。乃著管窺以闢之，凡所注釋有未備者，佐附以膚見，其推步也，年月日時，分杪晝夜，進退積成，一元消長，則命算工補其闕焉。於戲，此窮理盡性至命之學也，世以術數少之，觀於先君所敘，則可見矣。嘉靖壬子七月。」

劉煒後序曰：「嘗謂伏羲先天一圖，乃天命之流行不已者也。子邵子獨得其妙，元會運世，統於心爲太極，可謂從其大體者已。世儒不得其門而入，偕①圖立説，而謂天地人物皆起於泰，年月日時皆起於升，可謂雜亂本旨矣。粵州子黄子一以先天圖爲主，豈非因聖言而會其意者乎。書未及成，吾師泰泉先生緒而成之，嘗論其大原曰：先天八卦本洛書之位數，後天八卦因河圖之生成，蓋水木相生，自地而天；火金相克，自天而地。天變陰陽則不易，地化剛柔則可易。故書之戴九肩四，九，太陽之數也，不易爲乾；四，太陰之位也，不易爲兑。左三足八，三，少陽之位也，不易爲離；八，少陰之數也，不易爲震。履一足六，一，太陽之位也，易太柔爲坤；六，太陰之數也，易太剛爲艮。右七肩六②，七，少陽之

① 「偕」，備要本作「借」。
② 「右七肩六」，當依四庫諸本作「肩二」。

數也，易少柔爲坎，二，少陰之位也，易少剛爲巽。兩儀變化，四象對待，故曰：『天地定位，山澤通氣，雷風相薄，水火不相射。』圓圖以之，乾降三陽，交坤於北，而坤索之，得一陽而成三男，氣合於西北，順至東北而爲泰；坤升三陰，交乾於南，而乾索之，得一陰而成三女，氣合於東南，逆至西南而爲否。故圖之地八：震雷反易，艮也；天三：離火上通，震也；地四：兑澤反易，巽也；天九：乾交坤中，離也；地二，陰入陽下，坤也；天七：坎水下塞，兑也；地六：陽止陰上，乾也；天一：坤交乾中，坎也。五氣順布，四時流行，故曰：『帝出乎震，齊乎巽，相見乎離，致役乎坤，説言乎兑，戰乎乾，勞乎坎，成言乎艮。』方圖以之，可以補先天之所未備，而弗之補者，蓋慎之也。至於天聲地音，張行成之通變，祝泌之皇極鈐，皆祖胡僧①三十六字母，以切求翻。如同，徒紅切，本定字母，以聲紅爲乾卦，以音徒爲升卦，而不知天聲下唱，地之用音；地音上和，天之用聲，已有二百六十四字母矣。乾、升起算，於定字母何所預乎？是舍夏用夷，指鹿爲馬，取鮑魚以混粱肉也。且先生亦嘗合内八轉外八轉爲十六韻，如東通爲農，烏呼、胡虞之類，各以宫商角徵羽調之，可以盡天下之字音，見諸樂典，亦不附此，正以等音與皇極字母本不相蒙故爾。大都先天之學失傳，二家億度，皆以獄吏牛無邪所傳諸圖爲宗，及祝泌之書盛行，世之講此學者，牽於舊習，仍其謬説而牢不可破矣。環中天命之精微既已不知，學至大人如子邵子内外篇亦皆相反，乃視獄吏所傳如伏羲然。噫，南史載京口有嗜痂之士，文選稱海畔有逐臭之夫，豈不相類哉。觀於此書，則先天復明於世矣，故曰君子有三畏，畏天命、畏大人、畏聖人之言。彼文饒、子

①「胡僧」，文津閣四庫本作「梵僧」。

涇烏足以知此哉，有志於皇極者，盍自省諸，煒是以申言於簡末。嘉靖甲寅季春。」

〔補正〕

劉煒後序内「六七少陽之數也」，「六」當作「二」。（卷十一，頁五）

余氏本皇極經世觀物外篇釋義

四卷。

存。

本自序曰：「數之淪於術久矣，逮邵子始反於理，其説悉本之易先天圖，精深玄微，妙及天人之際，惜其學不傳，閒有能道之者，多彼此異同，不能盡合，蓋得其一二，旁取之他書以附足其説也，竟未審孰爲真傳本學，於此已逾一紀。深維觀物外篇出自其門人所紀，疑得其真，其起例祕訣雖未盡具，然大要不外是矣。惜紛亂無緒，張文饒、吴草廬雖嘗校正，尚多脱誤，本不揣重加考定，遂條爲之解，藏之巾笥，以備觀覽。然亦未審果能得邵子之傳否也。嘉靖改元春三月。」

杜思序曰：「余南湖先生精於性理之學，正蒙、皇極經世、律吕新書俱有注釋，正蒙集解坊間梓行久矣，皇極經世解予髫齔時曾手録以藏於家。壬戌冬，承乏青郡，見東庫壁隅書板庋有百餘，取而閲之，乃觀物外篇釋義，先生督學東省時，命郡守校刻以分授諸生者也。閲歲未久，守者忽焉，循至腐缺漫漶，意欲校補，而役役吏牘未遑也。甲子夏，懷庭秦公以秉憲至，坊刻板在郡，適纂郡志訖工，併命補刻以成全書，乃覓侍御周海莊家完本校而補之。昔程子觀皇極數以爲加一倍法，邵子服其妙悟精識，欲以其學授之，而辭以未暇，學遂不傳。先生獨於數百年之後，精思妙契，會悟旁通，裒集諸家注釋纂彙成編，其師授固有所自，而學者能因其書而求之，則於邵子數法之妙，思過半矣。嘉靖乙丑。」

黄國俊跋曰：「南湖先生邃於易學，多所著述，先生仲嗣九正與予筆研交，得縱觀之，惜其猶有未傳者。乙丑計偕，乞恩署昌樂教事，郡侯杜公語及先生釋義已梓於郡堂，但歲久腐闕，爰命校之，補刻完帙，以嘉惠四方。先生諱本，字子華，正德辛未進士第二人，世居月湖，時人稱爲南湖先生，守愚子其別號云。」

鍾氏芳**皇極經世圖纂**

未見。

貢氏珊**皇極解**

未見。

葉氏良佩**皇極經世集解**

未見。

呂氏賢**皇極經世解**

未見。

周氏正**皇極經緯**

未見。

黄虞稷曰："淮安大河衛指揮僉事周正撰。"

余氏嘉謨**皇極經世書注**

未見。

張氏芝初**經世續卦**

佚。

楊廉表墓曰："君諱芝初，字廷芳，歙縣人，弘治丙辰進士，除南大理評事，歷官湖廣按察副使。"

張氏敞**皇極經世聲音譜**

未見。

吴氏琉**皇極經世鈐解**

未見。

長興縣志："吴琉，字汝琇，精邵子之學，以布衣祀鄉賢。"

詹氏景鳳**經世略意**

二卷。

存。

陳氏藎謨**皇極圖韻**

一卷。

存。

藎謨自序曰："皇極圖韻者，從康節先生皇極經世聲音倡和之説，而推衍之者也。聲音者，經世所載之一端，又指聲之可據，該色臭味之無窮，而以律吕之數，窮動植飛走之數也。先生之子伯温有曰：皇極經世之所以爲書，窮日月星辰飛走動植之數，以盡天地萬物之理；述皇帝王霸之事，以明大中至正之道。陰陽之消長，古今之治亂，較然可見矣。其書宏奧，志在①研探，初於律呂聲音，稍闚藩落，乃知聲音之道，原本天地，發之萬物，而最靈於人，五言②以察治忽，六義即具諧聲，以通神明，以類萬物。至於風土既殊，呼吸亦異，正聲正音繁然莫定，此邵子倡和之説，所爲大有關於世教也。第立法深微，解悟或鮮，不揣愚謬，撰述茲編，闡其幽玄，銓其遺複，條舉源委之圖五十有八，審定河洛之韻三十有六，冀韻學若網在③綱，學者得門而入云爾。」

〔補正〕

自序内「五言以察治忽」，「言」當作「聲」。（卷十一，頁五）

郁氏文初**皇極經世抄**

一卷。

存。

亡名氏皇極經世書類要

十卷。

---

① 「在」，文津閣四庫本作「作」。
② 「五言」，四庫諸本作「五聲」。
③ 「在」，文津閣四庫本誤作「若」。

存。

〔校記〕

四庫存目有輯大典本鍾過皇極經世書類要九卷，不知爲一書否。（擬經，頁六九）

經義考卷二百七十二

擬經五

文氏軫信書

三卷。

未見。

李燾曰：「軫，緜州巴西縣人，登元豐二年進士第，爲朝散大夫以老。其書大抵祖周易而倣太玄，略與潛虚相似。規模制造，雖不免於屋下架屋之譏，然軫之用心亦勤矣。其數本三統五行，三其五而成十五式，每式八變，十五其八而有一百二十斷。易有象曰，玄有測曰，潛虚有解，而此書乃無之，疑注所引『信曰』等語，則象、測、解之類也。十五式一百二十斷皆宜有『信曰』，而今所見，獨勉成、地靈、憂苦、首疾、豐和、天英六式之二十斷。又終篇不載揲法，恐此本未爲全書，且其間尚多差誤，不可強正，姑列於後以待考之。」

余氏檀蘊書

佚。

江西通志：「余檀，樂平人。登紹興第，官至江西提舉，嘗擬玄準虛爲蘊書。」

周密曰：「余檀自著書以擬太玄、潛虛，命名蘊書，以八起數。『蘊』字之義未易曉，樓攻媿嘗爲考云：『說文解字二字部：「亟，敏疾也，從人從口從又從二。二，天地也，去吏反」。徐鍇釋曰：「承天之時，因地之利，口謀之、手執之，時不可失，疾也。會意，气至切」。集韻於去聲七志正引上文，而又入聲二十四職①出此字。余君既擬太玄、潛虛以爲書，謂此字實備三才，故用之。務奇，故又加艹，復又加木。「莶」②見集韻，「蘊③」則他書未之見也。』前輩考訂之精如此。」

張氏慶之測靈

佚。

姓譜：「張慶之，字子善，吴人。擬太玄作測靈，宋亡後，自號海峰野逸。」

---

① 「職」，文津閣四庫本誤作「識」。
② 「莶」，文津閣四庫本誤作「蘊」。
③ 文津閣四庫本無「蘊」字。

盧氏翰**中菴籤易**

三卷。

存。

曹金序曰：「中菴盧公理究之明年，以所著籤易一卷授予，曰：此易之籤也，余三復而知其傳之不可以已也。籤易者，取陰陽之成數，其用七十有九，先之太極以肇其原，次之兩儀、四象、八卦以啓其端，而復益以進、退、離、合、大、小、遠、近八者重焉，以盡其藴。籤者，有辭、有贊、有釋、有贅，繇象以會義，其方物也精，其酬酢也備，劑三才而酌庶紀①，旁通曲當，可謂乖謬而不經乎？易有八卦矣，而未聞以震、坎、艮、乾、巽、離、兑、坤爲序者；八卦雖不離乎陰陽之消長矣，而未聞以進、退、離、合、大、小、遠、近立象者，可不謂擴前聖之未發乎？其體虚而用實，其義圓而曲中，凡和而應者也如響矣，是使天下之人擬以言，議以動，曉然不冥於所從，不可不謂之有補於世教也。夫易不易言也，有一於兹者尚足以名於世，而况具此三者，其賢於元嵩、玄英、石阮之徒遠矣，夫孰得而祕之哉。中菴子諱翰，字子羽，潁川人，博學窮理而尤邃於易，所著有古易中説、中庸圖説、定性書，圖衍其精微藴奥，則籤易爲獨至云爾。」

朱文序曰：「今之用易者，得蓍之數而決其疑於變占，但辭占既精深而難明，變象尤隱微而莫測，

① 「紀」，文津閣四庫本作「幾」。

蓋自太卜筮人之法不傳，而後世能神明其用者寡矣。中菴先生潛心易學，究百家之藴奥，其於造化消長之機，人事感應之變，皆已默會於心，而順適於身，吉凶之幾，蓋有不假卜筮而能趨避者矣。但易道難明而筮用不著，則人恆病之，先生乃以其心得之學，而製爲籤易之法。觀其象，則象顯而易明；玩其辭，則辭簡而易盡；效其法，則不假於蓍揲之煩、探索之艱，而吉凶趨避之方，益足以前民用。噫，吉凶之應，惟理足盡之。今先生之心，純乎理之學也，先生之事，純乎理之用也，則夫先生效其心與事於法，豈有不通夫天命人心之應，而足以前民用者哉。」

翰自序曰：「自易有太極而生兩儀，而四象、而八卦、而六十四卦，在於中矣。此固理之所必有，而亦數之所不容已也。故羲、文、周、孔以之而作易，君子以之而窮理，達者以之而觀數，愚之沈潛於易者有年矣，密而玩之，擬而言焉，議而動焉，不啻水者之於舟，陸者之於車，老者之於杖，有非此不行者，其如資性之疎散簡略而畏多事也。其前分揲掛扐，四營小成，十有八變之際，蓋有不勝其繁者，於是作籤易焉。剡竹七十有九，始之以太極、次兩儀、次四象、次八卦，八卦固足以盡造化之理也；而所謂定吉凶而生大業者，亦於是而足，而所謂三才之道，六十四卦之理，亦在其中而無待外求者；夫惟盡造化之理也，則於進、退、離、合、大、小、遠、近一以貫之，故愚又以是而名卦焉，夫惟具三才之道也，故愚直以三而立爻焉。八卦之名立，三才之道在，而六十四卦亦在其中，而吉凶可定，大業可生，天下之能事未有不畢者。問焉而以言，問焉而以行，取之斯得，扣之斯應，固有不待分揲掛扐之勞，而亦已以酬酢而有佑神之妙矣，豈不簡成而易能、易知哉。雖然，聊私以自便耳，豈敢誣諸世者，名之曰籤易。」又序曰：「或曰：易起於八卦，而籤易首之以太極、兩儀、四象；易足於八卦，而籤易益之以進、退、離、合、大、小、遠、近，無乃贅乎？曰：非贅也。先天模寫造化，理數形象無乎不備，蓋非太極無以立八卦之本，非儀象無以開八卦之源，非進、退、離、合、大、小、遠、近，無以盡八卦之蘊，籛易所以明此而已，非有所加於外者，焉敢贅也。又曰：先天以乾、兑、離、震、巽、坎、艮、坤爲次，後天以乾、坎、艮、震、巽、離、坤、兑爲列，籛易則以震、坎、艮、乾、巽、離、兑、坤爲序，無乃悖歟？曰：不悖也。蓋乾一、兑二、離三、震四、巽五、坎六、艮七、坤八者，先天生出之次第；乾西北、坎正北、艮東北、震正東、巽東南、離正南、坤西南、兑正西者，後天流行之卦位；凡以發明陰陽、消長兩端而已。故籛易初一曰震，爲陽始生；次二曰坎，爲陽漸長；次三曰艮，爲陽既著；次四曰乾，爲陽之純；次五曰巽，爲陰始生；次六曰離，爲陰漸長；次七曰兑，爲陰既著；次八曰坤，爲陰之純；亦不過明陰陽、消長兩端而已，焉敢悖也。又曰：先天八卦既有離矣，而籛易復有七離焉，不幾於犯且僭乎？曰：焉敢犯，焉敢僭。先天之離，麗也，附麗之義；籛易之離，散也，聚散之義，所取不同，焉在其敢犯且僭哉。問者唯唯，遂筆之以待學者。」

羅氏喻義**周易陣圖**

一卷。

存。

喻義進陣圖疏曰：「臣聞理之至者，文字所不能詮；撰之深者，言思所不能體。是以龜負而後，妙在圖書，鳥跡以還，祕存點畫，惟兹武德，尤號陰符。天何言哉？星三三而作陣；易者，象也，數八八以成行。自盧山孽作五兵，而涿水功收一戰，法兼奇正、道備陰陽。玄女下符兵，乃從天而授；黄公墮履書，猶待人而傳；推而演之，武侯①八陣；變而更之，李靖六花。寫以縑緗，垂諸篇籍，勿謂圖中數點，無當玉鈐，請看沙上八行，已成石陣。觀聖人之迹，於其燦然，粤有制之兵，從來遠矣。恭遇皇上睿哲，敦敏文武，聖神一札，而萬里誦明。三日而四城並下，新田采芑，功已試於師干；未雨徹桑，慮嘗周於户牖。及此王師雲集，猛士風飛，當使戎陣整齊，號令明肅，臣乃忘其固陋，矢此微忱。周公七月陳詩，不廢武功之纘；孔子三朝作記，亦存用兵之篇。何必儒臣不談軍事？是圖也，變通惟適，運用在心；少至五千止縱，一隨乎金鼓；多而十萬分合，罔限於步騎。平居可以不譁，臨敵可以不潰，略地而舊疆可復，護田而新屯可興。先人奪人，以戰止戰，然後凱歌志喜，振旅示休。征人罷戍歸農，嬉遊化日；大將封侯就第，攀附淩烟。國家閒暇而政刑明，海宇乂安而禮樂作，詎微臣千慮之得，真帝王萬全之師。謹以所撰陣圖一卷，書一卷，隨本付進。」

又序陣篇曰：「騎官，積卒，天陣也；乘之，古陣也；握奇，黄帝陣也；魚復，漢丞相諸葛亮陣也。六隊相從，世稱亮舊法也。六花，唐衛公李靖陣也，十二將兵陣，靖變六花爲之也。圖凡七首，陣法盡之矣。或曰：鶴列、魚麗皆陣也，奚而盡於此耶？曰：夫陣之有法，猶器之有規矩也，規矩設則方圓之用不可勝窮。是圖，規矩也；鶴列、魚麗，方圓也，詎足道哉。天子方隆中興之治，臣下宜攻車差馬，勤習兵法，共修實事，空言何爲？乃裒古法，皆纂以圖，前四圖正也，後三圖附也，著其事繫辭焉，所以衷也。」

① 「武侯」，文淵閣四庫本作「五侯」。

又跋陣篇曰：「或曰：儒者論兵，有諸？曰：有之。程、朱兩大儒，百世之金鐸也，程之論曰：『兵陣須先立定家計，然後以遊騎旋，旋量力分，外面與敵人合。』朱之論曰：『陣者，定也。八陣圖中有奇正，前面雖未整，猝然遇敵，次列便已成正軍矣。』嘗博觀群書，若素書、太乙、金鏡、虎鈐之流，斐然不知所裁，及讀語録，其於陣也，如視諸掌。兵家五事，道處一焉，有知兵而不知道者矣，未有知道而不知兵者也。庖丁有言：『臣之所好者道也，進乎技矣。』過此以往，則有黄石公之祕術在。」

李氏乾德易易

二卷。

存。

按：昔賢擬易，皆稍爲變化，如揚子用三，邵子用四，司馬公用五，九峯蔡氏以縱易横是也。至崇禎間，蜀人李乾德雨然撰爲易易一編，易否爲則，易益爲翕，易未濟爲俟，易坤爲豔，易泰爲厲，易姤爲究，易遯爲壤，易屯爲殀，易需爲喦，易小過爲恩，易巽爲浹，易履爲价，易剥爲宗，易復爲匚，易頤爲合，易艮爲英，易坎爲泉，易乾爲渾，易離爲闈，易兑爲詠，易恒爲扃，易井爲必，易解爲睐，易同人爲惲，易震爲脩，易既濟爲㶣，易比①爲繇，易師爲諰，易涣爲泝，易蒙爲彧，易小畜爲穴，易革爲服，易鼎

①「比」，文津閣四庫本誤作「北」。

爲助，易蹇爲資，易旅爲可，易大壯爲尌，易萃爲遂，易大畜爲僨，易无妄爲世，易豫爲規，易困爲繇，易睽爲闔，易謙爲陝，易咸爲孱，易隨爲岠，易大過爲疏，易豐爲蠃，易大有爲省，易晉爲屑，易歸妹爲際，易節爲濆，易訟爲歑，易漸爲幾，易觀爲笅，易臨爲微，易噬嗑爲敢，易蠱爲尯，易賁爲卒，易升爲衍，易夬爲訽，易明夷爲躄，易中孚爲贅，易家人爲息，易損爲阜，此亦何所取義？而又顛倒次序，此中庸所云：「索隱行怪。」而魯經所云：「蓋有不知而作之者也。」

鹿亭翁天根易 一名蘭易。

一卷。

存。

鹿亭翁自序曰：「夏易連山始於艮也，殷易歸藏始於坤也，周易太極始於乾、坤也，蘭易始於復，故曰天根。萬物本於根，根本於天，天根本於復。天且有根，而況於萬物乎？況於蘭乎？」

馮京第曰：「蘭易一卷，受之四明山中田父，書稱宋鹿亭翁著。按：郡縣志山有鹿亭，今迷不知處，無問作者姓氏矣，要是宋代隱士。易道盛於宋，授受明而家學衆，不意更有蘭易如此。蘭於萬物，一草也，而書可爲易，豈即萬物各一太極之旨耶？但其書都不言象數，直説事理，此固宋人之爲易也與？其文擬易辭，似善易者，用韻亦然，俗學鮮能通之。所論種溉之法，簡而盡，近而不穢，君子隨時育物，愛養之道，於蘭必盡心焉，故有取乎此書。」

馮氏京第**蘭易十二翼**

一卷。

存。

京第自序曰：「養易之道備於天根，明易者述之，以時措之宜也，然蘭之性情德業，有書言所不盡者，竊嘗折衷百家之說，以衍其義，凡爲傳十有二章，是爲易翼。」

邵氏桂子**忍默恕退四卦辭**

四篇。

存。

姓譜：「邵桂子，字德芳，淳安人，咸淳七年進士第，任處州教授，棄官歸隱鑿池，搆軒其上，名曰雪舟，作忍默恕退四卦以自警。」

宇文氏材**筆卦**

一篇。

存。

材自序曰：「筆之行事，昌黎伯毛穎傳可考已，予復何言哉？然予嘗讀孔子易至十三卦之制器尚象，若罔罟、耒耜、弧矢、杵臼、舟楫之利，與夫宫室、衣裳、棺槨、書契之制，皆古聖人取諸卦而作也，何獨於筆而遺之耶？況筆之爲器，上而帝王之典謨訓誥，下而官府之簿書朝會，四方之同文殊譯，莫不賴以纂録，其功不下於罔罟、耒耜、弧矢、杵臼、舟楫、宫室、衣裳、棺槨、書契也，何獨於筆而遺之也耶？或曰：筆之名始於秦氏，其不見稱於孔子易也固宜。予曰：不然，筆不始於古乎？則庖犧氏之八卦，夏后氏之九疇，凡科斗鳥跡、鐘鼎籀篆之文，亦將何以施其巧哉？若然，則筆之名雖始於秦氏，其所由來則遠矣。吴興筆者陸生索予文以衍其技，竊謂包犧氏畫卦之物，即筆之所由兆也，因著是説，并作筆卦以貽之。」

劉氏定之**呆卦**

一篇。

存。

錢謙益曰：「定之，字主静，永新人，正統元年賜進士第三人。成化二年，以太常少卿兼侍讀學士直内閣，進侍郎，卒，謚文安。」①

① 本條文淵閣四庫本全闕。四庫薈要本「錢謙益」作「錢陸燦」。

何氏喬新**忠勤廉慎四卦辭**

一卷。

存。

彭氏澤**遂卦**

一篇。

存。

高佑釲曰：「彭澤，字濟物，蘭州衛人，弘治庚戌進士，累官太子太保兵部尚書，贈少保，謚襄毅。遂卦一篇，以贈楊文襄一清，文襄爲中書舍人時，扁讀書處曰遂菴，自李文正、吴文定以下贈以詩文，諸體皆備，襄毅乃擬遂卦一篇贈焉。謂易卦非可擬者，然近世如忍退諸卦亦屢有作，剿經傳而侮聖言，罪固不免，若姑備一體，少寓楊公歷履①操存建立之大略云。」

鄒氏魯**信卦**

一篇。

①「歷履」，文津閣四庫本作「履歷」。

存。

陳子升曰：「鄒孝廉魯，字至道，南海人，自號曙齋。嘗爲吉水醫士龔隆作信卦，載安溪講餘集。」

邵氏經邦**福卦、壽卦**

二篇。

存。

經邦自序曰：「余觀洪範五福，壽爲之先，周詩萬年，福爲之主，是知從古以來，人所願欲同此覆載，則同此慶幸也，矧當聖人在上，爲之臣子者曷勝仰祝哉，作福、壽二卦。」

止卦

一篇。

存。

曠氏宗舜**芝卦**

一篇。

存。

宗舜自序曰：「芝，瑞草也，産必應禎。卦，占決也，道以配福。潘公治潭，未踰年，政通民和，而菌桑産芝凡三焉。夫桑，民所衣也，君子能爲民之依，故其瑞麗焉。三，陽數也，君子舒陽以法天，故其數應焉，小子宗舜乃作芝卦。」

文氏德翼**隱卦**

一篇。

存。

德翼自述曰：「予作隱卦，或曰：乾以下皆隱也。曰：吾隱乎六十四卦之中也。曰：嚴君平以卦隱，子隱卦乎？曰：猶鹿門子之隱書也。」

按：邵德芳忍、默、恕、退四卦，何廷秀忠、勤、廉、慎四卦，皆擬周易體製，以教人正，無不可。若宇文材之筆卦，猶不失毛穎傳之遺，至於淮南潘純子素作輥卦、平江蔡衛宗魯作吝卦、扶風馬琬文璧作謫卦，以及屠本畯田叔作搶、謔、饞、諂四卦，難乎免於侮聖人之言矣，故置不録。

經義考卷二百七十三

擬經六

漢今文太誓

一卷。

佚。

劉向曰：「武帝末，民有得太誓書於壁内者，獻之。與博士，使讀說之，數月，皆起傳以教人。」

王充曰：「掘地所得者。」

趙岐曰：「今之太誓，後得以充學。」

馬融曰：「太誓後得。案：其文似若淺露，其云①：『八百諸侯不召自來，不期同時，不謀同辭，及

①「其云」，文津閣四庫本作「其文」。

火復於上，至於王屋，流爲鵰，五至，以穀俱來。』舉火神怪，得無在子所不語中乎？又春秋引太誓曰：『民之所欲，天必從之。』國語引太誓曰：『朕夢協朕卜，襲於休祥，戎商必克。』孟子引太誓曰：『我武維揚，侵于之疆。取彼凶殘，我伐用張，於湯有光。』孫卿引太誓曰：『獨夫受。』禮記引太誓曰：『予克受，非予武，惟朕文考無罪。受克予，非朕文考有罪，惟予小子無良。』今文太誓皆無此語，吾見書傳多矣，所引太誓而不在太誓者甚多，弗復悉記，略舉五事以明之，亦可知矣。」

房宏曰：「宣帝本始元年，河内女子有壞老子屋，得古文太誓三篇。」

王肅曰：「太誓近得，非其本經。」

孔穎達曰：「劉歆作三統曆，論武王伐紂，引今文太誓云：『丙午逮師。』」

陸德明曰：「漢宣帝本始中，河内女子得太誓一篇①獻之，與伏生所誦合三十篇，漢世行之。」

董斯張曰：「河内女子所獻太誓一篇，與古文不同。按：史記：『武王渡河中流，白魚躍入王舟中，武王俯取以祭。既渡，有火自上復於下，至於王屋，流爲烏，其色赤，其聲魄。』索隱曰：『此以下至流爲烏，見今文太誓。』馬融曰：『王屋，王所居屋。流，行也。魄然，安定意也。』鄭玄曰：『書説云：烏有孝名，武卒父大業，故烏瑞臻。赤者，周之正色也。』索隱曰：『按：今文太誓「流爲鵰」，鵰，鷙鳥也。』然則今文太誓，唐初猶有存者，即河内女子本也，惜無從見之。又詩疏引太誓曰：『師乃鼓譟，前歌後舞，格于上天下地，咸曰孜孜無怠。』又引太誓曰：『司馬在前。』漢書引太誓云：『立功立事。』劉向三統

---

① 文津閣四庫本「篇」下有「以」字。

曆論引今文太誓云：『丙午逮師。』説苑引太誓曰：『附下而罔上者死，附上而罔下者刑，與聞國政而無益於民者退，在上位而不能進賢者逐。』墨子引太誓曰：『小人見姦巧，乃聞不言也，發罪均。』又引太誓去發篇曰：『惡乎君子，天有顯德，其行甚章，惟我有周，受之上帝。』毛詩注疏鴻雁小序注引書曰：『天將有立父母，民之有政有居。』疏云：『今太誓文，言天將有立聖德者爲天下父母，民之得有善政，有安居爲重也。』漢郊祀志引太誓曰：『稽古立功立事①，可以永年，丕天之大律。』注：『今文太誓也。』此皆古文不載者。」

〔補正〕

董斯張條内「稽古立功」，「稽」上脱「正」字。（卷十一，頁五）

張氏霸僞尚書

二十四篇。

佚。

漢書：「世所傳百兩篇者，出東萊張霸，分析合二十九篇以爲數十，又采左氏傳、書敘爲作首尾，凡百二篇，篇或數簡，文意淺陋。成帝時，求其古文者，霸以能百兩徵②，以中書校之，非是。霸辭受父，父

①「稽古立功之事」，四庫諸本「稽」上有「正」字。
②「霸以能百兩徵」，四庫諸本「能」下有「爲」字。

有弟子尉氏樊並，時太中大夫平當、侍御史周敞勸上存之，後樊並謀反，乃黜其書。」

〔補正〕

漢書條内「以能百兩徵」，「能」下脱「爲」字。（卷十一，頁五）

王充曰：「孝成皇帝時讀百篇尚書，博士郎吏莫能曉知，徵天下能爲尚書者，東海張霸案百篇序造作百二篇，具成，奏上成帝，帝出祕尚書以考校之，無一字相應者。於是下霸於吏，吏白霸罪當至死，成帝奇霸之才，赦其辠，亦不滅其經。故百二尚書傳在民間。」

黄鎮成曰：「張霸僞書舜典、汨作、九共九篇，大禹謨、益稷、五子之歌、胤征、湯誥、咸有一德、典寶、伊訓、肆命、原命、武成、旅獒、冏命凡二十四篇，前漢諸儒以之附伏生二十八篇，并僞太誓並行。」

王應麟曰：「張霸僞造尚書百兩篇，而爲緯者附之。」

孔氏衍漢尚書

唐志：「十卷。」

後漢尚書

唐志：「六卷。」

後魏尚書

隋志：「八卷。」唐志：「十四卷。」

俱佚。

劉知幾曰：「晉廣陵相孔衍以爲國史所以表言行、昭法式，至於人理常事，不足備列。乃删漢、魏諸史，取其美詞典言，足爲龜鏡者，定以篇第，纂成一家，由是有漢尚書、後漢尚書、後魏尚書，凡爲二十六卷。夫尚書所記，若君臣相對，詞旨可稱，則一時之言，累篇咸載。如言無足紀，語無可述，事雖脱略，觀者不以爲非。爰逮中葉，文籍大備，必剪截今文，模擬古法，故舒元所撰，不行於代也。」

〔補正〕

劉知幾曰「凡爲二十六卷」，按：上所刊卷數止有二十四，此六字沿史通原文，似誤。（卷十一，頁五）

王氏通續書

二十五卷。

佚。

杜淹曰：「文中子續書一百五十篇，列爲二十五卷。」

〔補正〕

杜淹曰：「文中子續書一百五十篇，列爲二十五卷。」按：唐書王勃傳及文苑英華所載王勃序，俱作

百二十篇。（卷十一，頁五—六）

新唐書王勃傳：「祖通，隋末居白牛溪，教門人甚衆。起漢、魏盡晉，作書百二十篇以續古尚書，後亡其序，有録無書者十篇。勃補全缺逸，定著二十五篇。」

〔補正〕

新唐書條内「有録無書者十篇」，按：王勃序作十六篇。（卷十一，頁六）

中說：「續書始於漢，以存漢、晉之實。天子之義，列乎範者四，曰：制、詔、志、策；大臣之義，載乎業者七，曰：命、訓、對、讚、議、誡、諫。」

王勃序曰：「書以記言，其來尚矣。越在三代，左史職之，百官以理，萬人以察，揚於王庭，用實大焉。苟非可以燮理情性，平章邦國，敷彝倫而敘要道，察時變而經王猷，樹皇極之綱維，資生靈之視聽，皆可略也。昔者仲尼之述書也，將以究事業之通，而正性命之理，故曰：『吾欲託之空言，不如附之行事。』道德仁義於是乎明，刑政禮樂於是乎出，非先王之德行不敢傳，非先王之法言不敢道，紀千數百歲，斷自唐虞，迄於周漢，風流所存，百篇而已。以此見聖人言約理舉，神明不勞而體時務之撰矣。故能法象天地，同符易簡，借前箸於筌蹄，驅後主於軌物，密而顯，宏而奧，久而彌新，用而不竭，非古之聰明聖智，玄覽博達，孰能爲此哉。孔安國曰：『帝王之制，坦然明白，可舉而行。』嗟乎，其言甚大，可使南面稱聖人之後矣。自時以降，史述陵遲，人自爲家，標指失中，陳事亂而無當，制理參而不一，由是大典散而人文乖，是非繁而取舍謬，與夫古先哲人制述之意，不其疏乎。我先君文中子實秉睿懿，生於隋末，覩後作之違方，憂異端之害正，乃喟然曰：『宣尼既没，文不在茲乎。』遂約大義，删舊章，續詩爲三百六十篇，考僞亂而修元經，正禮樂以旌後王之失，述易讚以申先師之旨。經始漢魏，迄於有晉，擇其典物宜於教者，續書爲百二十篇，而廣大悉備。嗟乎，賢聖之述，豈多爲哉？噫，亦足垂訓作則，冒天下之道，如斯而已矣。當時門人百千數，董、薛之徒，並受其義，遭代喪亂，未行於時。歷年永久，稍見殘缺。貞觀中，太原府君考諸六經之目，則亡其小序，其有録而無篇者，又十六焉。嗚呼，兹不可復見矣。家君欽若丕烈，圖終休緒，乃例六經、次禮樂、敘中説、明易讚，永惟保守前訓，大克敷遺後人。勃兄弟五六冠者，童子六七，祇祇怡怡，講問伏漸之日久矣。躬奉成訓，家傳異聞，猶恐不得門而入，才之不逮至遠也。是用厲精激憤，宵吟晝咏，庶幾乎學而知之者。其修身慎行，恐辱先也，豈聲禄是殉，前人之不繼是懼。聞者承命，爲百二十篇作序，而兼當補修其闕，爰考衆籍，共參奥旨，泉源浩然，罔識攸濟。嗚呼，小子何敢以當之也，其盡心力乎。始自總章二年，洎乎咸亨五年，刊寫文就，定成百二十篇，勒成二十五卷。昔者文中子曰：『漢魏之禮樂未足稱，其書不可廢也。尚有近古之對議存焉，制詔册則幾乎典誥矣。』後之達晤者，將有得於斯文乎。於是龍集閹茂，勉踵前修，在大唐御天下之五十七祀也。」

按：是序雖見文苑英華，疑亦阮逸輩僞作。

陳氏正卿**續尚書**

唐志：「卷亡。」

佚。

蕭穎士代正卿進表曰：「孔子序帝王之書，首唐、虞之典，於堯則曰『欽明文思』，於舜則曰『誕敷文德』，文之時義大矣哉。夏、商以後，王者之風殄矣，天之未喪斯文，帝道復興於漢，數百年閒，憲章具舉。夫其推步律曆，帝堯分命之典也；增修封禪，帝舜時巡之義也；約三章之法，以正皋陶之刑；班四時之舞，以纘后夔之樂。且義帝之喪，三軍縞服，異夫湯、武之放弒其君矣；諸吕之亂，浹辰底定，異夫羿、浞之驟移其祚矣；中興之盛，海外率服，異夫吴、楚之僭竊其名矣。夫如是，有漢之美，固可比肩虞后，千載一時之運與。於赫盛唐，正百王之闕；思文陛下，光五聖之嗣。啓運應期之符，弔人伐罪之義，制禮作樂之本，郊天禪地之位，萬庾三登之穰，河清海晏之瑞，固以騰子姒而絶景，挹嬀祁而高議矣。誠宜詔史臣，敷帝載，炳唐、虞之故實，黜商、周之遺制，乃漢氏已略之於前，皇唐復曠之於後，臣實惜焉。知而不述，臣子之罪也。臣竊不自揆，耕牧餘暇，討尋載籍，一紀於兹。今謹上續尚書一部，凡若干篇卷，始有漢二典，次我唐二典，以續夫前書堯、虞之典也。其餘文、景、明、章之後，魏、晉、宋、齊以還，南訖有陳，北起元魏，歷周、隋，洎高氏以至聖朝，總一十二代，詔、策、章、疏、頌、歌、符、檄，類而刊之，次以年代，以續夫夏、商、周、秦、魯之篇也。臣伏讀貞觀實録，太宗因聽政之暇，觀覽尚書，謂侍臣曰：『朕每庶希唐、虞，亦欲公等齊肩稷、契。』臣故知有漢之功業，與我唐之代①理，俱可以繼夫唐、虞之盛也。微臣緬述太宗之旨，勒成帝典，不亦宜乎。」

〔補正〕

蕭穎士代正卿進表内「唐之代理」，「代」當作「化」。（卷十一，頁六）

① 「代」，四庫諸本作「化」。

王應麟曰：「陳正卿續尚書，纂漢至唐十二代，詔、策、章、疏、歌、頌、符、檄、論、議，成書開元末，上之，卷亡，不著録。」

明仁宗皇帝體尚書

二卷。

未見。

張萱曰：「擇尚書中皐陶謨、甘誓、盤庚等十六篇，以講解語更其原文。」

劉氏謨**典謨遺旨**

未見。

黄虞稷曰：「取漢、唐、宋詔、誥、章、奏可爲訓者成書。」

陸氏世儀**書鑑**

十卷。

未見。

世儀自述曰：「五經惟易具天人之理，書完無闕，所不必擬，亦不必續。若詩、書、禮、春秋，皆在所必續，今惟綱目一書爲繼春秋而作，其餘三經無敢繼者。一則怵於王通擬經之説，一則泥於邵子删後無詩之言也。不知王通續經之謬，在續之而不得其正，非經不當續也。予於書，取古今文字之有關於興衰治亂者；於詩，取古今詩歌之有合於興觀羣怨者各爲論，以竊附於孔氏詩、書之義，自難免於君子之譏，然而其心其志，則固願爲聖人之徒而無可罪也。」

陸元輔曰：「書鑑、詩鑑各十卷，太倉遺民①陸世儀道威集。」

白氏告**纂禹元經**

十二篇。

佚。

長編：「東魯逸民白告著纂禹元經十二篇。開寶五年，因河決，下詔求索習河渠之書、深知疏導之策者，許詣闕上書，附驛條奏，遂召見告，詢以治水之道，善其對，將授以官，告固辭父老，求歸奉養。詔從之。」

陳氏黯**禹誥**

一篇。

存。

①「遺民」，文津閣四庫本作「老儒」。

黯小序曰：「禹賢益，以天下授益，采其謳謠之所歸，卒讓於啓。故啓不由父授，而書無典訓，黯追其旨，作禹誥。」

陳氏士元**廣禹貢楚絶書**

二卷。

存。

士元序曰：「予嘗著楚故略，社友見之，謂予曰：『子述楚中遺蹟太踈矣，山支水委，茫無脈絡，何補於楚紀哉。』予於是準禹貢荆州山水而廣之，竊取山海經、越絶書之義，題曰楚絶書。絶者，截也，言楚域有截也。楚域予未能徧履，蓋得之士人商旅所誦説，及堪輿家所指擬者過半，其閒不無謬盭，聊藏笥中，異時博雅君子取而裁之，實厚幸也。隆慶庚午三月。」

白氏居易**補湯征**

一篇。

存。

蘇氏伯衡**周書補亡**

三篇。

存。

伯衡自述曰：「書序有歸禾、嘉禾篇目，而亡其書。竊意雖唐叔之獻禾，當亦有書，蓋俱逸矣。昔白居易作湯征以補亡，君子不罪也。伯衡雖不敏，輒敢效之，作獻禾、歸禾、嘉禾凡三篇，陶窳與殳丁卣、父辛爵、屈生敦、台夫鼎比姸，其真不知量哉，其亦大可哂哉。」

蔡氏沈**洪範內外篇**

七卷。

存。

〔四庫總目〕

永樂大典及性理大全皆作洪範內篇，惟熊宗立注本以論三篇爲內篇，數八十一章爲外篇。考是書數八十一章，擬易六十四卦，當爲內篇；論三篇，擬易繫辭、說卦等傳，當爲外篇。今各本皆以論三篇列於前，而八十一章列於後，倫序頗爲不協，疑性理大全與永樂大典同時纂輯，所據同一誤本，未及詳考歟？明余深著洪範疇解，曹溶稱爲釋蔡氏內篇，疇即八十一章之數也；陳宗舜作洪範內篇釋，其自序曰：「釋八十一數。」亦不指三篇之論；韓邦奇引論中「象以偶爲用」數語作洪範傳，以別於經，即外篇矣。意其時必有流傳善本，與永樂間書局所據不同，故諸家之言如此，其說似無可疑。然余深等所據之本，今不復見，未敢輕改古書，姑仍其舊第編之。又考王應麟玉海載此書名洪範數，王圻續通考作洪範皇極內外篇，朱彝尊經義考作洪範內外篇，今詳考其書，當以續通考所名爲是。續

通考不載卷數，經義考作七卷，今以類相從，編爲五卷。（卷一百八，頁十八—十九，洪範皇極内外篇五卷提要）

〔校記〕

四庫存目有輯大典本蔡氏洪範皇極内外篇五卷。（擬經，頁六六九）

沈自序曰：「體天地之撰者，易之象；紀天地之撰者，範之數。數者始於一，象者成於二。一者奇，二者偶也。奇者，數之所以行；偶者，象之所以立。故二四而八，八者八卦之象也。三三而九，九者九疇之數也。由是重之，八八而六十四，六十四而四千九十六，而象備矣；九九而八十一，八十一而六千五百六十一，而數周矣。易更四聖而象已著，範錫神禹而數不傳，後之作者，昧象數之原，窒變通之妙，或積①象以爲數，或反數而擬象。洞極有書，潛虚有圖，非無作也，而牽合傅會，自然之數，益晦蝕焉。嗟夫，天地之所以肇②，人物之所以生③，萬物④之所以得失者，亦數也⑤。數之體著於形，數之用妙於理，非窮神知化，獨立物表者，曷足以與於此哉。然數之與象，若異用也，而本則一；若殊途也，而歸則同。不明乎數，不足以語象；不明乎象，何足以知數，二者可以相有，而不可以相無也。有如是乎，先君子曰：『洛書與大衍詳説者，數之原也。』予讀洪範而有感焉，上稽天文，下察地理，中參人事古

---

① 「積」，四庫諸本作「即」。

②③ 文津閣四庫本於「肇」、「生」下皆有「者，數也」三字。

④ 「萬物」，四庫諸本作「萬事」。

⑤ 「亦數也」，四庫薈要本、文淵閣四庫本作「莫非數也」。

今之變，窮義理之精微，究興亡之徵兆，微顯闡幽，彝倫攸敘，秩然有天地萬物各得其所之妙。歲月浸久，龘述所見，辭雖未備，而義則著矣。其果有益於世教否乎，皆所不敢知也。然予所樂而玩者，理也；所言①而傳者，數也。若其所以數之妙，則在乎人之自得焉耳。」

〔補正〕

自序内「或積象以爲數」，「積」當作「即」。「萬物之所以得失者，亦數也」，「物」當作「事」，「亦」當作「莫非」。（卷十一，頁六）

謝無梀序曰：「圖出河，書出洛；圖爲易，書爲範；易以象，範以數；象以偶，數以奇。知有數奇而不知有象偶，是有書而無圖也；知有象偶而不知有數奇，是有圖而無書也。易更四聖，其象已著；範錫神禹，其數不傳，於是有以數爲象而奇零無用矣，於是有以象爲數而多偶難通矣。夫推其極，則卦與疇、象與數，相因爲用故也。原其初，則卦自卦、疇自疇、象自象、數自數，其可混而一之乎。九峯先生廣西山之家學，暢考亭之師傳，著皇極内篇，與夫易並行，嘗即之而求其數矣。始於一，參於三，究於九，成於八十一，備於六千五百六十一。散之無外，卷之無内，體諸造化而不可遺，其變化無窮，未易以綱舉而條目也。然其吉凶、其悔吝、其災祥休咎，莫不粲然具見於八十有一章。大抵以性命爲端，以禮義爲準，因古設教，即事示戒，欲正而不欲邪，欲中而不欲偏，爲君子謀而不爲小人謀。凡所爲揭天理，敘民彝，去世迷障人慾者，雖不與易同象，而未嘗不與易同歸也。其言曰：『天地所以肇，人物所以生，

① 文津閣四庫本無「所言」二字。

萬物①所以得失，皆數也。數之體著於形，數之用妙於理，非窮神知化，獨立物表者，曷足以與此。』嗚呼，窮神知化，獨立物表，未易言也，九峯先生其幾是與！不然，將不知而作爲元包、爲洞極、爲潛虛，程子謂有之無所補，無之靡所闕矣。其何以闡範數，配易象，補前古之闕文，垂將來之大法乎？享數弗遐，釋數未備，尚不能無俟於後之君子，是則猶有餘憾焉耳。」

〔補正〕

謝無𣏟序内「萬物所以得失」，「物」當作「事」。（卷十一，頁六）

姚鏞後序曰：「易以象顯，範以數推，自然之理也。河洛呈文，至於今幾千歲，易之象雖已著，而範之數無傳焉，非無傳也，不知而作者晦之也。九峯先生獨能闡神禹不傳之祕，分一於萬，該萬於一，天地事物之變、古今興亡之幾、性命道德之藴，皆不逃乎九九八十一之閒。體用一源，顯微無閒，妙乎其擬諸易也。惜也不壽，而數之辭未備，豈天亦靳此書之全耶！後世有子雲，必能補之。嘗觀啓蒙、極筮二書，實與是編相表裏。西山真先生表公墓謂：『不愧父師之傳。』諒哉！小子輒不自揆，併刊於章貢郡齋，與學者共之。」

真德秀曰：「洪範之數，久失其傳，聘君獨心得之，然未及論著，曰：『成吾書者沈也。』君沈潛反覆者數十年，然後克就其書。」又曰：「蔡氏範數，與三聖之易同功。」

黄瑞節曰：「易更四聖而象已著，範錫神禹而數不傳，九峯蔡氏撰皇極内篇數爲一書，於是有範數

① 「物」，文淵閣四庫本作「事」。

圖，有八十一章，六千五百六十一變。」

熊朋來曰：「周易之後有揚子雲作太玄，首各有贊、有測，先儒謂易以數聖人而後成書，子雲乃以一身而爲數聖人之事。司馬公作潛虛主於河圖，吉凶臧否幽顯，互取其占法，因於太玄也。蔡仲默作範數主於洛書，自一一衍爲九九，其名數因於太玄也。太玄、潛虛之贊與行不敢犯易卦之名，玄、虛亦未嘗相犯。今範數乃多重犯太玄八十一首之名、潛虛五十五行之名，且於周易六十四卦之名亦犯其八，何與？」

〔補正〕

熊朋來曰：「且於周易六十四卦之名亦犯其八。」按：洪範内篇數名與周易卦名同者：蒙、比、晉、益、豫、升、損、訟、革，凡九，此「八」字似誤。（卷十一，頁六）

胡一桂曰：「先生謂河圖更四聖而象已著，洛書錫神禹而數不傳，故作是書以究極其數。其演數之法，縱横皆九位，經之以一一、一二至於九一、九二，而終之以九九；緯之以一一、一二至於九一、九二，亦終之以九九。其筮法或以蓍、或以木，惜變數之法不傳，莫能適諸用也。」

章懋曰：「蔡氏範數其占亦用蓍五十，與易相類，但易以四揲之，而範數以三揲之，微有不同。其所得之數，則以兩奇爲一，兩偶爲二，而奇偶爲三，每以初揲之數爲綱，而綱一函三以虛待目，以再揲之數爲目，而目一爲一，以實從綱，若綱得一數而遇目之一則爲一，綱一而目二則爲二，綱一而目三則爲三，若綱二而遇目之一則爲四，綱二而目二則爲五，綱二而目三則又爲六矣。若綱三而遇目之一則爲七，綱三而目二爲八，綱三而目又三則成九數，此綱目相配，所謂兩揲而九數具也。若再加兩揲，如前所占，則得八十一數之一而大全矣。其用十二木者，不過以記其揲蓍所得之數，非以木而占筮也。其木厚一分，徑九分，陽刻一、陰刻二者四，陽刻二、陰刻三者四，陽刻三、陰刻一者四，共爲十二木。占筮之時，雜取其八以記數，如揲得綱數之一二三，則以陽刻之木記之；揲得目數之一二三，則以陰刻之木記之。始焉，初揲再揲，則其綱與目合而得九數之一；繼焉，初揲再揲，則其綱與目合又得九數之一，則成四揲，而九九八十一之數具矣。其書中所載八十一圖，始於一一之原，終於九九之終，是爲皇極大數，猶易之有六十四卦也。然六十四卦各有六爻，總爲三百八十四爻以定吉凶，故範數自原至終，有八十一大數，而一數之下，又各列八十一之小數焉。故於四揲之後，又加四揲，以求其小數而決吉凶，如原之一一則爲元吉，原之二①則爲无咎，而原之九九則大凶，所謂八揲而六千五百六十一之數備者也。以其一綱一目，自上而下，直而數之，各有二木，則爲縱二；以其四綱四目自左而右，橫而布之，各有四木，則爲橫四，共成一圖。」

〔補正〕

章楙條内「原之二」之下，脱「一」字。（卷十一，頁六）

桑悦曰：「九峯占法之要在兩奇爲一，兩耦爲二，奇耦爲三，初揲爲綱，綱一函三，以虛待目，一則作三，二則作六，三則作九。再揲爲目，目一則一，以實從綱，一則爲一，二則爲二，三則爲三，綱目數成，各除九數，用其零數成卦。其四時節氣散於各數之間，欲因其時而觀數之吉凶耳，於曆法恐不甚合

① 「原之二」，四庫諸本作「原之一二」。

也。數若自然，實同補輳，謂太玄、潛虛相去無幾，謂與四聖之易同功，愚未敢隨聲附和也。」

鄭善夫曰：「範，數也。數者，理之具也，時之因也，繫之辭焉，所以告也；定之吉凶，所以斷也。九疇者，總其綱也，九九者，衍其數也，六千五百六十一者，數不可窮也。易更四聖，而洪範之數待九峯而著，然釋數之詞缺而未備，余生後四百餘載，□於日月，乃率辭揆方僭，敘所得焉。二至者，一歲之樞紐，陰陽之肇也，萬物原於陽而終於陰，冬至陽生萬物之原，故原數始焉。夫物之始，其潛於下，故受之以潛。陽乃曰潛氣漸□□以漸長也。潛，藏也，物藏不可不守，故受之以守。守不可不信，故受之以信。信者，實也，所守□□□□，直則陷於偏邪，故受之以直。過直則蒙，故受之以蒙。蒙者，物之稺也，稺物所當閑，故受之以閑。閑□□□□□□□，故受之以須。須者，須所欲也，過欲必危，故受之以厲。□①知危懼則有成，故受之以成。物成而動，故受之以沖。沖，動也，動必振於外，故受之以振。振者，奮也，奮振必有求，故受之以祈。祈，求也，所求不可越其常，故受之以常。常者，所當順也，故受之以柔。柔，順也，順常則不爲苟難，故受之以易。平易近人，然後可親，故受之以親。親者，歡以相愛也，相愛必文以相接，故受之以華。華，文也，文著見，故受之以見。既見則天下文明，道無不獲，故受之以獲。獲者，得也，得人以相從，故受之以從。從則有交之道焉，故受之以交。既交必育，故受之以育。育，長也，既長必壯，故受之以壯。物壯而興，故受之以興。興，起也，物興起而欣欣然，故受之以欣。欣者，情必舒，故受之以舒。舒，徐也，敘也，敘必相比，故受之以比。物不可久比，故受之以開。

① 「□」，四庫諸本注「闕」，備要本作「厲」。

既比□□□□晉，故受之以晉。晉，進也，進不苟，故受之□□□□①一。一者，益也，故受之以益。益而後章，故受之以章。章，明也，明則益以盈，故受之以充。充，滿也，充滿不可以自私，故受之以錫。錫，予也，益以錫予，則人心靡然，故受之以靡。靡，偃也，人心偃靡，所從者衆，故受之以庶。庶不決則黨，故受之以決。衆決則悦，故受之以豫。豫，悦樂也，悦樂而升，故受之以升。升者，進於上也，陽之極也，陽極於上無不中也，陽已極而陰萌焉，夏至時之中也，故受之以中。過中，陰之伏也，故受之以伏。陰而曰伏，氣漸乎終，道將否也。伏，匿也，匿必有過，故受之以過。過，愆也，愆過則疑，故受之以疑。疑則失衆，故受之以寡。寡過則闇而日章，章，飾也，故受之以飾。飾，文也，文過必自戾，故受之以戾。戾必不情，故受之以虚。理虚則昧，故受之以昧。昧則有損，故受之以損。損過以用中，故受之以用。過用則退，故受之以卻。卻者，退也，退不可□□□，故受之以翕。翕，聚也，聚以致遠，故受之以□。□□②不可不奮，故受之以迅。迅於遠，不可□□，故受之以懼。有懼必當去，故受之以除。除□□□□必弱，故受之以弱。弱者，氣失其平，故受之以疾。疾之不已必争，故受之以競。競則必分，故受之以分。分而失均必訟，故受之以訟。訟不可長，故受之以收。收，斂也，物斂則就實，故受之以實。實者，誠也，誠則能以禮下人，故受之以賓。賓而弗穆則危，故受之以危。危者，自高而懼也，懼危則自堅，故受之以堅。堅，剛也，金剛則革，故受之以革。革以通天下之利，故受之以報。報者，禮也，

① 「□□□□」，文津閣四庫本作「以公。公則。」

② 「□。□□」，文津閣四庫本作「遠。遠者」。

禮必有所止，故受之以止。止亂莫如戎，故受之以戎。起戎者，怨之結也，故受之以結。結，聚也，聚必有養，故受之以養。養以致用，故受之以遇。遇，合也，合而必勝，故受之以勝。勝者，俘其囚也，故受之以囚。囚，敵也，勝敵則能任，故受之以壬。壬，任也，壬者水居萬物之歸，陰之極也，陰極□□固也，故受之以固。久固必遷，故受之以遷，□□□墮，故受之以墮。墮復於下，冬至之半□□□□終也，故受之以終終焉，蓋始終一歲之成也。」

〔補正〕

鄭善夫曰：「明則益以盈，故受之以充。充，滿也。」按：洪範内篇有盈數無充數，此「充」字蓋「盈」字之誤。「久固必遷，故受之以遷。」按：洪範内篇有移數無遷數，此「遷」字蓋「移」字之誤。（卷十一，頁六）

吴安國曰：「九峯蔡氏謂易更四聖，其象已著，範錫大禹，其數不傳，乃著洪範内篇。因疇有九而衍之爲八十一，始於原迄於終，蓋欲闡範數以配易象也。其八十一章，於天道人事、邪正得失之變詳矣，然多掇拾易中之辭，而曰蒙、曰晉、曰益、曰升、曰豫、曰損、曰革、曰訟，多與易卦同，得無贅乎。」

〔補正〕

吴安國條内「曰蒙」，下脱「曰比」二字。（卷十一，頁六）

朱朝瑛曰：「揚子雲草玄，合象數而通之；蔡元定演疇，離象數而分之。究之，合者未必能通，離者未必能分也。」

按：蔡氏洪範内篇八十一章，左一右一曰原、左一右二曰潛、左一右三曰守、左一右四曰信、左一右

五曰直、左一右六曰蒙、左一右七曰閑、左一右八曰須、左一右九曰厲、左二右一曰成、左二右二曰沖、左二右三曰振、左二右四曰祈、左二右五曰常、左二右六曰柔、左二右七曰易、左二右八曰親、左二右九曰華、左三右一曰見、左三右二曰獲、左三右三曰從、左三右四曰交、左三右五曰育、左三右六曰壯、左三右七曰興、左三右八曰欣、左三右九曰舒、左四右一曰比、左四右二曰開、左四右三曰晉、左四右四曰公、左四右五曰益、左四右六曰章、左四右七曰盈、左四右八曰錫、左四右九曰靡、左五右一曰庶、左五右二曰決、左五右三曰豫、左五右四曰升、左五右五曰中、左五右六曰伏、左五右七曰過、左五右八曰疑、左五右九曰寡、左六右一曰飾、左六右二曰戾、左六右三曰虛、左六右四曰昧、左六右五曰損、左六右六曰用、左六右七曰郤、左六右八曰翕、左六右九曰遠、左七右一曰迅、左七右二曰懼、左七右三曰除、左七右四曰弱、左七右五曰疾、左七右六曰競、左七右七曰分、左七右八曰訟、左七右九曰收、左八右一曰實、左八右二曰賓、左八右三曰危、左八右四曰堅、左八右五曰革、左八右六曰報、左八右七曰止、左八右八曰戎、左八右九曰結、左九右一曰養、左九右二曰遇、左九右三曰勝、左九右四曰囚、左九右五曰壬、左九右六曰固、左九右七曰移、左九右八曰隳、左九右九曰終。其占一吉、二咎、三祥、四吝、五平、六悔、七災、八休、九凶。其名與易卦同者，蒙、壯、比、晉、益、豫、升、過、損、訟、革凡十有一。與太玄首同者，守、閑、成、常、親、從、交、中、疑、飾、戾、翕、堅、止、養、遇凡十有六。與潛虛行同者，柔、昧、郤、厲、賓、育、興凡七。

〔補正〕

竹垞按内「柔、昧、郤、厲、賓、育、興凡七」，按：潛虛有「隸行」無「厲行」，此書於前卷潛虛按語誤「隸」

爲「厲」，此遂謂洪範内篇厲數與之同名，誤。（卷十一，頁七）

俞氏深**洪範疇解**

一卷。

存。

曹溶曰：「深，字魯淵，桐廬人。宣德中汶上教諭，疇解一卷，乃釋九峰蔡氏内篇。」

韓氏邦奇**洪範圖解**

一卷。

未見。

〔校記〕

四庫存目著録作二卷。（擬經，頁七十）

邦奇自序曰：「昔者上天式教，出書於洛，大禹因書以第疇，箕子因疇以衍義，九以綱之，五十以紀之，治天下之大經大法，粲然明備，古今所謂洪範者也。有宋蔡九峯氏因律吕之變，悟洛書之旨，乃推數而贊之辭，由占以致其用，泄大禹之神藏，發箕子之妙藴，而範之爲範，總於稽疑矣。大哉範乎，上配周易，洪纖脗合，無毫髮爽。其爲占也，蓍皆五十，用皆四十有九。洛書體方而用圓，圓者用三，故揲以三。河圖體圓而用方，方者用四，故揲以四。奇以三乘，三三爲九，九九八十一，而六千五百六十一之數具矣。偶以四乘，二四爲八，八八六十四，而四千九十六之數具矣。至於分掛揲、分終始，皆同，自然配合，若天地陰陽，不可少其一。雖康節之經世，亦別爲機軸，太玄、潛虛之屬，安能涉其波流乎？夫羲、文之學見於易，禹、箕之學見於範，孔子作十翼而易以傳，箕子既没，不得而傳焉。九峯生於二千餘年之後，始紹其絶，理由心得，業匪師傳，其功懋矣。數辭未備，而蔡子卒，乃又絶矣。熬峯氏補其缺辭而訓釋之，其後復明。然碁有陰陽，蓍有奇偶，而考占未備，至於今，其殆將又絶矣乎。洪範傳曰：『象以偶爲用者也，有應則吉；範以奇爲用者也，有對則凶。』又曰：『正數者，天地之正氣也，其吉凶也確；閒數者，天地之閒氣也，其吉凶者雜。』此範學相傳之祕也。著之篇末，以示讀範之士云。」

曹溶曰：「苑洛韓氏洪範圖解，亦釋九峯蔡氏書而作。」

程氏宗舜**洪範内篇釋**

九卷。

存。

宗舜自序曰：「蔡氏著洪範皇極八十一數，始於原，終於終，不越乎吉凶悔吝、災祥休咎而已。是故天地之所以肇，人物之所以生，萬事之所以得失，皆數也。皆數則皆理也，數之體著乎形，數之用妙乎理，九峯因體而象其形於書，因用而闡其理於文，其深有志於窮神知化者也，視之洞極、潛虛之作，相去大逕庭矣。惜乎每數雖與月令相應，而未言所以應之者；每數有與上同功，而未言所以同功者。或有闕文而未暇語者，或有遺數而未及詳載者。天台謝氏以其享數弗遐，釋數未備，尚不能無俟於後之君子。予深玩性學之餘，不揣妄臆，慨然言其所以應，所以同功，所以闕文、遺數者，庶幾天地之肇昭此也，人物之生別此也，萬事之得失辨此也。遂成全書，爲有志性學者一考證焉。」

蘇氏綽**擬大誥**

一篇。

存。

後周書：「蘇綽，字令綽，武功人，爵美陽伯，授大行臺度支尚書領著作兼司農卿。自有晉之季，文章競爲浮華，遂成風俗。太祖欲革其弊，因魏帝祭廟，羣臣畢至，乃命綽爲大誥奏行之，自是之後，文筆皆依此體。」

王應麟曰：「蘇綽大誥近於莽矣，太玄所謂童牛角馬，不今不古者與！」

經義考卷二百七十四

擬經七

王氏通續詩

十卷。

佚。

杜淹曰：「文中子續詩三百六十篇，列爲十卷。」

黄氏省曾擬詩外傳

二卷。

存。

夏侯氏湛**周詩**

佚。

晉書："夏侯湛，字孝若，譙國譙人。少爲太尉掾，泰始中，舉賢良，對策中第，拜郎中。後選補太子舍人，轉尚書郎，出爲蜀①王令。居邑累年，除中書侍郎，出補南陽相，遷太子僕。惠帝即位，以爲散騎常侍。初，湛作周詩成，以示潘岳。岳曰：『此文非徒温雅，乃别見孝弟之性。』湛自序曰："周詩者，南陔、白華、華黍、由庚、崇邱、由儀六篇，有其義而亡其辭，湛續其亡，故云周詩也。"

世説："夏侯湛作周詩成，示潘安仁，安仁曰：『此非徒温雅，乃别見孝弟之性。』"

潘氏岳**補亡詩**

佚。

葛洪曰："近者夏侯湛、潘安仁並作補亡詩。"

晉書："潘岳字安仁，滎陽中牟人。早辟司空太尉府，舉秀才，出爲河陽令，轉懷令。調補尚書度支郎，遷廷尉評，楊駿引爲太傅主簿。駿誅，除名。未幾，選爲長安令，徵爲博士，尋爲著作郎，轉散騎

---

① "蜀"，四庫諸本作"野"。

侍郎，遷給事黄門侍郎。」

按：潘黄門集祇有家風詩，即葛稚川所云補亡詩也。

束氏晳**補亡詩**

六首。

存。

晳自序曰：「晳與同業疇人肄修鄉飲之禮，然所詠之詩，或有義無辭，音樂取節，闕而不備。於是遥想既往，存思在昔，補著其文，以綴舊制。」

王隱晉書：「束晳，字廣微，陽平人。賈謐請爲著作郎，嘗覽周成王詩，有其義亡其辭，惜其不備，故作辭而補之。」

董説曰：「廣微補亡，不過規摩二雅，傅會小序，於古聲①詩之理，未有當也。」

〔補正〕

董説條内「于古聲詩之理」，「聲」當作「笙」。（卷十一，頁七）

① 「聲」，四庫諸本作「笙」。

荀氏勗**擬詩**

六篇。

存。

宋書樂志：「晉荀勗造正旦大會行禮歌四篇，其一曰於皇，其二曰明明；食舉樂東西廂歌十二篇，其二曰賓之初筵，其五曰烈文，六曰猗與，八曰振鷺。」

沈氏朗**新添毛詩**

四篇。

闕。

邱光庭序曰：「大中年中，毛詩博士沈朗進新添毛詩四篇，云：『關雎后妃之德，不可爲三百篇之首，蓋先儒編次不當爾，今别撰二篇爲堯、舜詩，取虞人之箴爲禹詩，取大雅文王之篇爲文王詩，請以此四詩置關雎之前，所以先帝王而後后妃，尊卑之義也。』朝廷嘉之。夫沈朗論詩一何狂謬，新添四詩爲風乎？爲雅乎？爲風也，則不宜歌帝王之道；爲雅也，則不可置關雎之前。非惟首尾乖張，實亦自相矛盾，其爲妄作，毋乃甚乎。」

邱氏光庭補新宮詩

三章。

存。

光庭序曰：「新宮，成室也。宮室畢乃祭而落之，又與羣臣賓客燕飲謂之成也。」又曰：「昭二十五年左傳叔孫昭子聘於宋，公享之，賦新宮；又燕禮：『升歌鹿鳴，下管新宮。』今詩序無此篇，蓋孔子反魯之後，其詩散逸，採之不得故也。三百之篇，孔子既已删定，子夏從而序之，其序不冠諸篇，別爲編簡，縱其辭尋逸，則厥義猶存，若南陔、白華之類，故束皙得以補之。惟此新宮，則辭義俱失，苟非精考，難究根原。按：新者，有舊之辭也，『新作南門』、『新作延廄』是也；宮者，居處燕遊宗廟之總稱也。士蔿城絳以新其宮，梁伯溝其公宮，居處之宮也；楚之章華，晉之虒祁，燕遊之宮也；成三年，新宮災，禰廟之宮也。然則正言新宮，居處之宮也。蓋文王作豐之時，新建宮室，宮室初成而祭之，因之以燕賓客，謂之爲考。考，成也，若宣王斯干『考成室』之類是也。亦謂之落，落者，以酒澆落之也，若『楚子成章華之臺，願與諸侯落』之類是也。因此之時，詩人歌詠其美以成篇章，故周公采之，以燕享歌焉。必知此新宮爲文王詩者，以燕禮云：『下管新宮。』下管者，堂下以笙奏詩也。鄉飲酒禮云：『工升而歌鹿鳴、四牡、皇皇者華，歌訖，笙入立於堂下，奏南陔、白華、華黍。』笙之所奏，例皆小雅，皆是文王之詩，新宮既爲下管所奏，正與南陔事同，故知爲文王詩也。知非天子詩者，以天子之詩，非宋公所賦、下管所奏故也。知非諸侯詩者，以諸侯之詩，不得入雅，當在國風故也。知非禰廟詩者，以禰廟之詩，不可享賓故也。知非燕遊之宮詩者，以燕遊之宮，多不如禮，其詩必當規刺；規刺之作，是爲變雅，享賓不用變雅故也。由此而論，則新宮爲文王之詩亦已明矣。或問曰：『文王既非天子，又非諸侯，爲何事也？』答曰：『周室本爲諸侯，文王身有聖德，當殷紂之代，三分天下之衆，二分歸周，而文王猶服事紂，武王克殷之後，謚之曰文，追尊爲王，其詩有風焉，周、召南是也；有小雅焉，鹿鳴、南陔之類是也；有大雅焉，大明、棫樸之類是也；有頌焉，清廟、我將之類是也。四始之中，皆有詩者，以其國爲諸侯，身行王道，薨後追尊故也。』新宮既爲小雅，今依其體以補之云爾。」

補茅鴟詩

四章。

存。

光庭序曰：「茅鴟，刺食禄而無禮也。在位之人有重禄而無禮度，君子以爲茅鴟之不若，作詩以刺之。」又曰：「襄二十八年左傳，齊慶封奔魯，叔孫穆子食慶封，慶封氾祭，穆子不説。使工爲之諷①茅鴟。杜元凱曰：『茅鴟，逸詩，刺不敬也。』凡詩先儒所不見者，皆謂之逸，不分其舊亡與刪去也。臣以茅鴟非舊亡，蓋孔子刪去耳，何以明之？按：襄二十八年，孔子時年八歲，記曰：『男子十年出就外傅，

① 「諷」，四庫薈要本、文津閣四庫本作「誦」。

學書記，十有三年學樂習詩舞①。』論語曰：『吾十有五而志于學。』則慶封奔魯之日，與孔子就學之年，其閒相去不遠，其詩未至流散。況詩禮盡在魯國，孔子賢於叔孫，豈叔孫尚得見之，而孔子反不得見也？由此而論，茅鴟之詩不合禮，又爲依孔子刪去，亦已明矣。或曰：『安知新宮不爲刪去耶？』答曰：『新宮爲周公所收，燕禮所用，不與茅鴟同也。』曰：『茅鴟爲風乎？爲雅乎？』曰：『非雅也，風也。』何以言之？以叔孫大夫所賦多是國風故也，今之所補，亦體風焉。」

〔補正〕

自序内「使工爲之諷茅鴟」，「諷」當作「誦」。「學樂習詩舞」，「習」當作「誦」，「舞」下脱「勺」字。（卷十一，頁七）

胡震亨曰：「丘光庭，吴興人，國子太學博士。」

淳化鄉飲酒詩

三十三②章。

〔補正〕

當作「三十四章」，此沿宋史樂志標目之誤。竹垞按内「三十三章」，亦當作「三十四章」。

① 「學樂習詩舞」，四庫薈要本、文淵閣四庫本作「學樂誦詩舞勺」。

② 「三十三」，四庫薈要本俱作「三十四」。

按：此特宋時借古篇名以入樂耳，何嘗以擬經自居乎？當删去。（卷十一，頁七）

存。

按：淳化中鄉飲酒禮歌詩三十三①章，鹿鳴六章，南陔二章，嘉魚八章，崇邱二章，關雎十章，鵲巢六章，其辭皆别撰，見宋史樂志。

鄭氏剛中**補南陔詩**

五章。

存。載北山集。

鄭氏僖**補白華詩**

三章。

存。載鐵網珊瑚。

潘耒曰：「元饒州路總管王都中，父閩國忠愍公，以至元甲申使日本，殁於難，訃聞於京，都中時七齡，母張普貴以守節自誓，祝髮於京之浄垢寺。及卒，像設之筵，缾簪丹茶，兩旬浹矣，其花半萎。中有一萼，天然融結，狀類桃實，非花非果，玉質縠章，宛分三脈，日漸以腴，内外映徹，如浄琉璃。乃命工寫

① 「三十三」，四庫薈要本俱作「三十四」。

爲圖，國史編修章嘉爲之作傳，一時題識贊詠者二十人，而東嘉鄭僖補白華三章，以美都中之孝感焉。」

朱氏載堉補笙詩

六篇。

存。

載堉自序曰：「笙詩六篇雖亡，推之於理，亦可補焉。譬如冬官之篇亡，而以考工記補之；格致之傳亡，而以程子之意補之。夫考工記之與程子之意，皆與本文不類，而補之亦未爲害，何獨於詩靳之不敢補哉？南陔等篇，前賢多補之者，如夏侯湛之作，今存一章，可考而不見其全文，惟束廣微之作，備載於文選者是也。裴耀卿守宣州歌此詩，觀者感泣，豈即束氏所補者歟？抑夏侯氏所補者歟？夏作見劉孝標世説註，其辭曰：『既殷斯虔①，仰説洪恩，夕定晨省，奉朝侍昏。宵中告退，雞鳴在門，孳孳恭誨，夙夜是敦。』潘岳見是詩曰：『此非徒温雅，乃別見孝悌之性。』以今觀之，其意固善矣，其語頗重複，晨昏夙夜，只是一義。束詩亦無甚動人處，豈能令感泣乎？閒嘗效顰爲之。」

〔補正〕

自序内「既殷斯虔」，「虔」當作「虔」。（卷十一，頁七）

① 「虔」，四庫薈要本、文淵閣四庫本作「虔」。

陸氏世儀**詩鑑**

十卷。

未見。

盧氏辯**六官述**

闕。

後周書：「初，太祖欲行周官，命蘇綽專掌其事，未幾而綽卒，乃令辯成之。於是依周禮建六官，置公卿大夫士，并撰次朝儀，車服、器用多依古禮，革漢、魏之法，事並施行。今録辯所述六官著之於篇，天官府、地官府、春官府、夏官府、秋官府、冬官府，史雖具載，文多不録。」

皮氏日休**補周禮九夏歌**

九篇。

存。

日休自序曰：「周禮鐘師：『掌金奏，凡樂事以鐘鼓奏九夏。』按：鄭康成注云：『夏者，大也，樂之大者歌有九也，九夏者，皆詩篇名，頌之類也。此歌之大者載在樂章，樂崩亦從而亡，是以頌不能具也。』嗚呼，吾觀之魯頌，其古也亦已久矣，九夏亡者，吾能頌乎？夫大樂既去，至音不嗣，頌於古不足以補亡，頌於今不足以入用，庸何頌乎？頌之亡者，俾千古之下，鄭、衛之内，窈窈冥冥，不獨有大卷之一章乎？」

王氏韶之**擬肆夏詩**

存。

宋書樂志：「王韶之造四廂樂歌五篇，一曰肆夏。」

南齊書樂志：「元會大饗四廂樂，齊微改革，多仍宋舊辭，其臨軒樂亦奏肆夏。」

隋書樂志：「北齊元會大饗，賓入門，四廂奏肆夏。」

古今樂録曰：「周禮王出入奏王夏，賓出入奏肆夏。肆夏本施之於賓，王出入不應奏肆夏也。」

王氏彦威**續曲臺禮**

唐志：「三十卷。」

佚。

按：紹興續到闕書目亦有之。

程氏榮秀**翼禮**

佚。

徽州府志：「程榮秀，字孟敷，休寧人。延祐中，嘉興路儒學教授，以家禮出文公殁後，復取文公言行有涉於禮者，爲翼禮以傳。後仕至江浙提舉、副提舉。」

張氏一棟**居家儀禮**

未見。

高把曰：「張一棟，字起東，平和人，萬曆丙戌進士，官至姚安知府。」

楊氏廉**擬鄉飲酒禮**

一卷。

未見。

廉自序曰：「廉讀儀禮鄉飲酒篇，因記伊川程夫子之言曰：『不席地而倚卓，不手飯而匕箸，皆聖人隨時之義。』以是知古不必深泥也。乃潛求其不大戾者而擬議焉，第不知好禮之士以爲何如耳。」

陶氏潛**鞠小正僞本**

一卷。

存。

馮京第序曰：「予每從市肆閲書，歲乙亥，得鞠小正一篇於淮西市。題曰：晉陶淵明著。其言簡而覈，似爲晉、宋人作。世之推求鞠故實者，必稱淵明，然則種鞠東籬下，故能究其理而盡其法者也。其書以秋九月爲正，儻亦不奉宋正之微旨耶？鞠記黄華本諸夏正，抑黄魏統之色也，晉所從受代，子滅則思母，而宋運故當用魏德勝之爾。又鞠，窮也，華事至此而窮，其歎身與國之窮乎？淵明之俯仰感興於一鞠有以夫？古人之意不必如是，然是乃古人之意也。其大小注論種植法甚詳，不定爲誰注，然後之愛鞠者，求之此一卷書足矣。古人爲學祀先聖先師，若以陶爲鞠聖，得不以此書爲鞠師也哉。他時三徑業成，當倣茶竈祀桑苧翁於籬次，畫葛巾遺像，庶幾與鞠並蒙其福焉。」

按：鞠小正一卷，四明馮京第躋仲得之淮陰市，託名陶淵明所作。其書以秋九月爲正月，序曰：「秋九月者，鞠之乘時行令也，故建以爲正，謂之履端，其終以秋八月，始乎榮、卒乎將發，終則有始，華之久與天地四時爲無窮也。」又有注論①種植之法，頗詳，殆即②躋仲游戲之作爾。

皮氏日休**補大戴禮祭③法**

一篇。

存。

① 文津閣四庫本無「注論」二字。
② 文津閣四庫本無「即」字。
③ 文津閣四庫本無「祭」字，注「□」。

日休序曰：「祭法曰：『法施於人則祀之。』咎繇作帝暮爲士師，其道參乎舜、禹，不曰法施於人乎？何祀典之闕哉？祭法曰：『能禦大災則祀之。』堯、舜之世，山林蕃，鳥獸暴；益作虞也，山林疏，鳥獸鮮，人民安，不曰能禦大災乎？何祀典之闕哉。祭法曰：『以勞定國則祀之。』昔者周公輔武以寧殷亂，佐成而定周業，制禮樂，立明堂，不曰以勞定國乎？何祀典之闕哉？如以咎繇、伯益之功小於舜、禹，不在祀典，則契爲司徒而民成，咎繇也；冥勤其官而水死，伯益也。如以聖人制禮，自有七廟，不合列在祀典，則文王以文治、武王以武功，周公也如皆以功烈列於民者，則吾之先師仲尼邁德於百王，垂化於萬代，孰不若契爲司徒、冥勤其官也哉。日休懼聖人之文將亂而墜，敢參補而附之。」

崔氏寔**四民月令**

隋志：「一卷。」

佚。

隋書：「後漢大尚書崔寔撰。」

按：四民月令其書雖佚，而賈思勰齊民要術引之特多，合以太平御覽所載，好事者尚可捃拾成卷也。

〔補正〕

案：此四民月令以下至水月令凡一十三種，皆不應入擬經，當删。

孫氏思邈**千金月令**

唐志：「三卷。」

佚。

齊民月令

宋志：「三卷。」

佚。

按：齊民月令，太平御覽引之。

劉氏孝恭**遯甲月令**

十卷。

佚。

裴氏澄**乘輿月令**

唐志：「十二卷。」

佚。

唐會要：「貞元十一年八月，國子司業裴澄撰乘輿月令十二卷上之。」

劉氏先之**兵家月令**一作「玄之」，又作「定之」。

宋志：「一卷。」

佚。

符氏彥卿**行軍月令**

宋志：「四卷。」

佚。

王氏洪暉**行軍月令**

宋志：「四卷。」

佚。

姚氏稱**攝生月令圖**

宋志：「一卷。」

佚。

鮑氏雲龍**大月令**

一卷。

佚。

袁氏以賢**太玄月令**

一卷。

未見。

徐氏獻忠**山家月令**

未見。

獻忠自序曰：「經曰：『用天之道，因地之利，謹身節用，以養父母。』至哉言乎，小人俯仰所資，其斯有道矣。夫山原異土，習尚各宜，濟以聞識，協諸節候，庶乎不失太平之政，以符擊壤之化。至於柴門洞啓，牧豎前驅，夕照光回，篝燈自命，佳蔬在柈，濁酒可漉，布被擁寒，農書作枕，足以怡神，不知老至，斯又蒙之至樂也。舍是而遠有所慕，余所不能，夫亦習而成性者耶。」

王氏士正**水月令**

一卷。

存。

士正自述曰：「曹縣，古北亳地，瀕大河，其人習知水候。偶得無名子水候占一卷，其辭頗近古，因稍刪次之爲水月令，備河渠參攷焉。」

陽成氏脩**樂經**

佚。

王充曰：「陽成子長作樂經，思極窅冥之深，非庶幾之才不能成也。所謂卓爾蹈孔子之跡，鴻茂參二聖之才者。」又曰：「陽成子長樂經，卓絶驚耳，不述而作，材疑聖人，而漢朝不譏。」

李氏玄楚①**樂經**

唐志：「三十卷。」

佚。

房氏庶**補亡樂書**

宋志：「三卷。」

---

①「玄楚」，文津閣四庫本作「楚」。

佚。

曹學佺曰：「益州進士房庶曉音律，宋祁、田況薦之，上其樂書，召詣闕試祕書省校郎。」

余氏載**中和樂經**

二卷。

未見。

張萱曰：「元余載採集經典論樂語，彙而爲書。」

湛氏若水**補樂經**

未見。

若水自序曰：「補樂經何爲者也？以樂經之缺而擬補之也。樂記其傳也，經亡而傳存，猶幸告朔之餼羊也。然而論其義理而遺其度數，則樂之本廢矣。夫禮、樂一道也，二禮之缺，吾已正之經傳矣，樂經之缺，自吾四十而致意焉。夫禮由心生者也，樂由禮生者也，禮主序，樂主和，序以致中，和以致和，序生於心，和暢於外則樂，樂則生矣。生則惡可已也，惡可已則不知手之舞之，足之蹈之，手舞足蹈，樂所以盡神也。以格神人，以感上下，以位天地，以育萬物。夫位、育、感、格，治之至也，古之極也。故古之明王之治天下，必興禮樂，三代而上，以至黄帝、堯、舜之治，皆由此道也。漢、唐而下，治不如古，非其人物之異也，以禮樂之道廢焉耳。夫禮之起在節文矣，節文者，禮之經也；樂之起在度數矣，度數者，樂之經也。節文者，升降揖讓之謂也；度數者，律吕聲音之謂也。予年耄耋矣，幸天數之未盡，撫素志而未酬，乃在西樵隱居無事，閒取諸家律吕之説，而竊損益更張以文之，擬爲古樂經一篇，而以樂記諸見於載籍者列於後，以爲之傳焉。經以定其度數，傳以發其義理，而樂其可知矣。有聖君賢相欲興禮樂者，必於是乎有取焉。或曰：『王通續經，至今爲誚，而吾子又有是作焉，不亦取譏於天下後世矣乎？』曰：『述之也，非作之也；擬之也，非續之也，夫何誚？』後有聖者斯知之矣。」

經義考卷二百七十五

擬經八

何氏承天**春秋前傳**

隋志：「十卷。」

佚。

春秋前雜傳唐志作前傳雜語。

隋志：「九卷。」唐志：「十卷。」

佚。

晉史乘僞本

一卷。

存。

丁公著曰：「晉名春秋爲乘者，取其善惡無不載。」

吾衍序曰：「晉史乘於劉向校讐未之聞，余近年與楚史檮杌併得之，誠奇書也。不著作者名氏，觀其篇目次第，與晏子春秋相似，疑出於一時。雖桓、文之事，仲尼之徒不道，而晉乘、楚檮杌，孔子修春秋多取之，余嘉其書，因録之以備三史之目。」

胡應麟曰：「孟子稱晉之乘、楚之檮杌，檮杌今不可見，而汲冢紀年所載事於晉獨詳，其文與春秋類，豈即孟子所謂晉乘者與？自三晉之分，此書入魏，史氏遂以魏事繫之晉末，蓋惠王之史所紀，孟子所見必此。元人有僞作晉乘、楚檮杌者，吾衍子行序謂一日併得之，其書雜取①左傳、國語、新序、説苑中論文、莊二伯事，節約成篇，宋景濂、王子充謂即衍所撰。」

楚書檮杌僞本

一卷。

存。

春秋文曜鈎曰：「楚立唐氏以爲史官。」

吕覽：「唐尚敵年爲史，其故人爲唐尚願之，唐尚曰：『吾非不得爲史也，羞而不爲也。』」

---

①「雜取」，四庫薈要本作「雖取」。

丁公著曰：「楚謂春秋爲檮杌者，在紀惡而興善也。」

按：晉乘、楚檮杌，隋、唐、宋志及崇文、中興等目俱無之，即明文淵閣書目亦未有，不知何時、何人爲此，而託序於吾邱子行①。

又按：于欽作齊乘，張唐英作蜀檮杌，乘與檮杌不可謂經，然亦春秋之類，附識於此。

袁氏康、**吴氏**平**越絶書**

十五卷。

存。

本事篇：「何謂越絶？越者，國之氏也，何以言之？按：春秋序齊、魯，皆以國爲氏姓，是以明之。絶者，絶也，謂句踐時也。當是之時，齊將伐魯，孔子恥之，故子貢説齊以安魯。子貢一出，亂齊、破吴、興晉、強越，其後賢者辨士見夫子作春秋而略吴、越，又見子貢與聖人相去不遠，脣之與齒，表之與裏，蓋要其意，覽史記而述其事也。問曰：『何不稱越經書記，而言絶乎？』曰：『不也。絶者，絶也，句踐之時，天子微弱，諸侯皆叛，於是句踐抑強扶弱，絶惡反之於善，取舍以道，沛歸於宋，浮陵以付楚，臨沂、開陽復之於魯，中國侵伐，因斯衰止。以其誠在於内，感發於外，越專其功，故曰越。故作此者，貴其内能自約，外能絶人也。賢者所述，不可繼絶，故不爲記明矣。』」

① 「吾邱子行」，文淵閣四庫本作「吾衍子行」。

後序：「維子胥之述吳、越也，因事類以曉後世，著善爲誠，譏惡爲誠①。句踐以來，至乎更始之元，五百餘年，吳、越相復見於今②。百歲一賢，猶爲比肩，記陳厥說，略有其人。以去爲姓，得衣乃成，厥名有米，覆之以庚。禹來東征，死葬其疆，不直自斥，託類自明。寫精露愚，略以事類，俟告後人。文屬辭定，自於邦賢。以口爲姓，承之以天，楚相屈原，與之同名。明於古今，德配顏淵，時莫能與，伏竄自容，年加申酉，懷道而終。友臣不施，猶夫子得麟，覽覩厥意，嗟歎其文，於乎哀哉！温故知新，述暢子胥，以喻來今，經世歷覽，論者不得，莫能達焉。猶春秋鋭精堯、舜，垂意周文，配之天地，著於五經，齊德日月，比智陰陽。詩之伐柯，以己喻人，後生可畏，蓋不在年。以口爲姓，萬事道也；承之以天，德高明也；屈原同名，意相應也；百歲一賢，賢復生也；明於古今，知□□也③；德比顏淵，不可量也；時莫能用，籥口鍵精，深自誠也；猶子得麟，丘道窮也；姓有去，不能容也；得衣乃成，賢人衣之能章也；名有米，八政寶也；覆以庚，兵絶之也。於乎哀哉，莫旨與也。屈原隔界，放於南楚，自沈湘水，蠡所有也。」

〔補正〕

後序內「譏惡爲誠」，「誠」當作「誡」。「吳、越相復見於今」，「相」下脱「攻」字。明於今古知□□也」，「知」下是「識宏」二字。（卷十一，頁八）

---

① 「誠」，四庫諸本作「誡」。

② 「吳、越相復見於今」，四庫諸本作「吳、越相攻，復見於今」。

③ 「知□□也」，四庫諸本作「知識宏也」。

崇文總目：「子貢撰，或曰子胥。舊有内記八，外傳十七，今文題闕舛，裁二十篇。又載春申君，疑後人竄定。世或傳二十篇者，非是。」

陳振孫曰：「無撰人名氏，相傳以爲子貢者，非也。其書雜記吴、越事，下及秦、漢，直至建武二十八年。蓋戰國後人所爲，而漢人又附益之耳。『越絶』之義曰：『聖人發一隅，辨士宣其辭；聖文絶①於彼，辨士絶於此。』故曰『越絶』。雖則云然，終未可曉也。」

〔補正〕

陳振孫條内「聖人絶于彼」，「絶」當作「越」。（卷十一，頁八）

張崇緡曰：「越絶，復讐之書也。」

胡侍曰：「越絶書，崇文總目云：『子貢撰，或曰子胥撰。』陳氏書録解題云：『無撰人名氏，相傳以爲子貢者，非也。其書雜記吴、越事，下及秦、漢，直至建武二十八年，蓋戰國後人所爲，而漢人又附益之者。』予按篇末敍，則草創越絶者，爲會稽袁康，而潤色之者，乃同郡吴平耳。又論衡按書篇有會稽吴君高越紐録，意者君高即吴平之字，『越紐』爲『越絶』之譌也。」

田藝衡曰：「隋志：『越絶記十六卷。』崇文總目：『十五卷。舊爲内紀者八，爲外傳者十七。』馬氏通考云：『二十篇者非是。』蓋左傳、國語之流，第作者之名不著。曰賜見春秋，發憤記吴、越，則明載於外傳之篇，而序曰：吴、越賢者所作，或曰：子胥。又曰：後人述説。其曰『句踐以來，至更始之元，五

① 「絶」，文淵閣四庫本作「越」。

百餘年，吴、越將復見於今』，是紀其時也。『百歲一賢，猶爲比肩』，是紀其侣也。『以去爲姓，得衣乃成厥名，有米覆之以庚』，『以口爲姓，承之以天，楚相屈原與之同名』，是紀其姓與名也。『禹來東征，死葬其疆』，『文屬辭定，自於邦賢』，是紀其地也。『德配顏淵，伏竄自容，年加申酉，懷道而終』，是紀其行與年也。究而繹之，義斯顯矣。要之，記陳厥説者，袁創於先，而屬文定辭者，吴成於後也。豈斯人之徒，當建武之末，追痛中國之亡，而句踐之祀忽諸，故因越絶以成書邪？」

錢氏槧**續越絶書**

二卷。

存。

按：續越絶書二卷，亡友錢稺茁避地白石樵林時所撰也。其云得之石匣，謂是漢吴平著，蜀譙岍①注，蓋詭託之辭。上卷曰：内傳本事、吴内傳、德序記②、子游内經外傳、越後語、西施鄭旦外傳。下卷曰：越外傳、雜事别傳、變越上别傳、變越下内經、雅琴考敘傳、後紀。序略曰：賜紀越絶成一家言，袁康接之章句，其篇文屬辭定，又何續焉？惟上紀春秋之獲麟，下逮更始之元，是亦可謂好事矣。

① 「岍」，備要本作「研」。
② 「記」，備要本作「太」。

趙氏曅**吴越春秋**

隋志：「十二卷。」

存。

中興書目：「吴越春秋十卷，内吴外越以紀其事。吴起太伯，止闔閭；越起無余，止句踐。」

〔補正〕

中興書目條内「吴起太伯止闔閭」，按：吴越春秋有夫差内傳，此闔閭二字誤。（卷十一，頁八）

〔校記〕

元大德本十卷，明刊本六卷。（頁七十）

晁公武曰：「吴起太伯盡夫差，越起無餘①盡句踐，内吴外越，本末咸備。」

王應麟曰：「吴越春秋，其屬辭比事，皆不與春秋、史記、漢書相似，蓋率爾而作，非史策之正也。」

徐天祐曰：「曅去古未遠，又山陰人，故其綜述，視他書所記二國事爲詳，然不類漢文。」

錢福曰：「吴越春秋作於東漢趙曅，後世補亡之書耳。大抵本國語、史記而附以所傳聞者爲之，其大旨誇越之多賢，以矜其故都，而所編傳乃内吴而外越，則又不可曉矣。所載孔子、子貢事不可據，而其謀則在當時游説之至高者也。若胥之忠、蠡之智、種之謀、包胥之論策、孫武之論兵、越女之論劍、陳

---

① 「無餘」，文淵閣四庫本作「無余」。

音之論弩、句踐臣吴之别辭、伐吴之戒語、五大夫之自效，世亦何可少哉。」

〔補正〕

按：越絶書以下至吴越春秋傳凡六種，皆非擬經，當删。（卷十一，頁八）

張氏遐**吴越春秋外紀**

佚。

楊氏方**吴越春秋削繁**

隋志：「五卷。」

佚。

皇甫氏遵**吴越春秋傳**

隋志：「十卷。」

佚。

崇文總目：「初，趙曄爲吴越春秋十卷，其後有楊方者，以曄所撰爲繁，又刊削之爲五卷，遵乃合二家之書，考定而注之。」

樂氏資春秋後傳

隋志：「三十一①卷。」唐志：「三十卷。」

佚。

隋志：「晉著作郎樂資撰。」

劉知幾曰：「晉著作郎樂資采二史撰爲春秋後傳，其書始於周貞王，續前傳，魯哀以後至王赧入秦，又以秦文王繼周，終於二世，合作三十卷。」

按：初學記引春秋後傳文云：「秦穆公將兄三人囚於内宫。」又云：「張孟談謂趙襄子曰：『臣聞董安于之在晉陽，公宫之垣皆荻蒿。』」又云：「赧王三十八年，秦始作浮橋於河。」又水經注引後傳文云：「使者鄭客②入柏谷關，至平舒望③，見華山有素車白馬，問鄭客安之？答曰：『之咸陽。』過鄗池，曰：『吾華山君使，願託書致鄗池君。子之南陽④，過鄗池，見大梓下有文石，取以扣梓，當有應者，以書與之，勿妄發，致之得所欲。』鄭客行至鄗池，見一梓下果有文石，取以欵⑤梓，應曰：『諾。』鄭

① 「三十一卷」，備要本誤作「二十一卷」。
② 「鄭客」，四庫諸本作「鄭容」，後皆同。
③ 「望」，四庫諸本作「置」。
④ 「南陽」，四庫諸本作「咸陽」。
⑤ 「欵」，備要本作「款」。

客如睡覺而見宮闕，若王者之居焉，謁者出，受書入，又見頃①，聞語聲，言『祖龍死』。」

〔補正〕

竹垞按内「鄭客」，「客」皆當作「容」。「至平舒望見」，「望」當作「置」。「子之南陽」，「南」當作「咸」。「又見頃聞語聲」，「又見」二字當作「有」。（卷十一，頁八）

劉氏允濟**魯後春秋**

唐志：「二十卷。」

佚。

唐書：「劉允濟，中宗時遷著作佐郎，采魯哀公後十二世，接戰國爲魯後春秋，獻之。允濟嘗曰：『史官善惡必書，使驕主賊臣懼，此權顧輕哉。而班生受金、陳壽求米，僕乃視之如浮雲爾。』」

裴氏光庭等**續春秋經傳**

佚。

唐書：「開元中，裴光庭拜侍中兼弘文館學士，又引壽安丞李融、拾遺張琪、著作司馬利賓，直弘文館，撰續春秋經傳，約周公舊規，依仲尼新例。自戰國迄隋，上自周敬王，下至有隋。請天子修經，光庭作傳，書

① 「又見頃」，四庫薈要本、文淵閣四庫本作「有頃」。

久不就。」

册府元龜：「開元二十年三月丁卯奏上。」

李氏概**戰國春秋**

隋志：「二十卷。」

佚。

〔補正〕

按：竹垞所載李氏戰國春秋以下，至亡名氏歷代善惡春秋凡四十六種，皆不得入擬經，當删。（卷十一，頁十）

陸氏賈**楚漢春秋**

漢志：「九篇。」隋志：「九卷。」

佚。

後漢書：「漢興，定天下，太中大夫陸賈記録時功，作楚漢春秋九篇。」

劉知幾曰：「吕、陸二氏各著一書，惟次篇章，不繫時月，此乃子書雜記，而皆曰春秋。」

司馬貞曰：「記項氏與漢高初起，及惠、文間事。」

洪邁曰：「陸賈書當時事，而所言多與史不合。」

按：楚漢春秋，顔師古漢書注、李善文選注皆引之，則唐時尚存，又太平御覽亦引之，則宋初猶未亡也。

何氏英**漢德春秋**

十五卷。

佚。

蜀中著作紀：「漢何英著，英，郫人，何武弟也，與成都楊申俱通經緯。」

孔氏衍**漢春秋**

唐志：「十卷。」

佚。

後漢春秋

唐志：「六卷。」

佚。

漢魏春秋

隋志：「九卷。」

佚。

胡氏旦漢春秋

通志：「一百卷。」

佚。

漢春秋問答

通志：「一卷。」

佚。

國史志：「胡旦漢春秋百卷，問答一卷，因四百年行事，立褒貶以擬春秋。淳化五年，旦自言願給借館吏繕寫，帝曰：『褒貶出於胸臆，豈得容易流傳？』祥符三年，謝泌又爲言，敕襄州給紙寫，天聖中獻之，仁宗稱歎，遷旦祕書監。」

鄭樵曰：「問答者，旦與門人郄羽問答。」

宋實録：「祥符三年十二月，襄州言通判司封外郎胡旦撰漢春秋百卷，詔給札録進。」

玉海：「天聖元年九月十六日，中書門下言胡旦先撰漢春秋一百卷，久未進入，詔令本州遞進。二年二月癸亥，州以旦書上進，上稱歎之，以祕書監致仕，命一子爲京官。初，旦上所撰漢春秋一百卷，上因問旦著書本末，宰臣王欽若曰：『旦，太宗朝進士第一人，詞學精博，嘗謂三代之後，惟漢得正統，因四百年行事立褒貶，著此書以擬春秋。』上稱歎，故有是命。初，旦斲大硯方五六尺，既而埋之，且刻曰『胡旦修漢春秋硯』云。」

梁氏固**漢春秋**

佚。

山東通志：「梁固，鄆城人，字仲堅，灝之子，嘗著漢春秋。初以灝蔭賜進士出身，祥符初，擢甲第，累官著作郎直史館。」

袁氏曅**獻帝春秋**

隋志：「十卷。」

佚。

司馬氏彪**九州春秋**

隋志：「十卷。」

佚。

晉書：「彪字紹統，高陽王睦之長子也。泰始中爲祕書郎，轉丞，作九州春秋，以爲先王立史官以書時事，載善惡以爲沮勸，撮教世之要也，是以春秋不修，則仲尼理之；關雎既亂，則師摯修之。前哲豈好煩哉？蓋不得已故也。漢氏中興，訖於建安，忠臣義士，亦以昭著，而時無良史，記述煩雜，譙周雖已删除，然猶未盡。安順以下，亡缺者多，彪乃討論衆書，掇其所聞，起於世祖，終於孝獻，編年二百，録世二十①，通綜上下，旁貫庶事，爲記、志、傳，凡八十篇。」

〔補正〕

晉書條内「録世二十」，當作「十二」。「通綜上下，旁貫庶事，爲記、志、傳」，「記」當作「紀」。傑按：晉書司馬彪傳此段指彪所作續漢書而言，末句「凡八十篇」，下原有「號曰續漢書」五字，今其書紀、傳雖佚，八志尚附范史以行，其非九州春秋顯然。此書將「號曰續漢書」句删去，而附於九州春秋之下，誤。（卷十一，頁九）

劉知幾曰：「漢氏失馭，英雄角力，司馬彪録其行事，爲九州春秋，州爲一篇，合爲九卷，尋其體統，亦近代之國語也。」

中興書目：「紀漢末州郡之亂，司、冀、兗、青、徐、荆、揚、涼、幽各一篇。彪，高陽王睦之長子，專精學術，泰始中爲祕書丞。」

---

①「二十」，四庫諸本作「十二」。

陳振孫曰：「晉司馬彪紹統撰。記漢末州部①之亂，凡盜賊僭叛皆紀之。」

劉氏峻**九州春秋鈔**

一卷。

佚。

右見胡元瑞經傳會通。

凌氏準**漢後春秋**

佚。

柳宗元曰：「凌君宗一著漢後春秋二十餘萬言。」

浙江通志：「凌準，富陽人，官翰林學士。」

王氏希聖**續漢春秋**

佚。

戴表元曰：「始余考論古今統系，於周、漢絶續之交，三國、南北朝、五代離合之際，未嘗不反覆疑

① 「部」，文淵閣四庫本作「郡」。

之也。乃至於今，承學之士，皆能黜魏遠吴，尊蜀而進之，則以子朱子通鑑綱目之作，有以補司馬公之未及焉。然自朱説大明，學者遂謂司馬本書爲不能出此而訾之者，何不諒其創之之難也。蓋司馬公之於系魏也，既言之曰：『吾書起威烈，訖後周。記事不得不屬紀年，紀年不得不承舊史，故乃傳述爲文，而使觀者自詳焉，非立褒貶之法、撥亂反正如春秋然也。』朱子之綱目進於是矣，又不過曰綱①鑑也，目録也，舉要也，補遺也，詳簡之不中也，記識之不强也，緣本書爲之義例焉，非斷斷然自行一書，曰：我行春秋之事也。余讀其書而感之，昔者夫子曰：『吾猶及史之闕文也。』其於春秋，固魯史策書，而自孟氏以來，皆謂夫子作春秋，蓋當時夫子老矣，雖作春秋，可以無辭也。通鑑之事，弘於魯史；綱目之心，儉於春秋；而二公敬古尊賢，謹重忠恕，藹乎有君子之道矣。然而詳焉者以使擇，嚴焉者以使守，生乎百世之下，聞乎二公之説，其爲幸也，不既多乎。王君希聖，與余年相伯仲，才敏十倍於余，示教所作續漢春秋若干言，不特發陳壽之膏肓，助鑿齒之墨守，嚴辭正氣，真司馬公之忠臣，而視朱子又所謂于湯有光者也。病困勦瘵之中，諷讀併日，爲之作興，顧辱不鄙，見需序引，歉縮再三，莫知所發。獨其鈍質，有於通鑑綱目之書，惓惓不能遽釋者，題梗概於卷後而歸之。雖然，余於希聖有朋友之義，資多聞以蓄德，俟餘力以學文，方願相以勉焉。」

〔補正〕

戴表元條内「綱鑑也」，「綱」當作「通」。（卷十一，頁九）

---

① 「綱」，四庫諸本作「通」。

孫氏盛**魏氏春秋**

隋志：「二十卷。」

佚。

劉知幾曰：「魏京兆魚豢私撰魏略，事止明帝。其後孫盛撰魏氏春秋，王隱撰蜀記，張勃撰吴録，異聞間出。」又曰：「孫盛魏、晉二陽秋，每書年首必云某年春帝正月。夫年既編帝紀，而月又列帝名，以此而擬春秋，所謂貌同而心異也。」

孫氏壽**魏陽秋異同**

唐志：「八卷。」

佚。

鄭氏如幾**魏春秋**

佚。

按：西吴鄭如幾撰魏春秋，大旨謂商系夏、周系商、秦系周、漢系秦、魏系漢、晉系魏，綿綿系而不絶者謂之統。若以魏篡取，不使系漢，則統其絶矣。春秋列國之君雖篡弑，而取者皆得承其統，聖人不没其實，所以著其罪也。司馬遷作史記，略準春秋，至秦、項、吕氏亦皆列之本紀，非予之也，法應然也。必欲以蜀系漢，不知蜀亡，系之魏耶？系之晉耶？莫適攸從矣。同時張無垢作書難之，如幾報書千言，書載陳霆兩山墨談、董斯張吴興藝文補。

員氏半千**三國春秋**

唐志：「二十卷。」佚。

崔氏良佐**三國春秋**

唐志：「卷亡。」佚。

經義考卷二百七十六

擬經九

孫氏盛**晉陽秋**

隋志：「三十二卷。」唐志：「三十二卷。」佚。

〔校記〕

湯球有輯本。（擬經，頁七十）

晉書：「孫盛著晉陽秋，辭直理正，直書枋頭之事，桓温見之，怒，其子請删改之，盛不可，子遂私改之。太元中，孝武博求異聞，始得别本於遼東，考校多不同，書遂兩存。」

中興書目：「晉陽秋本三十二卷，今止存宣帝一卷、懷帝下一卷、唐人所書康帝一卷，餘亡。盛不名『春秋』而曰『陽秋』者，避鄭太后名也。」

周密曰：「簡文鄭后諱阿春，故以『春秋』爲『陽秋』。」

佚。

習氏鑿齒漢晉陽秋

隋志：「四十七卷。」唐志：「五十四卷。」

〔校記〕

湯球有輯本。（擬經，頁七十）

檀道鸞曰：「鑿齒少而博學，才情秀逸，温甚奇之，自州從事歲中三轉，至治中後，以忤旨左遷户曹參軍、衡陽①太守，在郡著漢晉春秋，斥温覬覦之心也。」

世説：「習鑿齒史才不常，宣武甚器之，未三十便用爲荆州。治中後，至都見簡文，忤旨，出爲衡陽②郡。於病中猶作漢晉春秋，品評卓逸。」

晉書：「桓温覬覦非望，鑿齒著漢晉春秋以裁正之，起漢光武，終於晉愍帝。於三國之時，蜀以宗室爲正，魏武雖受漢禪晉，尚爲篡逆，至文帝平蜀，乃爲漢亡，而晉始興焉。凡五十四卷。」

〔補正〕

檀道鸞及世説條内「衡陽」，皆當改爲「滎陽」。（卷十一，頁九）

---

①② 「衡陽」，四庫薈要本、文淵閣四庫本作「滎陽」。

鄧氏粲**晉陽秋**

唐志：「三十二卷。」

佚。

晉書：「粲，長沙人，少以高潔著名，不應州郡辟命，荆州刺史桓沖請爲别駕。」

檀氏道鸞**續晉陽秋**

隋志：「二十卷。」

佚。

〔校記〕

湯球有輯本。（擬經，頁七十）

隋志：「宋永嘉太守檀道鸞撰。」

劉知幾曰：「晉江左史官自鄧粲、孫盛、王韶之、檀道鸞已下，相次繼作。遠則偏記兩帝，近則惟序六朝。」又曰：「道鸞好出奇語。」

蕭氏方等**三十國春秋**

隋志：「三十一卷。」唐志：「三十卷。」

佚。

〔校記〕

湯球有輯本。（擬經，頁七十）

隋志：「梁湘東世子蕭方等撰。」

梁書：「忠壯世子方等，字實相，世祖長子也。時河東王爲湘州刺史，不受督府之令，方等乞征之。世祖拜爲都督令，率精卒二萬南討。至麻溪，河東王率軍逆戰，方等擊之，軍敗，溺死。」

劉知幾曰：「劉、石等稱制，各有國家，實同王者。晉世臣子比諸群盜，忘夫至公，至蕭方等始存諸國名謚，僭帝者稱之以王。」

中興書目：「方等采削諸史，以晉爲主，附列漢劉淵以下二十九國，又取吴孫皓事。起宣帝，訖恭帝。」

王應麟曰：「方等，梁元帝子，爲三十國春秋。通鑑晉元興三年，引方等論綱目，但云蕭方，誤削『等』字。」

楊慎曰：「佛氏有方等經，猶云平等世界也，故蕭氏取以爲名。」

按：今刊本新、舊唐書、宋史、通志略皆削去「等」字矣。

武氏敏之**三十國春秋**

唐志：「一百卷。」

佚。

〔校記〕

湯球有輯本。（擬經，頁七十）

崔氏鴻**十六國春秋**

隋志：「一百卷。」唐志：「一百二十卷。」

佚。

〔校記〕

湯球有輯本。（擬經，頁七十）

北史：「後魏崔鴻以劉元海、石勒、慕容儁、苻健、慕容垂、姚萇、慕容德、赫連勃勃、張軌、李雄、呂光、乞伏國仁、秃髮烏孤、李暠、祖渠蒙遜①、馮跋等並因世故，跨僭一方，各有國書，未有統一。鴻乃撰爲十六國春秋，勒成百卷，因其舊記，時有增損褒貶。鴻二世仕江左，故不録晉、劉、蕭之書。稽以長曆，考諸舊志，又别作序例一卷、年志一卷，凡一百二卷。」

〔補正〕

北史條内「祖渠」當作「沮渠」。（卷十一，頁九）

① 「祖渠」，四庫諸本作「沮渠」。

劉知幾曰：「崔鴻鳩諸僞史，聚成春秋，其所列者十有六家，魏收以鴻世仕江左，故不録司馬、劉、蕭之書。今觀鴻書之紀綱，皆以晉爲主，亦猶班書之載陳、項，必繫漢年；陳志之述孫、劉，皆宗魏世。」又曰：「魏世黄門侍郎崔鴻，考覈衆家，辨其同異，除煩補闕，錯綜綱紀，易其國書曰録主，紀曰傳，謂之十六國春秋。鴻始以景明之初，求諸國逸史，逮至始元年，鳩集稽備，而以猶闕蜀事，不果成書。推求十有五年，始於江東購獲，乃增其篇目，勒爲十卷。鴻没後，永安中，其子繕寫奏上，請藏諸祕閣，由是宣布，大行於時。」

國史志：「鴻書世有二十餘卷，舊志乃五十卷，蓋獻書者妄分篇第。」

晁説之曰：「司馬公休言温公所考十六國春秋，非崔鴻全書。」

按：今世所傳十六國春秋，乃後人采晉書、北史、册府元龜、太平御覽等書集成之，非原書也。

杜氏延業**晉春秋略**

唐志：「二十卷。」

佚。

延業自序曰：「蕭方等采削群史，著三十國春秋，囊括兩晉之言，網羅諸國之事，以晉國爲主，附列二十九國，延業删緝，題曰晉春秋略。」

晁公武曰：「唐祕書省正字杜延業撰。自王隱而下諸書，及諸僭僞傳記，皆所詳究，而以蕭方等三十國春秋删緝爲此書。館閣書目作杜光業撰，按唐志亦曰延業，考新、舊史他無所見，未詳何時人。」

趙希弁曰：「右隋祕書省正字杜延業所述，載唐書藝文志。」

中興書目：「唐祕書省正字杜光業撰并序。起晉宣帝訖恭帝，一百五十六年，以後魏崔鴻撰十六國春秋尚未究盡，梁蕭方等著三十國春秋以晉爲主，附列二十九國，采集爲廣，遂加删緝，號曰晉春秋略，凡一百八萬餘言。」

王氏範**交廣春秋**

佚。

裴松之曰：「太康八年，廣州大中正王範上交、廣二州春秋。」

索氏綏**涼國春秋**

五十卷。

佚。

崔鴻曰：「綏字士艾，燉煌人，舉孝廉，爲記室祭酒，母喪去官，又舉秀才。著涼國春秋五十卷，以著述功封平樂亭侯。」

劉知幾曰：「張駿命其西曹邊瀏集内外事，以付秀才索綏作涼國春秋五十卷。」

鮑氏衡卿**宋春秋**

唐志：「二十卷。」

佚。

王氏琰**宋春秋**

隋志：「二十卷。」

佚。

隋志：「梁吴興令王琰撰。」

吴氏均**齊春秋**

隋志：「三十卷。」

佚。

隋志：「梁奉朝請吴均撰。」

劉知幾曰：「梁奉朝請吴均表請撰齊史，乞給起居注并羣臣行狀。有詔：齊氏故事，布在流俗，聞見既多，可自搜訪。均遂撰齊春秋三十篇。其書稱梁帝爲齊明佐命，帝惡其實，詔燔之。然其私本竟能與蕭氏所撰，並傳於後。」又曰：「春秋嗣子諒闇，未踰年而廢者，既不成君，故不别加篇目。是以魯公十二惡視不預其流，及秦之子嬰、漢之昌邑，咸亦因胡亥而得記，附孝昭而獲聞。而吳均齊春秋乃以鬱林爲紀事，不師古，何滋乖之甚與？」又曰：「春秋三傳並興，各釋經義，如公羊傳屢云：『何以書？記其事也。』此則先引經語而繼以釋辭，勢使之然，非史體也。而吳均齊春秋每書災變，亦曰：『何以書？記異也。』夫事無他議，言從己出，輒自問而自答，豈是敘事之體？」

裴氏子野**齊梁春秋**

佚。

南史：「裴子野撰，齊梁春秋始草創，未就而卒。」

蔡氏允恭**後梁春秋**

唐志：「十卷。」

佚。

舊唐書：「蔡允恭，荆州江陵人，仕隋，歷著作佐郎起居舍人。貞觀初，除太子洗馬，撰後梁春秋十卷。」

姚氏士粦**後梁春秋**

二卷。

存。

李作舟序曰：「余讀姚子所著後梁春秋，而知奪嫡之不祥，仁賢之有後。天道若陰爲劑量，不爽眉髮者，吁可畏也。蓋六代賢胤，無過昭明，不幸以一眚慙没，嫡冢失嗣，至有梁神器，一歸之簡文，再歸之孝元。兩君固皆武帝子也，藉令天意而在兩君，則當使之長有天下，子孫永享。顧兩君無論身死人手，而聯翩血胤，斬刈不翅草菅。孝元兇忍固宜，簡文儒弱，而諸子斷割尤苦，僅僅遺一大圜。豈梁武奪嫡之際，簡文亦不無陰計於其閒邪？乃宣帝父子，則雖羈棲一旅，直以彈丸荆土，依託周、魏，用抗彊陳者三十餘載，而兩主稱帝，諸子爲王，昆孫蕃衍，七葉宰相，與唐盛衰終始，豈非上天明戒奪嫡，默報仁賢之意乎？更觀一時爲孝元破長沙、害河東者，莫僧辨若也，而僧辨之死，似實假手霸先；至於後梁股肱，若蔡、王、岑、柳諸姓，莫不顯著隋唐，而文本亦復作相，天意從可知矣。此意冥祕千古，未有能道之者。適濮陽明府以此書相示，因共謀梓，使此意灼然昭垂於千百年後，且謂姚子編述是書，不獨在繼絶存亡已也。姚子名士粦，經生而貧力於古者，尚有西魏春秋，余爲稟之，以需其成。萬曆丁未。」

顔欲章序曰：「後梁春秋者何？曰姚子以親親而尊尊、賢賢而惡惡、内内而外外，續梁統也。親親者何？宣帝爲梁武孫，昭明子，於派爲嫡，於名爲順；簡文、孝元處非其據，咸以凶終。帝以三世嗣梁，歷載三十有三，神明之胄，可無統乎？尊尊者何？陳氏偷有神器，僭假名號，然梁有一日未亡之胤，則有①一日未亡之號，故其上則有帝后、太子、諸王，下則有公侯、令僕、文武，以及即位、崩薨、贈謚之法，

①「有」，文津閣四庫本作「又」。

雖小朝廷，可無位號乎。賢賢者何？釋裴政之誅，昭忠也；聽柳遐之歸，旌孝也；蔡大有、李廣、許孝敬書官書死，明節也；來徵、沈重，崇儒也；歸我三州，美字小也。惡惡者何？張纘伏誅，惡禍本也；還師江陵，殺河東王譽，罪孝元也；帝殺殷亮，明宇文殺也；復置江陵總管，著隋志也。内内而外外者何？華皎内附，與其歸也；城安湘、伐公安不克，我所宜讎也；吴明徹、章昭達入寇，統在我也；客星犯楚，熒惑犯太微，天象在梁也，所謂内也。陳篡梁而不備書，讎相篡也；周魏之際，陳氏諸主僅各一書，所謂外也。若夫太清三年，梁猶未亡，尋繼以魏之大統，此從先帝志也，實所以明孝元之無父也。何也？宣帝以賢儲宗胤，不容於孝元，將駢首就戮；若河東、桂陽，則蕭氏宗脈無噍類矣，不得已而附魏以全宗也，附魏則書魏統也。孝元以全楚兵力樂其父兄之危，擁兵不下，第與宣帝兄弟讎殺，坐致父兄死於逆景之手，固不得爲人君，且不得爲子、爲弟、爲臣，三綱絶矣。是梁不亡於敬帝，而亡於孝元矣。書以魏統，蓋用王通氏以元嘉遇弑，其後不復備書，以魏太和繼之之義也。此余以春秋之義許姚子，以尊尊而親親，賢賢而惡惡，内内而外外，續梁統之説也。」

吴氏兢**唐春秋**

佚。

唐志：「三十卷。」

唐書本傳：「兢，景龍間任史事，時武、張監領，事多不實，兢不得志，私撰唐書、唐春秋，未就。至開元中，匄官筆札，冀得成書，詔兢就集賢院論次。後貶荆州司馬，以史章①自隨。蕭嵩領國史，遣使者就兢取書，得六十餘篇。」

唐會要：「開元十四年七月六日，左庶子吴兢奏：『臣潛心積思，别撰唐書九十八卷、唐春秋三十卷，用藏私室，歷二十餘年，尚刊削未就。於是彌綸舊紀，重加删緝，雖文則不工，而事皆從實。斷自隋大業十三年，迄於開元十四年春三月，即皇家一代之典，盡在斯矣。』詔兢就集賢院論次，俄令就史館，其書未就，兢遷荆州司馬，上令中使往荆州取得五十餘卷。」

〔補正〕

唐書條内「以史章自隨」，「章」當作「草」。（卷十一，頁九）

韋氏述**唐春秋**

唐志：「三十卷。」

佚。

唐書本傳：「述舉進士時方少，考功宋之問曰：『童子何業？』述曰：『性嗜書，所撰唐春秋三十篇，未畢，他惟命。』之問曰：『本求茂才，乃得遷、固。』遂上第。」

① 「章」，四庫薈要本、文淵閣四庫本作「草」。

陸氏長源**唐春秋**

唐志：「六十卷。」

佚。

孫樵曰：「陸長源唐春秋乃編年雜録，掇其潔切峭獨，可以示懲勸。」

郭氏昭慶**唐春秋**

三十卷。

佚。

南唐書：「郭昭慶，廬陵人，博學能自力，著唐春秋三十卷。保大中，補揚子尉，後主時，擢著作郎。」

趙氏瞻**唐春秋**

五十卷。

佚。

包氏諝**河洛春秋**

唐志：「二卷。」

佚。

唐志注：「記安禄山、史思明事。」

鄭樵曰：「起安禄山叛，訖史朝義敗。」

陳振孫曰：「唐祥州司功包諝撰，記安史之亂。」

尹氏洙**五代春秋**

通志：「二卷。」讀書附志：「五卷。」

存。

趙希弁曰：「右河南先生尹洙師魯所作也。由梁太祖開平元年四月甲子，迄於周顯德七年正月甲辰。」

王氏軫**五朝春秋**

宋志：「二十五卷。」

佚。

玉海：「景祐三年七月，工部郎中王軫直祕閣，軫上五朝春秋二十五卷，託始於吴越，特擢之。」

吴氏任臣**十國春秋**

十卷。

存。

〔校記〕

乃一百十六卷。（擬經，頁七十）

魏禧序曰：「錢塘吴任臣撰十國春秋成，以示寧都易堂魏禧而屬之序。禧不敏，不敢辭，於是序之曰：『史才之難也久矣，世之言史者，率右司馬遷而左班固，禧嘗以謂遷當以文章雄天下，史之體則固爲得。蓋史主記事，固詳密，於體爲宜；遷則主於爲文而已，文欲略而後工者，則勢不得更詳。而歐陽修五代史亦於事爲略，至十國尤不備。任臣生七、八百年之後，傳聞闊絶，書籍散亡，毅然起而補之，其功甚鉅，事亦最難。禧讀其書，采擇詳博而精於辨覈，爲文明健有法，自史記、漢書、五代史而外，豈亦有能先之者哉？禧惟天下之勢，分之久則必合，合之久則必分，而其自合而之分也，天下魚潰肉爛不可收拾，當時所號爲豪傑者，非有殊尤絶異之才，其德力皆不能相一，峻法重斂，戰争不休，生民之苦，於是爲極。然吾嘗觀分崩之際，其人才每爲特盛。蓋天下之治，禮法明而風俗厚，人心安和，雖有奇才異能，皆帖首抑志，以就繩墨；及其亂也，憤鬱而思動，鋌而走險，上焉者紀綱法度不立，而其下得肆志妄作，以自盡其才。故自周、秦之末，以及五代，莫不有特起之英，踔厲沈深，自奮於功名；王侯將相，皆以智力相取，而非有倖得。當其時，有大力者出而驅之則合，無大力者驅之則分。彼帝制自爲角立爭雄長者，要皆韓、彭、馮、鄧、秦、李、曹、石之流亞，然後知天下蓋無時而無才，顧所以用之者何如耳。分崩之際，最不足數，莫如後五代，而十國中人才可觀者，既已如是，任臣是書，豈獨補古史之闕，取備見聞云爾哉。士不幸生其時，當思所以自奮，毋徒碌碌以苟全性命爲自得。且觀其得，則知十國之能分者何在；觀其失，則知十國之終於分而不能合者何故。夫能以智力爭城略地，而不知定天下之有規模；能屈志協力以得將士之用，而不能深仁厚澤以得民心。嗚呼，此有志之士所爲掩卷長太息者也。任臣志行端慤，博學而思深，著有山海經廣注、字彙補已版行，而是書關係古今尤大，惜無有能授之梓人以傳於世者，傳曰：人之欲善，誰不如我？吾知其必有望矣。』」

茍氏廷詔**蜀國春秋**

存。

按：茍氏蜀國春秋，予幼時見川中刻本，經亂，先人遺書盡失，不能記其卷目體例矣。茍氏，名廷詔，字宣子，華陽人，崇禎十六年進士。」

亡名氏歷代善惡春秋

宋志：「二十卷。」

佚。

經義考卷二百七十七

擬經十

晏氏嬰晏子春秋

漢志：「八篇。」隋志：「七卷。」中興書目：「十二卷。」

〔校記〕

今本八卷。（擬經，頁七十）

存。

柳宗元曰：「疑墨子之徒有齊人者爲之。」

中興書目：「晏子春秋十二卷，或以爲後人采嬰行事爲書，故卷頗多於前志。」

高似孫曰：「孔子删詩，而魯頌居周、商之中，孔子定書，而費誓、秦誓在周書之後。下僭上、臣逼君，禮義銷微、制度掃地，聖人無所施其正救而猶惓惓詩、書，至於世日益亂、分日益陵，三綱五常，斲喪乖紊，天地之變，有不可勝言者，而春秋作矣。春秋所書，莫大於齊、晉之霸；齊、晉之霸，莫雄於管仲之謀，周室法度，爲之蕩然。其爲術至慘也，至無道也，其遺患天下後世者仲也。三歸反玷，仲於禮也何有？以此謀國，國安得正？而況背義違禮，桓公惟甚，君臣之際，不亦陋乎？不特是也，自太公疆於齊，至於宣公，蓋二十三傳矣，而弒死十有一，嗚呼，何其甚亂也！獻公殺其兄，襄公淫其妹，懿公、宣公皆以淫惡而見弒，當是時，禮亡義隳，豈復知有君臣上下之分哉？在景公時，齊之爲齊，趨於弱，入於危矣，公燕羣臣謂：『無爲禮。』是何其言之謬、法之蕩也。晏子蹴然進曰：『君言過矣，羣臣固欲君之棄禮也。力強足以勝其長，勇多足以殺其君，而禮不使也。』戰國之汚，有臣如此，亦庶幾焉。然而田氏之宗，世執齊政，賣恩斂惠，以懷其民，民亦忘齊而歸田氏。禮之素蕩，義之素蕩，魚爛冰銷，有不可禦。誦晏子之語，究晏子之心，豈不哀哉。孟子曰：『一齊人傅之，衆楚人咻之。』

〔補正〕

高似孫條内「三歸反玷」，「玷」當作「坫」。（卷十一，頁九）

按：諸家春秋不盡擬經，然既託其名，不容不録，若葛立方之韻語陽秋、崔銑之文苑春秋，緣附不倫，斯去之。

虞氏卿春秋

漢志：「十五篇。」

佚。

孔叢子：「虞卿著書名曰春秋，魏齊曰：『無然也。春秋，孔聖所以名經也。今子之書，大抵游説而已，亦以爲名何？』答曰：『經者，取其常事也，①可常則爲經矣。且不爲孔子，其無經乎？』」

司馬遷曰：「趙孝成王時，其相虞卿著書，上采春秋，下觀近世，曰：節義、稱號、揣摩、政謀凡八篇，以刺譏國家得失。世傳之，曰虞氏春秋。」

李氏失名**春秋**

漢志：「二篇。」

佚。

呂氏不韋**春秋**

隋志：「二十六卷。」

存。

司馬遷曰：「不韋爲相，食客三千人。是時諸侯多辨②士，如荀卿③之徒，著書布天下。不韋乃使

---

① 「常事也」，依備要本應作「常也，事」。
② 「辨」，四庫諸本作「辯」。
③ 「荀卿」，文淵閣四庫本作「葛卿」。

其客，人人著所聞，集論以爲八覽、六論、十二紀，二十餘萬言，以爲備天地萬物古今之事，號曰呂氏春秋。布咸陽市門，懸千金其上，延諸侯、遊士、賓客，有能增損一字者與千金。」

高誘序略曰：「不韋集儒書，使著其所聞，爲十二紀、八覽、六論，訓解各十餘萬言。備天地萬物古今之事，名爲呂氏春秋。暴之咸陽市門，懸千金其上，有能增損一字者與千金。時人無能增損者。誘以爲時人非不能也，蓋憚相國，畏其勢耳。然此書所尚，以道德爲標的，以無爲爲綱紀，以忠義爲品式，以公方爲檢格，與孟軻、孫卿、淮南、揚雄相表裏也，是以著在録、略。誘正孟子章句，作淮南、孝經解畢訖，家有此書，尋繹按省，大出諸子之右。既有脱誤，小儒又以私意改定，猶慮傳義失其本真，少能詳之。故復依先師舊訓，輒乃爲之解焉，以述古儒之旨，凡十七萬三千五十四言。」

孔穎達曰：「呂氏説月令而謂之春秋，事類相近焉爾。」

中興書目：「是書凡百六十篇，以月紀爲首，故以春秋名書。」

晁公武曰：「呂氏春秋暴之咸陽市門，懸千金其上，有能增損一字者予之。時人無增損者。高誘以爲非不能也，畏其勢耳。昔張侯論爲世所貴，崔浩五經注學者尚之，二人之勢，猶能使其書傳如此，況不韋權位之盛，學者安能忤其意而有所更易乎？誘之言是也。然十二紀者，本周公書，後儒著於禮記尚矣，而目之爲呂令者，非也。」

呂祖謙曰：「不韋春秋成於始皇八年，有曰：『維秦八年，歲在涒灘，秋甲子朔，朔之日，良人請問十二紀。』此其書成之歲月也。」

韓彥直序曰：「士之傳於天下後世者，非徒以其書。夫子之聖，則書宜傳；孟子亞聖，則書宜傳。

過是而以書傳者，老聃以虚無傳，莊周以假寓傳，屈原以騷傳，荀卿以刑名傳，司馬遷以史傳，揚雄以法言傳，班孟堅以續史遷傳，然概之孔、孟，宜無傳而皆得並傳者，其人足與也。吕氏春秋言天地萬物之故，其書最爲近古，今獨無傳焉，豈不以吕不韋而因廢其書邪？愈久無傳，恐天下無有識此書者，於是序而傳之。」

蔡伯尹跋曰：「漢興，高堂生、后蒼、二戴之徒，取此書之十二紀爲月令，河間獻王與其客，取其大樂、適音爲樂記，司馬遷多取其説爲世家、律曆書，孝武藏書以預九家之列，劉向集書以繫七略之數，今其書不得與諸子争衡者，徒以不韋病也，然不知不韋固無與焉者也。」

高似孫曰：「淮南王尚志，謀募奇士，廬館一開，天下隽絶馳騁之流，無不雷奮雲集，横議蜂起，釀詭作新，可謂一時傑出之作矣。及觀吕氏春秋，則淮南王書殆出於此者乎？不韋相秦，蓋始皇之初也。始皇不好士，不韋則倈英茂，聚俊豪，簪履充庭，以至千計。始皇甚惡書，不韋乃極簡策，攻筆墨，采精録異，成一家言。吁，不韋何爲若此者，不亦異乎？春秋之言曰：『十里之閒，耳不能聞；帷牆之外，目不能見；三畝之閒，心不能知，而欲東至開悟、南撫多鷃、西服①壽靡、北懷靡耳，何以得哉？』此所以譏始皇也。始皇顧不察哉。不韋以此書暴之咸陽門，曰：『有能損益一字者予千金。』卒無一②敢易者，是亦愚黔首之甚矣。秦之士其賤若此，可不哀哉？雖然，是不特人可愚也，雖始皇亦爲之愚矣。異時亡

---

① 「服」，文淵閣四庫本作「撫」。

② 「卒無一敢易者」，備要本「一」下有「人」字。

秦者，又皆屠沽負販，無一知書之人，嗚呼。」

陳振孫曰：「十二紀者，即今禮記之月令。」

王應麟曰：「呂氏春秋云：『老耼貴柔，孔子貴仁，墨翟貴廉，關尹貴清，子列子貴虚，陳駢貴齊，楊朱貴己，孫臏貴勢，王廖貴先，兒良貴後。』以孔子列於老氏①之後，秦無儒故也。」

方孝孺序曰：「呂氏春秋十二紀、八覽、六論，凡百六十篇。呂不韋爲秦相時，使其賓客所著者也。太史公以爲不韋徙蜀乃作呂覽，夫不韋以見疑去國，歲餘即飲酖死，何有賓客、何暇著書哉？史又稱不韋書成，懸之咸陽市，置千金其上，有易一字者輒與之。不韋已徙蜀，安得懸書於咸陽？由此而言，必爲相時所著，太史公之言誤也。不韋以大賈乘勢市奇貨，而行不謹，其功業無足道者，特以賓客之書，顯其名於後世，況乎人君任賢以致治者乎。然其書誠有足取者，其節喪、安死篇譏厚葬之弊，其勿躬篇言人君之要在任人，用民篇言刑罰不如德禮，達爵、分職篇皆盡君人之道，切中始皇之病。其後秦卒以是數者僨敗亡國，非知幾之士，豈足以爲之哉？第其時去聖人稍遠，論道德皆本黄、老，書出於諸人之所傳聞，事多舛謬，如以桑穀共生爲成湯，以魯莊與顔闔論馬，與齊桓伐魯，魯請比關内侯，皆非其事，而其時竟無敢易一字者，豈畏不韋勢而然邪？予獨有感焉。世之謂嚴酷者，必曰秦法，而爲相者，乃廣致賓客以著書，書皆詆訾時君爲俗主，致數秦先王之過無所憚，若是者，皆後世之所甚諱，而秦不以罪。嗚呼，然則秦法猶寛也。」

---

① 「老氏」，備要本誤作「吕氏」。

楊慎曰：「懸金市門莫有敢易者，此秦法然耳。揚雄乃謂恨不生其時，手載其金而歸，吾家子雲老，不曉事如此。」

杜氏崧**杜子春秋**

七録：「一卷。」

佚。

晉書杜夷傳：「兄崧，字行高，有大志①。惠帝時，俗多浮僞，著杜子春秋以刺之。」

〔補正〕

晉書條内「有大志」，當作「有志節」。（卷十一，頁十）

皇甫氏謐**玄晏春秋**

隋志：「三卷。」

佚。

臧氏嚴**棲鳳春秋**

隋志：「五卷。」

---

① 「有大志」，文淵閣四庫本作「大志節」，四庫薈要本作「有志節」。

佚。

胡應麟曰：「棲鳳蓋以配獲麟，可笑也。」

王氏道彥**百官春秋**或作「王道秀」。

隋志：「五十卷。」唐志：「十三卷。」又：「宋百官春秋六卷。」

佚。

按：初學記引百官春秋文云：「大駕：公卿奉引，太僕執轡，大將軍陪乘。」

〔補正〕

又所載王氏道彥百官春秋，至亡名氏幼老春秋凡五種，亦當删。此内有亡名氏兵春秋，漢志三篇，佚。今即以此一種言之：漢書藝文志：楚漢春秋九篇，太史公百三十篇，馮商所續太史公七篇，皆入春秋條下者，蓋班志爲史籍而作，其體應爾。今既專攷經義，則與班不侔矣。然班志以李氏、虞氏春秋皆入儒家，以兵春秋入兵家，未嘗以入春秋條下也。竹垞於漢志儒家之李氏春秋二篇既不採入，而獨採兵家之兵春秋三篇以入春秋，何也？（卷十一，頁十）

亡名氏兵春秋

漢志：「三篇。」

佚。

李氏筌**閫外春秋**

唐志：「十卷。」

佚。

〔校記〕

敦煌石室有殘卷，予印入石室佚書中。（擬經，頁七十）

陳振孫曰：「唐少室山布衣李筌撰。起周武王勝殷，止唐太宗擒竇建德，明君良將戰争攻取之事，天寶二年上之。」

辛氏邕之**博陽春秋**

佚。

右見胡元禮經籍會通。

亡名氏幼老春秋

闕。

按：幼老春秋紀靖康之亂而作，未詳撰人姓氏，載徐夢莘北盟會編。

劉氏向新國語

漢志：「五十四篇。」

佚。

漢書志注：「劉向分國語。」

孔氏衍春秋時國語

唐志：「十卷。」

佚。

春秋後國語

唐志：「十卷。」

佚。

〔校記〕

敦煌石室有殘卷，予印入石室佚書中。（擬經，頁七十）

劉知幾曰：「孔衍以戰國策所書未爲盡善，乃引太史公所記，參其異同，删彼二家，聚爲一録，號爲春秋後語。除二周及宋、衛、中山，所留者七國而已。始自秦孝公，終於楚、漢之際，比於春秋，亦盡二百四十餘年行事。始，衍撰春秋時國語，復撰春秋後語，勒成二書，各爲十卷。今行世者，惟後語存焉。」

楊宗吾曰：「宋乾道中，南詔使者見廣南人，言其國有五經廣注、春秋後語。」

王氏柏**續國語**

四十卷。

佚。

柏自序曰：「昆侖旁薄之廣大，前瞻後際之無窮，宇宙之間，人之所以靈於萬物者，以至理獨會於此心，可以知來而藏往，可以原始而反終也。天開文明，河圖斯出，聖心默契，畫卦造書，而後三墳、五典、八索、九邱傳於世，後一千八百六十有餘年，吾夫子秉道統之傳，任述作之責，咸黜舊聞，斷自唐、虞而已。夫子豈不欲備上古之淳風，考制作之本始，探幽賾而昭陽德也？顧其荒誕鄙野、龐雜殺亂，或詭其旨，或失其傳，非可以立人極，闡世教，爲萬世帝王之法程，於是因民心之感以正其情，删詩者，所以導其和也；因治世之事以達其道，定書者，所以立其教也；因民用之疑以極其變，繫易者，開物之書也；因亂世之事以悼其失，作春秋者，立法之書也。天地忽否，吾道荆榛，詩、書厄於秦、楚烈焰之中，漢之儒者不能追亡補逸，以足百篇之義，乃過用其心於百篇之表，矜功衒博，詭聖誣經，如畫鬼神，誑惑群愚，而莫能證其形似。大抵翻空者易奇，覈實者難工，異哉，太史公之爲書也，唐、虞之上增加三帝，曰黄帝、曰顓頊、曰帝嚳，論其世次，紀其風績，驚駭學者，以吾夫子之未及知也。吁，學至於吾夫子而止，夫子之所不書，太史公何從而知之？缺其所不知，不害其爲學夫子也。至我本朝蘇黄門始曰：『太史公淺近而不學，疏略而輕信。』朱子屢稱此言最中其病。及觀黄門之古史，又上極於三皇，以伏羲、神農、黄帝充之，若與大傳同；以少昊、顓頊、帝嚳、唐、虞謂之五帝，終與大傳異。其輕信何躬自蹈之乎？堯、舜吾知其爲帝也，禹、湯、文、武吾知其爲王也，皐、夔、稷、契、伊、傅、周、召吾知其爲賢也，吾何從而知之？以吾夫子之書而知之也。夫子，聖人也，前聖之相傳，至吾夫子而止，後學之取信，亦至吾夫子而止。於吾夫子而止，於我夫子不得取，吾信烏乎取？吾信唐、虞之上，三皇五帝之有無離合，吾不得而信也。出於吾夫子之言，吾之所信也，其或出於諸子百家之書，非吾之所敢信也。雖百篇之義，固不得而追補，然其大經大法，巍乎粲然如日月五星之麗乎天，未見其不足也。千載之下，猶未聞有法而行之者，以追帝王之餘風，尚何求於茫茫不可致詰之外哉。春秋之書，吾夫子之親筆也，其人可信也，其時可近也，傳之者失夫子之意多矣，曾不是之求，乃舍近而求之遠，棄實而求之虚，何邪？天地之内，一日之閒，事如沙塵，何可勝紀，大者，無出於三綱五常，而至微者，亦皆有理。三代既遠，自漢而下，其見於史者十有七，不過存一二十①百千萬億之中，而學者猶罕能盡觀而徧考也。我朝治平②閒，先正司馬公奉旨編成資治通鑑，合一千三百六十二年之事，爲二百九十四卷，君臣出治之本，天人相與之際，規諫之從違，刑政之得失，善可爲法，惡可爲戒，采摭刊削，井然有條，最爲三代以下甚盛之書也。

① 「十」，四庫諸本作「於」。
② 「治平」，四庫薈要本作「開平」。

文公朱先生以之編通鑑綱目五十有九卷，大書爲綱，分注爲目，綱倣春秋，目倣左傳，踵編年之成文，還策書之舊制。門人李方子爲後語，精覈明暢，發揮本旨，羽翼麟經，殆無餘藴。僕嘗聞朱子曰：『左氏於春秋，依經以作傳，復爲國語二十一篇，國別事殊，或越數十年而遂其事，蓋亦近書體，以相錯綜云。』示以建安袁公樞爲本末，其部居門目，始終離合之閒，又皆曲有微意，其錯綜温公之書，亦國語之流矣。於是考國語之爲書，始於周穆王，終於周定王，凡四百八十有餘年，止八國之書，合一百八十有二章。唐之柳宗元，乃以國語文勝而言龐，好怪而反倫，學者溺其文必信其實，是聖人之道翳也，遂作非國語六十七篇，以望乎世者愈狹，而求相於吕化光，豈不愚哉？司馬公曰：『國語所載，皆國家大節興亡之本，宗元豈足以望古君子藩籬，妄著一書以非之。』宋秦公嘗敘之曰：『自魏、晉以後，書録所題皆曰春秋外傳、國語，是則左傳爲内，國語爲外，二書相副以大成業。』凡事詳於内者略於外，備於外者簡於内，先儒亦以爲然，以是知左傳、國語不可偏廢。袁公本末之書，歷年幾兩倍於國語，而不過二百三十八章，或者疑其太簡，且病於無所發明，然時益近而事益多，此勢之所必至；事益多而詞益少，此可以見其筆力之精也。不觀其博則不知其精，不知其精則不切於用，爲士者以萬物皆備之身，而不以古今自任，不以經綸自期者，亦自遏其躬而已。僕因考通鑑之初語，即外傳之終語也，以是知司馬公之意，未嘗不拳拳於外傳。於是分門約語，附諸儒之論辨，編爲續國語，凡若干卷，合若干章，以備一家之支流餘裔。竊嘗疑之，左傳、國語文氣不同，未必出於一人之手。左傳之文浮，國語之文質，浮者近於誣，質者近於冗；左傳多詳事情，國語多陳制度，然重見者亦少，雖閒有之，而詳略且異，若故相避，然此可疑者一也。見於春秋者，猶有一百二十四國，今國語止列其八，他皆不足取乎？況陳、宋、衛、秦皆大國也，亦無一語之可紀，何邪？此可疑者二也。齊之内政，不見於經而出於管子，先儒皆以爲非管仲書，疑戰國之士僞爲之，豈有七百餘年之齊，别無他語，獨删節此書乎？此可疑者三也。漢興之初，亦以周之舊典禮經廢墜影滅，諸儒幸得其傳，皆欣然存之而不疑，司馬公已定爲列國之舊史矣，非左氏之文也。嘗聞諸國各有史而不相知，秦併六國始盡得之，往往私相傳録，皆非全書，左氏文之而爲傳，國語疑未經穿鑿者，秦其本國也，宋、衛非秦所滅，所以獨無歟？自入通鑑以來，周止亡國之語耳，非可續也。魏、趙、韓分晉而晉語亡，田和篡齊而齊語亡，越已滅吴，楚復滅越、滅魯，韓滅鄭，齊滅宋，故國所存惟楚而已。吁，中原禮義之國，帝王聲教文物之地，俱已邱墟，雖秦、楚亦未幾而亡矣，此天地之大變，古今之奇禍也，烏在其爲可續哉？雖然，僕之所續者書也，非續其國也，誠以國言之，魯固亡矣，而有不亡者存，以吾夫子之聖，亙萬世而不可磨滅，門人子孫，班班於後世，遠夷暴君，亦莫不款謁致敬，至今猶然。雖周公、伯禽之封國，實成湯、微子之苗裔也，遂以續魯語爲首，上以黜夫子之所不取，下以續夫子之所傳。續魯語者，亦所以續宋語也，又以之補袁公本未備云。」

顧氏起經**續汲冢師春**

一卷。

佚。

王氏通元經

通考：「十五卷。」今止十卷。

存。

通自述曰：「修元經以斷南北之疑，董常問：『元經之帝魏，何也？』子曰：『亂離瘼矣，吾誰適歸？天地有奉，生民有庇，且居先王之國，愛先王之道，子先王之民矣，謂之何哉？』子曰：『元經之專斷，蓋稟乎天命，吾安敢至之哉？』」

杜淹曰：「元經五十篇，列爲十五卷。」

薛收序曰：「元經始晉惠帝，終陳亡，凡三百年。蓋聞夫子曰：『春秋，一國之書也。以天下有國，而王室不尊乎，故約諸侯以尊王政，以明天命之未改。元經，天下之書也。以無定國而帝位不明乎，徵天命以正帝位，以明神器之有歸。』又曰：『春秋抗王而尊魯，其以周之所存乎？元經抗帝以尊中國，其以天命之所歸乎？』然帝衰於太熙，故元經首此，振起之也；中國盛乎皇始，故元經挈名，以正其實。嗚呼，天下無賞罰三百載，聖人在下，則追書褒貶，以代其賞罰。斯周公典禮，使後王常存而行焉；仲尼筆削，使後儒常職而述焉。收受經於夫子，何足以究其潭奧？輒爲傳解，發明師訓之一二云。」

中興書目：「元經薛氏傳十五卷，阮逸學。始於晉，終於陳，如春秋經傳之體，疑此非通本書。」

晁公武曰：「隋王通撰，唐薛收傳，皇朝阮逸學。起晉惠帝太熙元年，終於陳亡。予從兄子逸仕安康，嘗得其本，歸而示四父，四父讀至『帝問蛙鳴』，哂其陋，曰：『六籍奴婢之言不爲過。』按崇文無其目，疑逸依託爲之。」

陳振孫曰：「按河汾王氏諸書，自中説之外，皆唐藝文志所無，其傳出阮逸，或云皆逸僞作也。今考唐神堯諱淵，其祖景皇諱虎，故晉書戴淵、石虎皆以字行。薛收唐人，於傳稱戴若思、石季龍宜也，元經作於隋世太興四年①，亦書曰『若思』，何哉？意逸之心勞日拙，自不能揜邪？此書始得於莆田，纔三卷，止晉成帝。後從石林葉氏得全本録成之。」

〔補正〕

陳振孫條内「太興四年」，「太」上脱「而」。（卷十一，頁十）

王應麟曰：「元經五十篇，列爲十五卷，自獲麟後，歷秦、漢至後魏，著紀年之書。始以晉系正統，自劉宋立國，始進魏於經而南北並列，終也遂黜齊而進魏。」

薛氏收**元經傳**

十卷。

存。

阮氏逸**元經注**

十卷。

---

① 「太興四年」，四庫薈要本、文淵閣四庫本「太」上有「而」字；「太」，文淵閣四庫本作「大」。

存。

王氏禕擬春秋文辭

十首。

存。集止七首。

禕自序曰："春秋之世，王室之告諭，列國之往來，專尚乎修辭，故閔馬父謂文辭以行禮，而仲尼謂非文辭不爲功。觀乎左氏內、外傳所載，凡其爲辭，皆從容委曲而意已獨至，蓋是時聖人餘澤未遠，涵養之久，故辭氣不迫，非後世專學言語者比也。禕之少也，喜攻言語之學，閒嘗擬爲當時之辭若干首，顧其辭氣卑薄，豈能庶幾乎古人？徒以志學古之意焉耳。"

王氏世貞左逸

一卷。

存。

經義考卷二百七十八

擬經十一

王氏勃**次論語**

唐志：「十卷。」

佚。

葉氏由庚**論語纂遺**

佚。

應廷育曰：「葉由庚，字成父，義烏人。學於徐僑，郡守請攝麗澤書院山長，力辭，學者稱通齋先生。」

戴氏良齊**論語外書**

佚。

赤城新志：「戴良齊，字彦肅，黄巖人。嘉熙二年進士，累官祕書少監。」

劉氏黻**濂洛論語**

十卷。

佚。

宋史：「劉黻，字聲伯，樂清人。入太學，上書忤丁大全，送南安軍安置。既至，盡取濂、洛諸①書，摘其精要，輯成十卷，名曰濂洛論語。官至端明殿學士。」

〔補正〕

宋史條内「盡取濂、洛諸書」，「諸」下脱「子之」二字。（卷十一，頁十）

符氏彦卿**兵書論語**

宋志：「三卷。」

①「諸書」，依四庫薈要本應作「諸子之書」。

佚。

王應麟曰：「崇文目有兵書論語三卷，國史志一卷。」

女論語

一卷。

存。

胡應麟曰：「宋南宮有女論語，今傳。」

祁承㸁曰：「載内訓全書。」

潘氏士達**論語外篇**

二十卷。

存。

士達序略曰：「聖人欲無言，或有言焉，非有意於立言也，論語一書是也。或有意立言焉，孝經、繫辭是也。論語二十篇，出於門人所記，其語得於親承，一言一字，宛然如見，迥異諸家所載。論語而外，稱聖人之言而得其真者，子思、孟子爾。檀弓，荀卿自附孔子之徒所紀，語多不純，荒唐如莊，夸炫如左，其誣聖者固多，閒①有一二事非聖人不能爲，一二語非聖人不能言者，即以補論語之遺可也。予於校士之暇，取豫章李氏所輯論語外篇，與諸書所載孔氏之言，求其理之正、言之無疵者，倣論語二十篇遺意，自論學以迄聖績，各條其類，刊布學官，蓋有論語在，則諸書不能混，有聖人之言在，則諸家之言亦不能混也。揚子雲曰：『羣言淆亂，折之於聖。』諸子之言淆矣，而據理以折之，則言出於聖者固可師，即未必出於聖，而不悖於聖者，亦不可遺也。學者誠能約己之心，以會聖人之言②，因聖人之言，以得聖人之心，蘊諸身爲實德，措之家國天下爲實用，或於學術士風少補云爾。」

陸元輔曰：「士達字去聞，安吉州人。萬曆壬辰進士，歷官江西右布政。其視學廣東也，因豫章李氏論語外篇本增訂之，刊行焉，凡二十篇：論學第一、爲政第二、示訓第三、人倫第四、明經第五、儒行第六、出處第七、諫諍第八、冠婚第九、喪祭第十、禮樂第十一、論仁第十二、治化第十三、刑罰第十四、綜古第十五、程人第十六、衡事第十七、博物第十八、雜論第十九、聖績第二十。李氏未詳何人，書亦未見。」

孔子家語

漢志：「二十七卷。」

---

①「閒」，文津閣四庫本誤作「門」。

②「言」，文津閣四庫本誤作「心」。

佚。別本存。

孔安國後序曰：「孔子家語者，皆當時公卿士大夫，及七十二弟子之所諮訪、交相對問言語者，既而諸弟子各自記其所問焉，與論語、孝經並時，弟子取其正實而切事者，別出爲論語，其餘則多集録，名之曰孔子家語。凡所論辨、流判、較歸，實自夫子本旨也，屬文下辭，往往頗有浮說，煩而不要者，亦猶七十二子各共敘述首尾，加之潤色，其材或有優劣，故使之然也。孔子既没而微言絶，七十二弟子終而大義乖，六國之世，儒道分散，遊説之士，各以巧意而爲枝葉，惟孟軻、孫卿守其所習。當秦昭王時，孫卿入秦，昭王從之問儒術，孫卿以孔子之語，及諸國事、七十二弟子之言，凡百餘篇與之，由此秦悉有焉。始皇之世，李斯焚書，而孔子家語與諸子同列，故不見滅。高祖克秦，悉斂得之，皆載於二尺竹簡，多有古文字。及吕氏專漢，取歸藏之，其後被誅亡，而孔子家語乃散在人閒，好事亦各以意增損其言，故使同是一事而輒異辭。孝景皇帝末年，募求天下禮書，於時士大夫皆送官，得吕氏之所傳孔子家語，而與諸國事及七十二弟子辭，妄相錯雜，不可得知，以付掌書，與曲禮衆篇亂簡，合而藏之祕府。元封之時，吾仕京師，竊懼先人之典辭將遂泯滅，於是因諸公卿士大夫，私以人事，募求其副，悉得之，乃以事類相次，撰集爲四十四篇。又有曾子問禮一篇，自別屬曾子問，故不復録。其諸弟子書所稱引孔子之言者，本不存乎家語，亦以其已自有所傳也，是以皆不取也。將來君子，不可不鑒。」

按：安國家語後序，疑亦後人僞撰。

顔師古曰：「非今所有家語。」

中興書目：「家語自相魯至曲禮公西赤問四十四篇，漢元封中，孔安國集録。」

王氏肅孔子家語解

隋志：「二十一卷。」

存。

〔校記〕

今本十卷。（擬經，頁七一）

肅自序曰：「鄭氏學行五十載矣，自肅成童始志於學①，而學鄭氏學矣。然尋文責實，考其上下，義理不安，違錯者多，是以奪而易之。然世未明其款情，而謂其苟駮前師，以見異於人，乃慨然而歎曰：『豈好難哉，予不得已也。』聖人之門，方壅不通，孔氏之路，枳棘充焉，豈得不開而辟之哉！若無由之者，亦非予之故也。是以撰經禮，申明其義，及朝論制度，皆據所見而言。孔子二十二世孫有孔猛者，家有其先人之書，昔相從學，頃還家，方取已來，與予所論，有若重規疊矩。昔仲尼曰：『文王既没，文不在兹乎？天之將喪斯文也，後死者不得與於斯文也；天之未喪斯文，匡人其如予何？』言天喪斯文，故令已傳斯文於天下，今或者天未欲亂斯文，故令從予學，而予從猛得斯論，以明相與孔氏之無違也。斯皆聖人實事之論，而恐其將絶，故特爲解，以貽好事之君子。語云：『牢曰：「子云：吾不試，故藝。」』談者不知爲誰，多妄爲之説。孔子家語弟子有琴張，一名牢，字子開，亦字張，衛人也，宗魯死，將

---

① 「鄭氏學行五十載矣，自肅成童始志於學」，「載」字備要本誤次於「自」字之上。

往弔，孔子止焉。春秋外傳曰：『昔堯臨民以五。』說者曰：『堯五載一巡狩。』五載一巡狩，不得稱『臨民以五』，經曰『五載一巡狩』，此乃說舜之文，非說堯。孔子說論五帝，各道其異事，於舜云：巡狩天下，五載一始。則堯之巡狩年數未明，周十二歲一巡，寧可言周臨民以十二乎？孔子曰：『堯以土德王天下，而色尚黃。』黃，土德；五，土之數；故曰『臨民以五』，此其義也。」

馬昭曰：「家語，王肅增加，非鄭玄所見，肅私定以難鄭玄。」①

張氏融當家語

七録：「二卷。」

佚。

阮孝緒曰：「魏博士張融撰。」

王氏柏家語考

未見。

郎瑛曰：「王文憲公②家語考一編，以四十四篇之家語，乃王肅自取左傳、國語、荀、孟、二戴記割裂

---

① 文津閣四庫本無「馬昭曰」此條内容。
② 文津閣四庫本無「公」字。

織成之，孔衍之序亦王肅自爲也。」

王氏廣謀**家語句解**

三卷。

存。

馬思贊曰：「其書有延祐丁巳刊本，末題刻於精一書舍。廣謀，字景猷，别字猷堂。」

何氏孟春**家語傳**

八卷。

存。

〔校記〕

四庫存目作家語注。（擬經，頁七一）

孟春序曰：「孔子家語如孔衍言，則壁藏之餘，實孔安國爲之，而王肅代安國序未始及焉，不知何謂。此書源委流傳，肅序詳矣。愚考①漢書藝文志載家語二十七卷，顔師古曰：『非今所有家語也。』唐書藝文志有王肅注家語十卷，然則師古所謂今之家語者，與班史所志，大都劉向校録已定之書，肅序

① 文津閣四庫本無「愚考」二字。

稱四十四篇，乃先聖二十二世孫猛之所傳者。肅闢鄭氏學，猛嘗學於肅，肅從猛得此書，遂行於世。然則肅之所注家語也，非安國之所撰次，及向之所校者明矣。虞、舜南風之詩，玄注樂記云：『其辭未聞。』今家語有之，馬昭謂王肅增加，非鄭玄所見，其言豈無據邪？肅之論異於玄，蓋每如此，既於曾子問篇不録，又言諸弟子所稱引皆不取，而胡爲贅此？此自有爲云爾。肅之注，愚不獲見，而見其序，今世相傳家語，殆非肅本，非師古所謂今之所有者安國本，世遠不復可得，今於何取正哉？司馬貞與師古同代人也，貞作史記索隱，引及家語，今本或有或無，有亦不同，愚有以知其非肅之全書矣。今家語，勝國王廣謀所句解也，注庸陋荒昧，無所發明，何足與語於述作家？而其本使正文漏略，復不滿人意，可恨哉！今本而不同於唐，未必非廣謀之妄庸，有所删除而致然也。史記傳顔何字冉，索隱曰：『家語字稱仁山。』金氏考七十二子姓氏，以顔何不載於家語，論語『仲弓問子桑伯子』，朱子注：『家語記伯子不衣冠而處。』張存中取説苑中語證之顔何暨伯子事，廣謀本所無者。蓋金、張二人所見已是今本，以此而推，此書同事異辭，滅源存末，亂於人手，不啻在漢而已。安國及向之舊，至肅凡幾變，而今重亂而失真矣，今何所取正？而愚重爲之注，不亦廣謀之比乎？嗟夫，先民有言，見稱聖人，聖有遺訓，誰其弗循。孝經、論語後幸存此書，奈之何使其汶汶而可也。此書肅謂其『煩而不要』，朱子亦曰『雜而不純』，然實自夫子本旨，忠當時書也，而吾何可留焉而莫之重邪。論語出聖門高弟記録，正實而切事者，顔回死，顔路請子之車，子曰：『鯉也死，有棺而無槨。』校以家語所紀歲年，子淵死時，子魚蓋無恙也。或以論語爲設事之辭，論語且有不可信者矣，吾又何得以此書之不可信者，而并疑其餘之可信者哉？學者就其所見，而求其論於至當之地，斯善學者之益也。春謹即他書有明著家語云云，而今本缺略者，以補綴之，今本不少概見，則不知舊本爲在何篇，而不敢以入焉。分四十四篇爲八卷，他書所記事同語異者箋其下，而一二愚得附焉。其不敢以入者，仍別録之，并春秋、戰國、秦、漢閒文字載有孔子語者，録爲家語外集，存之私塾①，以俟博雅君子，或得肅舊本而是正焉，是豈獨春之幸哉。正德二年二月。」

陸氏治**家語注**

八卷。

未見。

錢謙益曰：「陸處士治，字叔平，吴人。」②

梁武帝孔子正言

隋志：「二十卷。」

佚。

劉知幾曰：「梁武帝令殷芸編諸小説，及蕭方等撰三十國史，乃刊爲正言。」

---

① 「私塾」，文津閣四庫本誤作「秋塾」。

② 本條文淵閣、文津閣四庫本全闕。四庫薈要本「錢謙益」作「錢陸燦」。

薛氏據孔子集語

二卷。

存。

〔校記〕

四庫本三卷。

中書省看詳進狀曰：「太中大夫尚書刑部侍郎兼給事中兼太子諭德徐經孫、朝議大夫中書舍人兼國子司業常挺、通議大夫尚書兵部侍郎兼中書舍人兼直學士院兼侍講劉克莊等，準尚書省送下朝奉大夫祕書監兼太子侍讀謝子強等狀申，乞爲收藏迪功郎浙東提舉司稽山書院山長薛據所進孔子集語，令本省看詳。克莊竊見近世伊、洛門人，各記其師弟子問答之語，謂之語録，或者又纂輯諸家所記，彙次爲朱氏、張氏語略，不厭其詳且盡也。論語一書，乃孔門高弟記其師弟子問答之語，然孔氏之言滿天下，薛據采摭夫子之語不載於家語，與夫莊周、列禦寇、荀卿所未録，或散於諸子百家之書者，集爲二十篇，名曰集語，其尊師嗜學之志，賢於學伊、洛者遠矣。此書有益學者，委可嘉尚，如蒙激賞，念其行誼之美、著書之勤，非泛泛比，察克莊等惓惓公舉之意，見之擢用，可爲尊經立行者之勸，仍將所進孔子集語付祕書省收藏，克莊等不勝幸甚，伏候指揮。景定元年五月十三日。尚書省劄：薛據行誼之美，著書之勤，特與陞擢差遣，其所進孔子集語付祕書省。」（擬經，頁七一）

據自序曰：「聖人之道至大矣，其猶天乎。三光、二氣經其常，雷霆、風雨、霜露緯其變，斯人由之而不自知，知之而莫能盡。子曰：『予欲無言。』『吾無行而不與二三子者。』然則當時鑽仰之淵、騫，蓋亦僅得之耳目所接耳。及夫逍遥曳杖之歌作，而金聲玉振之響不嗣，則其一話一言之記載，尚左尚右之彷彿，轉相授受，奚止百家。漢承嫚秦滅學之後，逮景、武之世，其去孔子未遠也，去曾子未遠也，去子思、孟子又未遠也，董仲舒對策獨推明孔氏，令學者知所統一。方是時，有韓嬰者與董生齊名，學詩，著詩内、外傳數萬言，多引孔子言行以爲之證。仲舒所引悉與論語合，嬰所載頗與荀子同，又有曾子、大戴禮①、孔叢子所取，可謂備而傳之矣。及長，讀左氏、公羊、穀梁、荀卿、列禦寇、韓嬰、劉向等書，其所記者益衆，惑滋甚焉。設以爲孔子没，諸弟子追思料簡，止以學而以下二十篇爲確邪？則此非君子之言，齊東野人之語，當時蓋擇之精矣，豈傳僞者哉？遂取諸書所載，裒而聚之，日累月積，浸成篇帙。而見於曾子、大戴記、孔叢子、家語四全書，與夫載於左氏、莊周、列禦寇、荀卿者皆不與，而錯見於漢儒諸書者録之。其草創也，訂之丞相克齋游先生，先生曰：『嘻，夥哉，子勉成之。』時禮部侍郎蘧徑、東畂二曹先生，十餘年間列官祕府，遂得借書以閲。辛卯火，祕書之藏逸矣，古書有不得盡見者。屬南宫下第，乃詮次此書爲二十篇，題曰集語，以畢其志。世有得而讀之者，其猶兑之戈、和之弓、垂之竹矢在金櫝云。淳祐丙午孟夏。」

吴萊曰：「孔子家語初出魏王肅家，觀其言且與大、小戴禮相出入，而王肅嘗持以難鄭玄，世之儒者猶或疑之而不盡信，蓋慎之也。況永嘉薛據所次孔子集語，或本於戰國諸子，或載於西漢老儒，雖若

① 「大戴禮」，文淵閣四庫本作「大戴記」。

聖人之遺言佚語，賴此而僅存，吾恐天下後世學者之滋惑也。」

陸元輔曰：「據，字叔容，永嘉人。」

楊氏簡**先聖大訓**

十卷。

存。

〔校記〕

四庫本六卷。（擬經，頁七一）

揚氏雄**法言**

隋志：「十五卷。」

存。

漢書：「雄欲求文章成名於後世，以爲經莫大於易，故作太玄；傳莫大乎論語，作法言。』譔以爲十三卷，象論語：學行第一、吾子第二、修身第三、問道第四、問神第五、問明第六、寡見第七、五百第八、先知第九、重黎第十、淵騫第十一、君子第十二、孝至第十三。」

袁準曰：「法言雜錯而無主。」

劉知幾曰：「仲尼既没，微言不行，史公著書，是非多謬。由是百家諸子，詭説異辭，務爲小辨，破彼大道，故揚雄法言生焉。」

程子曰：「揚子無自得者也，故其言蔓衍而不斷，優柔而不決。」

胡宏曰：「論語乃孔子弟子記諸善言，誠有是人相與問答也。法言則假借問答，以則論語，且又淺近特甚，有不必問、不必答、不必言者。」

晁公武曰：「雄好古學，諸子各以其知①，舛駁不與聖人同，是非頗繆於經，故人時有問雄者，常用法言應之，譔此以象論語，號曰法言。每篇復爲序贊，以發其大意。然雄之學，自得者少，其言務擬聖人，斬斬然若影之守形，既鮮所發明，又往往違其本指，正古人所謂畫者謹毛而失貌者也。」

〔補正〕

晁公武條内「諸子各以其知」，「諸」上脱「見」字。（卷十一，頁十）

黄震曰：「揚子終篇稱王莽之勤勞過於阿衡，是豈可齒善類？猶以知尊孔子，得名諸儒。然自漢武以來，孔子之褒顯尊異爲已久，正不待揚雄而後尊；且此時亦非有異端之可闢，如孟、荀不幸生處士横議之時也。迹其言議，況多麤淺，不過掇拾緒餘以盜名爾。」

吴師道曰：「揚子法言十三卷，晉李軌注，錢佃用國子監治平中舊本刊之，當時已用宋咸注增入矣。今以四注本考之，李注簡、宋注詳，凡李注本其文詳者，皆所增入也。其明注咸曰，而誤以爲李注，則佃不考之過也。如正文淵騫篇一段脱三十六字，注字訛誤甚多，或問提行處，或然或否，亦有文未斷

---

① 「諸子各以其知」，四庫諸本「諸」上有「見」字。

而復提者，其校定豈得爲精邪？司馬公、宋咸、唐仲友序附録於後，以見諸公之推尊揚子者如此之至。仲友略及其出處，而以易之『肥遯』當之，義殊不類，蓋亦曲爲之辭者。」

薛瑄曰：「揚雄之法言，王通之續經，皆以孔子自擬，二子非特不知聖人，亦不自知爲何如人矣。」

鄭瑗曰：「揚子雲擬論語作法言，其言曰：『聖人之經，不可使易知。』其意以爲：聖經亦只是欲使人難知爾。殊不知聖經明白易簡，初豈有意爲艱深之辭哉？論語無意爲文，而自粲然成文，乃法言故爲艱險，至不可屬讀，自識者觀之，不獨太玄可覆瓿矣。」

侯氏芭法言注

七録：「六卷。」

佚。

宋氏衷法言注

隋志：「十三卷。」

存。

李氏軌法言解

隋志：「一卷。」

存。

陳振孫曰：「李軌注本，歷景祐、嘉祐、治平三降詔，更監學館閣兩制校定，然後板行，與建寧四注本不同。」

辛氏德源**法言注**

二十三卷。

佚。

柳氏宗元**揚子新注**

五條。

存。

蔣之翹曰：「法言，東晉李軌已爲之注，甚略。子厚删定，雖增釋一二，而亦不能盡補其亡誤，故宋咸云：『中有義易決者反疏之理，尚祕者則虛焉；闕文者弗能正，譌字者乃無辨；至於言不詁而事不屬，議失旨而舉失類。』則其言無足取也。」

宋氏咸**揚子法言廣注**

十卷。

存。

咸序曰：「太儀之體，渾淪無窮者也，非夫周服諸家之論，則度舍之紀，玆或罔焉，欲明緯象，不可得也。群經之文，支離寡要者也，非夫孔傳衆氏之解，則章趣之會，無乃隱焉，欲辨綱常，不可得也。故先儒於聖人之書，所以亹亹而爲已任者蓋此爾。惟西京博士毛萇傳詩，頗號太略，鄭康成大懼夫泯之弗行，思覺於後，故增之箋言，而三百廓如也。

自鳳德云衰，諸子繼作，亞聖之譔，獨揚、孟而已。七篇有趙臺卿爲之題，頗詳；真經有范叔明爲之解，甚悉。惟法言者，蓋時有請問，子雲用聖人之法以應答之也，凡有十三篇，東晉李軌雖爲之注，然愈略於毛公之爲。唐柳宗元删定，雖釋一二，而不能盡補其亡誤，故中有義易決者反疏之理，尚祕者則虛焉；闕文者弗能正，譌字者乃無辨；至於言不詁而事不屬，議①失旨而舉失類。已什其手，是使揚氏之意尚有所晦，學子不能無猶豫也。故康成之志，咸敢竊而取焉，凡裨其闕、糾其失，五百餘條，且署『咸曰』以別舊貫。觀夫詩、書，小序並冠諸篇之前，蓋所以見作者之意也；法言每篇之序，皆子雲親旨，反列於卷末，甚非聖賢之法，今升之於章首，取合經義。第次之由，隨篇具析，其有艱字音切來理，盡譜於後，仍條其舊，以爲十卷。雖不能廣翼賢業，庶充巾笥，爲貽謀之具云。景祐三年二月。」又進表曰：「臣聞魯堂諸子，皆宗聖以宣猷；漢室羣儒，多注②書而顯氏。矧遘會昌之旦，敢忘釋詁之勤？願

① 「議」，文津閣四庫本誤作「義」。
② 「注」，文淵閣四庫本作「著」。

塵典學之明，庶補傳疑之闕。臣誠惶誠恐，頓首頓首。臣竊以前聖既没，微言即淪，並行者非先王之流，横議者皆處士之輩，儒綱盡弛，民極都棼。惟鄒國孟軻、蘭陵荀況，下及劉世，復生揚雄，咸能著書，更相樹道，闢王基於絶代，振天爵於羣倫。若趙岐之釋孟篇，如楊倞之箋荀旨，大決宧奥，靡留洞疑。惟彼法言，凖夫論語，文高而絶，義①祕而淵，雖李郁亭解之於前，柳宗元裁之於後，然多疏略，猶或誤遺。凡坦然易别之途②，則五行俱下而詮釋；洎卓爾難明之意，則一辭不措而闕亡。遂使十三篇之旨趣未融，數百年之駕説猶昧。唐陸德明云：『注既釋經，經由注顯，若讀注不曉，則經義難明。』誠此之謂也。臣爰自效官，未嘗廢學，因念子雲之業，蓋紹仲尼之綱，比緣從政之餘，輒恣討論之究，增加剖理，庶所詳明。然聖人之門，誠難言而是戒，況愚夫之慮，或有得而可收。恭惟景祐，體天法道，欽文聰武，聖神孝德，皇帝陛下，道冠先天，業恢長世，若唐、虞之稽古，監商、周而右文，雖祕藏之多，俾加於采正，在小説之異，罔忽於棄遺。臣是敢前冒邦刑，仰干天聽，終篇稱善，儻垂衡石之觀，以文化成，願廣鴻都之教。臣所重廣注揚子法言一十卷，謹繕寫成三策，隨表昧死詣東上閤門投進以聞。臣瀆③犯宸嚴，無任屏營激切之至。臣誠惶誠恐，頓首頓首，謹言。景祐四年十月十六日，給事郎守祕書著作佐郎。」

〔補正〕

①「義」，文淵閣四庫本作「意」。
②「途」，四庫薈要本、文淵閣四庫本作「條」。
③「瀆」，四庫薈要本作「黷」。

進表内「凡坦然易别之途」，「途」當作「條」。（卷十一，頁十）

陳振孫曰：「法言十三篇，篇各有序，本在卷末，如班固敘傳，今本分冠篇首，自宋咸始。」

司馬氏光**集注揚子**

十卷。

存。

〔校記〕

四庫本作「法言集注」。（擬經，頁七一）

晁公武曰：「温公集晉李軌、唐柳宗元、國朝宋咸、吴祕注，公自言少好此書，歷年已多，今輒采諸家所長，附以己意，名集注。李祠部注本及音義最爲精詳，宋、吴亦據李本而文多異同，今參以漢書，取其通者以爲定本，先審其音，乃解其義云。」

劉氏絳**揚子大義**

一卷。

佚。

徐氏君平**揚子義**

佚。

張氏敷**揚子法言義**

十三卷。

佚。

趙氏秉文**法言微旨**

佚。

秉文自序曰：「揚子聖人之徒與！其法言、太玄，漢二百年之書也。漢興，賈誼明申、韓，司馬遷好黄、老，董仲舒溺災異，劉向鑄黄金，獨揚子得其正傳，非諸子流也。予既整輯太玄，舊聞法言有宋衷注，亡之，今世傳四注，柳、李二注，十釋一二；宋、吴二注，頗有牴牾其十二；注中數家，大抵祖臨川王氏，無甚發明，又多詆忤而不中其失。獨温公集解徧采諸本，微辨四家之得失，斷以己意，十得七八矣。其終篇詳辨揚子得聖人之行藏，爲得其正，實百世之通論也。故今斷以集解爲定。然法言之作，雖擬論語，不同門人問答，先後無次，乃揚子自著之書也，不應辭意不相連屬，其命名自序，思過半矣。或先義而後問，或後答以終義，或離章以發微，或終篇以明數，旁鈎遠引，微顯志晦，川屬脈貫，會歸正道。今所謂分章微旨者，非敢有異於先儒也，但使一篇之義，自相連屬，穿鑿之罪，予何敢逃，萬一有得微旨于言辭之表者，或有助於發機云。」

經義考卷二百七十九

擬經十二

王氏通中說

唐志：「五卷。」或作「十卷。」

存。

〔校記〕

四庫本十卷。（擬經，頁七一）

李翺曰：「理有是者而辭章不能工，王氏中說是也。」

阮逸序曰：「周公，聖人之治者也，後王不能舉，則仲尼述之，而周公之道明。仲尼，聖人之備者也，後儒不能達，則孟軻尊之，而仲尼之道明。文中子，聖人之修者也，孟軻之徒歟，非諸子流矣。蓋萬章、公孫丑不能極師之奧，盡録其言，故孟氏章句，略而多闕；房、杜諸公不能臻師之美，大宣其教，故王氏續經，抑而不振。中説者，子之門人對問之書也，薛收、姚義集而明之。唐太宗正觀①初，精修治具，文經武略，高出近古，若房、杜、李、魏、二温、王、陳輩，迭爲將相，實永三百年之業，斯門人之功過半矣。正觀②二年，御史大夫杜淹始序中説及文中子世家，未及進用，爲長孫無忌所抑，而淹尋卒。故王氏經書，散在諸孤之家，代莫得聞焉。二十三年，太宗没，子之門人盡矣。惟福時兄弟，傳授中説於仲父凝，始爲十篇。今世所傳本，文多殘闕，誤以杜淹所撰世家爲中説之序；又福時於仲父凝得關子明傳，凝因言關氏卜筮之驗，且記房、魏與太宗論道之美，亦非中説後序也。蓋同藏緗帙，卷目相亂，遂誤爲序焉。逸家藏古編，尤得精備，亦列十篇，實無二序。以章③詳測，文中子世家乃杜淹授與尚書陳叔達，編諸隋書而亡矣。關子明事，具於裴晞先賢傳，今亦無存。故王氏諸孤，痛其將墜也，因附於中説兩間，且曰：『同志淪殂，帝閽悠邈，文中子之教，鬱而不行，吁，可悲矣。』此有以知杜淹見抑，而續經不傳；諸王自悲，而遺事必録。後人責房、魏不能揚師之道，亦有由焉。夫道之深者，固當年不能窮；功之遠者，必異代而後顯。方當聖時，人文復古，則周、孔至治大備，得以隆之。昔荀卿、揚雄二書，尚有韓愈、柳宗元刪定，李軌、楊倞注釋，况文中子非荀、揚比也，因爲引注，以翼斯文。夫前聖爲後聖之備，古文乃今文之修，未有離聖而異驅，捐古而近習，而能格於治者也。皇宋御天下，尊儒尚文，道大淳矣；修王削霸，政無雜矣；抑又跨唐之盛，而使文中之徒遇焉。彼韓愈氏力排異端，儒之功者也，故稱

---

①② 「正觀」，四庫薈要本、文津閣四庫本、備要本作「貞觀」。

③ 「章」，四庫薈要本、文淵閣四庫本作「意」。

孟子能拒揚、墨，而功不在禹下，孟軻氏，儒之道者也，故稱顏回能與禹、稷同道。愈不稱文中子，其先功而後道歟？猶文中子不稱孟軻，道存而功在其中矣。唐末司空圖嗟功廢道衰，乃明文中子聖矣，五季經亂，逮乎削平，則柳仲塗宗之於前，孫漢公廣之於後，皆云聖人也，然未及盛行其教。噫，知天之高，必辨其所以高也。子之道，其天乎？天道則簡而功密矣。門人對問，如日星麗焉，雖環周萬變，不出乎天中。令推策揆影，庶髣髴其端乎？大哉，中之爲義，在易爲二、五，在春秋爲權衡，在書爲皇極，在禮爲中庸。謂乎無形，非中也；謂乎有象，非中也。上不蕩乎虛無，下不局乎①器用，惟變所適，惟義所在，此中之大略也。中説者，如是而已。李靖問聖人之道，子曰：『無所由，亦不至於彼。』又問彼之説，曰：『彼，道之方也，必也無至乎。』魏徵問聖人憂疑，子曰：『天下皆憂疑，吾獨不憂疑乎？』退謂董常曰：『樂天知命，吾何憂？窮理盡性，吾何疑？』舉是深趣，可以類知焉。或有執文②昧理，以模範論語爲病，此皮膚之見，非心解也。逸才微志勤，曷究其極，中存疑闕，庸俟後賢，仍其舊篇，分爲十卷。」

〔補正〕

阮逸序内「以章詳測」，「章」當作「意」。（卷十一，頁十）

宋咸曰：「文中子乃後人所假託，實無其人。」

李覯曰：「文中子之言，聖人之徒也，而傳之者非其人。吾觀中説，謂所傳者姦詐無禮之人也，世

① 「乎」，文淵閣四庫本作「於」。
② 「文」，文津閣四庫本作「中」。

誚房、魏輩不稱師，顧諸公何如人也？竊人之財猶謂之盜，學焉而不知所由來，固小人矣。然其佐唐命，基太平，行事灼見，非小人也。非小人而不稱師，未嘗以爲師也明矣。隋書，魏公所述，常人或得一傳，而無王通云者，豈躬爲弟子而忽忘如是乎？或謂以長孫無忌怒故，夫魏公引義諫諍，不爲天子屈，豈憚一無忌而削其師哉？蓋文中子教授河汾閒，迹未甚顯，没後，門人欲尊寵之，故扳太宗時公卿，以欺後世耳。懼其語之泄，乃溢辭以求媚。孔子之時，周王、魯公非有遺也，至修春秋，尊京師、別內外，戀戀不能已。江都弒煬帝，而文中子曰：『天其或者將啓堯、舜之道，吾不與焉，命也。』其如君臣之禮何？孔子於孟懿子、季康子稱對稱名，楊素、蘇夔、李德林，隋之大臣，且非弟子，而謂之請見，又名之，其如上下之禮何？吾故謂傳者奸詐無禮之人也。」

鄭獬曰：「中説：李德林請見，援琴鼓蕩之什。又問禮於關子明。是二者其妄不疑。」

晁公武曰：「右隋王通之門人共集其師之語爲是書。通行事於史無考，獨隋唐通録稱其有穢行，爲史臣所削。今觀中説，其迹①往往僭聖人，摸擬竄竊，有深可怪笑者。獨貞觀時諸將相，若房、杜、李、魏、二温、王、陳，皆其門人。予嘗以此爲疑。及見李德林、關朗、薛道衡事，然後知其皆妄也。通生於開皇四年，而德林卒以十一年，通適八歲，固未有門人。通仁壽四年嘗一到長安，時德林卒已九載矣。其書乃有子在長安，德林請見，歸，援琴鼓蕩之什，門人皆沾襟。關朗在太和中見魏孝文，自太和丁巳，至通生之年甲辰，蓋一百七年矣，而其書有問禮於關子明。隋書薛道衡傳稱道衡仁壽中出爲襄州總

① 「其迹」，文津閣四庫本作「其説」。

管，至煬帝即位，召還。本紀：仁壽二年九月，襄州總管周摇卒。道衡之出，當在此年矣。通仁壽四年始到長安，是年高祖崩，蓋仁壽末也。又隋書稱：道衡子收，初生即出繼族父儒，養於儒宅，至於長成，不識本生。其書有内史薛公見子於長安，語子收曰：『汝往事之。』用此三事推焉，則以房、杜輩爲門人，抑又可知已。」

洪邁曰：「王氏中説所載門人，多貞觀時知名卿相，而無一人能振師之道者，故議者往往致疑。其最所稱高弟，曰程、仇、董、薛，考其行事，程元、仇璋、董常無所見，獨薛收在唐史有列傳，蹤跡甚爲明白。收以父道衡不得其死，不肯仕於隋，聞唐高祖興，將應義舉，郡通守堯君素覺之，不得去。及君素東連王世充，遂挺身歸國，正在丁丑、戊寅歲中。丁丑爲大業十三年，又爲義寧元年；戊寅爲武德元年，是年三月，煬帝遇害於江都，蓋大業十四年也。而杜淹所作文中子世家云：『十三年，江都難作，子有疾，召薛收謂曰：吾夢顔回稱孔子歸休之命。乃寢疾而終。』殊與收事不合，歲年亦不同，是爲大可疑者也。又稱李靖受詩及問聖人之道，靖既云：『丈夫當以功名取富貴，何至作章句儒。』恐必無此也。今中説之後，載文中子次子福時所録云：『杜淹爲御史大夫，與長孫太尉有隙。』按：淹以貞觀二年卒，後二十一年高宗即位，長孫無忌始拜太尉，其不合於史如此。故或者疑爲阮逸所作，如所謂薛收元經傳，亦非也。」

王明清曰：「文中子，隋末大儒。歐陽文忠公、宋景文脩唐書，房、杜傳中，略不及其姓名，或云：『其書阮逸僞作，未必有其人。』然唐李習之嘗有讀文中子，而劉禹錫作王華卿墓誌序，載其家世行事甚詳，云『門多偉人』，則與書所言合矣，何疑之有？又皮日休有文中子碑，見於文粹。」

陳亮曰：「文中子講道河汾，門人咸有記焉。其高弟若董常、程元①、仇璋蓋嘗參取之矣，薛收、姚義始綴而名之曰中説，凡一百餘紙，無篇目卷第，藏王氏家。文中子亞弟凝，晚始以授福郊、福時，遂次爲十篇，各舉其端二字以冠篇首，又爲之序篇焉，惟阮逸所著本有之。至龔鼎臣得唐本於齊州李冠家，則以甲乙冠篇，而分篇始末皆不同，又本文多與逸異，然則分篇、序篇未必皆福郊、福時之舊也。昔者孔氏之遺言，蓋集而爲論語，其一多論學，其二多論政，其三多論禮樂，自記載之書，未嘗不以類相從也。此書類次無條目，故讀者多厭倦。予以暇日參取阮氏、龔氏本，正其本文，以類相從，次爲十六篇，其無條目可尋，與凡可略者，往往不録，以爲王氏正書。蓋文中子没於隋大業十三年五月，是歲十一月唐公入關，其後攀龍附鳳，以翼成三百載之基業者，大略嘗往來河汾矣。雖受經未必盡如②所傳，而講論不可謂無也。然智不足以盡知其道，而師友之義未成，故朝論有所不及，不然，諸公豈遂忘其師者哉？及陸龜蒙、司空圖、皮日休諸人始知好其書，至本朝阮氏、龔氏遂各以其所得本爲之訓義，考其始末，皆不足以知之也。」又曰：「以中説方論語，以董常比顔子，與門人言而名朝之執政者，與老儒老將言而斥之無婉辭，此讀中説者之所同病也。今按阮氏本則曰：『嚴子陵釣於湍石，爾朱榮控勒天下，故君子不貴得位。』龔氏本則曰：『嚴子陵釣於湍石，民到于今稱之；爾朱榮控勒天下，死之日，民無得而稱焉。』故摹倣論語者，門人弟子之過也。龔氏本曰：『出而不聲，隱而不没，用之則成，舍之則全。』阮

① 「程元」，備要本作「程无」。
② 「盡知」，四庫薈要本作「盡知」。

氏本則因董常而言終之曰：『吾與爾有矣。』故比方顔子之迹，往往多過。内史薛公使遺書於子，子再拜而受之，推此心以往，其肯退而名楊素諸公哉？薛公謂子曰：『吾文章可謂淫溺矣。』子離席而拜曰：『敢賀丈人之知過也。』謂其斥劉炫、賀若弼而不婉者過矣。至於以佛爲聖人，以無至、無迹爲道，以五典潛、五禮錯爲至治，此皆撰集中説者抄入之，將以張大其師，而不知反以爲累也。」

林希逸曰：「通之中説模倣論語之文，倣規爲圓，模矩作方，而無一出於胸臆，徒掇聖人之句法以爲能，將以求其工，適足以露其拙耳。」

陳振孫曰：「唐志五卷，今本第十卷有文中子世家，房、魏論禮樂事書，關子明事及王氏家書雜録，舊傳以此爲前後序，非也。又有龔鼎臣注，自甲至癸爲十卷，而所謂前、後序者，在十卷之外，亦頗有所删取。李格非跋云：『龔自謂明道閒得唐本於齊州李冠，比阮本改正二百餘處。』」

王應麟曰：「中説前述云：『隋文帝坐太極殿召見，因奏太平之策十有二焉。』按：唐會要武德元年五月，改隋太興殿爲太極殿，隋無此名。」

潘音曰：「揚子雲法言、王仲淹中説，專模倣聖人言語，然道理尚未透悟。」

吴師道曰：「文中子書，强引唐初文武名臣，以爲弟子，然其歲月事實，牴牾乖剌，終不足以掩後世之耳目也。」

楊廉曰：「文中子作中説，以擬論語。孔子何人，乃敢擬之，宜朱子有小兒瓦屋之譏也。」

羅欽順曰：「文中子議論，先儒蓋多取之，至於大本大原，殊未有見，觀其稱佛爲西方之聖人，可以知其學術矣。」

鄭瑗曰："王氏中説或謂宋阮逸僞作，陳同父類次之，謂阮氏本與龔鼎臣本文各不同，逸或不能無增損於其閒，此啓後人之疑也。"

王世貞曰："昔人謂文中子之高弟子，房、杜、李、魏諸賢，皆貴爲貞觀將相，而未有一言及其師，以是爲疑。若予所疑，固不止是。孔門七十子，齒莫過於顔路、季路，然非有長於①夫子者；至考房、杜、李、魏諸賢，皆北面事文中子，而皆長於文中子。文中子以開皇四年生，以大業十四②年卒，壽僅三十三③爾；李衛公以貞觀廿三年卒，年七十九，魏鄭公以貞觀十七年卒，年七十三，當並長文中子十六歲也；房梁公以貞觀二十二年卒，年七十一，當長文中子九歲也；杜密公以貞觀二年卒，年四十六，當長文中子四歲也。文中子固十五而抗顔爲人師，然豈必處處作項橐哉？"

〔補正〕

王世貞條内"以大業十四年卒"，"四"當作"三"。"壽僅三十三"，當作"三十四"。（卷十一，頁十一）

胡應麟曰："王仲淹著中説，唐、宋以還，知之者十而三，罪之者十而七，疑之者十而九。仲淹生隋季世，遁跡閭巖，一時與遊，董常數子而外，毋論房、李④、王、魏，若風馬牛不相及，即薛收、杜淹，識者亦

① "長於"，文淵閣四庫本作"過於"。
② "十四"，四庫薈要本、文淵閣四庫本作"十三"。
③ "三十三"，四庫薈要本、文淵閣四庫本作"三十四"。
④ "李"，文津閣四庫本作"杜"，文津閣四庫本作"三十六"。

疑焉。李密、李靖皆英雄，氣吞一代，劉炫生徒遍四方，薛道衡、李德林之才名，楊處道、賀若弼之幹略，當時聲譽俱遠出河汾上。矧詩、書、禮、樂概非六朝所急，一處士談周公、仲尼，諸人日僕僕候其門乎？仲尼大聖，微生畝直斥其名，葉公太宰之問，率孫辭以對；以炫之矜、弼之愎、素之鉅姦、道衡之輕薄，彼其於文中奚有甚矣，阮逸輩之過勞其心也。」

唐公文獻曰：「文中子書所謂正禮樂、讚易道，以之續經者率散逸，惟中説十篇傳於今。中述勸講①之旨、出處之迹甚備，其言平易而易知，亦切近而易行，沈深而不僻，博雅而不肆，於諸子中得聖人之言之似者也。」

蕭雲舉曰：「文中子受書、春秋於李育，學詩於夏琠，問禮於關子明，正樂於霍汲，考三易之義於仲華②。講道河汾，所爲中説，其辭約，其致深，其議該而宏，因事考類，分宗辨目，足以不朽。彼以僭罪之者，苛矣。」

〔補正〕

蕭雲舉條内「考三易之義於仲華」，「於」下脱「族父」二字。（卷十一，頁十一）

王圖曰：「仲淹中説十篇，或議其擬論語爲僭，然當正學湮廢之餘，獨能尊推孔氏，其氣象似顔子，而用世之志又大類孟子。」

---

① 「勸講」，文津閣四庫本作「勸學」。

② 「考三易之義於仲華」，四庫薈要本、文淵閣四庫本「仲華」上有「族父」二字。

全天敘曰：「王氏中説大約借孔子以自尊，亦所以尊孔子也。」

按：王氏中説，證之隋唐國史，無不紕繆，故宋咸直謂無其人，而昭德晁氏、鄱陽洪氏、弇州王氏辨之尤詳。黄巖戴氏著有中説辨妄一編，惜其失傳，莫有繼之者。顧講學諸公，讀書不論其世，專尚言辭，遂據無稽之言，以子虛、無是公巋然配食孔氏之廡，而典禮家未有敢議焉者，何與？

戴氏良齊**中説辨妄**

佚。

燕君武孝經

佚。

右見抱朴子，有龍虎三囊辟兵符，蓋道書也。

沈氏若**廣孝經**唐藝文志作「徐浩」。

唐志①：「十卷。」

佚。

---

① 「唐志」，文淵閣四庫本誤作「廣志」。

唐會要：「乾元二年十一月，四明山人沈若進廣孝經十卷，制授祕書郎集賢院①待詔。」

張氏士儒**演孝經**

唐志：「十二卷。」

佚。

員氏半千**臨戎孝經**

唐志：「二卷。」

佚。

郭氏良輔**武孝經**

唐志：「一卷。」

佚。

王應麟曰：「唐郭良輔設太公、孫子問荅，倣孝經篇第，以述武事。」

---

①「集賢院」，文津閣四庫本誤作「集院」。

李氏遠**武孝經**

宋志：「一卷。」

佚。

鄭氏女孝經

宋志：「一卷。」

存。

鄭氏進表曰：「妾惟天地之性貴剛柔焉，夫婦之道重禮義焉。仁義禮智信者，是謂五常，五常之教，其來遠矣，總而爲主，實在孝乎。夫孝者，感鬼神、動天地，精神至貫，無所不達，蓋以夫婦之道，人倫之始，考其得失，非細務也。易著乾坤，則陰陽之制有別；禮標羔雁，則伉儷之事實陳。妾每覽先聖垂言，觀前賢行事，未嘗不撫躬三復歎息久之，欲緬想餘芳遺蹤可躅。妾姪女特蒙天恩，策爲永王妃，以少長閨闈，未嫻詩、禮，至於經誥，觸事面牆，夙夜憂惶，戰懼交集。今戒以爲婦之道，申以執巾之禮，並述經史正義，無復載乎浮辭，總一十八章，各爲篇目，名曰女孝經。上至皇后，下及庶人，不行孝而成名者，未之聞也。妾不敢自專，因以曹大家爲主，雖不足以藏諸巖石，亦可以少補閨庭。輒不揆量，敢茲聞達，輕觸屏扆，伏待罪戾，謹言。」

宋史：「侯莫陳邈妻鄭氏撰。」

祁承㸁曰：「載内訓全書。」

石氏恪**女孝經像**

一卷。

佚。

宣和畫譜：「石恪，字子專，成都人。工畫道釋人物，孟蜀平，至闕下，授以畫院之職，不就，力請還蜀，詔許之。今御府所藏有女孝經像八。」

李氏公麟**女孝經相**

二卷。

佚。

賈氏元道**大農孝經**

宋志：「一卷。」

佚。

綦氏師元**道孝經**

宋志：「一卷。」

佚。

□氏鶚**佛孝经**

宋志：「一卷。」

佚。

宋史：「舊題名鶚，不知姓。」

劉氏炫**酒孝經**

唐志：「一卷。」

佚。

劉知幾曰：「俗所傳有雞九錫、酒孝經、房中志、醉鄉記，或師範五經，或規摹三史，雖文皆雅正，而事悉虛無。」

皇甫氏松**酒孝經**

宋志：「一卷。」

佚。

亡名氏醫孝經

一卷。

未見。

馬氏融**忠經**

一卷。

存。

按：忠經蓋擬孝經而作，考之隋、唐經籍、藝文志俱不載，恐是僞託扶風馬氏者。

林氏慎思**續孟子**

二卷。

存。

慎思自序曰：「孟子書先自其徒紀言而著，予所以復著者，蓋以孟子久行教化，言不在其徒盡矣，故演作續孟。」

崇文總目：「續孟子二卷，唐咸通中林慎思撰。慎思以孟子七篇非軻自著書，而弟子共記其言，不能盡軻意，因傳其説，演而續之。」

劉希仁序曰：「自文中子有續經書，唐水部郎林虔中亦有續孟子。然續經竟無傳者，郊、畤之責；而續孟今行於世者，有名孫元復焉。七篇之書，先儒謂最有關於聖門，而温國文正公乃作疑孟，至謂瞽瞍殺人，非孟子之言。韓昌黎固謂軻之書非自著，其徒萬章、公孫丑相與記軻所言，程子遂以瞽、象之事，乃萬章傳聞之誤耳。續孟之作，又豈以阮逸所謂萬章、公孫丑不能極師之奥，盡録其言，故孟氏章句略而多闕。今觀水部公出其仁義之言，而善於敷演，長於譬喻，如曰：『堯之比户可封，不有四凶乎？紂之比屋①可誅，不有三仁乎？以其大而舉之，不以其小而廢之。』斯言蓋得之矣。不寧唯是，孟子言必曰仁義，公之治邑，民懷其惠，臨難不求苟免，仁之至，義之盡，可謂善學孟子者矣。克齋林公稱爲吾閩千載不朽之士，豈吾欺哉。咸淳癸酉上春。」

吴鑑明序曰：「堯、舜、周、孔之道，至孟軻斬焉不傳，仲蒙子作書續孟，此其自任者豈淺淺也。然生值唐亂，官不過令長，才志不見知於時，斥罵逆巢，抗首白刃，孟氏可作，顧不謂豪傑大丈夫哉。所恨事不載史，徒得故老傳説，四五百年不休，續孟子仲蒙卷目雖具藝文志，今世所傳者，殆放失其本真矣，

① 「比屋」，四庫薈要本作「比户」。

史書果可盡信哉？可傳者不録，所録者又將泯泯而無傳，仲蒙子何爲其生死不遇也哉？元統三年，南康曹侯明源來宰長樂，始訪其子孫於稠岩之野，爲之築室，立祠表其大節，而暴之天下耳目，是不惟昭忠烈，正人倫，亦使世俗知爲善之可願，雖掩抑百年，猶遇仁賢君子以傳其名也。余既悲仲蒙之志，又嘉曹侯之爲政，能有所建明，故爲之敘贊，以見有善者名無不聞，而循吏之化民成俗，固自有道也。贊曰：唐室不競，以利稗政，上替下陵，用勦民命；維閩仲蒙，抗志續孟，昌言仁義，以藥時病。不能者天，出宰萬年，巢賊稱帝，萬乘南遷；百寮鼠竄，比肩從叛，一人抗節，群醜駭亂。蒙死則那，偷生幾何？較其短長，得喪孰多？夫既殞身，遑恤厥名，紀録失官，惟國無人。邑老相傳，彌遠彌在，將五百年，始遇賢宰。賢宰爲誰，明源曹公，美俗旌賢，不泥簿文；躬駕之野，訪求後昆，樹祠學宫，風於四遠。匪私仲蒙，忠義是勸。稠岩之野，青青楓陰，胡晦于昔，而白于今。我師子輿，好善是喜，勒辭岩石，彰其美德。」

程鉅夫序曰：「續孟二卷，唐林公慎思所作，其書列於唐藝文志、宋崇文總目。夫以孟子才號亞聖，書次六經，自司馬遷、揚雄、韓愈之徒，尊信篤好，以爲大有功於聖門。至司馬光、李覯輩乃著書譏毁，學者固自有次第哉。二書免於世俗之見，亦幸矣。夫然二書文深義密，諄切反覆，不悖於聖人之道，誠有補於世教也。公字虔中，福州長樂人，兄弟五人，同讀書於稠岩山之石室。公中咸通十年第，又中宏詞拔萃科，賜其鄉曰『芳桂①』，里曰『大宏』，由祕書省校書郎至尚書水部郎中。黃巢犯長安，罵

① 「芳桂」，文津閣四庫本作「桂芳」。

賊而死，蓋賢者也。其幾世孫崇萬來京師，求予序之，崇萬今爲浮屠氏云。延祐改元四月晦。」

蒲道源後序曰：「亞聖七篇之書，謹義利之辨，明王霸之分，知言養氣，盡心知命，擴善端，闢邪説，粹然一出於正，度越諸子，獨列於經。韓子以爲功不在禹下，程子以爲發前聖所未發，其尊之也至矣。予觀仲蒙子林先生續孟子二卷，其自負爲何如哉！惜其生於唐季，屈於下僚，不克展其志，然能不染巢賊之污，竟駡而死，合乎孟子舍生取義之説，良可欽仰，非世之大言無實者比。昔揚雄準易、王通擬經，不免後世之議，然皆一代儒宗也。孟子曰：『若夫豪傑之士，雖無文王猶興。』仲蒙子其庶幾焉。」

閩書：「林慎思，字虔中，長樂人。咸通十年登第，自校書郎至水部郎中、萬年縣令。黄巢寇長安，迫以僞禄，不屈，駡賊死。慎思謂孟子七篇，非其所著書，而弟子所記，不能盡孟子意，因傳其説，演而續之，作續孟子，又有仲蒙子書。」

陳英觀序曰：「孟子稱能言距楊、墨者，聖人之徒也。夫能言未必能行，孟子直以聖人之徒與之，不已過乎。言者既與，則行者可知已，仲蒙子續孟之作，將以言詒天下者也。予謂仲蒙方著書時，未必先知其身之死於賊，仲蒙既以義死，續孟雖不作可也。書之存亡、史之得失，又烏能爲仲蒙子之有無；立祠表義，仲蒙亦何心之有，抑人心之所以不死者，其在是乎。」

黄堯臣序曰：「孟子談仁義數萬言，一以正人心爲己任，仲蒙子續孟，其有孟子之心乎哉！然仲蒙處黄巢之亂，以萬年令駡賊死官。方其駡賊，豈不知其必死哉！義在於死，而不利於苟生也。質之孟氏①，非所謂真知仁義之辨者哉？漢揚雄擬論語作法言，既而倍漢事莽，是雄非特漢罪人，固聖門之罪人已。即雄而視仲蒙子，豈可同日語哉？昔朱文公作通鑑綱目，書雄爲新莽大夫，今南康曹侯築室以祠仲蒙，曹侯之心，即文公之心者也。噫，使天下邑宰皆如曹之用心，世道其不復古乎！」

按：慎思之死甚烈，而新、舊唐書忠義傳中，俱不列其名，何也？續孟子十四篇，一曰梁大夫、二曰梁襄王、三曰樂正子、四曰公都子、五曰高子、六曰公孫丑、七曰屋廬子、八曰咸邱蒙、九曰齊宣王、十曰萬章、十一曰宋臣、十二曰莊暴、十三曰彭更、十四曰陳臻。

① 「孟氏」，四庫薈要本作「孟子」。

經義考卷二百八十

擬經十三

孔氏鮒小爾雅

隋志：「一卷。」

存。

隋書：「李軌略解。」

晁公武曰：「孔子古文也，見於孔鮒書。」

王應麟曰：「小爾雅十三章，申衍詁訓。」

陳振孫曰：「漢志有此書，亦不著名氏，唐志有李軌解一卷，今館閣書目云：『孔鮒撰。』蓋即孔叢子第十一篇也，曰：廣詁、廣言、廣訓、廣義、廣名、廣服、廣器、廣物、廣鳥、廣獸凡十章；又度量衡爲十三章，當是好事者抄出別行。」

詹景鳳曰：「孔鮒小爾雅廣釋字義，旁搜名物，言約而事不泛，旨近而便於俗，於小學尚矣。」

張氏揖廣雅

唐志：「四卷。」七録同，隋志：「三卷。」

存。今本十卷。

隋志：「魏博士張揖撰。」

揖進表曰：「臣聞昔在周公，纘述唐虞，宗翼文武，剋定四海。勤相成王，踐阼理政，日昃不食，坐而待旦。德化宣流，越裳徠貢①，嘉禾貫桑。六年制禮，以導天下。著爾雅一篇，以釋其義，傳于後孠，歷載五百，墳典散零，惟爾雅恆存。禮三朝記：哀公曰：『寡人欲學小辯，以觀於政，其可乎？』孔子曰：『爾雅以觀於古，足以辯言矣』。春秋元命苞言：子夏問：『夫子作春秋，不以初、哉、首、基爲始，何？』是以知周公所造也。率斯以降，超絶六國，越秦踰楚，爰暨帝劉，魯人叔孫通撰置禮記，文不違古。今俗所傳三篇爾雅，或言仲尼所增，或言子夏所益，或言叔孫通所補，或言郙郡梁文所考，皆解家所說，經師口傳，既無正譣②聖人所言，是故疑不能明也。夫爾雅之爲書也，文約而義固；其敶道也，精研而無誤。真七經之檢度，學問之階路，儒林之楷素也。若其包羅天地，綱紀人事，權揆制度，發百家

---

① 「徠」，文津閣四庫本作「來」。

② 「譣」，文淵閣四庫本作「驗」。

之訓詁，未能悉備也。臣揖體質蒙蔽，學淺詞頑，言無足取，竊以所識，擇撢羣藝，文同異義，音轉失讀，八方殊語，庶物易名①，不在爾雅者，詳録品覈，以著於篇。凡萬八千一百五十文，分爲上中下，以頤方徠俊哲，洪秀偉彥之倫，扣其兩端，摘其過謬，令得用諝，亦所企想②也。臣揖誠惶誠恐，頓首頓首，死罪死罪。」

陳振孫曰：「魏博士張揖撰。凡不在爾雅者著於篇，仍用爾雅舊目。館閣書目云：『今逸，但存音三卷。』今書十卷，而音附逐篇句下，不別行。揖又有埤蒼、三蒼、訓詁雜字、古文字訓③凡四書，見唐志，今皆不傳。」

〔補正〕

陳振孫條内「古文字訓」，「文」當作「今」。（卷十一，頁十一）

曹氏憲**博雅** 隋志作廣雅音。

唐志：「十卷。」隋志：「四卷。」

存。

① 「易名」，文淵閣四庫本作「異名」。
② 「企想」，文津閣四庫本作「企望」。
③ 「古文字訓」，文淵閣四庫本作「古今字訓」。

隋書：「祕書學士曹憲撰。」

晁公武曰：「隋曹憲撰。魏張揖嘗采蒼雅遺文爲書①，名曰廣雅，憲因揖之說，附以音解，避煬帝諱，更之爲『博』云，後有張揖表。憲後事唐，太宗嘗讀書，有奇難字，輒遣使問憲，憲具爲音注，援驗詳覆，帝歎賞之。」

劉氏伯莊**續爾雅**

唐志：「一卷。」

佚。

高似孫曰：「劉伯莊續爾雅，草木蟲魚，該括略盡。」

劉氏杳**要雅**

五卷。

佚。

王應麟曰：「梁劉杳撰要雅、周禮疏。劉杳要雅亦以宜城②爲酒名。」

---

① 「書」，文津閣四庫本作「文」。

② 「宜城」，文淵閣四庫本作「宜成」。

李氏商隱**蜀爾雅**

通考：「三卷。」

佚。

陳振孫曰：「蜀爾雅，不著撰人名氏。館閣書目按：李邯鄲云：『唐李商隱采蜀語爲之。』當必有據。」

劉氏温潤**羌爾雅**

宋志：「一卷。」

佚。

亡名氏蕃爾雅

通考：「一卷。」

佚。

晁公武曰：「不載①撰人姓名，以夏人語，依爾雅體，譯以華言。」

① 「不載」，四庫薈要本作「無」。

方以智曰：「即羌爾雅。」

梅氏彪**石藥爾雅**

二卷。

存。

彪序曰：「爾雅者，古人訓釋作也。予家西蜀江源，少攻丹術，窮究經方，第用藥皆是隱名。就於隱名之中，又有多本，若不備見，猶畫餅夢桃，遇其經方，與不遇無別也。參同契云：『未能悉究，當施直義。』今以衆石異名，象爾雅詞句，凡六篇勒爲一卷，令迷者尋之稍易，習者誦之不難云爾。元和丙戌。」

白雲霽曰：「釋諸藥隱名。」

陸氏佃**埤雅**

宋志：「二十卷。」

存。

子宰序曰：「嘉祐前經義之未作也，先公獨以説詩得名，其於鳥獸草木蟲魚尤所多識。熙寧後，始以經術革詞賦，先公詩講義遂盛傳於時，學校爭相筆授，如恐不及。元豐間，預修説文，因進書獲對，神考縱言，至於物性，先公敷奏稱旨，德音稱善，且恨古未有著爲書者。先公又奏：『臣嘗試爲之，未成，未敢進也。』天意欣然，便欲見之，因進説魚、説木二篇。自是益加筆削，號物性門類。編纂將終，而永裕上賓矣。先公旋亦補外，所至以平易臨民，故其事簡政清，因得專意論譔。既注爾雅，乃賡此書，號埤雅，言爲爾雅之輔也。埤雅比之物性門類，蓋愈精詳，文亦簡要。先公作此書，自初迨終，僅四十年。不獨博極羣書，而農父、牧夫、百工技藝，下至輿臺、皁隸，莫不諏詢。苟有所聞，必加試驗，然後紀録。則其深微淵懿，宜窮天下之理矣。後有博雅君子覽之，當自識其美焉。宣和七年六月。」

晁公武曰：「皇朝陸佃農師撰。書載蟲魚鳥獸草木名物，喜采俗説。然佃，王安石客也，而學不專主王氏，亦似特立者。」

陳振孫曰：「釋魚、釋獸以及於鳥、蟲、馬、木、草，而終之以釋天，所以爲爾雅之輔也。此書本號物性門類，其初嘗以説魚、説木二篇上之朝，編纂將就，而永裕上賓，不及再上。既注爾雅，遂成此書，其於物性精詳，所援引甚博，而亦多用字説。」

王應麟曰：「元豐中，陸佃修説文，因進書獲對，神宗論物性，恨未有著書者。佃進説魚、説木二篇，自是益加論譔，爲埤雅二十卷。」

王愼中曰：「陸農師於名物可謂多識矣，然其爲書，有自亂其法，所引雖博，而非其著書本指，不足相證，而反以自病者亦多矣。釋翬雉而釋后服，釋馬而釋車，釋騏而釋服，釋龍而釋占，釋蓍而釋重卦，皆非其著書本指。釋竹而釋衛武公之德，已去之遠，而又及於明器；釋倉庚摘引月令可耳，而全録其文；釋艾則因『五十曰艾』之文，而録禮文全篇；釋螽斯、甘棠，既不當釋詩，而復旁引莊子華封之祝、劉歆宗廟之議；釋臺漢其說尤迂緩，謂之詩箋義可也。苹之爲藾蕭，知其爲在野之草①，而鹿之所食也，顧不從箋而從毛與爾雅，則水萍豈野生，而亦豈鹿之所食邪？白華之爲菅，菅其名，而白華其詞也，乃立白華一名而釋之，由箋有『白華於野』之文而誤，不思毛傳已明也。蒲蘆之爲野蜂，則不當爲草，乃兩立其名，而兩引中庸之文。羊之始生曰達，小曰羔，未成羊曰羜，既成曰羊，則羔與羜，乃羊之小與未成之通名，不當各立以爲名也。木之自斃者曰椔，蓋斃木之通名，而非一木之名也，而乃有釋椔。豕，豬之通名，豶其牝，豚其牡，牡之去勢曰豚②，而其牡者曰豭，今乃釋豕與豚不爲明也。豝、豵、豣並見於詩，毛、鄭皆以爲小豕，惟毛以歲紀數，鄭以生紀數爲異，要之皆野豬也；若爲豢獸，則豈狩獵之所射，且虞人致獸，亦不當驅家畜以待田，雖有一歲豵、二歲豝、三歲特、四歲豣，與豕生三豵、二師、一特之異釋，知其當爲野獸者，以詩之文義推之當然也；今乃釋豝而遺其他，而與豕聯釋，疑於爲豢畜歟？大抵所識者多，而所取者博，固不能無失與。至其釋貓引畫譜小言，釋芍藥全録花譜，此無異童兒之識，農師之學，不宜其陋至此，或其家子弟或他人誤增入之也。」又曰：「予讀荆國王文公集，見其進字説表與其爲書序，其義奥深，以爲由書契以來未有也，恨不得見其書。其後於楊龜山集中見其摘數十字駁之，龜山所駁皆是，然要以爲未足以病其書也。及觀埤雅，往往多用字説，雖非龜山所摘，其義亦往往可駁。蓋文公於學，才藝既多，尤能刻意精思，故杜撰立説，而以經傳文詞附會之，雖不爲無義理，而於天

① 「在野之草」，文津閣四庫本誤作「在野之野」。
② 「豚」，依四庫薈要本、文津閣四庫本應作「豶」。

地自然之文，何啻千里。陸最以善言名物，有説詩之名，於熙寧閒亦以此爲王文公所重，新經之義，陸多與焉，故陸亦用文公以廣其書也。由是推之，則字説全書雖不見，亦未足恨。而陸所爲以説詩得名，正不免於穿鑿附會之病，而以文害辭、以辭害意者，宜必多矣。因閲埤雅漫志之。」

〔補正〕

王慎中曰：「白華之爲菅，菅共名，而白華其詞也，乃立白華一名而釋之，由箋有『白華於野』之文而誤，不思毛傳已明也。」傑按：爾雅：「白華，野菅。」據此，則白華即菅之名，陸氏不誤，王氏駁之非是。又曰：「蒲盧之爲野蜂，則不當爲草，乃兩立其名而兩引中庸之文。」傑按：埤雅釋草本謂蜂名蒲盧，取象於蒲；蒲名果蠃，取象於蜂，其兩引中庸皆指蜂言，王氏駁之，失其語意。又爾雅豕在釋獸，不在釋畜，埤雅但有釋獸無釋畜，豬、豕、豚三物聯釋不誤，王氏亦駁之，非是。（卷十一，頁十一）

程氏端蒙**大爾雅**

五卷。

未見。

陳櫟曰：「鄱陽程蒙齋撰小學字説，朱子目以大爾雅，然止三千字。蒙齋同邑董介軒嘗爲注釋，沈毅齋以程訓未備增廣之，吾邑程徽菴猶以爲未備，合程、沈所訓又增廣焉。」

董氏夢程**大爾雅通釋**

未見。

王氏柏**大爾雅**

一卷。

佚。

崔氏銑**小爾雅**

一卷。

存。

〔校記〕

四庫存目提要謂此即孔叢子中之小爾雅，前已出孔鮒小爾雅，此當删。（擬經，頁七一）

袁褧曰：「周公作爾雅，擬之者若埤雅、方言是已，少渠研精古典，緝成新編，曰『小』者，謙之之辭也，因録之木，俾釋注者有所考焉。」

朱氏謀瑋**駢雅**

七卷。

存。

謀瑋自序曰：「言以足志，文以足言，自六經已然。君子不病夫①足文之言，而惟枝葉無當之辭是辟也。試觀盤、誥、雅、頌，厥亦選艱而挹賾矣，今去商、周三千餘禩，其雕章畫羽，方言殊訓，與夫制事錫名，豈不淵且博哉。畸文隻句，獨得訊之，頡籀家書，乃聯二爲一，駢異而同，析之則秦、越，合之則肝膽，古故無其編焉，非藝事一大歉哉。暇日檢諸解詁，排纂散出之文，經子史流，稗官勝説，罔不搜括條貫，依爾雅、廣雅之義，作駢雅七卷，所見異辭，所傳寫異辭，皆不删廢，要使夏五、郭公之例存焉爾。若予耳目所不及接，或幽僻放軼所未攬，儻亦俟夫博識君子，紹而充之，則予敢以筆路驅乎哉，其固陋也，惡乎辭。」

孫開序曰：「昔者周公作雅、南、豳、頌之詩，其辭典則，其義奥渺，其用物也宏，其取材也古，世人莫之解也。其徒作爾雅以釋之，則爾雅者，固學詩之津筏也。夫賦者，古詩之流也，屈原離騷思鬱以幽，文奇以崛，驚采絶豔，蔚爲詞賦之宗。自後司馬相如、揚雄、班固、張衡、左思之徒，皆博雅君子，其所爲賦，罔不醞釀古今，錯綜名物，以文被質，度宫中商，麗句偉辭，駱驛奔會，覽之者五色眩爛，若登太

---

① 「夫」，備要本作「去」。

廟而彝鼎錯陳，若入武庫而戈鋋森列，若步昆侖之墟，璆琳琅玕無不有也。蓋涉之莫窮其源，遡之莫測其本始，故知雅道至淵弘哉。六朝以來，此義泯泯，雖閒有緣情體物之作，而見聞既狹，興寄益微。近代綴文之士，稍厭薄之，更復專務虛恢嬋緩，其辭僻怪，其字懸疣附贅，余無譏焉。信矣，好古之難也。豫章宗侯鬱儀者，今之振奇人也，慨風雅陵遲，詞賦寖頓，冥搜古昔，旁采方謡，原本山川，極命草木。於凡駢偶之語，宏侈之辭，靡不該而存之。體倣爾雅，作駢雅七卷。箴縷綵縰，攟摭晛齵，璧合珠聯，燀煌炳煥，自是之後，作賦者有所取裁矣，雅道庶可興哉！善乎，王通氏之言曰：『詩者，人之性情也。』性情安可無乎？夫世不能廢詩，又何可無賦？則爾雅、駢雅當並傳天壤閒，亦千古作者之林也。」

牛氏衷**埤雅廣要**

四十卷。

存。

衷自序曰：「宋開國公陸丞相佃於爾雅、廣雅之後，復旁搜冥索，以埤翼之。吾藩賢王，論思之暇，嘗進覽焉。惜夫敘述之次，尾天文而首羣品，伍鳳鳥而躋微類，未愜於中，乃條示卷帙所宜增，物類所宜補，命臣衷輯之。衷介胄之末，非能文者，且不敢辭，謹因佃文之舊二十卷，增摭羣書所載，復成二十卷，合而名之曰埤雅廣要。閱數年，繕完進呈，復命翰學吴從政嚴加校勘，釋以音注而梓行之，以廣其傳焉。天順元年，歲次丁丑端月上元吉日。」

陳懿典曰：「埤雅二十卷，宋陸丞相佃撰。述於熙寧、元豐閒，以上之神宗，初進說魚、說木二篇，後廣爲物性門類，積久而成埤雅。其廣要增至四十卷，則皇明天順中，蜀府護衛千户牛衷，奉賢王令而推廣之者也。」

白氏斑**續演雅詩發揮**

十首。

存。

陶宗儀曰：「白湛淵先生續演雅詩發揮，一海青、二押不蘆、三和林尼、四漠北種羊、五角端、六小人、七羯尾、八迤北八珍、九松煤、十駝屏。」

鄺氏露**赤雅**

三卷。

存。

露自序略曰：「子欲居九夷，然蠻獠之族，不異麋鹿，喜則蓱甘，怒則角逐。藍、胡、侯、槃，襲漢官而擁部落，披肝禮士，蹀血尋仇。雄則虺噬，敗則狶烹。鹵魚腸，枕犀渠，甘心烏鳶之口，君子亦何樂乎居之？其令曰：『無罪而殺士者，梟其族；無才而姑能者，刖其足。』有華風焉。予以文字，獲罪邑侯，曳裾四姓，扳謁諸司，隆禮嘉貺，非誼所安。其中山川、風土、儀物，耳而目者，犅列諸篇。其他六壬、五遁、兵鈐、劍術，不敢輕録，懼僭也。」①

□□□曰：「鄺湛若上元跨馬，遇南海黄令不及下，令怒拘之。湛若吟曰：『騎驢適值華陰令，失馬還同塞上翁。』遂棄家走廣西，登涉鬼門、銅柱之閒，遍遊諸岑，及藍、胡、侯、槃四姓土司，爲傜女執兵符者雲䩞娘之客。嘗記其山川、風土、儀物，及女君天姬隊歌舞戰陣之制，爲赤雅一書。稱諸岑爲漢將軍岑彭之後，世爲粤西君長，雄據蠻中；歲時祭祀，以麵爲吴將軍漢首，以代犧牲。而伏波苗裔，世稱馬流人。皆史書所未載也。」②

方氏以智**通雅**

五十五卷。

存。

〔補正〕

按：赤雅、通雅二種，不應入擬經，當刪。（卷十一，頁十一）

唐氏達**爾雅補**

未見。

① 文津閣四庫本無此條內容。
② 文津閣四庫本無此條內容。

劉氏迅**六説**

唐志：「五卷。」

佚。

新唐書：「迅續詩、書、春秋、禮、樂五説，書成，不以示人。」

崇文總目：「唐右補闕劉迅作六書以繼六經，標作書之義，而著其目，惟易闕而不言，故止五卷。」

王應麟曰：「迅作六説以繼六經，自孔氏至考亂，凡八十九章。取漢史詔書及羣臣奏議，以擬尚書。又取房中歌至後庭、鬬百草、臨春樂、少年子之類，凡一百四十二篇，以擬雅章。又取巴渝歌、白頭吟、折楊柳至談容娘，以比國風之流。然文中子嘗續經矣，朱子謂：高、文、武、宣之制，豈有精一執中之傳？曹、劉、顔、謝之詩，豈有物則秉彝之訓？况迅乎！」

黄氏佐**六藝流别**

二十卷。

存。

佐自序曰：「聞之董生曰：君子志善，知世之不能去惡服人也，是以簡六藝以善養之，其學大矣，而各有所長。詩道志，故長於質；書著功，故長於事；禮制節，故長於文；樂詠德，故長於風；春秋司是非，故長於治；易本天地，故長於數。人當兼得其所長，是故舉其詳焉。志始於詩以道性情，爲謡、爲歌。謡之流，其別有四：爲謳、爲誦、爲諺、爲語；歌之流，其別亦有四：爲咏、爲吟、爲怨、爲歎。其拘拘以爲詩也，則爲四言、爲五言、爲六言、爲七言、爲雜言詩；其雜近於文，而又與詩麗也，則爲騷、爲賦、爲詞、爲頌、爲贊；其專事對偶，亡復蹈古，則律詩終焉。書行志而奏功者也，其源以道政事，爲典、爲謨。典之流，其別爲命、爲誥；謨之流，其別爲訓、爲誓。凡典，上德宣於下者也，又別而爲制、爲詔、爲問、爲答、爲令、爲律。命之流，又別而爲册、爲勑、爲誡、爲教。誥之流，又別而爲諭、爲賜書、爲書、爲告、爲判、爲遺命。而閒亦有不盡出於上者焉。凡謨，下情孚於上者也，又別而爲議、爲疏、爲狀、爲表、爲牋、爲啓、爲上書、爲封事、爲彈劾、爲啓事、爲奏記。訓之流，又別而爲對、爲策、爲諫、爲規、爲諷、爲喻、爲發、爲勢、爲設論、爲連珠。誓之流，又別而爲盟、爲檄、爲移、爲露布、爲讓、爲責、爲券、爲約。而閒亦有不盡出於下者焉。禮以節文，斯志者也，其源敬也。敬則爲儀、爲義；其流之別，則爲辭、爲文、爲箴、爲銘、爲祝、爲詛、爲禱、爲祭、爲哀、爲弔、爲誄、爲輓、爲碣、爲碑、爲誌、爲墓表，皆因乎書之制焉。樂以舞蹈，斯志者也，其源和也。和則爲樂，均爲樂義，其流之別，爲唱、爲調、爲曲、爲引、爲行、爲篇、爲樂章、爲琴歌、爲瑟歌、爲暢、爲操、爲舞篇，皆因乎詩之風焉。春秋以治，正志者也，其源名分也，其流之別，爲紀、爲志、爲年表、爲世家、爲列傳、爲行狀、爲譜牒、爲符命；其大概也，則爲敘事、爲論贊。敘事之流，其別爲序、爲紀①、爲述、爲録、爲題辭、爲雜志。論贊之流，其別爲論、爲説、爲辨、爲解、爲對問、爲考評，而凡屬乎書、禮者不與焉。易則通天下之志矣，其源陰陽也，其流之別爲兆、

① 「紀」，文淵閣四庫本作「記」。

爲繇、爲例、爲數、爲占、爲象、爲圖、爲原、爲傳、爲言、爲注，而凡天地鬼神之理管是矣。究其大都，則言而履之，禮也；行而樂之，樂也。藝雖有六，其本諸心則一也。昔晉摯虞嘗著文章流别，其亡已久，故予蒐羅散逸，以爲此篇，統諸六藝，竊比於吾董生云。」

朱氏升小四書

五卷。

存。

升序曰：「上章困敦，赴紫原書會，與友朋商確，爲齋生定讀書次序。首蛟峯蒙求，凡將、急就之儔也；名物者，小學之先也。次勿齋字訓，性理學問，天人之道，治教之原也。次陳先生歷代蒙求，使知古今朝代之略。次黄成性史學提要，使知傳統事迹之詳。此四書者，四字成言，童幼所便，精熟融會，宇宙在胸中矣。然後循序乎六籍之學，歸趣乎孔、孟之教，究極乎濂、洛之説，休日則事筆札而考蒼雅，餘力則紀名數而誦詩文，庶幾入門適道，有序有條，本末兼備，終始相成者矣。夫讀書不可無注解，然注解與本文相離，學者若不能以意相附，則非徒無益，而適滋其惑。故愚於諸經書，往往爲之旁注，使學者但讀本文而覽其旁注，一過即了，無繁複之勞也。今此四書者，或語約而事意多，故旁注不足，則又表注於闌上，使教者有所據依，而學者易於記憶，此區區之至意也。既脱稿，刻之齋舍，題曰小四書，以别於晦菴四書云。」

楊士奇曰：「小學之教，其廢久矣。歙人朱升輯方逢辰名物蒙求、程若庸性理字訓、陳櫟歷代蒙求、黄繼善史學提要爲一編，謂之小四書以教初學，庶幾古人遺意。其上及旁皆有注釋，尤便於教者。」

按：小四書舊刻板在婺源，流傳未廣，近陸御史隴其①重刊行之。

金氏德玹**小四書音釋**

四卷。

未見。

徽州府志：「金德玹，字仁本，休寧人。」

---

① 「隴其」，四庫薈要本作「龍其」。

經義考卷二百八十一

承師一

先民有言，言六藝者折中於夫子，受業身通者七十有七人，皆傳經之選矣。故曰：「七十子喪而大義乖。」後之譜九經師授者，率始於漢，挹其流而未探夫源者也。茲述承師，自仲尼之徒始。

孔子弟子

魯秦子商，字丕茲，家語作「不慈」，史記作「子丕」。少孔子四歲。唐開元二十七年，追贈上洛伯，宋大觀四年，贈馮翊侯。

按：高郵夏氏孔門弟子記略及闕里廣志皆云：「商少孔子四十歲。」然秦子父堇父偪陽之役與叔梁紇俱以力聞，宜與孔子生年相近。今據家語舊聞暨史記索隱、蘇氏古史文正之。又宋大中祥符元年，贈孔門弟子侯爵，商未得與。至大觀四年，禮局上言，遂補贈馮翊侯。闕里志誤以秦祖鄄城之封移之商，非也。

魯顏子無繇，家語少「無」字，「繇」作「由」。字季路，少孔子六歲。唐追贈杞伯，宋贈曲阜侯①，元進杞國公，謚文裕。

〔補正〕

「魯顏子無繇字季路」。案：宋大中祥符碑「季」作「子」。（卷十一，頁十一）

蒲大夫卞仲子由，字子路，「子」亦作「季」。少孔子九歲。唐追贈衛侯，宋贈河内侯，進②衛公。

〔補正〕

「蒲大夫卞仲子由，唐追贈衛侯，宋贈河内侯」。案：宋碑「衛」作「魏」，「河内侯」作「河内公」。（卷十一，頁十一）

魯南武曾子蒧，亦作「點」。字子晳，唐追贈宿伯，宋贈萊蕪侯。

蔡漆雕子開，字子若，史記作「子開」。少孔子十一歲，習尚書。唐追贈滕伯，宋贈平輿侯。

漢藝文志：「漆雕子十二③篇。」

鄭康成曰：「魯人。」

按：慈湖楊氏先聖大訓以「開」爲「憑」，恐誤。

---

① 文津閣四庫本無「侯」字。

② 「進衛公」，文淵閣四庫本無「進」字。

③ 「十二」，四庫薈要本、文津閣四庫本作「十三」。

魯閔子損，字子騫，少孔子十五歲。唐追贈費侯，宋贈琅邪公，改費公。

按：閔子少孔子十五歲，史記、家語文同，小司馬索隱可證。今本家語多譌作五十歲，夏氏從之，非也。

魯冉子雍，字仲弓，少孔子二十九歲。唐追贈薛侯，宋贈下邳公，改薛公。

按：今本家語仲弓無年歲，而史記索隱文有之。

魯冉子求，字子有，家語：「仲弓之宗族。」少孔子二十九歲。唐追贈徐侯，宋贈彭城公，改徐公。

魯商子瞿，字子木，少孔子二十九歲。唐贈蒙伯，宋贈須昌侯。

齊梁子鱣，或作「鯉」。字叔魚，少孔子二十九歲。家語作「三十九歲」。唐贈趙伯①，宋贈千乘侯。

〔補正〕

「齊梁子鱣，字叔魚，唐贈趙伯」。按：宋碑「叔」作「子」，「趙」當作「梁」。（卷十一，頁十二）

魯顏子回，字子淵，少孔子三十歲。唐追贈兗國公，宋因之，元至順中，贈復聖公。

〔補正〕

「魯顏子回，唐追贈兗國公，宋因之」。案：宋碑云：「贈兗公，今進封兗國公」。（卷十一，頁十二）

衛士師齊高子柴，字子羔，左傳作「季羔」，檀弓、韓非子作「子皋」。少孔子三十歲。家語作「四十」。唐贈共伯，宋贈共城侯。

---

① 「趙伯」，四庫薈要本、文津閣四庫本作「梁伯」。

鄭康成曰：「衛人。」

王應麟曰：「衛高柴爲孔子弟子，後居于魯。」

單父宰陳巫馬子施，字子期，史記作「旗」。少孔子三十歲。唐贈鄫伯，宋贈東阿侯。

鄭康成曰：「魯人。」

魯衛相衛端木子賜，字子貢，少孔子三十一歲。唐贈黎侯，宋贈黎陽公，進黎公。魯有子若，字子有，或作「子若」。少孔子三十三歲。唐贈卞伯，宋贈平陰侯。

按：小司馬據家語文云：「少三十三歲。」今本家語作三十六歲，殆誤也。

武城宰吴言子偃，字子游，少孔子三十五歲，史記作「四十五」。唐贈吴侯，宋贈丹陽公，改吴公。許慎説文「偃」作「於」，象旌旗之游，字子游。

魯樊子須，字子遲，少孔子三十六歲家語作「四十六」。唐贈樊伯，宋贈益都侯。

鄭康成曰：「齊人。」

宋原子憲，檀弓稱仲憲。字子思，少孔子三十六歲。唐贈原伯，宋贈任城侯。

鄭康成曰：「魯人。」

魯大夫武城澹臺子滅明，字子羽，少孔子三十九歲。唐贈江伯，宋贈金鄉侯。

單父宰魯宓子不齊，字子賤，少孔子三十九歲。唐贈單伯，宋贈單父侯。

按：史記索隱引家語云：「少孔子四十九歲。」而今本家語無「九」字。索隱又引史記文三十，而今本史記作四十，流傳既久，均失其故矣。

陳陳子亢，說文作「伉」。字子禽，少孔子四十歲。唐贈潁伯，宋贈南頓侯。

按：班固古今人表其載孔門弟子甚略，獨陳子三見，一陳亢、一陳子禽，居中中，一陳子亢，居中下，不得其解。

魯公西子赤，字子華，少孔子四十二歲。唐贈郜伯①，宋贈鉅野侯。

〔補正〕

「魯公西子赤，唐贈郜伯」，「郜」當作「邵」。（卷十一，頁十二）

莒父宰衛卜子商，字子夏，少孔子四十四歲，晚爲衛文侯師。唐贈魏侯，宋贈東阿公，或作河東公。改魏公。

鄭康成曰：「温國人。」

南武城曾子參，字子輿，少孔子四十六歲，初仕于莒，其後齊迎以相，楚迎以令尹，晉迎以上卿。唐開元中追贈郕伯，宋大中祥符二年進郕侯，政和元年，改贈武城侯，咸淳三年，進郕國公，元至順中，贈宗聖公。

〔補正〕

「南武城曾子參，宋大中祥符二年進郕侯」。案：大中祥符碑云：「今進封瑕邱侯」。（卷十一，頁十二）

① 「郜伯」，四庫薈要本作「邵伯」。

漢藝文志：「曾子十八篇。」

王應麟曰：「參與弟子公明儀、樂正子春、單居離、曾元、曾華之徒，論述立身孝行之要，天地萬物之理。」

魯顏子幸，通典作「柳」，咸淳臨安志作「韋」或作「辛」。字子柳，少孔子四十六歲。唐贈蕭伯，宋贈陽穀侯。

陳顓孫子師，字子張，少孔子四十八歲。唐贈陳伯，宋贈宛邱侯，改陳公。

魯冉子孺，字子魯，或作「曾」。少孔子五十歲。唐贈紀伯①，宋贈臨沂侯。

蔡曹子卹，字子循，少孔子五十歲。唐贈曹伯，宋贈上蔡侯。

〔補正〕

「蔡曹子卹，唐贈曹伯」。案：「曹」當作「豊」，宋碑作「魯」。（卷十一，頁十二）

魯伯子虔，家語作「處」。字子析，家語作「晢」。少孔子五十歲。唐贈聊伯②，宋贈沭陽侯。

按：伯虔，史記、家語不著何地人，考咸淳臨安志云：是魯人。宋思陵贊曰：「有虔子析全魯之彥。」當必有所本也。聊伯志作駢伯。

魯顏子高，史記索隱云：「家語名產」，今本家語作「顏刻」。字子驕，少孔子五十歲。唐贈琅邪伯，宋贈雷澤侯。

---

①「紀伯」，四庫薈要本作「郜伯」。

②「聊伯」，四庫薈要本作「鄒伯」。

〔補正〕

「魯顔子高，唐贈瑕邱伯」。案：宋碑作「瑯邪伯」。（卷十一，頁十二）

魯叔仲子會，字子期，少孔子五十歲。魯峻石壁畫像云。唐贈瑕邱伯，宋贈博平侯。

鄭康成曰：「晉人。」

楚公孫子龍，字子石，少孔子五十三歲。唐贈黄伯，宋贈枝江侯。

按：家語稱龍，衛人，然唐、宋追封皆楚地，蓋從北海鄭氏之説。若爲堅白異同之論者，乃趙人樂正子輿，謂其行無師，學無友，非孔子弟子可知。

右有年歲著于家語、史記、隸續者三十有一人，并曾葴共三十二人，内顔淵年數，王肅疑其錯誤。

按：杏壇設教，必先長幼之序，斯史記、家語咸紀弟子之年。兹先書三十二人，而萊蕪侯無年歲，次于衛公者，依侍坐四子倫序書之，不可以郕公先之也。

中都宰魯冉子耕，字伯牛。唐贈鄆侯，宋贈東平公，改鄆公。

按：聖門志、闕里廣志稱伯牛少孔子七歲，不審何據？

臨淄大夫魯宰子予，字子我。唐贈齊侯，宋贈臨淄公，改齊公。

魯史記作「齊」。公冶子長，家語作「萇」。字子長。唐贈莒伯，宋贈高密侯。

范甯曰：「名芝，字子長。」

魯南宮子縚，或作「韜」。一名括，或作「适」。字子容。唐贈郯伯，宋贈襲邱侯，改汝陽①侯。

〔補正〕

「魯南宮子縚，宋贈襲邱侯，改汝陽侯」，「汝」當作「汶」。（卷十一，頁十二）

夏洪基曰：「南宮适之爲敬叔，非也。按史記南宮括②字子容，初未嘗云是孟僖子之子，孟懿子之兄也。而索隱注遽云是孟僖子之子仲孫閱，論語集注亦云謚敬叔，孟懿子之兄，史無其文也，可疑一也。适見家語，一名縚，是适已有二名矣。而左傳孟僖子云必屬説與何忌于夫子，索隱又云仲孫閱，是又二名，天下豈有一人而四名者乎？可疑二也。孔子在魯，族姓頗微，而南宮敬叔公族元子，遣從孔子時，定已娶于强家矣，豈孔子得以兄子妻之？可疑三也。禮記檀弓載南宮敬叔反，必載寶而朝，孔子曰：『喪不如速貧之爲愈也。』若而，人豈能抑權力而伸有德，謹言語而不廢于有道之邦邪？愚以敬叔之與南宮适，皎然二人矣。」

按：史記南宮括字子容，論語括作适，家語南宮縚字子容，鄭康成注檀弓稱南宮縚，孟僖子之子南宮閱也，字子容，其妻孔子兄女；又稱南宮敬叔，魯孟僖子之子仲孫閱也。左氏傳昭公七年孟僖子屬説與何忌于夫子使事之，杜預注云：「説，南宮敬叔，僖子之子。」然則括也、适也、縚也、説也、閱也，一子容而名有五也。崇禎末，高郵夏洪基元開輯孔門弟子傳略，以南宮縚、适、括字子容爲一人，以

① 「汝陽」，四庫薈要本作「汶陽」。
② 「南宮括」，文淵閣四庫本作「南宮适」。

仲孫説、閲謚敬叔者爲一人，至于説苑所載南宫邊子謂是适字之譌。然漢書古今人表既有南容又有南宫敬叔，又有南宫邊子，顔師古注于南容①則云南宫縚也，于敬叔則名南宫适也，是縚與适，适與邊子，均未可混而爲一矣。

齊公晳子哀，家語作「克」。字季次。或作「沈」。唐贈郳伯，宋贈北海侯。

〔補正〕

「齊公晳子哀，唐贈郳伯，宋贈北海侯」，案：宋碑云：「贈杞伯，今進封曲阜侯」。（卷十一，頁十二）

顧炎武曰：「汶上縣有漢衛尉卿衡方碑，其文曰：『履該顔、原，兼修季、由。』洪适以顔、原爲顔淵、原憲，而都穆以季、由即季路，與兼修義②不協。按：公晳哀字季次，不爲家臣，太史公與原憲並稱，一稱字，一稱名，亦古文所嘗有也。」

陳公良孺，字子正。唐贈東牟伯，宋贈牟平侯。

宋司馬子耕，家語「耕」上有「黎」字。字子牛。唐贈向或作「滕」。伯，宋贈楚邱侯，改睢陽侯。

衛琴子牢，字子開，一字子張。唐贈南陵伯，宋贈頓邱侯，改贈陽平侯。

家語有，史記無。

秦秦子祖，字子南。唐贈少梁伯，咸淳臨安志作「沙梁」。宋贈鄄城侯。

---

① 「南容」，文淵閣四庫本作「南宫」。

② 「義」，文淵閣四庫本作「意」。

〔補正〕

「秦秦子祖，唐贈少梁伯」，案：宋碑無「少」字。（卷十一，頁十二）

衛奚容子蒧，字子晳，一云「字子楷」。唐贈下邳伯，宋贈濟陽侯。

魯公祖子句茲，字子之。唐贈期思伯，宋贈即墨侯。

衛廉子潔，字子庸。唐贈莒父伯，宋大觀中，補贈胙城侯。

齊公西子輿如，字子上。唐贈重邱伯，宋贈臨朐侯。

宰或作「罕」。父子黑，字子素①。唐贈乘邱伯，宋大觀中，補贈祁鄉侯。

魯公西子蒧，字子尚。唐贈祝阿伯，宋贈徐城侯。

秦壤駟子赤，字子徒。或作「從」。唐贈北徵伯，宋贈上邦侯。

魯冉子季，字子產。唐贈東平伯，宋贈諸城侯。

薛子邦，字子從。

鄭子國，字子徒。唐贈滎陽伯，宋贈朐山侯。

司馬貞曰：「家語：薛邦字從，史記作國，而家語稱邦者，蓋避漢祖諱而改，鄭與薛字譌也。」

按：仲尼之徒，名字閒有同者。既有曾蒧，亦有奚容蒧，又有公西蒧；既有冉耕，亦有司馬耕；既有宓不齊，又有任不齊；既有公西赤，亦有壤駟赤；既有卜商，亦有秦商；既有原亢，亦有陳亢；既有

---

① 「子素」，四庫薈要本作「子索」。

狄黑，亦有宰父黑；既有冉孺，亦有公良孺；既有秦祖，亦有顔祖，此名不嫌同也。冉求字子有，有若、漆雕徒父亦字子有；顔無繇字季路，仲由亦字季路；顓孫師字子張，琴牢亦字子張；巫馬施字子期，叔仲會亦字子期；公西蒧字子上，公西輿如亦字子上；秦非字子之，公祖句茲亦字子之；原憲字子思，燕伋亦字子思；曾蒧字子晳，伯虔、狄黑、奚容蒧亦字子晳；壤駟赤字子徒，鄭國亦字子徒；秦冉字子開，琴牢亦字子開；申績字子周，公伯繚亦字子周；榮旂字子祺，縣成亦字子祺；顔噲字子聲，樂欬亦字子聲；漆雕哆字子斂，邽巽亦字子斂；此字不嫌同也。然則薛邦、鄭國，子徒、子從，安得以名字相類而并疑其姓氏之誤邪？乃議祀典者封鄭而罷薛，安見其必爲一人？揆之于禮，終有未安也。

齊后今本家語誤「石」。子處，字子里。唐贈營邱伯，宋大觀中，補贈膠東侯。

魯左人子郢，字子行。唐贈臨淄伯，宋贈南華侯①。

衛狄子黑，字子晳。家語作「晳之」。唐贈臨濟伯，宋贈林慮侯。

魯商子澤，字子秀②。唐贈睢陽伯，宋贈鄒平侯。

〔補正〕

「魯商子澤字子秀」，案：宋碑「秀」作「季」。（卷十一，頁十二）

---

① 文津閣四庫本無「侯」字。

② 「子秀」，文津閣四庫本作「子季」。

楚任子不齊，字子選。唐贈任城伯，宋贈當陽侯。

魯榮子旂，家語作「祈」。字子祺。家語作「子顔」。唐贈雩婁伯，宋贈厭次侯。

魯顔子噲，字子聲。唐贈朱虚伯。宋贈濟陰侯。

原子亢，家語作「伉」，或作「桃」。字子籍。唐贈萊蕪伯，宋贈樂平侯。

晉或作「魯」。公肩子定，字子中。唐贈新田伯，宋大觀中，補贈梁父侯。

魯秦子非，字子之。唐贈汧陽伯，宋贈華亭侯。

漆雕子徒父，家語名「從」。字子文。或云字「子有」。唐贈須句伯，宋贈高苑侯。

燕子伋，或作「級」。字子思。唐贈漁陽伯，宋贈汧源侯。

魯公夏子守，字子乘①。宋大觀中，補贈鉅平侯。

按：魏志有公夏浩，或子乘之後。

衛勾子井疆，字子疆。唐贈淇陽伯，宋贈淦陽侯。

齊少叔子乘，字子車。唐贈淳于伯，宋贈博昌侯。

按：應劭風俗通云：「凡氏，于字伯、仲、叔、季是也。」氏有太叔、仲叔，則有少叔無足異者。子車之姓，家語、史記諸書皆作步，而廣韻注云：「孔子弟子有少叔乘，係複姓。」今從之。

① 「子乘」，文津閣四庫本作「子思」。

石作子蜀，字子明。唐贈石邑伯①，宋贈成紀侯。

〔補正〕

「石作子蜀，唐贈石邑伯」，「石」當作「郈」。（卷十一，頁十二）

魯邽子巽，史記索隱作「邦巽」，文翁石室圖作「國選」，家語「巽」亦作「選」。字子斂。唐贈平陸伯，宋贈高堂侯。

魯施子之常，字子恒。唐贈乘氏伯，宋贈臨濮侯。

魯申子續，字子周。家語今本作「績」。

申子棠，字周。史記今本作「黨」，禮殿圖作「儻」。唐贈邵陵伯，宋贈淄川侯。

申子棖，論語。字子續。咸淳臨安志。唐贈魯伯，臨安志作「阿伯」。宋贈文登侯。

陸德明曰：「申棖，鄭康成云：『蓋孔子弟子申續。』史記云：『申棠字周。』家語云：『申續，字周也。』」

司馬貞曰：「文翁圖所記有申棖、申棠。」

王應麟曰：「史記『申棠字周』，家語『申續字周』。今史記以棠爲黨，家語以續爲績，傳寫之誤也。後漢王政碑云：『有羔羊之絜，無申棠之欲。』亦以棖爲棠，則申棠、申棖一人耳。唐開元封申黨召陵伯，又封申棖魯伯。本朝祥符封棖文登侯，又封黨淄川侯，俱列從祀。黨即棠也，一人而爲二人，失於

---

① 「石邑伯」，四庫薈要本作「郈邑伯」。

詳考，陸氏釋文也。史記索隱謂文翁圖有申棠、申棖，今所傳禮殿圖有申黨無申棖。」

按：七十子顏氏居其八，冉氏居其五，秦氏居其四，公西氏、漆雕氏居其三，商氏、原氏居其二。若申棖、申棠，文翁圖記並列，開元、祥符亦並追封，鄭康成、陸德明疑爲一人，則以續、黨並字周也。夫棠、黨字義相近，合之可耳。而高郵夏洪基强以棠棖爲諧聲字，亦近鑿。且如公西蒧、公西輿如同字子上，未嘗不並祀，何獨續與黨同字必當去其一乎？竊謂唐、宋議禮諸儒未爲不是，有其舉之，莫或廢也，記有之矣。

魯樂子欬，或作「欣」。字子聲。唐贈昌平伯，宋大觀中，補贈建成侯。

按：春秋定公十二年：「費宰公山不狃率費人以襲魯，孔子命申句須、樂頎勒士衆下伐之，費人北，遂隳三都之城。」杜預注以二人爲魯大夫，考樂欬家語作樂欣，欣與頎偏旁相同，疑頎即是欣。且文云：「孔子命之。」其爲弟子未可知也。

〔補正〕

「魯樂子欬」條下案語内，「勒士衆」三字當删。（卷十一，頁十二）

魯顏子之僕，字子叔。唐贈東武伯，宋贈宛句侯。

魯孔子忠，或作「弗」。字子蔑，孔子兄孟皮子。唐贈汶陽伯，宋贈鄆城侯。

魯漆雕子哆，字子斂。唐贈武城伯，宋贈濮陽侯。

魯縣子成，字子祺。今本家語作「子横」。唐贈鉅野伯，宋贈武城侯。

〔補正〕

「魯縣子成，宋贈武城侯」，案：宋碑作「成武侯」。（卷十一，頁十二）

魯顏子相，史記作「祖」。字子襄。唐贈臨邑伯①，宋大觀中，補贈富陽侯。

〔補正〕

「魯顏子相，唐贈臨邑伯」，「邑」當作「沂」。（卷十一，頁十二）

司馬貞曰：「家語無此人。」

按：孟子「昔者曾子謂子襄曰」，或是語顏子亦未可定。

魯公伯子寮，論語作「寮」，史記索隱作「繚」，今本作「僚」，又作「遼」。或云即申繚。字子周。唐贈任伯②，宋贈壽張侯。

馬融曰：「寮，魯人，弟子也。」

按：公伯繚見史記弟子傳，又見文翁禮殿圖，必③非無稽之言，後儒以愬子路一事，斷爲非聖人之徒。然論語聖門六十人所記，公是公非，有過未嘗少隱，即宰我、冉有、陳亢過皆不免，似未可以一眚而盡掩其生平也。子長引孔子之言，受業身通者七十有七人，皆異能之士，寮蓋其一矣。而致堂胡氏因家語不列其名氏，謂史記失之。迨明程敏政乃建議謂是聖門之蟊螣，請罷其祀。嘉靖中，行人

---

① 「邑伯」，四庫薈要本作「沂伯」。

② 「任伯」，備要本作「任侯」。

③ 「必」，備要本誤作「本」。

司正薛侃復謂公伯寮及秦冉、顔何皆不見于家語，而傅會于史記，請均去之。愚謂家語、史記、周公禮殿圖傳聞異辭則有之，若專信家語，以史記爲傅會，未免失之偏矣。

鄡子單，字子家。唐贈銅鞮伯，宋大觀中，補贈聊城侯。

史記、禮殿圖有，家語無。

秦子冉，字子開。唐贈彭衙伯，宋贈新息侯。

史記、禮殿圖有，家語無。

魯顔子何，字子冉。唐贈開陽伯，宋贈堂邑侯。

史記有，家語無。

按：秦冉、顔何二子，于弘治元年少詹事程敏政請正祀典，疑爲字畫相近之誤而罷其配食，自詡①不舛②于禮，一洗前代相習之陋，永爲百世可遵之典。然生數千載之後，安見二子必無其人。釋曇積上言于周太祖曰：「孔子領徒三千，達者七十有二，升堂入室者莫過數人，自餘已外，豈容斥逐？」彼釋氏之言尚然，乃以臆見斥先賢之祀，天資刻薄之言，吾未信爲百世可遵也。

廉子瑀

禮殿圖有，家語、史記無。

---

① 「自詡」，備要本作「自謂」。

② 「不舛」，文津閣四庫本誤作「不外」。

魯孺子悲

按：小戴禮雜記：「恤由之喪，哀公使孺悲之孔子學士喪禮①，士喪禮于是乎書。」②鄭康成注云：「士之喪禮已廢矣。孔子以教孺悲，國人乃復書而存之。」方愨注云：「喪禮將亡，聖人不可以不書，必待孺悲學之，然後孔子書之者，以明禮之不廢，亦有所因也。」蓋孔門自子夏兼通六藝而外，若子木之受易，子開之習書，子輿之述孝經，子貢之問樂，有若、仲弓、閔子騫、言游之撰論語，而傳士喪禮者，實孺悲之功也。惟因論語紀悲欲見，而孔子以疾辭，疑孔子拒之門牆之外，不屑教誨。當知始雖辭疾，終授以禮，以親受禮于孔子之儒，反不得與配食之列，斯則祀典之闕矣。

公罔子之裘

序子點

按：二子從射矍相之圃，孔子使揚觶而語，見禮記射義。射既闋，子路進曰：「由與二三子者之爲司馬何如？」孔子曰：「能用命矣。」則家語載之。家語首言孔子與門人習射于矍相之圃，子路之云曰二三子，是二子爲孔子弟子無疑也。

仲孫子何忌，僖子貜之子也，卒謚懿子。

---

① 文津閣四庫本無「士喪禮」三字。

② 文津閣四庫本於「鄭康成」上又衍「鄭康成」三字。

按：春秋左氏傳孟僖子將死，召其大夫曰：「孔丘①，聖人之後也。臧孫紇有言曰：『聖人有明德者，若不當世②，其後必有達人。』今其將在孔丘③乎！我若獲没，必屬説與何忌于夫子，使事之而學禮焉。」故孟懿子與南宫敬叔師事仲尼。據此緣僖子病不能相禮，故曰：禮，人之幹也，無禮，無以立，乃屬二子事孔子學禮焉。懿子問孝，對曰：無違，蓋語以無違。僖子學禮之命，樊遲不知，子告之以生，事之以禮；死，葬之以禮，祭之以禮，舍禮無以教懿子也。孔叢子又載懿子問書欽四鄰之義，不可不附弟子之列云。

仲孫子説亦作「閱」。，孟僖子之子，懿子之弟，居南宫，又曰南宫敬叔。

按：世本仲孫貜生南宫縚，孔安國以南宫适即敬叔，魯大夫。鄭康成注禮云：「敬叔，魯孟僖子之子仲孫閱是也。」又云：「南宫縚，孟僖子之子南宫閱也，字子容，其妻孔子兄女。」陸德明釋文云：「南宫閱，一名縚。」司馬貞史記索隱亦云：「南宫括」，家語作南宫縚。按：其人是魯孟僖子之子仲孫閱也。近高郵夏洪基辨南宫适，括、縚字子容，是一人；仲孫閱，説諡④敬叔是一人。考春秋⑤名號歸

---

① 「孔丘」，文淵閣四庫本作「孔子」。
② 「當世」，文淵閣四庫本作「當位」。
③ 「孔丘」，文淵閣四庫本作「孔子」。
④ 「諡」，備要本誤作「字」。
⑤ 「春秋」，文津閣四庫本奪「春」字。

一圖，仲孫閲即南宫敬叔，①僖子之子，孔子弟子也，而不及括、縚，則夏説似屬可從。昔孔子將適周，敬叔言于昭公，資車一乘，馬二匹，與敬叔俱至周，問禮于老聃，問樂于萇宏，觀郊社之所，考明堂之制，察廟朝之度。自周反魯，弟子稍益進焉。子曰：自南宫敬叔之乘我車也，而道加行。是敬叔在弟子之列，有功于聖門者矣，今祀典配适而無閲，不無可議焉。

孔子璇

按：嘉靖中，張孚敬改定祀典，以秦冉、顔何疑爲字畫之誤而罷其祀，又以薛邦疑即鄭國，遂亦罷祀，而并黜孔璇，其説本于程敏政。考秦冉，開元中追封彭衙伯，大中祥符間加封新息侯。顔何，開元中封開陽伯，大中祥符間加封堂邑侯。自唐迄明，從祀已久，所謂有其舉之，莫或敢廢，而孚敬廢之過矣。家語：「孔璇、叔仲會年相比，俱執筆迭侍孔子。孟武伯見孔子而問曰：『此二孺子之幼也，于學豈能識于壯哉？』孔子曰：『然。少成則天性也，習慣若自然也。』」惟因二子合傳，故不復别標璇名。今會既得祀，璇不應獨遺矣，此則祀典之闕也。

衛司寇惠叔蘭

按：家語子游嘗從孔子適衛，與將軍子蘭相善，使之受學于夫子。司寇惠子之喪，檀弓文也。鄭司農注云：「惠子，衛將軍文子彌牟之弟惠叔蘭也。」古今議弟子從祀者率本家語，而孔璇、惠叔蘭獨遺之，不當補其闕乎？又荀卿法行篇：「南郭惠子問於子貢曰：『夫子之門何其雜也？』子貢曰：『君

① 文津閣四庫本於「僖」上又衍一「僖」字。

子正身以俟，欲來者不距，欲去者不止。且夫良醫之門多病人，檃括之側多枉木，是以雜也。』」楊倞注云：「夫子弟子，未詳其姓名。蓋居南郭，因以爲號。」據此疑即蘭也。

魯太史左邱子明。唐貞觀十三年，詔與顔淵同從祀廟庭，宋祥符中，贈瑕邱伯，政和中，改贈中都伯。

按：左氏爲孔子弟子，主其説者衆矣。謂孔子將修春秋，與左邱明乘如周，觀書于周史，歸而修春秋之經，邱明爲之傳者，嚴彭祖也；謂左邱明親見夫子好惡與聖人同者，劉歆也；謂仲尼與邱明觀魯史記有所褒貶，口授弟子，弟子退而異言，邱明恐弟子各安其意，以失其真，故論本事而作傳者，班固也；謂左氏傳理長，至明至切，至直至順，長于二傳者，賈逵也；謂春秋諸家去孔子①遠，左氏傳出孔子壁中，近得其實者，王充也；謂邱明之傳，囊括古今表裏人事者，盧植也；謂邱明受經于仲尼者，杜預也；謂孔子作春秋，邱明、子夏造膝親受者，荀崧也；謂邱明之傳釋孔氏之經，子應乎母，以膠投漆者，孔穎達也；謂邱明躬爲魯史，受經于仲尼者，劉知幾也；謂左氏受經于仲尼，博采諸家，敘事尤備，能令萬代之下見其本末，比餘傳功最高者，啖助也；謂仲尼明周公之志而修經，邱明受仲尼之經而爲傳者，權德輿也；謂孔氏之門，左氏富而不誣，有以見聖賢之心者，劉軻也；謂邱明與聖人同時，接其聞見，參求其長，左氏爲上者，陳岳也。蓋自唐以前，諸儒之論，皆以邱明受業孔門，故貞觀、永徽中祀周公爲先聖，孔子爲先師，是時孔庭配食止顔淵、左邱明二人，褒崇之禮若此。迨宋群儒盡舍三傳説春秋，久而論世者，惑于趙匡之説，則疑左氏在孔子之前；惑于王安石之説，則疑左氏

① 「孔子」，文津閣四庫本誤作「其子」。

生孔子之後，衆口紛綸，迄無定論，遂使唐代特祀之先賢，并不得與七十子之列，然則漢、晉以來經生之説，均不足信邪！竊以爲議禮者之失矣，餘見春秋部。

魯林子放，唐贈清河伯，宋贈長山侯。

按：家語弟子解、史記弟子傳均無林放姓名，惟蜀禮殿圖有之。

牧子皮

趙岐曰：「牧皮，事孔子學者。」

按：孟子與琴張、曾晳並稱，此必孔子之所與，似不宜置之祀典之外。

常子季

按：莊子德充符篇：「常季問于仲尼曰：『王駘，兀者也，從之游者與夫子中分魯。』」郭象注：「常季，孔子弟子。」

魯大夫子服子何景伯

按：漢魯峻石壁畫七十二子像有子服景伯，唐劉懷玉作孔聖真宗録，以子服景伯在七十子之間。

賓牟子賈

廣韻注：「漢複姓，魯有賓牟賈。」

按：樂記：「賓牟賈侍坐于孔子，孔子與之言，及樂，賓牟賈起，免席而請，斯弟子之職也。子曰：『居！吾語女。』」論語之命季路，孝經之命子輿皆然，孔子蓋以師道自居，則賈在弟子之列明矣。惟是孔子語弟子必呼其名，而記稱之曰吾子，豈記禮者去聖人之世稍後，遂有此失乎？

〔補正〕

「賓牟子賈」條下案語內，「待坐」當作「侍坐」。（卷十一，頁十三）

鞠子語

按：晏子春秋：「景公上路寢，聞哭聲，曰：『吾若聞哭聲，何爲者也？』梁邱據對曰：『魯孔丘之徒鞠語者也。明于禮樂，審于服喪，其母死，葬埋甚厚，服喪三年，哭泣甚哀公。』曰：『豈不可哉！』而色悦之。」孔叢子詰墨篇亦載其事，蓋曾參、閔損、高柴、仲由、孺悲而外，又一孝子也。

齊大夫顏子涿聚或作「濁鄒」。

按：呂覽云：「顏涿聚，梁父之大盜也。學于孔子，爲天下名士，以終其壽。」而史記孔子世家稱弟子三千，身通六藝者七十有二人，如顏濁鄒之徒，受業者甚衆，則雖不在七十子之列，然不可謂非孔氏之徒矣。

右家語弟子解七十六人，又與叔仲會合傳有孔璇，又別見者惠叔蘭，共七十八人。史記弟子傳七十七人，別見孔子世家者有顏涿聚，共七十八人。蘇轍撰古史，著録七十九人。家語有而史記無者：琴牢、薛邦、申績、陳亢、縣亶也。史記有而家語無者：公伯寮、鄭國、申棠、鄡單、秦冉、顏何也。益以論語之申棖、左邱明，文翁禮殿之廉瑀、林放，魯峻石壁畫像之子服何，禮雜記之孺悲，射義之公罔之裘、序點，樂記之賓牟賈，春秋左氏傳之仲孫何忌、仲孫閱，晏子之鞠語，孟子之牧皮，莊子之常季，而廣韻注以縣亶爲孔子門人非弟子，通計九十八人。竊謂中有姓氏相近者，不當以臆見去留先師之庭，宜概從祀。他若論語之闕黨、互鄉二童子，魯峻石壁畫像之左子慮、襄子孺、襄子魯、公子府①、顔子思、耒②子高，韋續書品爲素王紀瑞製麒麟書之申姓名闕失。又蘧伯玉，孔子嚴事之友施存，雖載陶弘景真誥在三千人之數，不與弟子之列，不復著録，恐滋後學之惑也。

又按：孔門弟子籍，漢藝文志有孔子徒人圖法二卷，隋經籍志有鄭康成論語孔子弟子目録一卷，唐藝文志作「論語篇目弟子」。惜俱失傳。議禮者止以家語爲憑，至斥史記爲傅會，若文翁禮殿圖置之不復參詳矣。又會要、通典、祖庭廣記、素王紀事、孔門僉載闕①里志等編，紀諸弟子連書姓名，統不分析，以致明南、北雍闕里廟暨海内外府州縣衛學，從祀④弟子率改複姓爲一字姓，沿其誤而不知。今依廣韻注，如奚容、壤駟、左人、少叔、石作、左邱悉爲更正，冀信古之君子有取焉。

又按：古今人表于孔子弟子居第二等者：左邱明、顔淵、閔子騫、冉伯牛、仲弓。居第三等者：宰我、子貢、冉有、季路、子游、子夏、曾子、子張、曾皙、子賤、南容、公冶長、公西華、有若、漆雕啓、澹臺滅明、樊遲、巫馬期、司馬牛、子羔、原憲、顔路、商瞿、季次、公良、顔刻、顔柳。居第四等者：孟懿子、南宮敬叔、公伯寮、公肩子、子石、琴牢、賓牟賈。居第五等者：顔燭雛⑤、陳亢、林放、申棖、子服景伯。

---

① 「府」，文津閣四庫本作「庶」。
② 「耒」，四庫薈要本作「夫」，文淵閣四庫本作「夫」，文津閣四庫本作「秦」。
③ 「孔門僉載闕里志」，備要本誤作「孔門僉載門里志」。
④ 「祀」，備要本誤作「此」。
⑤ 「雛」，文津閣四庫本作「鄒」。

經義考卷二百八十二

承師二

孔子門人

成回

劉向曰：「成回學於子路。」

楚馯臂子弓或作「弘」。

司馬遷曰：「孔子傳易於商瞿，瞿傳楚人馯臂子弘。」

應劭曰：「子弓是子夏門人。」

韓子曰：「荀卿之書，語聖人必曰孔子、子弓。子弓之事業不傳，惟太史公書弟子傳有姓名曰馯臂子弓。」

吴萊曰：「荀卿所重仲尼、子弓，子弓未審何人？韓子曰：『仲尼弟子有馯臂子弓。』漢儒林傳：

『商瞿受易仲尼，瞿傳魯橋疵子庸①，子庸傳江東馯臂子弓。』子弓與仲尼不同時，又行事無大卓卓，不足以配孔子。邢昺論語疏引王弼說：逸民朱張字子弓，然弼說又不見有他據也。要之，孔子嘗稱冉雍可使南面，且在德行之科，雍字仲弓，蓋與子弓同是一人，如季路又稱子路然也。將荀卿之學實出於子弓之門人，故尊其師之所自出，與聖人同列。」

〔補正〕

「楚馯臂子弓」，案：吴萊條内「橋疵子庸」，「疵」當作「庇」。（卷十一，頁十三）

按：子庸傳易於子弓，弓或作弘。吴氏欲更作雍，未免失之鑿矣。

魯橋庇子庸

班固曰：「商瞿受易孔子，以授魯橋庇子庸。」

司馬貞曰：「橋庇，世本作蟜疵，字子肩，魯莊公族。」

按：子木傳易，史記謂子弘授子庸，漢書、漢紀、釋文謂子庸授子弓，所載互異，今並存之。

魏文侯都

徐廣曰：「名都，世本曰：『斯也。』」

鮑彪曰：「桓子之孫。」

吴師道曰：「名勘。」

① 「橋疵子庸」，四庫薈要本、補正、備要本作「橋庇子庸」。

按：文侯受經藝于子夏，撰有孝經傳，詳見孝經部。

晉段干木

呂不韋曰：「段干木，晉國之大駔也。學於子夏，爲天下名士顯人，以終其壽。」

羅泌曰：「段干氏①，初邑段，後邑干，因邑爲氏。魏世家有段干子，田世家有段干朋，而風俗通氏姓注乃以爲姓段，名干木，蓋以呂氏春秋干木光于德，與魏都賦干木之德之言誤之。唐百官表遂謂封段而爲干木大夫，疏矣。幽通賦云：『木偃息以藩魏。』干木豈其名哉？」

田無擇子方

李頤曰：「魏文侯師也，名無擇。」

韓子曰：「子夏之學，其後有田子方，子方之後流而爲莊周，故周之書喜稱子方之爲人。」

齊高行子

趙岐曰：「高子，齊人。」

徐整曰：「子夏授詩於高行子。」

王應麟曰：「高行子即詩序及孟子所謂高子也。」

曾申子西

劉向曰：「左邱明授春秋於曾申。」

---

① 「段干氏」，文津閣四庫本作「段干木」。

趙岐曰：「曾西，曾子之孫。」

陸德明曰：「曾參之子，受詩於子夏。」

王應麟曰：「曾西，趙岐注以爲曾子之孫，集注因之。經典序録：曾申字子西，曾參之子。子夏以詩傳曾申，左邱明作傳以授曾申，曾西之學于此可考。楚鬬宜、申公、子申皆字子西，則曾西之爲曾申無疑。」

按：史記吴起事曾子，其母死不歸，曾子薄之，而與起絶。所云曾子疑是曾申。

齊公羊高，宋贈臨菑伯。詳見春秋部。

吴兢曰：「公羊高乃子夏弟子。」

魯穀梁赤，宋贈龔邱伯，改贈睢陽伯①。詳見春秋部。

〔補正〕

「魯穀梁赤，改贈睢陽伯」，「陽」當作「陵」。（卷十一，頁十三）

應劭曰：「子夏弟子。」

按：羅長源撰路史，炎帝之後不言有公羊、穀梁氏。羅子蒼識遺云：「公羊、穀梁自高、赤作傳外，更不見有此姓。」萬見春謂皆姜字切韻脚，疑爲姜姓假託，然自高傳子平，平傳子地，地傳子敢，敢傳子壽，見於戴宏所記，而班氏古今人表載有二子居第四等，計劉氏、宋氏世本亦必載之，未必假託也。

---

① 「睢陽伯」，四庫薈要本作「睢陵伯」。

又按：春秋爲孔子所作，則説春秋者必係孔氏門人。若公羊傳所稱沈子、司馬子、女子、北宫子、魯子、高子，穀梁傳所稱尸子、沈子皆是已。子言之春秋屬商，其皆子夏之徒與！

子思子伋，宋崇寧初，贈沂水侯，咸淳中，加贈沂國公。元至順中，贈述聖公。

孔鮒曰：「子思受業於曾子。」

韓子曰：「子思之學，蓋出曾子。」

按：班氏古今人表子思居第二等。

樂正子春

鄭康成曰：「曾子弟子。」

魯檀弓

陸德明曰：「檀弓，魯人，善于禮。」

胡寅曰：「檀弓，曾子門人，纂修論語。」

沈猶行

趙岐曰：「曾子弟子。」

按：廣韻注：「沈，直深切，漢複姓。魯有沈猶氏，常朝飲其羊，不當從上聲讀。」

陽膚

包咸曰：「陽膚，曾子弟子。」

公明高

趙岐曰：「公明高，曾子弟子。」

公明宣

劉向曰：「公明宣學於曾子。」

單居離

大戴禮記注曰：「單居離，曾子弟子。」

公明儀

孔穎達曰：「子張之喪，公明儀爲志焉。公明儀是其弟子，儀又爲曾子弟子，故祭義云：公明儀問於曾子曰：『夫子可以爲孝乎是也。』」

子襄

趙岐曰：「曾子弟子。」

公孫尼子

按：漢書藝文志儒家有公孫尼子二十八篇，雜家有公孫尼一篇，注云：「七十子之弟子。」隋經籍志、唐藝文志均載公孫尼子一卷，注云：「似孔子弟子。」沈約謂樂記取公孫尼子，劉瓛謂緇衣公孫尼子所作，今從漢志定爲孔子門人。

世碩

按：漢志世子二十一篇，列在儒家者流，注云：「名碩，陳人，七十子之弟子。」王充論衡本性篇周人世碩以爲人性有善有惡，在所養焉，故作養書一篇。宓子賤、漆雕開、公孫尼子之徒，亦論性情，與世子相出入，志所載宓子十六篇、漆雕子十二①篇，皆宗師仲尼，以重其言者也。

景子

按：漢志：「景子三篇。」注云：「説宓子語似其弟子。」

王史氏

劉向曰：「六國時人。」

〔補正〕

按：漢志：「王史氏二十一篇。」注云：「七十子後學者。」

王史氏條下按語「漢志注云七十子後學者」，按：此是班志語，非注也，竹垞誤爲顔注，故曝書亭集孔子門人考直引作「顔師古曰」，誤更甚矣，此「注」字當删。（卷十一，頁十三）

李克

按：漢志：「李克七篇。」注云：「子夏弟子，爲魏文侯相。」

〔補正〕

李克條下按語「漢志注云」，「注」字删。（卷十一，頁十三）

芊嬰

按：漢志：「芊子十八篇。」注云：「名嬰，齊人，七十子之後。」

---

① 「十二」，四庫薈要本作「十三」。

〔補正〕

芊嬰條下按語「漢志注云」，「注」字删。（卷十一，頁十三）

公孫段

韓非曰：「孔子之後，儒分爲八，有子張氏、子思氏、顔氏、孟氏、漆雕氏、仲良氏、公孫氏、樂正氏之儒。」

陶潛曰：「顔氏傳詩爲道，爲諷諫之儒；孟氏傳書爲道，爲疏通致遠之儒；漆雕氏傳禮爲道，爲恭儉莊敬之儒；仲良氏傳樂爲道，以和陰陽，爲移風易俗之儒；樂正氏傳春秋爲道，爲屬辭比事之儒；公孫氏傳易爲道，爲潔静精微之儒。」

按：儒分爲八，其一公孫氏傳易者也，群輔録有明徵而未詳其名。考晉書太康二年，汲郡人不準發魏王冢，得竹書易五篇①、公孫段與邵陟論易二篇，此則公孫氏之易矣。或疑公孫氏爲龍，龍字子石，雖在七十子之列，不聞傳易。若趙人名龍者，字子秉，故莊子謂惠子曰：儒、墨、楊、秉四，與夫子爲五，果孰是邪？所云秉者，龍也，詭辯數萬，騁堅白異同之辯②，初非孔氏弟子。小司馬史記索隱誤認爲一人。今考定傳易者爲公孫段，若鄭大夫字伯石者，又一人也。

縣亶父「亶」，索隱作「豐」，家語無「父」字，依廣韻注添。子象

① 「篇」，文津閣四庫本作「傳」。

② 「辯」，文津閣四庫本作「辨」。

王應麟曰：「縣豐，唐、宋封爵皆不及。禮記檀弓有縣子，豈其人與？」

按：子象爲孔子門人，見廣韻注，此唐、宋封爵未之及云。

公休哀

公祈哀

廣韻注孔子門人有公休哀、公祈哀。

按：公祈哀疑即公晳哀，以晳作祈，形相類而譌也。然廣韻注既列孔子弟子公晳哀于前，又列孔子門人公祈哀于後，則别是一人，未可臆決也。

盆成适

按：晏子春秋：「景公宿于路寢之宫，夜分，聞西方有男子哭者，公悲之。明日朝，問于晏子，晏子對曰：『西郭徒居布衣之士盆成适也。父之孝子，兄之順弟也。又嘗爲孔子門人。今其母不幸而死，祔柩未葬，家貧，身老，子孺，恐力不能合祔，是以悲也。』公曰：『子爲寡人弔之。』晏往弔，咎公不辱臨。公使男子袒免，女子髮笄，開凶門而迎适。」則适乃與景公同時，不當與孟子弟子之列。宋配祀孟子，追贈萊陽伯。趙邠卿言适嘗欲學於①孟子，亦疑辭也。

歐陽子有言：受業者爲弟子，受業於弟子者爲門人。試稽之論語所云門人，皆受業於弟子者也。顔淵死，門人厚葬之，此顔子之弟子也；子出，門人問，此曾子之弟子也；子疾病，子路使門人爲臣，又

---

① 「學於」，文津閣四庫本誤作「學者」。

門人不敬子路，此子路之弟子也；子夏之門人問交於子張，此子夏之弟子也；孟子云：門人治任將歸，入揖於子貢，此子貢之弟子也。觀洪氏隸釋①、隸續所載東漢諸碑，有弟子，復有門生，門人弟子固有別矣。若夫弟子之子分比於門人，子淵、子輿本門人也，而列於弟子；他如季路之子子崔，子輿之子元及華，子游之子言思，子張之子申、詳，雖未詳其所師，要當互學於七十子者也。

又按：孔子門人，古今人表居第三等者，樂正子春、段干木、田子方。第四等者，公羊子、穀梁子、公明高。第五等者，陽膚。第六等者，檀弓。而子張之子申、詳亦置第三等。

曾申弟子

李克

吴起

按：曾申受詩于子夏，受春秋于左邱明，以授克與起焉。是二人者，皆子西之弟子矣。

公明高弟子

長息

趙岐曰：「長息，公明高弟子。」

① 「隸釋」，文津閣四庫本誤作「穎釋」。

田子方弟子

翟黄

按：韓非子：「田子方從齊之魏，望翟黄乘軒騎駕出，方以爲文侯也，移車異路而避之，則徒翟黄也。」是黄，子方弟子也。

公羊高子

公羊平

戴宏曰：「子夏傳春秋於公羊高，高傳與其子平。」

穀梁子弟子

孫卿

顔師古曰：「穀梁子受經於子夏，傳孫卿。」

按：子夏詩四傳爲根牟子，五傳而至孫卿，古今人表居二等。

高行子弟子

薛倉子

李克弟子

孟仲子

趙岐曰："孟仲子，孟子之從昆弟。"

吳起子

吳期

劉向曰："左邱明授曾申，申授吳起，起授其子期。"

薛倉子弟子

帛妙子

孟仲子①弟子

根牟子

古今人表居第六等。

① "孟仲子"，文津閣四庫本作"子仲子"。

吴期弟子

楚太傅鐸椒

公羊平子

公羊地

孫卿弟子

魯申公

毛亨

帛妙子弟子

毛亨

按：陸氏釋文：子夏詩五傳而至孫卿，卿傳大毛公。而徐整則云：帛妙子授大毛公。今並存之。

公羊地①子

公羊敢

① 「公羊地」，文津閣四庫本誤作「公羊弟」。

公羊敢子

公羊壽

戴宏曰：「壽乃共弟子胡毋子都著於竹帛。」

子思弟子

費惠公

子思門人

孟子軻，字子居。一作「車」。宋元豐中，贈鄒國公。元至順中，贈亞聖公。

按：史記孟子列傳：受業子思之門人，而王劭疑人字爲衍文，韓退之亦云：孟子學子思，蓋本趙岐、孔鮒之説也。詳見孟子部。

孟子弟子

樂正克，宋政和中，贈利國侯。

趙岐曰：「孟子弟子，爲魯臣。」

萬章，宋贈博興伯。

趙岐曰：「孟子弟子。」

公孫丑，宋贈壽光伯。

趙岐曰：「孟子弟子。」

浩生亦作「告」。不害，宋贈東阿伯。

趙岐曰：「齊人。」

孟仲子，宋贈新蔡伯①。

〔補正〕

「孟仲子，宋贈新蔡伯」，「蔡」當作「泰」。（卷十一，頁十三）

趙岐曰：「孟子之從昆弟，從學于孟子者也。」

陳臻，宋贈蓬萊伯。

趙岐曰：「孟子弟子。」

充虞，宋贈昌樂伯。

趙岐曰：「孟子弟子。」

屋廬連，宋贈奉符伯。

趙岐曰：「孟子弟子。」

---

① 「新蔡伯」，四庫薈要本作「新泰伯」。

徐辟，宋贈仙源伯。

趙岐曰：「孟子弟子。」

陳代，宋贈沂水伯。

趙岐曰：「孟子弟子。」

彭更，宋贈雷澤伯。

趙岐曰：「孟子弟子。」

公都子，宋贈平陰伯。

趙岐曰：「孟子弟子。」

咸邱蒙，宋贈須城伯。

趙岐曰：「孟子弟子。」

高子，宋贈泗水伯。

趙岐曰：「齊人，嘗學於孟子。」

桃應，宋贈膠水伯。

趙岐曰：「孟子弟子。」

盆成括，宋贈萊陽伯。

孫奭曰：「盆成括，嘗學于孟子。」

滕更

趙岐曰：「滕君之弟，來學于孟子。」

按：趙岐注孟子，以季孫、子叔二子爲孟子弟子。季孫知孟子意不欲，而心欲使孟子就之，故曰異哉，弟子之所聞也。子叔心疑惑之，亦以爲可就之矣。孫宣公奭猶因其説，故政和五年從太常議贈季孫豐城伯，子叔乘陽伯。自朱子集注出，乃始①非之，世莫有從趙氏之説者矣。吴立夫②氏撰孟子弟子列傳，書雖不傳，序稱一十九人，則未嘗依朱子去季孫、子叔二人，益以滕更，適合十九人之數。考盡心篇：「公都子曰：滕更之在門也。」趙岐注：「滕更，滕君之弟，來學於孟子也。」其爲弟子甚明，不知宋太常之議，何獨贈爵不及，有不可解者。至於史記索隱以公明高爲孟子弟子，而廣韻注謂離婁爲孟子門人，無稽之言，君子不信。又廣韻注詮邱字，引孟子：「齊有曼邱不擇。」今七篇無其文，弟子與？其不謂之弟子與？吾不得而知之矣。

又按：班氏古今人表孟子居第二等，其弟子公孫丑居第三等，萬章、樂正子、告子、高子居第四等，徐子居第五等，餘不與焉。

---

①「始」，文淵閣四庫本誤作「使」。

②「吴立夫」，文津閣四庫本作「吴立本」。

經義考卷二百八十三

承師三

易

田何

史記孔子弟子傳：「孔子傳易於商瞿，瞿傳楚人馯臂子弘，弘傳江東人矯子庸疵，疵傳燕人周子家豎，豎傳淳于人光子乘羽，羽傳齊人田子莊何。」

漢書儒林傳：「自魯商瞿子木受易孔子，以授魯橋庇子庸，子庸授江東馯臂子弓，子弓授燕周醜子家，子家授東武孫虞子乘，子乘授齊田何子裝。」

按：史記、漢書所載，授受不同，姓名亦異，未知孰是。荀氏漢紀、陸氏釋文序録並同漢書。

田何弟子

東武王同子中

洛陽周王孫
將軍梁丁寬子襄
齊服生
梁項生
王同弟子
太中大夫淄川楊何叔元
城陽相齊即墨成
太子門大夫廣川孟但①
魯周霸
莒衡胡
齊相臨淄主父偃
周王孫弟子
將軍梁丁寬子襄②

① 「孟但」，文津閣四庫本作「孟似」。
② 「子襄」，文津閣四庫本作「子齊」。

丁寬弟子

碭田王孫漢紀「碭」作「槐里」。

楊何弟子

太史公司馬談

太中大夫京房漢書注：「別一京房，非焦延壽弟子。」

田王孫弟子

博士沛施讎長卿

曲臺署長蘭陵孟喜長卿

少府琅邪梁邱賀長翁本從太中大夫京房受易，後更事田王孫。

施讎弟子

黄門郎琅邪梁邱臨

安昌侯河内張禹子文

會稽太守①琅邪魯伯

張禹弟子

大司空長平侯淮陽彭宣子佩

① 「太守」，備要本誤作「太子」。

少府沛戴崇子平

魯伯弟子

常山太守太山毛莫如①少路

琅邪邴丹曼容

治施氏易

沛人戴賓平帝時人。

騎都尉東昏劉昆桓公，戴賓弟子。子宗正軼君文。

徵士梓潼景鸞漢伯

孟喜弟子

蘭陵白光少子

沛翟牧子兄

司隸校尉魏郡蓋寬饒次公

蜀人趙賓

小黄令梁焦延壽贛

按：趙賓、焦延壽雖云受易於喜，喜雖名賓，後不肯仞，翟、白皆不肯以延壽易即孟氏學，劉向亦以焦

① 「毛莫如」，文津閣四庫本作「屯莫如」。

得隱士之説，蓋漢儒恪守師説，持論之嚴若此。

治孟氏易

太山都尉蒙夏恭敬公

大鴻臚育陽洼丹子玉

少府中山觟陽鴻孟孫

成安令汝陽袁良，孫司徒安邵公，安子蜀郡太守京仲譽、司空敞叔平。京子光禄勳彭伯楚，彭弟太尉湯仲河

贈褒親侯烏氏梁竦叔敬

博士綿竹任安定祖以上見范氏後漢書。

琅邪都尉廣陵徐淑伯進

議郎南陽宗資叔都謝氏後漢書。

洨長召陵許慎叔重説文序。

零陵太守會稽虞光，子平輿令成，孫鳳，曾孫日南太守歆，玄孫騎都尉翻翻别傳。

蜀諫議大夫涪杜徵國輔，任安弟子華陽國志。

梁邱賀弟子

子黄門郎臨

梁邱臨①**弟子**

御史大夫琅邪王駿

少府代郡五鹿充宗君孟

五鹿充宗弟子

光禄大夫給事中平陵士孫張仲方

真定太守沛鄧彭祖子夏

新莽講學大夫齊衡咸長賓

治梁邱易

博士代郡范升辨卿

山陽太守呂羌

博士梁恭

左中郎將京兆楊政子行

京兆祁聖元

太子少傅鄢陵張興君上，子張掖屬國都尉魴以上范氏後漢書。

張堪君游東觀漢紀。

① 「梁邱臨」，文津閣四庫本誤作「梁邱賀」。

〔補正〕

「張堪君游」條下，「漢紀」當作「漢記」。（卷十一，頁十三）

重安侯相杜暉慈明隸釋。

焦延壽弟子

魏郡太守頓邱京房君明

京房弟子

博士東海段嘉「段」或作「殷」。

中郎河東姚平

中郎任良

博士河南乘弘「乘」或作「桑」。

吴郡周敞

治京氏易

大司農長安谷永子雲漢書。

沛獻王劉輔

侍中兼虎賁中郎將平輿戴憑次仲

弘農太守南陽魏滿叔牙

方正成武孫期仲彧

太尉弘農楊秉叔節

濟北相安平崔瑗子玉

吴令安邱郎宗仲綏，子郎中顗稚光

處士廣漢折像伯式

光禄大夫魯陽樊英季齊

郎中南昌唐檀子産

京兆第五元先

大司農北海鄭玄康成以上范氏後漢書。

處士南昌徐穉①孺子

召陵令酇李炳子然

光禄勳華陰劉寬文饒

東海相平陵韋著休明以上謝氏後漢書。

遼東太守山陽度尚博平司馬氏續漢書。

北唐子真廣韻注。

費縣令東平陽田君集古録。

① 「穉」，文淵閣四庫本作「稚」。

〔補正〕

「蕩陰令已吾張遷公方」，此條當據本碑補於治京氏易費縣令東平陽田君條後。（卷十一，頁十三）

吴鬱林太守吴郡陸績公紀

晉隱士弘農董景道文博

著作佐郎晉陽郭琦公偉

尚書郎贈弘農太守聞喜郭璞景純

廣武將軍廬江韓友景先

趙尚書光禄大夫太子少師上洛臺産國儁以上晉書。

晉給事中成都任熙伯遠華陽國志。

費氏易

單父令東萊費直長翁

費直弟子

琅邪王璜平中

治費氏易

尚書令韓歆

司空南閣祭酒京兆陳元長孫

南郡太守扶風馬融季長

大司農河南鄭衆仲師

大司農北海鄭玄康成

司空潁川荀爽慈明

荊州五業從事章陵宋忠仲子

〔補正〕

「荊州五業從事章陵宋忠仲子」，案：後漢書劉表傳，三國志王肅傳、李譔傳，華陽國志，水經注俱作「忠」。經典釋文，周易集解，舊唐書經籍志、宋史藝文志，玉海俱作「衷」。隋書經籍志、新唐書藝文志「忠」、「衷」並見，實一人也。（卷十一，頁十三）

魏大司農華陰董遇季直

衛將軍太常蘭陵王肅子邕

尚書郎高平王弼輔嗣

高氏易

沛人高相治易，自言出於丁將軍。

高相弟子

子郎官康

豫章都尉蘭陵①毋將永

韓氏易

常山太傅燕韓嬰推易意爲之傳，惟韓氏自傳之，孫商爲博士，其後涿郡韓生以易徵，待詔殿中。

涿韓生弟子

蓋寬饒

白氏易

博士白子友

白子友弟子

槐里令平陵朱雲字游

朱雲弟子

泰山太守九江嚴望

博士九江嚴元仲能

長安惠莊

鄭康成弟子

御史大夫山陽郄慮鴻豫

① 文淵閣四庫本奪「陵」字。

魏鎮南將軍安樂鄉侯東萊王基伯興

〔補正〕

「魏鎮南將軍安樂鄉侯東萊王基伯輿」。案：此條應據魏志改云：「魏征南將軍東武景侯東萊王基伯輿」。（卷十一，頁十三）

魏中尉清①河崔琰季珪

魏太僕樂安國淵子尼

魏黃門侍郎樂安任嘏昭光

河内趙商以上見後漢書。

尚書左丞北海張逸見鄭玄别傳。

冷剛

田瓊

炅模

焦喬

王權

鮑遺

① 「中尉清」，文津閣四庫本誤作「太僕樂」。

陳鏗

崇精以上見鄭志。

治鄭氏易

蜀大長秋南陽許慈仁篤

晉開府儀同三司録尚書事臨潁荀崧景猷

豫章太守順陽范寧武子

從事中郎上黨續咸孝宗以上晉書。

處士廣武周續之道祖范寧弟子。

南齊開府儀同三司領中書監琅邪王儉仲寶

散騎常侍吴郡陸澄彦深以上南史。

魏祕書令泥陽梁祚

處士華陰徐遵明子判

北齊國子博士范陽盧景裕仲孺

清河崔瑾以上二人遵明弟子。

國子博士河間權會正理

郭茂以上二人景裕弟子。

周子易

按：周子之易，通書是也，故又名易通。若夫太極一圖，遠本道書。圖南陳氏從而演之爲圖者四位五行其中，自下而上，初一曰玄牝之門；次二曰鍊精化氣，鍊氣化神；次三五行定位，曰五氣朝元；次四陰陽配合，曰取坎填離；最上曰鍊神還虚，復歸無極。故謂之無極圖，乃方士修鍊之術耳。當時曾刊於華山石壁，相傳圖南受之吕嵓，嵓受之鍾離權，權得其説於魏伯陽，伯陽聞其旨於河上公，在道家未嘗詡爲千聖不傳之祕也。周子取而轉易之，亦爲圜者四位五行其中，自上而下，最上曰無極而太極；次二陰陽配合，曰陽動陰静；次三五行定位，曰五行各一其性；次四曰乾道成男，坤道成女；最下曰化生萬物，更名之曰太極圖。仍不没無極之旨。考之二程子全書，無一語及是圖。蓋明道、伊川年十四五時，一見元公之後未嘗再遇，則手授是圖之説實出於附會。梭山陸氏謂太極圖説與通書不類，疑非周子所爲，本愛惜周子之言也。不然，必欲實其説以華山刊石之圖陰用其言，乃尊爲聖門要旨，遂疑周子私淑於圖南，其可哉？

邵子易

陳摶授易圖於种放，放授許堅穆修，堅授李處約，處約授范諤昌，諤昌授劉牧。修①授李之才，之才授邵雍。象數鈎深圖。

按：伏羲、文王、孔子三聖人之易，一而已矣。至康節邵子原本華山道士陳摶之學，畫爲先天八卦横

① 「修」，文淵閣四庫本作「牧」。

圓方圖，而證以「天地定位」一節文，謂是伏羲之易。又畫後天八卦圖，而證以「帝出乎震」一節文，謂是文王之易。於是易乃析爲二，伏羲、文王各受其一，而孔子十翼可置而不講矣。考摶所授止曰龍圖，其後李漑①則有卦氣一圖，李挺之則有卦變反對、六十四卦相生二圖，范諤昌則有大易源流一圖，劉牧則有鈎隱四十八圖，初未嘗有先天之目也。自邵子二圖出，朱子篤信不疑，取以冠本義之首。後之學者，不名之曰邵氏易，直以爲伏羲、文王所授之圖固若是，從而辨之者，惟袁機仲、林黄中、黄東發，洎明武城王道數家焉爾。

程子易

按：二程子問學於濂溪。尹和靖言伊川生平用意惟在易傳，然終身不言太極圖一字。邵堯夫欲傳以數學，而伊川不屑。此真篤信善道，確乎其不可拔者，是難能也。

程子傳易弟子

監察御史建陽游酢定夫

工部侍郎延平楊時中立

永興軍路提點刑獄河南郭忠孝立之

國子博士金堂謝湜

祕書省正字藍田吕大臨與叔

①「李漑」，文津閣四庫本作「李淛漑」。

左奉議郎洛陽尹焞彦明①

尚書右丞瑞安許景衡少伊

上舍永嘉鮑若雨商霖

處士壽安張繹思叔

張子易

按：伊川嘗語其徒學易先看王弼。蓋漢儒言易或流入陰陽災異之説，弼始暢以義理，而明道、涑水諸公皆詆其以老、莊解易。愚考横渠易説開卷詮乾四德，即引「迎之不見其首，隨之不見其後」二語。中間如「谷神芻狗」、「三十輻爲一轂」、「高以下爲基」皆老子之言。在宋之大儒，何嘗不以老、莊言易，然則弼罪未至深於桀、紂也。

張子弟子

宣義郎京兆吕大鈞和叔

吕大臨與叔

博士武功蘇昺季明

太學正田腴誠伯

户部侍郎三水范育巽之

① 文津閣四庫本無「明」字。

朱子易

按：朱子易分經異傳，一從吕伯恭所定。而圖説則篤信邵子，冠先後天諸圖於本義前。當日袁機仲寓書，謂專爲邵氏解釋，而於易無所折衷。且疑先天、後天之説，謂七八九六不可爲四象，四爻五爻無所主名，河圖、洛書是後人僞作。朱子再三與辨，且云此非熹之説，乃康節之説；非康節之説，乃希夷之説；非希夷之説，乃孔子之説。是直以希夷上接孔子之易，朱子未免失言矣。

朱子傳易弟子

權工部尚書兼太子右庶子建陽劉爚晦伯

集英殿修撰清江彭龜年子壽

承議郎閩黄榦直卿

迪功郎主泉州安溪簿龍溪陳淳安卿

贈員外郎崇德輔廣漢卿

通直郎永嘉陳埴器之

處士建安蔡淵伯静

迪功郎上饒陳文蔚才卿

祕書華亭林至德久

潭州善化令邵武何鎬叔京

迪功郎金華尉饒州董銖叔重

司農卿崇安詹體仁元善
集英殿修撰義烏徐僑崇甫
知建寧縣崇安江默德功
江西轉運司幹都昌馮椅儀之
道南書院堂長永福林學蒙正卿
貢士福州鄭文遹成叔
知贛州軍事邵武趙善佐佐卿
著作佐郎建陽葉賀孫味道
麗水尉永嘉戴蒙養伯
處士瓜山先生侯官潘柄謙之
處士同安許升順之
處士龍坡先生福寧孫調和卿
徵士友堂先生休寧吴杲叔夏
涪陵晏淵亞夫
處士敬義先生甌寧童伯羽蜚卿
處士格齋先生休寧程永奇次卿

吏部右選郎順昌廖德明子晦①
辰州通判光澤李方子公晦
右正言衡州龔蓋卿夢錫
知袁州豫章黄嵤子耕
無爲軍教授臨海潘時舉子善
直寶章閣清江張洽元德
興國萬人傑正淳
貢士南城包揚顯道
縣尉古田林夔孫子武
處士建昌李煇晦叔「李」或作「吕」。
處士浦城楊驤子昂
永福林學履安卿
臨川黄義剛毅然
廣西經略安撫司幹官光澤李閎祖守約
進士長樂劉砥履之

① 「子晦」，文津閣四庫本作「子公晦」。

天台林恪叔恭
永嘉徐寓居父
知遂昌縣浦城楊與立子權
合肥令婺源滕珙德章
潮州鄭南升文振
處士晉江楊至至之
南廊簿領丹陽湯泳叔永
右司郎中龍溪王遇子合
永嘉沈僩莊仲
吉水丞興國吴必大伯豐
臨川甘節吉甫
處士草窗先生樂平金去僞敬直
處士莆田方士繇伯謨
鄱陽汪德輔長孺
永嘉王顯子敬之
處士順昌余大雅正叔一云上饒人。
處士婺源李季札季子

廣東提點刑獄西坡先生都昌黄灝商伯一作廣西運判。

永嘉徐容仁父

忠州文學莆田鄭可學子上

處士新喻嚴世文時亨一云字亨父。

古田林用中擇之

吉州録事參軍婺源程洵允夫

直祕閣南昌李燔敬子一云南康①建昌人。

處士浦城楊道夫仲思

衡陽廖謙益仲

晉陵錢木之子升「升」一作「山」，「晉陵」一作「永嘉」。

嘉興府判官臨海趙師邶共父

吏部侍郎潭州鍾震春伯

進士長樂劉礪用之

處士建陽周明作元興

延平書院長九江蔡念成元思

① 「南康」，文津閣四庫本誤作「南昌」。

處士將樂鄧絅衛老
處士建昌周謨舜弼
鉛山徐子融
鄭光弼子直
處士南平黃卓先之一云字德美。
姜大中叔權
符初復仲
免解試永豐曾祖道擇之
舒高
蕭佐
邵浩
連嵩卿
鄭仲履
吕光祖
范元裕

延平游儆①敬仲
進士南城周良
山陽郭友仁德元
蔣櫄
余宋傑國秀
周標
知南康軍趙師夏致道
貢士寧都曾興宗光祖
知臨安縣武義鞏豐仲至
方誼賓王
吕竦士瞻
林振子玉
吴南宜之
進士南平張顯父敬之
處士建陽吴翌晦叔

① 文津閣四庫本無「儆」字。

黄有開

處士胡斗元聲遠

按：文公弟子著録甚多，兹就其作易傳、五經説及以易義問答見於語録者則書之。

經義考卷二百八十四

承師四

尚書

伏勝今文

按：郭子横洞冥記謂伏生受書於秦博士李克，然不見於他書，未敢深信。

又按：宋咸平三年，贈勝乘氏伯。

伏氏弟子

太子家令潁川鼂錯

博士濟南張生

千乘歐陽生和伯

臨淮太守魯孔安國子國

按：子國少學詩於申公，受尚書於伏生，見家語後序。

晁錯弟子

丹陽都尉汝陰何比干少卿何法盛中興書「少」作「長」。

張生弟子

都尉魯夏侯氏

郡守洛陽賈嘉

魯周霸

夏侯都尉弟子

昌邑王太傅魯夏侯始昌

夏侯始昌弟子

太子太傅東平夏侯勝長公

夏侯勝弟子

太子少傅東平夏侯建①長卿又事歐陽高。

光禄勳齊周堪少卿

褒成君魯孔霸次孺

① 「夏侯建」，文津閣四庫本奪「侯」字。

丞相建武侯陽夏黄霸次公

周堪弟子

博士魯國牟卿

列卿長安許商長伯

孔霸弟子

霸授漢元帝及子光

牟卿弟子

丞相博山侯魯孔光子夏

許商弟子

列卿沛唐林子高

博士平陵吴章偉君

列卿重泉王吉少音

博士齊炔欽幼卿

吴章弟子

御史大夫平陵云敞幼孺西京雜記「云」作「曹」。

治大夏侯氏書

太尉參録尚書事北海牟融子優

鮭陽鴻
侍中領騎都尉平陵賈逵景伯
司隸校尉南陽宋意伯志
大司農定陶張馴子儁以上范氏後漢書。
議郎臨淄吴良大儀劉氏東觀漢記。
晉江陽太守蜀郡何隨季業常氏華陽國志。

夏侯建弟子

少府平陵張山拊長賓

張山拊弟子

黄門侍郎平陵李尋子長
關内侯光禄大夫領尚書事平陵鄭寛中少君
廣陵太傅山陽張無故子孺
城陽内史信都秦恭延君
膠東相陳留假倉子驕

鄭寛中弟子

御史大夫東郡趙玄
水衡都尉扶風班伯

張無故弟子

新太傅沛唐尊伯高

秦恭弟子

博士魯馮賓

治小夏侯氏書

大司徒司直蘭陵王良①仲子後漢書。

成陽閭葵廉仲潔隸釋。

歐陽生弟子

御史大夫千乘倪寬

倪寬弟子

千乘歐陽生之子傳曾孫高子陽，高孫少府地餘，子新室講學大夫政。自歐陽生八世至大司徒夜侯歙正思。

魯簡卿

〔補正〕

「魯簡卿」，案「簡」當作「蕑」。（卷十一，頁十四）

① 「王良」，四庫薈要本備要本誤作「王艮」。

歐陽高弟子

太子太傅濟南林尊長賓

林尊弟子

丞相關内侯平陵平當子思

信都太傅梁陳翁生

平當弟子

博士九江朱普公文

司隸渤海鮑宣子都

陳翁生弟子

博士琅邪殷崇

右扶風楚龔勝君賓

朱普弟子

太常關内侯沛桓榮春卿

議郎彭閎作明

議郎吴郡皐弘奉卿

桓榮弟子

虎賁中郎將南昌何湯仲弓

侍講九江胡憲

少府潁川丁鴻孝公

九江鮑駿

汝南張酺孟侯

太常桓郁仲恩，子大鴻臚陽平侯焉叔元，焉孫御史中丞關内侯典公雅

丁鴻弟子

蘄長陳留陳弇叔明

太尉彭城劉愷

北海巴茂

太常九江朱倀

桓郁①弟子

太尉弘農楊震伯起，子太尉秉叔節

桓焉弟子

司空祁鄉侯江夏黄瓊世英

司空臨晉侯弘農楊賜伯獻

① 「郁」，文津閣四庫本誤作「都」。

楊震門生

虞放

陳翼

歐陽歙弟子

郎中平原禮震仲威

新息高獲敬公

諫議大夫濟陰曹曾伯山，子河南尹祉

治歐陽氏書

弘農楊寶

兖州牧屯留鮑永君永

諫議大夫堵陽尹敏幼季

中散大夫臨濟牟長君高，子博士紆

潁川太守長安宋登叔陽

太尉朱寵

大司農酒泉張奂然明以上范氏後漢書。

太尉河内杜喬叔榮

議郎南陽①宗資叔都謝氏後漢書。

郎中鄭固伯堅

綏民校尉領曲紅長熊②喬漢舉

成陽閭葵龔叔謙

河南尹任城景君

步兵校尉景君

郯令景君三世傳業，以上洪氏隸釋。

郎中王政季輔洪氏隸續。

丹水丞汝南陳宣彥成李氏丹浦疑言。

按：陳宣碑建於建平四年，文云：「卿承家學歐陽尚書。」碑至明成化中，中鄉水薄岸崩始出，李蓘于田紀之。

孔安國古文

孔氏古文未得列於學官

① 「陽」，文淵閣四庫本闕。

② 「熊」，文津閣四庫本誤作「態」。

孔安國弟子

都尉朝

倪寬

中書令河內司馬遷子長

都尉朝弟子

膠東庸生名譚。

庸生弟子

博士部刺史清河胡常少子

胡常弟子

右扶風掾號徐敖

徐敖弟子

王璜

〔補正〕

「王璜」，案：漢書溝洫志、水經注俱作「横」。（卷十一，頁十四）

平陵塗惲子真

塗惲弟子

河南桑欽君長「桑」或作「乘」。

按：魯壁古文，安國雖以授都尉朝、倪寬、司馬遷。當時頒行學官者，伏生二十八篇，疑安國所授亦止於此，遷史本紀世家所載諸篇是已。若①增多之書，未奉詔旨立博士設弟子，安國不敢私授，故自膠東庸生以下至於桑欽，其師傳歷歷可數。中如胡常、塗惲，東漢之初頗有習其業者，然所授殆亦止二十八篇而已，此終漢之世不見增多之書也。

蓋豫古文

徐州刺史蓋豫以授陳留太守汝陽周防偉公

杜林漆書古文

大司空扶風杜林伯山以授濟南徐巡、東海衛宏。林同郡賈逵爲之作訓，馬融作傳，鄭玄注解。

按：北海鄭氏注解古文，本扶風杜氏漆書，初非安國壁中書也。唐孔氏正義引康成書贊云：「我先師棘下生安國亦好此學，衛、賈、馬二三君子之業，則雅才好博，既宣之矣。」考衛、賈、馬三君皆治漆書，非膠東庸生所傳本。乃謂鄭意師祖孔學而賤夏侯、歐陽等，何其謬論與。鄭志：「張逸問云：『先師棘下生何時人。』鄭答云：『齊田氏時善學者所會處也，齊人號之棘下生，無常人也。』然則特汎言之耳，人無常，人安得有其書乎？况安國古文，衛、賈、馬、鄭諸儒實均未之見也。

孔僖古文

後漢書：「孔僖，字仲和，魯人。自安國以下，世傳古文尚書。元和二年春，帝東巡狩，還過魯，幸闕里，

---

① 文津閣四庫本「若」下有「其」字。

以太牢祠孔子及七十二弟子，作六代之學，大會孔氏男子二十以上者六十三人，命儒者講論，遂拜僖郎中，召僖從還京師，使校書東觀。」

按：韋昭、杜預以前，安國五十八篇之書莫有見者，故諸儒箋釋遇引增多。篇内文輒云逸書，其爲古文尚書者，或出於蓋豫，或本於杜林，要非安國之書也。惟范史孔僖傳謂自安國以下，世傳古文尚書，連叢子亦載孔大夫與僖子季彦問答。大夫曰：「今朝廷以下，四海之内，皆爲章句内學，而君獨治古義，盍固已乎？」季彦答曰：「先聖遺訓，壁出古文。臨淮傳義，可謂妙矣。而不在科策之例，世人固莫識其奇矣，賴吾家世世獨修之。」若是，則壁中之書，僖家具存矣。獨怪肅宗幸魯，遇孔氏子孫，備具恩禮。僖家既有臨淮傳義，其時上無挾書之律，下無偶語之禁，何不於講論之頃，一進之至尊，或上之東觀，乃祕不以示人乎？竊意僖家古義亦止伏生所授諸篇，而五十八篇則至晉而後增多罔缺也。

東漢治①古文書

尹敏

孫期

丁鴻

河南尹中山劉祐伯祖

長陵令張楷公超

① 「治」，文津閣四庫本誤作「志」。

徵士宛孔喬子松
安成周磐堅伯
以上皆非孔氏書。

晉孔氏古文

高士朝那皇甫謐士安
太保鄭沖
扶風蘇愉休預
城陽太守天水梁柳洪季
城陽臧曹彦始
豫章内史汝南梅賾①仲真
按：孔氏書傳授，正義本之晉書，今本晉書無之。

詩

魯詩

楚蘭陵令荀卿況

① 「梅賾」，文津閣四庫本誤作「梅頤」。

荀卿弟子

齊浮邱伯

浮邱伯弟子

太中大夫魯申培

楚元王劉交字游

楚中大夫魯穆生

楚中大夫魯白生

楚夷王劉郢客

申培弟子

郎中令蘭陵王臧

御史大夫代趙綰

臨淮太守魯孔安國

膠西内史周霸

城陽内史夏寬

東海太守碭魯賜

長沙内史蘭陵繆生

膠西中尉徐偃

膠東内史鄒闕門慶忌
瑕邱江公
魯許生
免中徐公

大江公許生弟子

丞相扶陽侯鄒韋賢長孺，子丞相玄成，兄子車騎將軍賞

許生徐公弟子

博士東平王式翁思

王式弟子

淮陽中尉山陽張長安幼君
楚太傅東平唐長賓
博士沛褚少孫
御史大夫沛薛廣德長卿

張長安弟子

長安兄子諫大夫游卿

張游卿弟子

泗水中尉琅邪王扶

王扶弟子

博士陳留許晏偉君

〔補正〕

「博士陳留許晏偉君」，按：漢書儒林傳王扶、許晏皆受詩張游卿。此以許晏爲王扶弟子，本之釋文序録。（卷十一，頁十四）

薛廣德弟子

光禄大夫楚龔勝君賓

太山太守楚龔舍君倩

治魯詩

博士江公漢書。

博士長安右師細君

光禄大夫劉向子政

上谷太守般高嘉，子光禄大夫容

太傅褒德侯南陽卓茂子康江公弟子。

博士許晃一作「晏」。偉君

明經梓潼李業巨游

五官中郎將任城魏應君伯

大鴻臚會稽包咸子良右師細君弟子。

千乘貞王劉伉

大司農般高詡季回

司徒平陵魯恭仲康，弟侍中丕叔臨

侍御史宜春陳重景公

南頓令鄱陽雷義仲公

河隄謁者沛陳宣子興以上范氏後漢書。

召陵令酇李炳子然謝氏後漢書。

司隸校尉山陽魯峻仲嚴

〔補正〕

「司隸校尉山陽魯峻仲嚴」，「山陽」當作「昌邑」。又按：魯峻弟子見於本碑者，今補於此：

譙丁直景榮

高城吕圖世階

濮陽殷敦登高

召陵于商朝公

新野魏顥文臺

般路龍顯公

西平昌王端子行
尉氏胡嵩永高
尉氏胡昱仲表
定陶𢓜真子然
樊兒雄大平
樂陵路福世輔
斥邱李牧君伯
繁陽王輔子助
任城周普妙高
任城吴盛子興
重合梁愘叔節
蒲坂李□□時
蒲坂陽成□文智
汝陽鄭立□節
臨邑夏侯宏子松
博平孫謙□□
樂平邢顥□□

樂平邢□季□
內黃馬萌子□
黎陽王□少□
濕強尹稜□□
濕強尹顥叔□
南皮劉扶節□
南皮劉盛興□
阜成東鄉晨子□
阜成東鄉恭公□
西平昌劉丕景高
殷張謙伯讓
尉氏夏統子思
乘氏許仁伯德
離狐周維元興
陳留誠屯

按：魯峻門生姓名具載於碑陰，宋洪氏隸釋止載其碑銘而不及碑陰，是以朱氏經義考承師門但據碑文數人載之，又缺于商之名，今悉據碑陰詳著於此。又碑言峻治魯詩，兼通顏氏春秋，則未知其門弟子輩孰承授魯詩者歟？孰承授顔氏春秋者歟？抑皆兼授者歟？朱氏乃專屬之顔氏春秋條下，何也？今删其後條而改著於此。（卷十一，頁十四—十六）

執金吾丞武榮含①和洪氏隸釋。

齊詩

博士齊轅固

轅固弟子

夏侯始昌

夏侯始昌弟子

少府郯后倉近君

后倉弟子

諫大夫下邳翼奉少君

前將軍領尚書事蘭陵蕭望之長倩既事后倉，復事同學博士白奇

丞相樂安侯東海匡衡稚圭

匡衡弟子

大司空琅邪師丹公仲

①「含」，文津閣四庫本誤作「舍」。

高密太傅琅邪伏理斿①君
詹事潁川滿昌君都
侍中光禄大夫扶風班伯

滿昌弟子

九江張邯
琅邪皮容
伏波將軍新息侯扶風馬援

治齊詩

白奇
景鸞
大司徒不其侯琅邪伏湛惠公
光禄勳伏黯稚文
司空三②老伏恭叔齊
侍中屯騎校尉伏無忌

① 「斿」，備要本作「游」。
② 「三」，文津閣四庫本作「二」。

郡功曹繁任末叔本

大鴻臚潁川陳紀元方

韓詩

常山太傅燕韓嬰

韓嬰弟子

淮南賁生

河内趙子

趙子弟子

丞相陽平侯河内蔡誼亦作「義」。

蔡誼弟子

博士河内食子公

昌邑中尉王吉

食子公弟子

部刺史泰山栗豐

王吉弟子

博士淄川長孫順

栗豐弟子

山陽張就

長孫順弟子

東海髮福

治韓詩

長沙太守汝南郅惲君章

千乘太守淮陽薛漢公子

公車令犍爲杜撫叔和薛漢弟子，下二人同①。

會稽澹臺敬伯

鉅鹿韓伯高

光禄勳壽春召馴伯春

閬中令閬中楊仁文義

有道山陰趙曄長君杜撫弟子。

博士山陽②張匡文通

① 「同」，文淵閣四庫本誤作「問」。

② 「山陽」，文淵閣四庫本作「山西」。

武威太守安定李恂叔英

張恭祖

鄭玄

唐檀

公沙穆

夏侯恭

侯包以上後漢書。

陳囂君期謝氏後漢書。

山陽太守濟陰祝睦

郎中乘氏馬江元海

廣漢屬國都尉丁魴叔河

中常侍南陽樊安子佑以上隸釋。

左彰長關中田君隸續。

〔補正〕

「左彰長關中田君」，案「左」當作「斥」。（卷十一，頁十六）

費令東平陽田君歐陽氏集古録。

從事武梁綏宗①趙氏金石録。

何隨華陽國志。

晉隱士弘農董景道文博晉書。

毛詩

子夏授詩於高行子，高行子授薛倉子，薛倉子授帛妙子，帛妙子授河間大毛公，以傳趙人小毛公。一云：子夏授曾申，曾申授李克，李克授孟仲子，孟仲子授根牟子，根牟子授孫卿，卿傳毛亨，亨授毛萇，萇爲河間獻王博士。

毛萇弟子

趙國貫長卿或作「公」。

貫長卿弟子

阿武令解延年

解延年弟子

徐敖

徐敖弟子

新講學大夫九江陳俠

① 「宗」，文津閣四庫本誤作「宋」。

陳俠弟子

九江謝曼卿

謝曼卿弟子

衛宏

賈徽

治毛詩

鄭衆

賈逵

孔①僖

馬融

鄭玄

朱子授詩弟子

上饒陳文蔚才卿

嘉興輔廣漢卿

寧德陳駿敏仲

① 「孔」，文津閣四庫本作「孫」。

福寧孫調和卿
建陽劉爚晦伯
義烏徐僑崇甫
馮誠之
衡州襲蓋卿夢錫
順昌廖德明子晦
興國萬人傑正淳
建陽葉賀孫味道
永豐沈僩莊仲
臨川黄義剛毅然
建陽魏椿元壽
臨漳陳淳安卿
臨川甘節吉甫
邵武李閎祖守約
吕德明
晉陵錢木之子升
上饒余大雅正叔

天台潘時舉子善

浦城楊與立子權

涪陵㬈淵亞夫

建寧楊道夫仲思

永嘉黄顯子敬之

邵武李方子公晦

邵浩

南劍游僘敬仲

南康周謨舜弼

丹陽竇從周文卿

九江蔡念成元思

南昌李燔敬子

永嘉徐寓居父

永嘉陳埴器之

鄱陽董銖叔重

黄有開

泉州楊至至之

南康呂燾德昭
三山林夔孫子武
建陽周明作元興
潮州鄭南升文振
建安熊夢兆世卿
魏丙
邵武何鎬叔京
三山劉砥履之
永嘉徐容仁父
黄升卿
馬節之
山陽郭友仁德元
吴振
新安滕璘德粹
永豐曾祖道擇之
臨海趙師邯共父
莆田鄭可學子上

樂平金去僞敬直

舒高

豫章黄劄子耕

南平黄卓先之

李煇晦叔

岳陽李儒用仲秉

興國吴必大伯豐

南康胡泳伯量

建昌包揚顯道

平江李杞良仲

邵武劉炎潛夫

臨川吴琮仲方

江疇①

林子蒙②

蘇宜③

①②③　四庫薈要本於各姓名上皆注「闕」。

三山黄幹直卿
三山劉礪用之
汀州楊方子直
鄱陽董拱壽仁叔
潘植立之①

① 四庫薈要本於各姓名上皆注「闕」。

經義考卷二百八十五

承師五　廣譽附

禮

周禮

武帝開獻書之路，有李氏得周官，上於河間獻王，獨闕冬官，取考工記補之，合①成六篇，奏之。

治周禮

中壘校尉劉歆子駿

緱氏杜子春

太中大夫河南鄭興少贛，子大司農衆仲師

① 「合」，文淵閣四庫本作「各」。

潁陰令扶風賈徽元伯，子侍中逵景伯

衛宏

尚書南陽張衡平子

趙岐

馬融

鄭康成

盧植

尚書郎山陽仲長統公理

儀禮

魯高唐生①傳士禮十七篇

〔補正〕

「魯高唐生傳士禮十七篇」，案「唐」當作「堂」。（卷十一，頁十六）

侍其生得十七篇

右漢藝文志、梁七録所説不同，要是一書。

又按：宋咸平三年贈生萊蕪伯。

① 「高唐生」，補正、文淵閣四庫本作「高堂生」。

治儀禮

禮官大夫魯徐生傳子至孫禮官大夫延、廣陵内史襄

禮官大夫公户滿意

禮官大夫桓生

禮官大夫單次以上三人徐氏弟子。

淮陽太守瑕邱蕭奮

東海孟卿蕭奮弟子。

少府東海后倉近君

魯閭邱卿以上二人孟卿弟子。

鄭康成

禮記

后倉説禮數萬言，號曰后氏曲臺記

后倉弟子

中山中尉沛聞人通漢子方

信都太傅梁戴德延君

九江太守梁戴聖次君.

按：宋咸平三年贈聖楚邱伯，政和三年改贈考城伯。

東平太傅沛慶普孝公

大戴氏弟子

郡守琅邪徐良斿卿

小戴氏弟子

大鴻臚梁橋仁季卿

琅邪太守梁楊榮子孫

慶普弟子

魯夏侯敬

豫章太守沛慶咸

治小戴禮

劉祐

高誘

鄭康成

盧植

〔補正〕

「盧植」，按盧植有三禮解詁，其上書言禮記特多，「回穴」云者，迺兼二戴記言之，不當專列諸治小戴禮條下。（卷十一，頁十六——十七）

治慶氏禮

大鴻臚王臨

五官中郎將犍爲董鈞文伯

侍中薛曹充子侍中褒叔通

朱子授禮弟子

三山黄幹直卿

建陽劉爚晦伯

長溪楊復茂才

黄士毅子洪

同安許升順之

興國吴必大伯豐

建陽熊以寧

臨川黄義剛毅然

福寧孫調和卿

括蒼葉賀孫味道

建安蔡淵伯静

劉潚季文

永嘉沈僩莊仲
邵武李方子公晦
莆田鄭可學子上
嘉興輔廣漢卿
晉陵錢木之子升
興國萬人傑正淳
上饒陳文蔚才卿
南康胡泳伯量
岳陽李儒用仲秉
南康吕焘德昭
臨漳陳淳安卿
林賜聞一
邵武李閎祖守約
李公謹
吴振
邵浩
樂平金去僞敬直

浦城楊道夫仲思
豫章黄畨子耕
甌寧童伯羽蜚卿
高平黄卓先之
潘植立之
臨川甘節吉甫
鄱陽汪德輔長孺
順昌廖德明子晦
順昌余大雅正叔①
南城包揚顯道
建昌李煇晦叔
饒州董銖叔重
建昌吴雉和中
永豐曾祖道擇之

①「正叔」，文淵閣四庫本作「正敍」。

永嘉徐宇①居父

鄱陽程端蒙正思

古田林夔孫子武

三山劉砥履之

林子蒙

新安滕璘德粹

黄升卿

臨海潘時舉子善

宣城孫自修敬父

南康周謨舜弼

泉州楊至至之

建陽周明作元興

都昌黄灝商伯

汀州楊方子直

鄱陽王過幼觀

① 「宇」，文津閣四庫本誤作「寓」。

建寧楊讓子昂
三山林學蒙正卿
同安王力行近思

春秋

左氏傳

左邱明授曾申，申授吳起，起授其子期，期授楚人鐸椒，椒授虞卿，卿授荀卿，卿授漢丞相北平侯武威張蒼，蒼傳梁太傅洛陽賈誼，誼傳至其孫嘉，嘉傳趙人貫公，又太中大夫劉公子亦修左氏傳。

賈嘉弟子

河閒博士趙貫公子蕩陰令長卿

按：劉歆書有魯國柏公。

貫長卿弟子

京兆尹河東張敞子高
御史清河張禹長子

張禹弟子

諫大夫尹更始，子大司農咸

尹更始弟子

胡常

丞相高陵侯上蔡翟方進子威

胡常弟子

郎中黎陽賈護季君

翟方進弟子

劉歆又事尹咸。

賈護弟子

新厭難將軍蒼梧陳欽子佚，子博士元長孫

劉歆弟子

賈徽子逵

陳元弟子

將作大匠扶風馬嚴威卿

治左氏春秋

太子太傅下邳嚴彭祖公子

青州牧不其房鳳子元

光禄勳王龔

博士金子嚴
武都太守關内侯魯孔奮君魚，弟奇，子城門校尉嘉山甫
鄭興
鄭衆
博士魏郡李封
太中大夫魏郡許淑惠卿
外黄令無錫高彪義方
馬融
張恭祖

〔補正〕

「張恭祖」，案：當作「東郡張恭祖」。（卷十一，頁十七）

鄭康成
西鄂長潁川堂谿典季度
張馴
京兆尹南陽延篤叔堅
扶風許伯升
孝廉長平潁容子嚴

九江太守河南服虔子慎
司徒掾王玢或作「珍」。
汝南彭汪仲博
議郎章陵謝該文儀
宋忠
陳留邊讓文禮
尉汝南許公
白侯子安
潁川劉子奇
前將軍漢壽亭侯關羽①
光禄大夫新野李敏敬達
太中大夫涪尹默思潛
涪李仁德賢，子右中郎將譔欽仲
魏司徒王朗
王肅

① 「關羽」，文淵閣四庫本作「關雲長」，文津閣四庫本作「關侯」。

中散大夫嵇康叔夜

曹耽

荆州刺史王基

大司農董遇

博士河東樂詳文載

徵士燉煌周生烈

杜寬

鉅野李典曼成

南陽太守獲嘉楊俊季才

吴安遠將軍蒼梧士燮威彦

輔吴將軍彭城張昭子布

漢壽潘濬承明

晉鎮南大將軍當陽侯杜陵杜預元凱

公羊氏傳

子夏傳與公羊高，高傳與其子平，平傳與其子地，地傳與其子敢，敢傳與其子壽。至漢景帝時，壽乃共弟子博士齊人胡母子都著於竹帛，與董仲舒同業。

按：公羊子受春秋於子夏，而傳中有子沈子、子司馬子、子女子、子北宫子，又有魯子、高子。何休注云：「沈子稱子，冠氏上者，著其爲師也。其不冠子者，他師也。」徐彦疏云：「孔氏之門徒受春秋非唯子夏，故有他師。隱十一年傳記子沈子欲明子夏所傳，非獨公羊氏矣，則其傳不出於一人。班固古今人表有沈子，顔師古注云：「魯人也，善春秋。」亦有北宫子、魯子皆在「中中①」。

胡毋子都弟子

丞相平津侯公孫弘

董仲舒弟子

梁相蘭陵褚大

諫大夫東平嬴公

廣川段仲温

丞相長史廣川吕步舒

鮑敞

嬴公弟子

東海孟卿

符節令魯眭弘字孟

① 「中中」，文淵閣四庫本上一中字作「其」；文津閣四庫本無下一「中」字。

孟卿弟子

太子太傅蘭陵疏廣仲翁

眭弘弟子

太子太傅下邳嚴彭祖公子

齊郡太守丞薛顏安樂翁孫

御史大夫琅邪貢禹少翁始事嬴公。

疏廣弟子

御史中丞琅邪筦路又事顏安樂。

嚴彭祖弟子

少府琅邪王中

顏安樂弟子

菑川太守淮陽泠豐次君

少府菑川任翁

劉向

王彦

貢禹弟子

穎川堂谿惠

筦路弟子

大司農鄠陵孫寶子嚴

王中弟子

東平太傅琅邪公孫文

荆州刺史琅邪東門雲

泠豐弟子

大司徒東海馬宫游卿

郡守九卿琅邪左咸

堂谿惠弟子

丞相史泰山冥都又事顔安樂。

治公羊春秋

侍中蜀郡張寬叔文

侍郎申輓

伊推

廬江太守丞汝南桓寬次公

宋顯

鄭興

侍中扶風李育元春

戴宏

博士羊弼

成都楊終子山

諫議大夫樊何休邵公

鄭康成

荀爽以上范氏後漢書。

徐淑

處士東莞綦母君

廣陵太守琅邪趙昱

車騎將軍宕渠馮緄鴻卿以上謝氏後漢書。

重安侯相杜暉隸釋。

〔補正〕

「豫州從事鄢陵尹宙周南」，案：此竹垞未載，今當据本碑補入治公羊春秋條内。（卷十一，頁十七）

治嚴氏春秋

郅惲

琅邪太守河内李章第公

騎都尉關内侯東緡丁恭子然

左中郎將雍邱樓望次子

侍中琅邪承宫少子

左中郎將汝陽鍾興少文①

侍中騎都尉三老安邱周澤雅②都

太子少傅安邱甄宇長文，子普，孫孝廉承

海西令南昌程曾秀升

長水校尉南陽樊儵長魚

會稽太守成都張霸伯饒儵弟子，下二人同

九江夏勤伯宗

潁川李修

諸生孫林、劉固、段著

長陵令張楷公超以上范氏後漢書。

中山劉祐謝氏後漢書。

---

① 「少文」，文淵閣四庫本作「次文」。

② 「雅」，文淵閣四庫本作「稺」。

山陽太守祝睦

泰山都尉魯孔宙季將王粲漢末英雄記、張璠漢記：「宙，字公緒。」

〔補正〕

「百石卒史魯孔龢」，案：此竹垞未載，今據本碑補入治嚴氏春秋條內。（卷十一，頁十七）

北海尉陸暹孟輔以下宙弟子。

〔補正〕

「北海尉陸暹孟輔」，案：「尉」當作「劇」。（卷十一，頁十七）

陳留樂禹宣舉

〔補正〕

「陳留樂禹宣舉」，案「陳留」當作「襄邑」。（卷十一，頁十七）

下邳朱班

〔補正〕

「下邳朱班」，案：當作「下邳朱班宣□」。（卷十一，頁十七）

寧陽周順

〔補正〕

「甯陽周順」，案：當作「甯陽周順承享」。（卷十一，頁十七）

沛周升①仲甫

〔補正〕

「沛周升仲②甫」，案「沛」上脱「小」字。（卷十一，頁十七）

汶陽陳褒聖博

〔補正〕

「汶陽陳褒聖博」，案「聖」作「宣」。（卷十一，頁十七）

平輿謝洋子讓

山陽丁培實堅

〔補正〕

「山陽丁培實堅」，案：當作「瑕邱丁琣實堅」。（卷十一，頁十七）

魯戴璋元圭

〔補正〕

「魯戴璋元圭」，案：當作「魯國戴璋元珪」。（卷十一，頁十七）

卞王政漢方

---

① 「周升」，文津閣四庫本誤作「升升」。

② 補正原誤作「中」。

鉅鹿張雲子平以下宙門生。

〔補正〕

「鉅鹿張雲子平」，案：「鉅鹿」當作「癭陶」。（卷十一，頁十七）

癭陶趙政元正

〔補正〕

「癭陶趙政①元正」，案：「正」當作「政」。（卷十一，頁十七）

廣宗捕巡升臺

寧陽韋勳幼昌

館陶張上仲舉

館陶王時子表

陰安張典少高

魏郡孟忠待政

〔補正〕

「魏郡孟忠待政」，案：「魏」字乃「縣」也，「郡」字當删。（卷十一，頁十七）

魏郡李鎮世君

① 補正原誤作「玫」。

〔補正〕

「魏郡李鎮世君」，案：此「魏」字乃「縣」也，「郡」字當删。（卷十一，頁十七）

館陶吴讓子敬

館陶文儉元節

館陶鄉瑱仲睢

鄚暴香伯子

東武陽梁淑元祖

東郡趙恭和平

〔補正〕

「東郡趙恭和平」，案：「東郡」當作「衛公國」。（卷十一，頁十八）

東武陽張表公方

東武陽滕穆奉德

樂平桑演仲厚

樂平靳京君賢

樂平梁布叔光

樂平桑顯伯異

平邱司馬規伯昌

下博張祺叔松

安平張朝公房

〔補正〕

「安平張朝公房」，案：「安平」當作「下博」。（卷十一，頁十八）

安平蘇覿伯臺

〔補正〕

「安平蘇覿伯臺」，案：「安平」當作「下博」。（卷十一，頁十八）

堂陽張琦子異

安邱齊納榮謀

北海吕升山甫

劇秦麟伯麟

北海如盧浮遺伯

〔補正〕

「北海如盧浮遺伯。」案：「北海」當作「劇」。（卷十一，頁十八）

劇薛顗勝輔

北海高氷季超

〔補正〕

「北海高氷季超」，案：「北海」當作「劇」，「氷」當作「冰」。（卷十一，頁十八）

梁鄒趙震叔政

梁鄒徐璜幼文

東平陵吴進升臺

廣川李都元章

貝邱賀曜升進

魏郡許祺升明

〔補正〕

「魏郡許祺升明」，案：「魏郡」當作「清淵」。（卷十一，頁十八）

館陶史崇少賢

館陶孫忠府文

東郡盧精子節

〔補正〕

「東郡盧精子節」，案：「東郡」當作「樂平」，「精」當作「脩」。（卷十一，頁十八）

任城任景漢

〔補正〕

「任城任景漢」，當作「任城□□景漢」。（卷十一，頁十八）

「豫州從事魯孔褒文禮」，案：此竹垞未載，今據本碑補入。褒，宙之長子也，碑云「治家業春秋」。此碑於雍正三年出土，竹垞所未見耳。（卷十一，頁十八）

「郡諸曹史魯孔謙德讓」，案：此竹垞未載，今據本碑補入。謙，宙之弟六子也，碑云「祖述家業修春秋」。案：孔謙碣則洪氏隸釋所已著者，竹垞蓋弗深考，故不知其爲宙之子耳。（卷十一，頁十八）

下博張忠公直以上隸釋。

巴郡太守樊敏升達

〔補正〕

巴郡太守樊敏升達。（卷十一，頁十八）

東牟侯相祝長嚴訢少通以上金石録。

〔補正〕

「東牟侯相祝長嚴訢少通以上金石録。」，案：當作「以上治嚴氏經」。二人並見隸釋、隸續，「祝」下一字，碑本闕，洪云「疑是『祝其』」，今當作「祝□」。（卷十一，頁十八）

治顏氏春秋

博士河陽張玄君夏後漢書。

司隸校尉魯峻仲嚴

〔補正〕

「司隸校尉魯峻仲嚴」，案：「尉」下脱「昌邑」二字。（卷十一，頁十八）

汝南干□①

〔補正〕

「汝南于□」，案：于之名，今據碑陰是「于商」。（卷十一，頁十九）

按魯峻碑云：「治魯詩，兼通顔氏春秋。」此其門生，自當列於前條治魯詩之下，而注之曰：「據碑云兼通顔氏春秋。」則兩得矣。今乃載於所兼通之條，而槩稱弟子於顔氏之門，於義安乎？今爲删此，而改著於前。（卷十一，頁十九）

沛丁直

〔補正〕

「沛丁直」，案：「沛」下脱「國」字。（卷十一，頁十九）

魏郡馬萌

渤海吕圖

任城吴盛

陳留誠屯

東郡夏侯弘以上隸釋。

① 「干□」，文淵閣四庫本作「干竇」，補正作「于商」。

穀梁氏傳

穀梁赤受經於子夏，作傳傳之荀卿，卿傳魯申公，申公傳博士瑕邱江公，公傳子，至孫爲博士。

按：穀梁傳亦援沈子之言。又有尸子度，即佼也。佼爲衛鞅師。

江公門生

魯榮廣王孫

皓星公「皓」或作「浩」。

榮廣弟子

諫大夫郎中户將沛蔡千秋少君又事皓星公。

梁周慶幼君

中山太傅丁姓子孫

蔡千秋弟子

諫大夫長樂户將邵陵①尹更始，子大司農咸

丁姓弟子

長沙太傅楚申章昌曼君

---

① 「邵陵」，文淵閣四庫本作「少陵」。

尹更始弟子

翟方進

房鳳

江博士弟子

胡常

胡常弟子

新講學大夫梁蕭秉君房

治穀梁春秋

韋賢

夏侯勝

侍中樂陵侯史高

劉向

中郎王亥

南昌尉壽春梅福子真

尹敏

鍾寧君律

密侯霸君房

段肅

魏樂平太守麋信南山

吳尚書僕射丹陽唐固子正

晉堂邑太守張靖

廣陵相魯孔衍舒元

豫章太守順陽范甯武子

論語

仲弓、子夏等所撰定。

治魯論語

常山都尉龔奮

長信少府夏侯勝，兄子太子少傅建

丞相韋賢，子玄成

魯荆州刺史扶卿

前將軍蕭望之

安昌侯張禹

治齊論語

昌邑中尉王吉子陽，子駿治魯論語

少府宋畸

御史大夫琅邪王卿

御史大夫貢禹

尚書令五鹿充宗

膠東庸譚

安昌侯張禹

治古論語

孔安國

馬融

孝經

河間顏芝藏，子貞出。

治今文孝經

長孫氏

博士江翁

少府后倉

諫大夫翼奉
安昌侯張禹
鄭康成

治古文孝經

孔安國
馬融

廣譽

漢

韋賢以詩教授，號鄒、魯大儒。宣帝本始三年爲丞相，封扶陽侯。少子玄成，復以明經歷相位，故鄒、魯諺曰：「遺子黄金滿籯，不如一經。」

少府五鹿充宗爲梁邱易，元帝好之，欲考其異同，令與諸易家論。充宗辯口，諸儒莫能抗，有薦朱雲者，召入，攝齊登堂，抗首而講，音動左右，故諸儒爲之語曰：「五鹿嶽嶽，朱雲折其角。」

東海匡衡好學，善詩，諸儒歌曰：「無説詩，匡鼎來；匡説詩，解人頤。」

河内張禹，字子文，成帝爲太子時，禹以博士授太子論語。及即位，以師進位丞相，封安昌侯。爲論語章句，獻之，諸儒爲之語曰：「欲爲論，念張文。」

世祖時，正旦朝賀，詔令群臣説經，更相難詰，義有不通，輒奪其席以益通者，博士戴憑重坐五十餘席。故京師語曰：「解經不窮戴侍中。」

扶風井丹，字大春，博學高論，京師爲之語曰：「五經紛綸井大春。」

召馴字伯春，少習韓詩，博通詩傳，以志義聞，鄉里語曰：「德行恂恂召伯春。」

楊政字子行，治梁邱易，與祁聖元同好，俱名善説，京師語曰：「説經鏗鏗楊子行，論難僠僠祁聖元。」

賈逵長八尺①二寸，能講左氏及五經本文，以夏侯尚書教授，諸儒爲之語曰：「問事不休賈長頭。」

丁鴻字孝公，章帝時與桓郁、賈逵等論定五經同異於北宮白虎觀。鴻以才高論難最明，時人語曰：「殿中無雙丁孝公。」

黄香博學經典，精究道術，京師號之曰：「天下無雙江夏黄童。」

魯丕叔陵兼通五經。元和初，拜趙相，雖居官，不廢教授，關東號曰：「五經復興魯叔陵。」

孔僖二子長彦、季彦，並明經術，會徒數百，故時人語曰：「魯國孔氏好讀經，兄弟講習皆可聽，學士來者有聲名，不過孔氏那得成。」

弘農楊震伯起經明博覽，無不窮究，諸儒語曰：「關西孔子楊伯起。」

劉愷爲太常，論議常引正大義，諸儒爲之語曰：「難經伉伉劉太常。」

成都趙典仲經學孔子七經、河圖、洛書，内外靡不貫綜，受業者百有餘人，時人號曰：「天下才英趙

---

① 文津閣四庫本「賈逵」下有「頭」字，「八尺」作「尺」。

仲經。」

山陽度尚博平通京氏易、古文尚書，爲吏清潔，時人號曰：「海内清明度博平。」

河閒劉淑仲承少明五經，隱居立精舍講授，諸生常數百人，時人語曰：「天下德弘劉仲承。」

劉祐字伯祖，宗室子，少修操行，學嚴氏春秋、小戴禮、古文尚書，拜宗正，三轉大司農。靈帝初，爲河南尹，時人語曰：「天下稽古劉伯祖。」

上虞魏朗少英從博士郤仲信學春秋圖緯，又詣太學受五經，以陳蕃薦官尚書，時人語曰：「天下忠貞魏少英。」

議郎蔡衍，字孟喜，汝南項人。少明經講授，以禮讓化鄉里。時人語曰：「天下雅志蔡孟喜。」

魯國孔昱世元，少習尚書，遭黨事禁錮。靈帝徵拜議郎，補洛陽令，時人語曰：「海内才珍孔世元。」

瑕邱檀敷，字文友，家貧志清，不受鄉里施惠。舉孝廉，連辟公府不就。立精舍教授，遠方至者常數百人，時人語曰：「海内通士檀文友。」

荆州牧劉表景升起立學校，撰定五經章句，時人語曰：「海内所稱劉景升。」

荀爽年十二，能通春秋、論語。杜喬稱曰：「可爲人師。」遂耽思經書，慶弔不行，徵命不應，潁川爲之語曰：「荀氏八龍，慈明無雙。」

許慎字叔重，博通經籍，時人語曰：「五經無雙許叔重。」

周舉字宣光，博學洽聞，爲儒者所宗，京師語曰：「五經縱横周宣光。」

廣漢任安，字定祖，受孟氏易，兼通數經，時人稱曰：「居今行古任定祖。」

陳囂君期善説詩，語曰：「闗東説詩陳君期。」

許晏偉君受魯詩于琅邪王扶，改學曰許氏章句，列在儒林，故諺曰：「殿上成群許偉君。」

折象字伯式，事東平虞叔雅，以道教授門人，朋友自遠而至，時人諺曰：「折氏客誰？朱雲卿、段節英，中有佃子趙仲平，但説天文論五經。」

魏

賈洪字叔業，好學有才，精於春秋左傳，與馮翊敬危材學相高，衆人爲之語曰：「州中曄曄①賈叔業，辨論洶洶敬文通。」

晉

裴秀季彦著易論、樂論，年二十五，爲黄門侍郎，時人語曰：「後進領袖有裴秀。」

宋

陶覆之字孫宗，爲太常丞，習于禮，凡宗廟疑義多所決定，時人語曰：「定禮決疑問陶覆之。」

齊

沈驎士隱居餘不吴差山，講經教授，從學數十百人，各營屋宇依止其側，時人語曰：「差一作羌。山中有高士，開門教授居成市。」

---

① 「曄曄」，文津閣四庫本避作「卓卓」。

梁

賀琛爲散騎常侍，領尚書左丞，參禮儀事。每進見武帝與語，常移晷刻，省中語云：「上殿不下有賀雅。」琛容止嫺雅，故時人呼之。

陳

山陰賀德仁與兄德基師事周弘正，以文學稱，人爲語曰：「學行可師賀德基，文質彬彬賀德仁。」

北魏

崔光爲孝明帝講孝經，王道業預講，安豐王延明録義，時人語曰：「英英濟濟，王家兄弟。」

崔暹子達拏年十三，暹令儒者教其説周易兩字。乃集朝貴名流，達拏升高坐開講，趙郡眭仲讓陽屈服之。暹大悦，擢仲讓爲司徒中郎，鄴下爲之語曰：「解義兩行得中郎。」

北齊

陸乂於五經最精熟，館中謂之石經，人語曰：「五經無對有陸乂。」

隋

壽張吕思禮年十四，受學于徐遵明，長於論難，諸生爲之語曰：「講書論易鋒難敵。」

經義考卷二百八十七

刊石一

漢一字石經

隋志：「一字石經周易一卷七録：「三卷。」，一字石經尚書六卷唐志：「五卷。」，七録有今字石經鄭氏尚書八卷，亡。，一字石經魯詩六卷七録有毛詩三卷①，亡。，一字石經儀禮九卷唐志：「四卷。」，一字石經春秋一卷，一字石經公羊傳九卷，一字石經論語一卷。」七録：「二卷。」唐志同。

佚。

〔補正〕

隋志條内小注「七録有毛詩三卷，亡」，「三」當作「二」。（卷十二，頁一上）

① 「三卷」，四庫薈要本作「二卷」。

後漢書靈帝本紀：「熹平四年春三月，詔諸儒正五經文字，刻石立於太學門外。」

蔡邕傳：「蔡邕，字伯喈，陳留圉人。拜郎中，校書東觀，遷議郎。邕以經籍去聖久遠，文字多謬，俗儒穿鑿，疑誤後學，熹平四年，乃與五官中郎將堂谿典、光禄大夫楊賜、諫議大夫馬日磾、議郎張馴、韓説、太史令單颺等，奏求正定六經文字。靈帝許之，邕乃自書丹於碑，使工鐫刻，立於太學門外。於是後儒晚學，咸取正焉。碑始立，觀視及摹寫者，車乘日千餘兩，填塞街陌。」

摯虞三輔決録注：「馬日磾，字翁叔，馬融之族子。少傳融業，歷位九卿，遂登台輔。」魏志：官太傅。

後漢書韓説傳：「説，字叔儒，會稽山陰人。舉孝廉，中平二年遷江夏太守。」

單颺傳：「颺，字武宣，山陽湖陸人。舉孝廉，稍遷太史令，出爲漢中大守。」

張馴傳：「張馴，字子儁，濟陰定陶人。辟公府舉高第，拜議郎，與蔡邕共奏定六經文字，擢拜侍中。光和七年，徵拜尚書，遷大司農。」

儒林傳：「黨人既誅，其高名善士多坐流廢。後遂至忿争，更相告言，亦有私行金貨，定蘭臺漆書經字以合其私文。熹平四年，靈帝乃詔諸儒正定五經，刊於石碑，爲古文、篆、隸三體書法，以相參檢，樹之學門。」

宦者傳：「時宦者汝陽李巡以爲諸博士試甲乙科，争第高下，更相告言，至有行賂定蘭臺漆書經字以合其私文者，迺白帝，與諸儒共刻五經文於石，於是詔蔡邕等正其文字，自後五經一定，争者用息。」

謝承後漢書：「碑立太學門外，瓦屋覆之，四面闌障，開門於南河，南郡設吏卒視之。」

袁宏後漢紀：「熹平四年春三月，五經文字刻石立於太學之前。」

楊龍驤洛陽記：「太學在洛城南開陽門外，講堂長十丈，廣二丈，羊頭山記作「三丈」。堂前石經四部，本碑凡四十六枚。西行周易、尚書、公羊傳十六碑存，十二碑毁。南行禮記十五碑，悉崩壞。東行論語三碑，二碑毁。禮記碑上有諫議大夫馬日磾、議郎蔡邕名。」

楊衒之洛陽伽藍記：「開陽門外御道東有漢國子學堂，堂前有三種字石經二十五碑，表裏刻之，寫春秋、尚書二部，作篆、科斗、隸三種字，漢右中郎將蔡邕筆之遺跡也。猶有十八碑，餘皆殘毁。復有石碑四十八枚，亦表裏隸書，寫周易、尚書、公羊、禮記四部。又讀書①碑一所，並在堂前。魏文帝作典論六碑，至太和十七年，猶有四存。」

〔補正〕

楊衒之洛陽伽藍記内「又讀書碑一所」，「讀書」當作「讚學」。（卷十二，頁一）

酈道元水經注：「漢靈帝光和六年，刻石鏤碑，載五經立於太學講堂前，悉在東側。蔡邕以熹平四年，與五官中郎將堂谿典、光禄大夫②馬日磾、議郎張馴、韓説、太史令單颺等奏求正定六經文字，靈帝許之，邕乃自書丹於碑，使工鐫刻，立於太學門外，於是後儒晚學，咸取正焉。及碑始立，其觀視及筆寫者，車乘日千餘兩，填塞街陌矣。今碑上悉銘刻蔡邕等名。魏正始中，又立古篆隸三字石經。魏初，傳古文出邯鄲淳，石經古文轉失淳法。樹之於堂西，石長八尺，廣四尺，列石於其下，碑石四十八枚，廣三

① 「讀書」，四庫薈要本作「讚學」。

② 四庫薈要本於「光禄大夫」下有「楊賜，諫議大夫」等字。

十丈。魏文帝又刊典論六碑附於其次。陸機言太學贊别一碑在講堂西，下列石龜碑，載蔡邕、韓説、高堂谿①等名，太學弟子贊復一碑，在外中門，今二碑並無。石經東有一碑，是漢順帝陽嘉八年②立，猶存不破。漢石經北有晉辟雍行禮碑，是太始二年立，其碑中折，但世代不同物不停，故石經淪，缺存半毁，幾駕言永久，諒同憮焉。」

〔補正〕

酈道元水經注内「光禄大夫」，下脱「楊賜諫議大夫」六字。「魏文帝又刊典論六碑」，「文」當作「明」。「高堂谿等」，「高」字當删，「谿」下脱「典」字。「陽嘉八年」當作「元年」。（卷十二，頁一）

江式曰：「蔡邕採李斯、曹喜之法，爲古今雜形。詔於太學立石碑，刊載五經，題書楷法多是邕書。後開鴻都諸方獻篆，無出邕者。」

北史劉芳傳：「漢世造三字石經於太學，學者文字不正，多往質焉。芳音義明辨，時號劉石經。」

隋書經籍志：「後漢鐫刻七經，著於石碑，皆蔡邕所書。魏正始中，又立一字石經，相承以爲七經正字。後魏之末，齊神武執政，自洛陽徙於鄴都，行至河陽，值岸崩，遂没於水。其得至鄴者，不盈大半。至隋開皇六年，又自鄴京載入長安，置於祕書内省。議欲補緝，立於國學，尋屬隋亂，事遂寢廢，營造之司因用爲柱礎。貞觀初，祕書監臣魏徵始收聚之，十不存一，其相承傳拓之本猶在祕府。」

---

① 「高堂谿」，四庫薈要本作「堂谿典」。
② 「八年」，四庫薈要本作「元年」。

劉焯傳：「開皇六年，運洛陽石經至京師，文字磨滅，莫能知者，焯奉勑與劉炫等考定。」

韋述西京新記曰：「貞觀中，祕書監魏徵參詳考驗蔡邕三字石經，凡十數段，請於九成宮祕書監内置之，後天后移于著作院。」

竇蒙述書賦注：「蔡邕書今見打本三體石經四紙，石既尋毁，其本最希。」

郭忠恕汗簡曰：「後漢中郎蔡邕寫三體六經，邪臣矯嫉，未盈一紀，尋有廢焉。」

林罕曰：「蔡邕於國學所立石經，或云隸省者，即隸減也。少減曰省，乃是隸書於篆書中減省點畫而已，非是官省之省。」

李綽①曰：「東都頃年創造防秋館，穿掘多得蔡邕鴻都學所書石經，後洛中人家往往有之。」

〔補正〕

「李綽曰」，「李」當作「趙」。（卷十二，頁一）

張舜民曰：「嘉祐末，得石經二段於洛陽城，乃蔡邕隸書論語。」

方匋曰：「石經殘碑在洛陽張景元家，世傳蔡中郎書，未知何所據？漢靈帝熹平四年，邕以古文篆隸三體書五經刻石於太學，至魏正始中，又爲一字石經，相承謂之七經正字，今此所傳皆一體隸書，必魏世所立者。然唐經籍志又有邕今字論語二卷，豈邕五經之外復爲此乎？據隋經籍志，凡言一字石經，皆魏世所爲，有一字論語二卷，不言作者之名，而唐志遂以爲蔡邕所作，則又疑唐史傳之之誤也。

① 「李綽」，四庫薈要本作「趙綽」。

蓋自北齊遷邕石經於鄴都，至河濱岸崩，石没於水者幾半。隋開皇中又自鄴運入長安，未及緝理，尋以兵亂廢棄。唐初魏鄭公鳩集所餘，十不獲一，而傳拓之本猶存祕府，史所謂三字石經者，即邕所書，然當時一字石經存者猶數十卷，而三字石經止數卷而已。由是知漢石經之亡久矣，不能若此之多也。魏石經近世猶存，五代湮滅殆盡。往年洛陽守因閲營造司所棄碎石，識而收之，遂加意搜訪，凡得尚書、儀禮、論語合數十段，又有公羊碑一段在長安，其上有馬日磾等名號者，魏世用日磾等題名，本在禮記碑，而此乃在公羊碑上，益知非邕所爲也。尚書、論語之文與今多不合者，非孔安國、鄭康成所傳之本也。獨公羊當時無他本，故其文與今文無異，皆殘闕已甚，句讀斷絶，一篇之中，或不存數字，可勝惜哉！」

〔補正〕

方匋條内「與今文無異」，下脱「然」字。（卷十二，頁一）

歐陽棐集古目録曰：「古文篆隸三體，凡八百二十九字。後漢熹平中校定五經，使蔡邕以三體書，今其名亡失皆盡。皇祐中，有蘇望者得摹本左傳於故相王文康家，取其完者而刻之，莫辨其真僞也。在洛陽蘇氏家。」

趙明誠金石録曰：「石經遺字者，藏洛陽及長安人家。蓋靈帝熹平四年所立，其字則蔡邕小字八分書也。其後屢經遷徙，故散落不存。今所有者纔數千字，皆土壤埋没之餘，磨滅而僅存者爾。按後漢書儒林傳敘云：『爲古文、篆、隸三體』者，非也。蓋邕所書乃八分，而三體石經乃魏時所建也。又按靈帝紀言：『詔諸儒正五經文字，刻石立於太學門外。』蔡邕傳乃云：『奏求正定六經文字。』既已不同，而章懷太子注引洛陽記所載有尚書、周易、公羊傳、論語、禮記，今余所藏遺字有尚書、公羊傳、論語，又有詩、儀禮，然則當時所立又不止六經矣。洛陽記又云：『禮記碑上有諫議大夫馬日磾、議郎蔡邕等名。』今論語、公羊後，亦有堂谿典、馬日磾等姓名尚在，據邕傳稱，邕以經籍去聖久遠，文字多謬，俗儒穿鑿，疑誤後學，乃奏求正定，自書於碑，於是後儒晚學，咸取正焉。今石本既已磨滅，而歲久轉寫，日就訛舛。以世所傳經書本校此遺字，其不同者已數百言。又篇第亦時有小異，使完本具存，則其異同可勝數耶？然則豈不可惜也哉？而後世學者於去古數千百歲之後，盡絀前代諸儒之論，欲以己之私意悉通其說，難矣。余既録爲三卷，又取其文字不同者，具列於卷末云。」

董逌廣川書跋曰：「蔡邕鐫刻七經著於石碑，當時號洪都①三字。纔三十年，兵火繼遭，碑亦損缺。魏正始中，又立一字石經，相承以爲七經正字。後魏武定四年，移洛陽漢魏石經於鄴。魏末，齊神武自洛陽徙於鄴都河陽，河岸崩，遂没於水，其得至鄴者，殆不得其半。周大象中，詔徙鄴城石經於洛，時爲軍人破毁，至有竊載還鄴者。船壞没溺，不勝其衆也，其後得者盡破爲橋基。隋開皇六年，自鄴京載入長安，置於祕書内省，議欲補緝，立於國學，會亂，遂廢，營造之司用爲柱礎。貞觀初，魏徵始收聚之，十不一存，其相承傳拓之本猶在祕府。當時考驗至詳，謂不盡爲邕如馬日磾數輩相與成之。然漢隸簡古，深於法度，亦後世不及，故兼存之。趙綽曰：唐造防秋館時，穿地多得石經，故洛中人士逮今有之。考當時所得已是漢世所遺没而得者，國初開地唐御史府，得石經十餘石，此又唐末淪没之所出也。」

---

①「洪都」，文淵閣四庫本作「鴻都」。

又曰：「朱越①石與兄書曰：『石經文都闕。碑高一丈許，廣四尺，駢羅相接。太學在南明門外，講堂長十丈，廣三尺②，堂前石經四部，本碑四十六枚。元魏時，西行尚書、周易、公羊傳十六碑存，十二碑毁。南行禮記十五碑悉崩壞。東行論語三碑毁，禮記但存諫議大夫馬日磾、議郎蔡邕名。當是時，尚有碑十八，楊衒之謂得四十八碑，誤也。洛陽昔得石經尚書段，殘破不屬，蓋盤庚、洪範、無逸、多士、多方，總二百三十六字，其文與今尚書盡同，閒有異者纔十餘，然則古文尚書蓋已見於此。或曰魏亦作石經，安知此爲漢所書哉？余謂魏爲一字，漢爲三字，此得相亂耶？且『天命自度』碑作『亮惠』，『鮮鰥寡』碑作『惠于矜寡』，『乃逸既誕』作『乃憲既延』，『治民祇懼』作『以民肆』，『高宗享國五十九年』作『百年』，以書考之，知傳受譌誤，不若碑之正也。』」又曰：「石經今廢不存，或自河南御史臺發地得之，蓋論語第一篇并第十四篇爲一碑，亡其半矣。其可識者，字二百七十。又自第十八篇至第二十篇爲一碑，破闕殘餘得五之一，其存字爲三百五十七。以今文論語校之，其異者若『抑與之與』爲『意與之』，『我未見好仁者惡不仁者』作『未見好仁惡不仁』，『朝聞道，夕死可矣』作『可也』，『有三年之愛於其父母③』無『乎』字，『惡居下流』而無『流』字，『年四十而見惡焉』無『焉』字，『鳳兮鳳兮』作『何得④之衰』，『往者不可諫也，來者猶可追也』，今本皆異。『執輿者爲誰』而作『執車者爲誰』，『子是魯孔丘與？曰：是。然後

① 「越」，四庫薈要本作「超」。
② 「三尺」，四庫薈要本作「丈」。
③ 文淵閣、文津閣四庫本、備要本於「父母」下補「乎」字。
④ 「得」，四庫薈要本作「而德」。

曰：是知津矣」，比今書多二字，『耰而不輟』作『輟』①，『夫②子憮然』，『植其杖』作『置』，『其斯而已矣』作『其斯以乎』，『子游』作『子斿』，『而在蕭墻之内』作『而在于蕭墻之内』。凡碑所存，校其異者已十五之一矣，使鴻都舊書盡存，則其異可知也。夫以邕之所定雖未盡善，然漢儒學專，其校定衆家，得正譌誤多矣。」

〔補正〕

董逌廣川書跋内「朱越石與兄書曰：石經文都闕」，案：「越」當作「超」，儒林傳注此闕處是「似」字。「講堂長十丈廣三尺」，「三尺」當作「二丈」。「有三年之愛於其父母」，下脱「乎」字。「鳳兮鳳兮，作何得之衰」，「得」當作「而德」二字。「耰而不輟作」，「輟作」下脱「耰不」二字。「夫子憮然」，下脱「作子憮然」四字。（卷十二，頁一下）

姚寬西溪叢語曰：「蔡中郎石經，漢靈帝熹平四年，邕以古文、篆、隸三體書五經，刻石於太學。至魏正始中又爲一字石經，相承謂之七經正字。唐志又有今字論語二卷，豈邕五經之外復有此乎？隋經籍志凡言一字石經，皆魏世所爲，有一字論語二卷，不言作者之名，遂以爲邕所作，恐唐史誤。北齊遷邕石經於鄴都，至河濱，岸崩，石没於水者幾半。隋開皇中，又自鄴運入長安，尋兵亂廢棄。唐初，魏鄭公鳩集所餘，十不獲一，而傳拓之本猶存祕府。當時一字石經猶數十卷，三字石經止數卷而已。由是

① 四庫薈要本、文津閣四庫本作「耰不輟」。
② 四庫薈要本無「夫」字。

知漢石經之亡久矣。魏石經近世猶存，湮滅殆盡。往年洛陽守因閲營造司所棄碎石，識而取之。凡得尚書、論語、儀禮合數十段。又有公羊傳碑一段在長安，其上馬日磾等所正定之本。據洛陽記，日磾等題名本在禮記，而日磾乃在公羊碑，益知非邕所爲也。尚書、論語之文，今多不同，非孔安國、鄭康成所傳之本也。獨公羊當時無他本，故其文與今文無異，然皆殘闕已甚。宋敏求洛陽記云：「漢靈帝詔諸儒正定五經刊石。熹平四年，蔡邕與五官中郎將堂谿典、光禄大夫馬日磾、議郎張馴、韓説、太史令單颺等奏定六經。刊於碑後，諸儒晚學，咸取正焉。及碑始立，其觀視及筆寫者，車乘日千餘兩，填塞街衢。其碑爲古文、篆、隸三體，立太學門外。』又云：『魏正始中，立篆、隸、古文三字石經。又刊文帝典論六碑附其次於太學，又非前所謂一字石經也。又晉石經隸書至東魏孝静遷於鄴，世所傳一字石經即晉隸書，又非魏碑也。今漢碑不存，晉、魏石經亦①謬謂之蔡邕字矣。唐祕書省内有蔡邕石經數十段，後魏末，自洛陽徙至東宫，又移將作内坊。貞觀四年，魏徵奏於京師祕書内省置，武后復徙於祕書省，未知其一字與三字也。」

〔補正〕

姚寬西溪叢語内「光禄大夫」下脱「楊賜諫議大夫」六字。（卷十二，頁二上）

黄伯思東觀餘論曰：「漢石經與今文不同者殊多，今略記之。書『女毋翕侮成人』今本『女無侮老成人』。『保后胥高』『保后胥戚』。『女永勸憂』『女誕勸憂』。『女有近則在乃心』今『近』作『戕』。『女比猶念以相

① 「亦」，文津閣四庫本作「一」。

從』今作『女分猷』。『各翕中』『各設中』。『爾惠朕曷祗動，萬民以遷。』『爾謂朕曷震動』。『天既付命』今『付』作『孚』。『曰陳其五行』今『汨陳』。『嚴恭寅畏，天命自亮，以民祗懼。』今『亮』作『度』，『以』作『治』。『懷保小人，惠于矜寡』今『人』作『民』，『于』作『鮮』。『毋兄曰』『無皇曰』。『則兄自敬德』『兄』作『皇』。『旦以前人之微言』今作『徽言』。『是罔顯哉厥世』今『哉』作『在』。『文王之鮮光』今作『耿光』。『通殷就大命』。『達殷集大命』。論語『意與之與』今『意』作『抑』。『孝于惟孝』今『于』作『乎』。『朝聞道夕死可也』今『也』作『矣』。『是魯孔丘與？曰：是。是知津矣。』『是魯孔丘與？曰：是也。曰：是知津矣。』『耰不輟，子路以告，子憮然。』『耰而不輟，子路行以告，夫子憮然。』『置其杖而耘』今『置』作『植』。『其斯以①乎』『其斯而已矣』。『譬諸宫牆』今『諸』作『之』。『賈諸賈之哉』。今『賈』作『沽』。又論語每篇各計其章數，其最後云：『凡二十篇，萬五千七百一十字。』又記諸家異聞之語，若曰『在於蕭墻之内』，蓋、毛、包、周氏，於今論語無蓋氏、毛氏書。此石刻在洛陽，本在洛宫前御史臺中，年久摧散，洛人好事者時時得之，若騏驥一毛，虬龍片甲。今張燾龍圖家有十版最多，張氏壻家有五六版，王晉玉家有小塊，洛中所有者止此。予皆得其拓本，論語之末題云：『詔書與博士臣左立、郎中臣書上』，『臣』下皆缺，當是著書者姓名。或云此即蔡邕書，姓名既亡，無以辨之。獨刻者陳興姓名甚完，何其幸歟？又有一版公羊，不知誰氏所得，其末云：『谿典、諫議大夫臣馬日磾、臣趙陚、議郎臣劉弘、郎中臣張文、臣蘇陵、臣傅楨雜。』『雜』未詳。下『谿』上缺，『谿』上當是『堂』，謂堂谿典也。此蓋鴻都一字石經，然經各異手，書不必皆蔡邕也。三字者不見真刻，獨此一字者，乃當時所刻，

① 「以」，文津閣四庫本作「已」。

字畫高古，精善殊可寶重。開元中，嘗藏拓本於御府，以『開元』二字小印印之，與法書名畫同藏。蓋唐世以前未録前代石刻，獨此見收，其可寶如此。」

〔補正〕

黄伯思東觀餘論内小注「保后胥戚」，「戚」當作「慼」。「耰不輟」，「耰」下脱「而」字。「凡二十篇」，「二十」作「廿」。（卷十二，頁二上）

邵博聞見録曰：「近年洛陽張氏發地得石十數，漢蔡伯喈隸尚書、禮記、論語各已壞闕，論語多可辨，每語必他出，至十數語，則曰凡章若干，如『朝聞道，夕死可也』，如『鳳兮鳳兮，何而德之衰』，如『執車者爲誰子？子路曰：爲孔丘。曰：是魯孔丘與？曰：是。是知津矣』，如『置其杖而耘』等語，校今世本爲異。尚書『高宗饗國百年』，今世本『肆高宗享國五十有九年』爲異甚。初，熹平四年，伯喈以經讀遭穿鑿謬妄，同馬日磾等以前聞考正，自書立石洛陽太學門下，摹寫者日千人，車乘填塞。至隋開皇六年，遷其石於長安，文字刓泐不可知，詔問劉焯、劉炫，能盡屈群起之説，焯因羅飛章之毁。予謂孔子自衛反魯，一定詩、書之册，至漢熹平六百年有奇，已多謬失。自熹平至開皇又四百年有奇，自開皇至今代又五百年有奇，其謬失可勝計耶？又隋史既遷其石於長安，今尚有出於洛陽者，何哉？」

鄭樵通志略曰：「石經始於蔡邕。秦火之後，經皆初出，諸家所藏，傳寫或異，箋傳之儒，皆憑所見，更不論文字之訛謬。邕校書東觀，奏求正定六經文字，靈帝許之。乃自爲書而刻石於太學門外，奈當漢之末祚，所傳未廣，而兵火無存，後之人所得者亦希矣。今之所謂石經者，多非蔡氏之經。」

洪适隸釋、隸續曰：「石經尚書殘碑盤庚篇百七十二字，高宗彤日篇十五字，牧誓篇二十四字，洪範篇百八字，多士篇四十四字，無逸篇百三字，君奭篇十一字，多方篇五字，立政篇五十六字，顧命篇十七字，合五百四十七字，熹平四年，議郎蔡邕所書者。漢儒傳①：伏生尚書有歐陽、大小夏侯之學；孔安國尚書，漢人雖有爲之訓傳者，然不立於學官。永嘉之亂，三家之書並亡，故孔氏傳獨行。以其書校之石本多十字，少二十一字，不同者五十五字，借用者八字：鴻艾劮逸猶之類是也，通用者十一字：於戲毋女之類是也。孔氏敘商三宗以年多少爲先後，此碑獨闕祖甲，計其字蓋在中宗之上，以傳序爲次也。但云『高宗饗國百年』異爾。范史云：『蔡邕以俗儒穿鑿經籍，疑誤後學，與堂谿典、馬日磾等奏求正定六經文字。時博士試甲乙科，爭第高下，至有行賂改蘭臺漆書經字者。靈帝乃從諸儒之請，刊石立之太學，天下咸取則焉。碑高一丈，廣四尺。』陸機洛陽記云：『碑凡四十六，書、易、公羊二十八碑，其十二毀；論語三碑，其二毀；禮記十五碑，皆毀。』北齊徙之鄴都，至河陽岸頹，半没於水。隋復載入長安，有易一卷、書六卷、魯詩六卷、儀禮九卷、春秋一卷、公羊九卷、論語一卷，未及補治而亂作，營繕者至用爲柱礎。唐初魏鄭公收聚之，十不存一，則石經之散亡久矣。本朝一統時，遺經斷石藏於好事之家，猶崑山片玉已不多見。今京華鞠爲氈罽②之鄉，殘碑日益鮮矣。予既集隸釋，因以所有鑱之會稽蓬萊閣。」又曰：「石經魯詩殘碑百七十三字，魏、唐國風數篇之文也，與毛詩異者，如『猗』作『兮』，『貫』作『宦』，『樞』作『蓲』數字。又有一段二十餘字，零落不成文，惟有叔于田一章及『女曰鷄』八字可讀。

---

① 「漢儒傳」，備要本作「漢儒林傳」。

② 「氈罽」，文津閣四庫本作「茂草」。

其閒有齊、韓字，蓋敘二家異同之説，猶公羊碑所云顔氏，論語碑所云盍、毛、包、周之比也。漢代詩分爲四，在東京時，毛氏詩不立學官。隋志有石經魯詩六卷，此碑既論齊、韓於後，則知隋志爲然也。」又曰：「石經儀禮殘碑四十五字，皆大射儀之文也。石磨滅，字畫比他經不明白。靈帝紀云：『詔諸儒正五經文字，刻石立於太學。』蔡邕傳則云：『奏求正定六經。』紀傳既已不同，陸機洛陽記所載但有書、易、公羊、禮記、論語爾。惟隋志云後漢刻七經於石碑，皆蔡邕所書。其目有一字石經儀禮九卷，乃漢史陸記之疏略也。未央宫有曲臺殿，天子射宫也。西京無太學，於此行禮，故后倉著書説禮數萬言，名曰曲臺記。今禁中有選德殿，蓋便坐觀射之地，而清閒之燕，咨訪治道，率在於是，殆與曲臺暗合。古者射爲六藝之一，儀禮一經，説射者兩篇，後世非介冑之士則不習，與古殊矣。滕觚滕爵云者，滕蓋送也。」又曰：「石經儀禮殘碑一段八行，上下皆糜碎，行多者六字，少者二字，聘禮之文也。前五行乃使還反命之儀，後三行乃出聘遭喪之儀。一段十行二十字，士虞禮之文也。漫滅太甚，僅有數字隱隱可認，非板本尋繹，安能得之？因知此碑每行七十三字，鴻都遺刻，獨此最爲難辨。聘禮曰：『使者歸，及郊，請反命，朝服，載旜，禳，乃入①。陳幣于朝，西上。上賓之公幣私幣皆陳，上介公幣陳，他介皆否。束帛各加其庭實，皮左。公南鄉。卿進使者。使者執圭，垂繅，北面。上介執璋，屈繅，立於其左。反命曰：「以君命聘于某君，某君受幣于某宫，某君再拜，以享某君，某君再拜。」宰自公左受玉。受上介璋，致命亦如之。執賄幣以告，曰：「某君使某子賄。」授宰，禮玉亦如之。執禮幣以盡言賜禮，公曰：

① 四庫薈要本重「乃入」二字。

「然，而不善乎！」授上介幣，再拜稽首，公答再拜。私幣不告。君勞之，再拜稽首，君答再拜。若有獻，則曰：「某君之賜也，君其以賜乎？」上介徒以公賜告，如上賓之禮。君勞之，再拜稽首，君答拜，勞士介亦如之。君使宰賜使者幣，使者再拜稽首。賜介，介皆再拜稽首，乃退。』成周之時，朝覲廢而盟會講，列國相聘，結轍于道，往反禮容，骫曲備具。靖康、建炎閒，戎①馬南牧，己酉年，先公張膻請和，抵雲中，聽命於粘罕②，繼徙冷山，十有五年然後歸。紹興之季，金人犯③廣陵，明年壬午，仲弟往尋盟。隆興之季，復入淮壖。其明年乙酉，予銜命至燕，館其邸，十日四見其君，燕射訖禮，到闕與上介便服對内殿再拜，升階奏使事，賜坐飲茶，而退，既弛擔件所得之物，以聞駭步，就賜以所點一二物隨以獻，得告三日，涖職如初。古禮病于太煩，今日之儀，無乃太簡乎？」又曰：「石經公羊殘碑三百七十五字，自隱公四年至威公④元年及哀公十四年之文也。所書者皆是公羊氏傳辭，而無春秋正經。又有顏氏說，石文斷續，不可考繹，蓋嚴、顏異同之辨也。以今板本校之，惟易四字、省四字爾。漢注引陸機洛陽記云：禮記碑上有馬日磾、蔡邕名，今此本有堂谿典、馬日磾、趙䟕、下一人闕。劉弘、張文、蘇陵、傅楨八人姓名。論語碑亦有左立、孫表二人姓名，陸氏所記未之詳也。」又曰：「石經論語殘碑九百七十有一字，前四篇、後四篇之文也。每篇必計其章，終篇又總其字，又載盍、毛、包、周有無不同之説，以今所行板

①「戎」，文淵閣四庫本作「敵」。
②「粘罕」，文津閣四庫本作「尼雅滿」。
③「犯」，文津閣四庫本作「入」。
④「威公」，四庫諸本作「桓公」。

本校之，亦不至甚異。其文有增損者，其字亦有假借及用古者，有字異而訓不遠，若『置其杖』、『賈之哉』者。漢人作文不避國諱，威宗①諱志，順宗②諱保，石經皆臨文不易。樊毅碑『命守斯邦』、劉熊碑『來臻我邦』之類，未嘗爲高帝諱也。此碑『邦君爲兩君之好，何必去父母之邦』，尚書『安定厥邦』，皆書『邦』作『國』，疑漢儒所傳如此，非獨遠避此諱也。水經③云：『光和六年立石於太學，其上悉刻蔡邕名。魏正始中，又刻古篆隸三字石經。』蓋諸儒受詔在熹平，而碑成則光和年也。隋志有一字石經七種，三字石經三種，其論云：『漢鐫七經皆蔡邕書。』又云：『魏立一字石經。』其說自相矛盾。新、舊唐志有今字石經七種，而注論語云：『蔡邕作。』又有三字石經古篆兩種，蓋唐史以隸爲今字也。觀遺經字畫之妙，非蔡中郎輩不能爲，以黄初後來碑刻比之，相去不啻霄壤，豈魏人筆力可到？當以水經④爲據。三體者乃魏人所刻，儒林傳云『爲古文、篆、隸三體』者，非也。史稱邕自書丹，使工鐫刻，今所存諸經字體各不同，雖邕能分善隸，兼備衆體，但文字之多，恐非一人可辦。史云：邕與堂谿典、楊賜、馬日磾、張馴、韓説、單颺等正定諸經，今公羊、論語之後，惟堂谿、日磾二人姓名尚存，别有趙䦆、劉弘、張文、蘇陵、傅楨、左立、孫表數人，竊意其閒必有同時揮毫者。予詳玩遺字，公羊、詩、書、儀禮，又在論語上；劉寬碑陰，王曜題名，則公羊、詩、書之雁行也。黄初孔廟碑，則論語之苗裔也，識者當能别之。」又曰：

①「威宗」，文淵閣四庫本作「桓帝」。
②「順宗」，文淵閣四庫本作「順帝」。
③④ 四庫薈要本於「水經」下皆有「注」字。

「蔡伯喈奉熹平之詔，列鴻都之碑，晚學咸所取正，未嘗一字好奇也。」

〔補正〕

洪适隸釋、隸續內「某君受幣於某官」，「官」當作「宫」。「漢注引陸機洛陽記」，「漢」下脱「書」字，按：漢書注所引洛陽記，係楊龍驤撰，此云陸機似誤。「威宗諱志，順宗諱保」，「宗」字皆當作「帝」。「水經云」，「經」下脱「注」字。「當以水經爲據」，「經」下脱「注」字。（卷十二，頁二）

案：竹垞於隸釋、隸續所載石經，删去其殘字，而引其跋尾，但殘字既不載，則跋尾亦無從考證矣。今爲補入石經尚書殘字：「命孔本作「身」。何及相。闕。散孔作「憸」，下闕。言白人維舊，孔「舊」上有「求」，下闕二字。殺孔作「求」。舊下闕。有志，女毋翕侮成人，毋流。孔作「汝無侮老成人，無弱」，下闕。各共爾事，齊乃位，度爾孔作「乃」。口。下闕。民之承保，后焉高，孔作「感」。鮮以不浮，下闕。試以爾孔作「汝」。遷，安定厥國。孔作「邦」。亼孔無。女不下闕。其或迪，孔作「稽」。自怨。孔作「怒」，下闕。永孔作「誕」。勸東觀餘論「永勸」上有「女」字。憂，今其有今罔後，女何下闕。之勞爾先，予不下闕。於玆，高后丕乃知孔作「崇」。降罪疾，白下闕。能迪，古我先后，下闕。民女有近，孔作「戕」。則在乃心，我先后綏，下闕。興降丕永，於戲。孔作「崇降弗祥，嗚呼。」今予。下闕。絶遠，女比猶孔作「分猷」。念以相從，各翕孔作「設」。中。下闕。建乃家。般孔作「盤」，闕一字。既下闕。衆白，女罔台民，孔作「無戲怠」。勖孔作「懋」。建大命，今我孔作「予」，下闕。凶，德綏孔作「嘉」。績下闕。今孔無。爾惠孔作「謂」。朕，闕，東觀餘論「爾惠朕」，下有「曷」字。祇孔作「震」。動，萬民以遷，肆上下闕。乘孔作「隱」。哉，予其勖。孔作「懋」。簡相爾，念敬我衆，朕不。」已上盤庚三篇。「民中絶命，民有不若德，不聽罪，天既付。」孔作「孚」，東觀餘論「天既付」下有「命」字，已上高宗肜日篇。「厥遺任孔作「王」。父母弟不迪，乃維四方，下闕。不愆於四伐、五伐、六伐、七伐，乃。」已上牧誓篇。「伊孔無。鴻孔作「洪」。水白孔作「汩」。陳其五行，帝。下闕。白建用皇極。次六白艾孔作「乂」。用三德，下闕。潤下作鹹，炎上作苦，曲直作下闕。食，二白偵，三白祀，四白司空，下闕。極，凡厥庶民，無有淫朋，人無有下闕。明，人之有能有爲，使羞其行，而下闕路，毋偏毋黨，王道蕩蕩，毋黨。下闕。爲天下王。三德，孔「三」上有「六」。一白正直，二下闕。家而孔無。凶於而國。人用闕。頗辟，孔作「僻」，下闕。乃心，諗及卿，闕。諗及庶民。」孔作「人」。已上洪範篇。「維天命元，孔「元」作「無違」。朕不敢有，下闕。闈，時維天命。王白告爾，孔無二字。多。下闕。茲雒孔作「洛」。予維四方罔攸賓，亦維爾，下闕。有年於茲雒，爾小子，乃興從爾遷，王。」已上多士篇。「嗇孔作「穡」。之艱難，乃劮孔作「逸」。乃憲。孔作「諺」。既延，孔作「誕」。不孔作「否」。則侮厥。下闕。中宗嚴恭寅畏，天命自亮，以孔作「度治」。民祗懼，下闕。或怨。肆高宗之饗國百年，孔作「享國五十有九年」。自時厥後，下闕。功田功，徽柔懿共，懷保小人，孔作「民」。惠於矜。孔作「鮮鰥」，下闕。酒孔作「淫」。毋劮孔作「逸」。於遊田，維闕。共。孔作「無淫於觀，于逸于遊于田，以萬民惟正之供」。毋兄孔作「無皇」。白，今日，下闕。厥不聖，孔作「聽」。人乃訓變，孔「變」上有「之乃」。亂正荆。孔「正」上有「先王之」。至于，下闕。則兄白，孔作「皇自」。敬德，厥愆，白朕之愆，允下闕。公白于戲，嗣王監于茲。」孔「監」上有「其」，已上無逸篇。「道孔作「終」。出于不詳。於戲，君闕。白時我。」已上君奭篇。「我則致天之。」已上多方篇。「常伯、常任、辟孔作「準」，下闕。亂孔無謀。面用下闕。于厥邑，其在下闕。有會孔作「俊」。心，以敬事下闕。王維廟孔「廟」上有「克」。度下闕。受茲作此。丕丕其孔作「基」。於戲，下闕。旦以前，孔作「已受」。人之微孔作「徽」。言，下闕。訓德孔「德」上有「于」。是罔顯哉。孔作「在」。厥世。下闕。

王之鮮孔作「耿」，東觀餘論「王之鮮」上有「文」字。光，以揚武王。」已上立政篇。「几，乃闕。召太保，下闕。通孔作「達」。殷就，孔作「集」。大命，在下闕。非幾。茲即，孔作「既」，下闕。黼衣。」孔作「扆」，已上顧命篇。石經魯詩殘碑：「惟毛作「維」。是褊心，是以爲刺。」葛屨，下闕。汾一曲，言采其藚，彼其之子，美。下闕。之，誰知闕一字，毛「誰」上有「其」。之，蓋亦勿思。園有棘，其實之。下闕。父兮，父闕一字，毛無。曰嗟予子，行役夙夜，毋毛作「無」。已。尚毛作「上」。慎下闕。哉，猶來毋死。陟岵三章，章六句。十下闕。兮，毛作「猗」。不稼不嗇，毛作「穡」。胡取禾三百廛兮，不狩不。下闕。特兮。彼君子兮，不素食兮。飲飲毛作「坎」。伐輪兮。下闕。毋食我黍，三歲宦毛作「貫」。女，莫我肎顧。逝將去女，下闕。宦女，莫我肎勞。闕。將去女，適彼樂郊，樂郊。下闕。蟋蟀在堂，歲聿其逝。今我不樂，日月其。闕。句。山有蓲，毛作「樞」。隰有榆，子有衣裳，弗曳。下闕。酒食，胡毛作「何」。不日鼓瑟，且以喜樂。下闕。既見君子，云胡其憂。楊。」下闕。石經儀禮殘碑：「東面主人，下闕。卒爵坐奠爵拜執，下闕。人盥洗升媵觚于賓，下闕。上拜，受爵于筵前。下闕。首公荅拜，媵爵者立，下闕。媵爵者執觶，待于下闕。公坐取大。」又石經儀禮殘碑：「上闕。郊請反，闕七十一字。以君命聘于。闕六十八字。善乎授上介幣。闕六十九字。賜使者幣，使者。闕六十八字。上介至亦如之。闕六十八字。練冠以受聘。闕七十字。哭出祖。闕七十一字。食歸。下闕。上闕。取闕七十四字。嘗闕七十二字。佐食闕四字。于闕六十七字。卒闕四字。相闕六十五字。取闕。坐闕三字。興闕二字。俎闕六十五字。堂復位至婦闕。足闕。于闕六十五字。爵闕六字。儀。」下闕。

按：此二段在洪氏隸續，顧亭林石經考失載。石經公羊殘碑：「鞏者何？公子鞏闕一字。何以不稱公，下闕。桓。於是謂桓曰：吾爲闕三字。矣。隱曰下闕。之之辭也。然則孰立之？石闕二字。之。石踖板本作「碏」。立下闕。美大之之辭也。棠者何？濟闕一字。之邑也。曷爲下闕。仲子。板本有「也」字。桓未君，則曷爲祭仲子闕一定。爲桓立，故下闕。諸侯四。諸公者何？諸闕一字。者何？天子三公稱下闕。相處乎內，始闕一字。諸公。放板本作「昉」。於此乎？前此矣。前下闕。其成也。曰吾成敗矣。吾與鄭人，未有成板本有「也」字。吾下闕。後爲年。外取邑不書，此何以書？久也。下闕。弟，母兄稱兄。凡闕五字。之大夫也，此下闕。之邑也。天子有闕四字。諸侯皆從泰山下闕。而葬不日，卒赴，而闕一字。不告。公曷爲與徵者下闕。大夫之未命者也。十年。此公子翬也。何下闕。外，於外大惡書，小惡不書。於內大惡諱，小下闕。國也，何以不書葬？隱之也。何隱爾？試板本作「弒」。也。試下闕。葬板本有「以爲」字。不繫闕一字。匡子闕二字。薨，何以不地？不忍言。」已上隱公。「何？易之也。易之則其下闕。諱取周田也。諱取。」已上威公。「十有四年，何以闕一字。記異也。何異下闕。則至，無王者則不至。有以告者曰：有麏而下闕乎隱。祖之所遝，板本作「逮」。聞闕一字。所見異辭，所聞異辭，所。下闕。不亦樂乎。堯、舜，闕二字。君子也。制春秋之義，以。」已上哀公。「有。傳桓公二年，顏氏有所見異辭，所聞異。下闕。何以書？記災也。卅年，顏氏言君出則已入。下闕。顏氏無伐而不言圍者，非取邑之辭也。十。下闕。谿典、諫議大夫臣馬日磾、臣趙䧕、議郎臣闕二字。臣劉宏、郎中臣張彣、臣蘇陵、臣傅楨雜。」石經論語殘碑：「鮮矣，不好犯上而好作。下闕。本，本立闕一字。道生，孝。下闕。曰道千乘之國，敬事。下闕。使民以時。子曰：弟子。下闕。而有信，雖曰未學，吾必謂。下闕。君子不重則不威，學則。下闕。與？意板本作「抑」。予之與？子贛板本作「貢」。曰：夫子闕五字。以得之。夫子之求之也，下闕。道斯爲美，小大由之。有所不行，知。闕五字。禮節之，亦不板本有「可」字。行下闕。焉，可謂好學已矣。板本作「也已」，下闕。而無諂，富而無驕，下闕。告諸往而知來，下闕。人之不下闕。章。」已上學而篇。「免而無恥，道之以德，齊之下闕。乎板本作「于」。學世。下闕。孫問孝於我，我對曰：「毋違。樊遲闕一字。何下闕。曰：生，下闕。葬之以禮，祭，下闕。以別。子夏問孝。子曰：「色難。」有下闕。勞，有下闕。孝下闕。廋哉。人焉廋。板本有「哉」字。子曰：溫故而知下闕。子下闕。器。子贛問下闕。乎異端，斯害也已。子曰：下闕。子下闕。曰：何爲則民服？孔子對曰：下闕。之下闕子。曰：書云：孝于板本作「乎」惟孝，友于兄下闕。也。周因於殷禮，所損益可知。」下闕。已上爲政篇。「曰：人而不仁，如禮何？人而不仁，如樂何？林闕十一字。與下闕。與？對曰：不能。子曰闕五字。山，不如林放闕九字。也射下闕。曰：起予板本有「者」字。商也，始可下闕。子曰：下闕。殷禮吾下闕。也，知其説闕三字。天下也，其闕一字。示諸斯乎。下闕。如神在。下闕。於二代，郁郁乎。下闕。太廟下闕。子知禮下闕。禮下闕。也下闕。以栢，周人以栗，曰：使民下闕。往下闕。門國板本作「邦」。君爲兩君之好，有反闕一字。管氏下闕。知禮下闕。吾未嘗不得見也。役者闕二字。出曰：下闕。無道也久下闕。觀之哉。凡廿六章。」已上八佾篇。「人。子曰：苟志於仁矣，無惡。板本有「也」字。子曰：富與貴，是人之所欲也，下闕。顛沛必於是。子闕二字。未見好仁板本有「者」字。惡不仁者。好仁者，無以尚之下闕。過也，各於其黨闕二字。斯知仁矣。子曰：朝聞道，夕死可也。板本作「矣」，下闕。子懷刑，小人懷惠。子曰：放於利而行，多怨。子曰：能以禮。下闕。曰：唯。子出。門人問曰：何謂也？曾子曰：夫子之道，忠恕而已。下闕。曰：父母在，不遠遊。遊必有方。子曰：三年無改於父之。」下篇，已上里仁篇。「有三年之愛於闕一字。父母。板本有「乎」字。子曰：飽食終日，無所用心，難矣哉。下闕。君子板本有「亦」字。有惡乎？子曰：有，板本有「惡」字。惡稱人之惡者，惡居下板本有「流」字。而訕上者，惡。下闕。之則不孫，遠之則怨。子曰：年卌板本有「而」字。見惡焉，廣川書跋云：「『年四十而見惡焉』，無『焉』字。」與隸釋不同。其終也已。凡廿六章。」已上陽貨篇。「枉道而事人，何闕一字。去父母之國，板本作「邦」，闕一字。景公待孔子曰：若季氏。下闕。子曰：鳳兮，鳳兮，何而板本無「而」字。德之衰也。板本無「也」字。往闕二字。可諫也，板本無。來者猶可追也。板本無，下闕。執車板本作「輿」。者爲誰子？板本無。子路曰：爲孔丘。曰：是魯孔丘與？曰：是。板本有「也曰」二字。是知津矣。下闕。若從避板本作「辟」。世之士哉？櫌板本作「耰」，有「同」字。不輟。子路板本有「行」字。以告，板本有「夫」字。子憮然曰：鳥獸不可與同。下闕。穀不分，孰爲夫子？置板本作「植」。其杖而耘。板本作「芸」。子路拱而闕一字。止。子路宿，殺鷄。下闕。禮板本作「義」。如之何，其廢之也。板本無。欲絜其身，而亂大倫。君子之仕也，行其義。下闕。志辱身矣。言中倫，行中慮，其斯以乎。板本作「而已矣」。謂虞仲、夷佚板本作「逸」。隱居下闕。少闕。陽擊磬襄入于海。周公謂魯公曰：君子不施其親。」下闕，已上微子篇。「交於子張。子闕一字。曰：子夏闕一字。何？對曰：子夏曰：可者闕四字。者距。板本作「拒」，下闕。子夏曰：雖闕五字。觀者焉，致遠恐泥，是以下闕。其事君子學。下闕。子夏曰：小人之過。下闕。曰。下闕。子夏曰：大德。闕五字。出入可也。子斿板本作「游」，闕六字。子下闕。君子之道，焉可。闕二字。有闕一字。有卒者，其唯聖人。下闕。魯子曰：吾聞諸板本有「夫」字。子，人未有自致也者，板本作「者也」。必也親喪乎！闕一字。子曰：下闕。如得其情，則哀矜而勿喜。子贛曰：紂之闕一字。善闕一字。是其。板本作「之」，下闕。贛曰：仲尼爲學？子贛曰文、武之道，未隧板本作「墜」。於地，在人。賢者志板本作「識」。其。下闕。告子贛，闕一字。贛曰：辟諸板本作「之」。宮牆板本作「牆」。賜之牆，闕二字。窺見室家之好。夫下闕。尼不可毀，闕二字。人之賢者，企陵也。闕二字。踰也。仲尼，日月也。下闕。一言以爲不知，言不可不慎也。夫子之不可及也，猶天之。」下闕，已上子張篇。「不蔽，簡在帝心。朕躬有罪，毋板本作「無」。以萬方，萬方有闕一字，板本有兩「罪」字。在朕躬，下闕。歸心焉。所重：民、食、喪，闕一字。寬則得衆，敏則有功，闕一字。則説。下闕。不驕，威而不猛。子闕一字。曰：何謂惠而不費？子曰：闕一字。民之。下闕。尊其瞻視，儼闕三字。而畏之，斯不亦威而不猛乎？」下闕，已上堯曰篇。「凡廿篇，萬五千七百一闕一字。字，賈板本作「沽」。諸賈之哉。包、周。闕四字。蓋肆乎其肆也。闕一字。周下闕。曰：言闕一字。而在於蕭牆之內，盍、毛、包、周無於下闕。詔書與博士臣左立，郎中臣孫表。工陳興刻。」（卷十二，頁二上—十一）

婁機漢隸字源曰：「石經，漢熹平四年立在西京。靈帝紀云：『詔諸儒正五經文字，刻石於太學。』蔡邕傳云：『帝從邕與馬日磾所請，正定五經①文字，刊石太學，石高一丈，廣四尺。』陸機洛陽記云：『碑凡四十六，多毀。但有書、易、公羊、論語，而禮記盡毀不存。』北齊徙於鄴都，半沒於水。隋復載入長安，亂作，營繕者以爲柱礎。而隋志以謂後漢刻七經於石，皆邕所書，與紀傳所載不同。唐魏鄭公收聚之，十不存一，尚書存一百三十九字，魯詩存一百四十字，儀禮存一百四十一字，公羊存一百四十二字，論語存一百四十三字。」

① 「五經」，四庫薈要本作「六經」。

〔補正〕

婁機漢隸字源條内「所請正定五經文字」，「五」當作「六」。又云：「尚書存一百三十九字，魯詩存一百四十字，儀禮存一百四十一字，公羊存一百四十二字，論語存一百四十三字。」按：漢隸字原先列各碑，編其次弟云一二三四云云於下，此所謂一百三十九至下一百四十三，皆碑目之次數，非碑之所存字數也。此誤引，今當删去「尚書存」以下四十四字。顧炎武條内謂漢經在堂東側，「經」當作「碑」。（卷十二，頁十一）

張縯曰：「石經本末，丞相洪公論載於隸釋詳矣。洪公所未及者，今麤見於此。唐章懷太子引洛陽記注范曄漢書，論石經凡四十六碑。及高澄遷石經於鄴，通鑑所書爲五十二碑。自東漢歷魏、晉、宋，數百年閒，洛陽數被兵，此碑當有毁者，其遷於鄴，乃視洛陽記多六焉，疑洛陽記未詳也。碑製高一丈，廣四尺，六經文多，必非四十六碑所能盡者。宋常山公河南志稱石經凡七十三碑，常山公博物洽聞，歐陽文忠每以古今疑事諮之，河南所書必有依據矣。後周伐齊，毁碑以爲礮石。方高緯昏亂，兩陣勝負之頃，猶需孽婦一觀，遂以其國輸後周，復何有於石經，則此碑之殘毁亦宜也。貞觀稽古，止得石經數段，其傳於今者，亦可知其無幾矣。蔡邕本傳稱邕自書丹於碑，不言爲何體書，今世所傳皆爲隸體。至儒林傳序則云：『爲古文、篆、隸三體書法，以相參檢。』注言古文，謂孔氏壁中書。以縯考之，孔壁所藏皆科斗文字，孔安國當武帝之世，已稱科斗書無能知者，其承詔爲尚書五十九篇作傳，爲隸古定，不復從科斗古文，邕獨安能具三體書法於安國之後三百年哉？漢建武時，杜林避地河西，得古文尚書一軸，諸儒共傳寶之，一軸已爲世所珍如此，熹平距建武又幾載，乃謂六經悉能爲古文，非事情也。

或者邕以三體參校其文，而書丹於碑，則定爲隸，亦如孔安國之書傳耶？儒林傳序疑字有誤者。初，邕正定六經，與堂谿典等數人同受詔，今六經字體不一，當時書丹者亦不獨邕也。姑識其末，以俟博識君子。」

趙龢書史曰：「欲學隸者，當以石經爲祖。」

黄溍曰：「漢石經自北齊徙鄴，隋復徙長安，至唐初已不啻亡其什九，而拓本猶存開元御府。由開元迄今六百年，石之僅存者不可知，拓本之可見者如是而已。未知後六百年其存幾何，好古博雅之士，所當珍護以謹其傳也。」

陶宗儀書史會要曰：「堂谿典官五官中郎將，馬日磾、趙陔官諫議大夫，劉弘、張馴、韓説官議郎，張文、蘇陵、傅楨、楊賜、孫表官郎中，單颺官太史令，左立官博士，並熹平中奉詔正定諸經者。」

楊慎曰：「蔡邕石經，趙殿撰家有遺字三卷。」

于慎行筆塵曰：「洛陽石經，晉末未嘗損失。至元魏馮熙、常伯夫相繼爲洛州刺史，取之以建浮屠精舍，大致頹落，閒有存者，委於榛莽。其後侍中崔光請遣官守視，補其殘闕，竟不能行，而古迹泯矣。視焚書之慘，輕重不同，其爲吾道之厄一也。」

趙崡石墨鐫華曰：「漢靈帝光和六年，刻石五經文於太學講堂，此石經初刻也。蔡邕以熹平四年與五官中郎將堂谿典、議郎張馴、韓説、太史令單颺求正定六經文字，帝許之。邕乃書丹刻石，立於太學門外，此石經再刻也。」

按：漢熹平刻石、光和立石，先後總屬中郎所書，非再刻也。

顧炎武金石文字記曰：「予兩見此本，一於鄒平張氏，一於京師孫氏，尚書盤庚篇三十餘字，論語爲政篇七十餘字，堯曰篇三十餘字，以視洪氏隸釋，所存不過什之一而已。按：石經漢、魏皆嘗立之，熹平之立石，見於後漢書靈帝紀、蔡邕傳、張馴傳、儒林傳、宦者傳；正始之立石，見於晉書衛恆傳，而水經注則曰：『漢碑五經立於太學講堂前，悉在東側，碑上悉刻蔡邕等名。魏正始中，又立古、篆、隸三字石經。魏初傳古文出邯鄲淳，石經古文轉失淳法。樹之於堂西，石四十八枚，廣三十丈。』雒陽伽藍記則曰：『堂前有三種字石經二十五碑，表裏刻之，寫春秋、尚書二部，作篆、科斗、隸三種字，漢右中郎將蔡邕筆之遺跡也。猶有十八碑，餘皆殘毁。復有石碑四十八枚，亦表裏隸書，寫周易、尚書、公羊、禮記四部，又讚學碑一所，並在堂前。』章懷太子引洛陽記則云：『講堂長十丈，廣二丈，堂前石經四部，本碑凡四十六枚。少二枚。西行尚書、周易、公羊傳①，十六碑存，十二碑毁。南行禮記十五碑悉崩壞。東行論語三碑，二碑毁。禮記碑上有諫議大夫馬日磾、議郎蔡邕名。』此皆當時親見其石而記之者也，合而考之，其不同有四焉：一曰漢五、六、七經之不同，二曰魏石經三體、一體之不同，三曰堂西所立石爲漢、爲魏之不同，四曰後魏所存石諸經之不同。後漢書本紀、儒林、宦者傳皆云五經，蔡邕、張馴傳則以爲六經，隋書經籍志又以爲七經，此言漢五、六、七經之不同也。衛恆傳言魏初傳古文者出於邯鄲淳，至正始中，立三字石經，轉失淳法，因科斗之名，更效其形。水經注亦云三字石經在堂西，而伽藍記以爲表裏隸書，隋書經籍志則謂之一字石經矣，然則所謂效科斗之形而失淳法者安在耶？此言魏石經三

① 「公羊傳」，備要本作「公羊」。

體、一體之不同也。伽藍記二十五碑爲三種字，四十八碑表裏隸書。水經注謂漢經在堂東側，而四十八碑爲魏經，在堂西，乃雒陽記不言東側有碑，而云堂前有四十六枚，上有馬日磾、蔡邕名，又不言字之爲三體一體，無乃并水經之所謂魏者而指之爲漢與？此言堂西所立石爲漢爲魏之不同也。伽藍記云：周易、尚書、公羊、禮記四部，雒陽記則多一論語，而趙明誠金石録言其家所收又有詩、儀禮，苟非其傳拓之本出於神龜以前，則不應以宋人之所收而魏時猶未見也，此言後魏所存石諸經之不同也。凡此皆不可得而詳矣。若夫魏書江式傳謂魏三字石經立於漢碑之西，爲邯鄲淳書，則不考衛恒之言而失之者也。孝静帝紀武定四年八月，遷雒陽漢、魏石經於鄴。北齊書文宣帝紀言有五十二枚，視伽藍記所列東二十五、西四十八之數，僅失二十一枚耳。而隋書經籍志言河陽岸崩，遂没於水，得至鄴者不盈大半，則不考北齊之紀而失之者也。周書宣帝紀大象元年二月辛卯，詔徙鄴城石經於雒陽，隋書於劉焯傳言開皇六年運洛陽石經至京師，而經籍志則云自鄴載入長安，則自不考其列傳而失之者也。此皆其乖誤之易見者也。又晉書裴頠傳曰：『轉國子祭酒，奏修國學，刻石寫經。』而水經注諸書無言晉石經者，豈頠嘗爲之而未成耶？今此之本據宋黄長睿東觀餘論云：『本在雒宫前，御史臺中，年久摧散，雒人好事者時時得之。今張燾龍圖家有十版，張氏壻家有五六版，王晉玉家有小塊，予皆得其拓本。』邵伯温聞見後録言近年雒陽張氏發地得石十數，而董逌廣川書跋記尚書存二百三十六字，論語存三百五十七字，今此石已不知其何所歸，而拓本之存於世者，固往往而有也。」

黄虞稷曰：「漢石經殘碑見於洪氏隸釋者，尚書僅五百四十七字，視孔安國本多十字，少二十一字，不同者五十五字。論語載盍、毛、包、周有無不同之説。公羊亦有嚴、顏異同，而詩則魯故所傳，非毛、鄭訓故，此足貴也。」

〔補正〕

黄虞稷條内「漢石經殘碑見於洪氏隸釋者，尚書僅五百四十七字，視孔安國本多十字，少二十一字，不同者五十五字。」按：此承隸釋舊文，計隸釋所載石經尚書殘碑實有五百五十四字，俞邰未之改正耳。（卷十二，頁十一下）

按：漢立石經，蔡邕所書本一字，惟因范史儒林傳云：『爲古文、篆、隸三體書法，以相參檢，樹之學門。』而楊衒之洛陽伽藍記、北史劉芳傳因之，唐竇蒙、宋郭忠恕、蘇望、方匀、歐陽棐、董逌、姚寬等均仍其誤，獨張績謂邕以三體參檢其文，而書丹於碑，則定爲隸，其義爲允。載考衛恆及江式傳、酈道元水經注，皆以一字爲漢石經，迨趙明誠金石録、洪适隸釋、隸續辨之甚詳，足以徵信。其載一字石經遺文後列堂谿典、馬日磾等姓名，使一字石經出於魏，當更列正始中正字諸臣姓名，亦何取仍列典、日磾等諸人於經文之後哉？又史家體例，以時代爲前後，隋經籍志列一字石經於前，次魏文帝典論，然後敘三字石經於後，是一字爲漢，而三字屬魏，不待辭説始明。其曰魏正始中又立一字石經，相承以爲七經正字，蓋雕本相沿，偶譌三字爲一爾。今漢石經遺字猶有搨本存者，余嘗見宛平孫氏所藏，雖經文無多，而八分古雅，定爲漢隸無疑也。

又按：元吴萊立夫漢一字石經歌云：「先聖去已久，世傳惟六籍。後儒各專門，穿鑿多變易。蔡邕在季漢，章句攻指摘。八分自爲書，刊定乃勒石。古碑四十六，兵火空餘迹。熹平歷正始，洛土重求索。衛侯師邯鄲，三體精筆畫。煌然立其西，學者常嘖嘖。史書竟差舛，一字幾不覿。』立夫之見，亦以一字爲漢，三字屬魏，故節録之。

〔補正〕

竹垞案内，引吴萊立夫漢一字石經歌内「章句攻指摘」，「攻」當作「工」。按：淵穎集此詩原題云：「陳彦理有一字石經，紙尾猶存蔡邕、馬日磾字」，此題無歌字，不得目爲歌也。（卷十二，頁十二）

經義考卷二百八十八

刊石二

隋志：「三字石經尚書九卷。」七録：「十三卷。」又「三字石經尚書五卷。」唐志：「三字石經尚書古篆三卷。」隋志：「三字石經春秋三卷。」七録：「十二卷。」唐志：「三字石經左傳古篆十二卷。」佚。

魏三字石經

郭頒魏晉世語曰：「黄初之後，埽除太學之灰炭，補舊石碑之缺壞。」

晉書衛恆傳：「漢武時魯恭王壞孔子宅，得尚書、春秋、論語、孝經。時人以不復知有古文，謂之科斗書。漢世祕藏，希得見之。魏初傳古文者，出於邯鄲淳。恆祖敬侯覬寫淳尚書，後以示淳，而淳不別。至正始中，立三字石經，轉失淳法，因科斗之名，遂效其形。」

戴延之西征記曰：「國子堂前有刻碑，南北行，三十五版，表裏書春秋經、尚書二部，大篆、隸、科斗三種字，碑長八尺，今有十八版存，餘皆崩。太學前石碑四十版，亦表裏隸書尚書、周易、公羊傳、禮記四部，石質牣多崩敗。魏文典論六碑，四存二敗。」

隋志：「魏正始中，立一字石經，相承以爲七經正字。」

按：一字當屬三字之譌。

江式曰：「魏陳留邯鄲淳特善倉、雅、許氏字指，八體六書，精究閑理。以書教諸皇子，又建三字石經於漢碑之西，其文蔚炳，三體復宣。較之説文，篆、隸大同，而古字少異。」

歐陽修集古録曰：「古文、篆、隸三體遺字，凡八百二十有九。」

歐陽棐曰：「高紳爲湖北轉運使，道中聞砧聲清遠，因得此本於其覆，而已斷裂矣。遂載以歸，完理綴輯櫝藏之，碑以大曆十四年七月立。」

趙明誠曰：「石本舊藏高紳學士家。集古録云：『紳死，其子弟以石質錢於富人，而富人家失火，遂焚其石。』非也。元祐間，余侍親官徐州時，故郎中趙竦被旨開吕梁洪，挈此石隨行，已斷裂，用木爲匣貯之。竦尤珍惜，親友有求墨本者，必手摹以遺之。竦殁，今遂不知所歸。」

〔補正〕

案：此條下所引歐陽棐、趙明誠二條，皆係晉樂毅論跋尾，與魏石經無涉，蓋因陳思寶刻叢編抄本錯簡，將樂毅論之跋誤置於魏石經下，而竹垞命小史抄謄，遂牽連入此條下耳。此二條凡八行，當删去。（卷十二，頁十二）

洪适隸續曰：「魏三體石經左傳遺字古文三百七，篆文二百十七，隸書二百九十五，有一字而三體不具者。皇祐癸巳年洛陽蘇望氏所刻。蘇君有言曰：『後漢熹平四年，靈帝以經籍文字穿鑿，疑誤後學，詔諸儒讎定五經，命蔡邕書古文、篆、隸三體，鐫石立於太學，今石不存，本亦罕見收者。近於故相王文康家得左氏傳榻本數紙，其石斷剥，字多亡缺，取其存者摹刻之，凡八百一十九，題曰石經遺字。』即小歐陽集古目中所有者。慶曆中，夏文莊公集古文四聲韻所載石經數十字，蓋有此碑所無者，而碑中古文亦有韻所不收者，則淪落之餘，兩家所得自不同耳。石經見於范史帝紀及儒林、宦者傳皆曰五經，蔡邕、張馴傳則曰六經，惟儒林傳云爲古文、篆、隸三體書法。酈氏水經注云：『漢立石經，魏正始中，又刻古文、篆、隸三字石經。』唐志有三字石經古篆兩種，曰尚書，曰左傳，獨隋志所書異同，其目有一字石經七種、三字石經三種，既以七經爲蔡邕書矣，又云魏立一字石經，乃其誤也。范蔚宗時，三體石經與熹平所鐫並列於學官，故史筆誤書其事，後人襲其譌錯，或不見石刻，無以考正。趙氏雖以一字爲中郎所書，而未嘗見三體①者；歐陽氏以三體爲漢碑，而未嘗見一字者。近世方勺作泊宅編，載其弟匋所跋石經，亦爲范史、隋志所惑，指三體爲漢字，至公羊碑有馬日磾等名，乃云魏世用其所正定之本，因存其名，可謂謬論。夏氏所注古文既以此碑爲石經，又有蔡邕石經，亦非也。隸釋鑒漢、魏之字法，詳公羊之題名，據水經之事實，辨二史之牴牾，已定一字遺經爲漢刻矣。續得蘇氏此碑，益喜前説猶墨守也，歷古所疑，於今始判。會稽所鐫隸纂亦存三體數十字，使來者有以取信焉。』

〔補正〕

① 「三體」，文津閣四庫本作「二體」。

洪适隸續條内「漢立石經」下脱「於太學」三字。（卷十二，頁十二）

婁機曰：「魏三體石經左傳遺字，皇祐癸巳，蘇望所刻。」

王世貞曰：「魏志洛陽雖經破亂，而舊三字石經宛然猶存。至馮熙與常伯存①相繼爲州，廢毁分用，大至頽落。按：魏武定四年，碑移鄴都，河陽岸崩，遂没於水，其得至鄴者，殆不得半。然則馮熙、常伯存②所損十之二三，而墮水者又三四也。」

〔補正〕

王世貞條内「魏志」當作「魏書」。「常伯存」，「存」當作「夫」。（卷十二，頁十二）

趙崡曰：「魏正始中，立古、篆、隸三體石經，古文用科斗鳥跡體，篆用史籀、李斯、胡毋敬體，隸用程邈體，此石經第三刻也。」

按：魏石經本屬三字，惟典論一卷乃一字爾。世傳經爲邯鄲淳所書，而晉書衛恆傳謂正始中立三字石經，轉失淳法，其非淳書明矣。趙至傳云：「年十四，詣洛陽，遊太學，遇嵇康於學寫石經，徘徊視之不能去。」嵇紹亦曰：「至入太學，覩先君在學寫石經古文。」然則正始石經實康等所書也。

〔補正〕

按：魏三字石經，魏書江式傳以爲邯鄲淳所書。竹垞已據晉書及世説注辨正之。惟隸續云：「北史江式傳：『魏邯鄲淳以書教皇子，建三字石經於漢碑西。』」按：此碑以正始三年立，漢書云元嘉元

①② 「存」，四庫薈要本皆作「夫」。

年，度尚命邯鄲淳作曹娥碑，時淳已弱冠。自元嘉至正始九十餘年，式以三字爲魏碑則是，謂之邯鄲所書則非也。此條當補入。（卷十二，頁十二）

晉石經

卷亡。

佚。

晉書裴頠傳：「轉國子祭酒，奏修國學，刻石寫經。」

傅暢曰：「裴頠爲國子祭酒，奏立國子太學起講堂、築門闕、刻石寫五經。」

北魏石經

卷亡。

後魏書孝文帝紀：「太和十七年九月，幸太學觀石經。」

崔光傳：「神龜元年夏，光表曰：『詩稱「蔽芾甘棠，勿翦勿伐，召伯所茇」，傳曰：「思其人猶愛其樹，況用其道不恤其人。」是以書始稽古，易本山火，觀於天文以察時變，觀於人文以化成天下。前哲寶重墳籍，珍愛分篆，矧迺聖典鴻經，炳勒金石，理爲國楷，義成家範，迹實世模，事則人軌，千載之格言，百王之盛烈，而令焚荒污毁，積榛棘而弗埽，爲鼯鼬之所棲宿，童豎之所登踞者哉！誠可痛心疾首，拊膺扼腕。尋石經之作，起自炎劉，繼以曹氏典論，初乃三百餘載，計末向二十紀矣。昔來雖屢經戎亂，猶未大崩侵。如聞往者刺史臨州，多搆圖寺，道俗諸用，稍有發掘，基蹠泥灰，或出於此。皇都始遷，尚可補復，軍國務殷，遂不存檢。官私顯隱，漸加剥撤。播麥納菽，秋春相因，□①生蒿杞，時致火燎，由是經石彌減，文字增闕。職忝冑教，參掌經訓，不能繕修頽墜，興復生業，倍深慙恥。今求遣國子博士一人堪任幹事者，專主周視，驅禁田牧，制其踐穢，料閲碑牒所失次第，量厥補綴。』詔曰：『此乃學者之根源，不朽之永格，垂範將來，憲章之本，便可一依公表。』光乃令國子博士李郁與助教韓神固、劉燮等勘校石經，其殘缺者，計料石功，并字多少，欲補治之②。後靈太后廢，遂寢。」

趙崡曰：「魏世宗神龜元年，以王彌、劉曜入洛，石經殘毀，因崔光之請補之，此石經第四刻也。」

按：北魏石經欲補治而中寢，未有刻石流傳，且神龜乃明帝年號，而謂爲世宗，趙氏之説均誤，故備録魏書之文以證之。

唐國子學石經

易九卷，書十三卷，詩二十卷，周禮十卷，儀禮十七卷，禮記二十卷，春秋左氏傳三十卷，公羊傳十卷，穀梁傳十卷，論語十卷，孝經一卷，爾雅三卷。

存。

① 「□」，文津閣四庫本作「荒」。
② 「欲補治之」，文淵閣四庫本無「治」字。

唐會要：「太和七年二月，勅唐玄度覆定石經字體。十二月，勅於國子監講論堂兩廊創立石九經，并孝經、論語、爾雅共一百五十九卷，字樣四十卷。」

舊唐書鄭覃傳：「覃長於經學，稽古守正，帝尤重之。覃從容奏曰：『經籍譌謬，博士相沿，難爲改正。請召宿儒奥學，校定六籍，準後漢故事，勒石於太學，永代作則，以正其闕。』從之。覃奏起居郎周墀、水部員外郎崔球、監察御史張次宗、禮部員外郎孔温業等校定九經文字，旋令上石。」

通鑑：「開成二年冬十月，國子監石經成。」

舊唐書：「開成二年，宰臣判國子祭酒鄭覃進石壁九經一百六十卷。時上好文，覃以經義啓導，遂奏置五經博士，依漢蔡邕刊碑列於太學，創立石壁九經，諸儒校正譌謬。上又令翰林勒字官唐玄度復校字體，又乖師法，故石經立後數十年，名儒皆不窺之，以爲蕪累。」

新唐書：「文宗以覃名儒，以宰相領祭酒，請太學五經置博士。始，覃以經籍刓謬，博士陋淺不能正，建言願與鉅學鴻生共力讎刊，準漢舊事，鏤石太學，示萬世法。詔可。覃乃表周墀、崔球、張次宗、孔温業等是正其文，刻於石。」又曰：「高重爲祭酒，共鄭覃刊定九經於石。」

册府元龜：「文宗詔國子監九經石本所司校勘尚有舛誤，傳於永久，必在精詳，宜令率更令韓泉充詳定石經官，就集賢審勘，仍送國子監。」

王履貞太學創置石經賦曰：「我國家學校，崇創石經於其中，用啓千年之聖，將遺萬古之風。玄化式敷，厥德既彰，於有截聲詩，再闡斯文，庶表於無窮。既而詔學苑①之徒，命他山之役，陳滿笥之文雅，結峻天之遠碧。且曰道自人弘，教由時易，若不考深旨，勒貞石，布落落於廣廷，陳巖巖於千尺，則何以表吾道之不騫，見伊唐之有赫者哉？由是雕鎪之功備矣。文質之義昭然，鑿寒光而嶄嶄迭映，駢古色而字字相宣。儼彼貞規，韞玉之姿益壯；窮諸墨妙，崩雲之勢彌堅。事既叶於造微，理乃符於摭實，削成豈勞於執簡，壁立更逾於散帙。旁分鳥跡，且非精衛之銜來；遠映天光，有若媧皇之補出，可謂洙、泗之風不墜，而教化之道益敦，鑽仰苟同於深奥，咫尺可見於微言。五色參差，夫子之文章盡在；丹楹俯矚，聖人之閫閾斯存，豈非吾君秉兹一德，修文立極。堅貞爲庶士之規，考禮作百王之式，既而辨舛錯而定魯魚，然後二三子是效是則。」

黎持記曰：「汲郡吕公龍圖領漕陝右之日，持適承乏雍學，一日謁公，公喟然謂持曰：『京兆闤闠閒，有唐國子監存焉，其閒石經乃開成中鐫刻，唐史載文宗時太學勒石經，而鄭覃與周墀等校定九經文字上石，及覃以宰相兼祭酒，於是進石壁九經一百六十卷，即今之石經是已。舊在務本坊，自天祐中韓建築新城，而六經石本委棄於野，至朱梁時劉鄩守長安，有幕吏尹玉羽者白鄩，請輦入城。鄩方備岐軍之侵軼，謂此非急務。玉羽紿之曰：「一旦敵兵臨城，碎爲矢石，亦足以助賊爲虐。」鄩然之，乃遷置於此，即唐尚書省之西隅也。地雜民居，其處窪下，霖潦衝注，隨立輒仆，埋没腐壞，歲久折缺，殆非所以尊經而重道。予欲徙置於府學之北牖，子且俾圖來視。』厥既視圖，則命徒役具器用，平其溝塹而基之，

①「苑」，文淵閣四庫本作「宛」。

築其浮虛而實之。凡石刻之偃者仆者，悉輦置於其地，洗剔塵土，補錮殘缺，分爲東西，次比而陳列焉。明皇注孝經及建學碑，則立之於中央；顏、褚、歐陽、徐、柳之書，下迨偏旁字源之類，則分布於庭之左右。俄而如登道山，如入東序，河圖、洛書，大璧琬琰，爛然在目，而應接或不暇矣。先是，有興平僧誕妄惑衆，取索無厭，大尹劉公希道没入其貲，有欲請於朝以備慈恩浮屠者，公即建言崇飾壇廟非古，而興建學校爲急，朝廷乃以五百千畀之，不費於公，不役於民，經始於元祐二年初秋，盡孟冬而落成。門序旁啓，雙亭中峙，廊廡回環，不崇不庳，誠故都之壯觀，翰墨之淵藪也。學者暇日於此游息，得之於目而會之以心，固已有超然遠詣之意，豈曰小補之哉！竊惟六經天人之道備，聖人所以遺天下來世之意，盡在於是。自周末至隋千餘載之閒，已遭五戹，汗簡以載，或焚或脱，縑楮魚蠹，易腐易裂，道雖無窮而器則有敝，惟鑱之金石，庶可以久。有唐之君相，知物之終始，而憂後世之慮深，故石經之立殆以此也。然以洛陽蔡邕石經四十六碑觀之，其始立也，觀視摹寫者車乘日千餘兩，填塞街陌，可謂盛矣。及范蔚宗所見，其存者纔十有二枚，餘皆毁壞磨滅，然後知不得其人以護持，雖金石之固，亦難必其可久，此吕公所以爲有功於聖人之經，而不可不書也。然持書此者，豈特紀其歲月而已哉！將使後之君子，知古人之用心而不廢前功，庶斯文之有寄云爾。元祐五年九月。」

按：是記在石經之側，碑爲宋安民所鐫，不肯刻黨人姓氏者也。汲郡吕公者，大忠也①。尹玉羽②，

---

① 文津閣四庫本無「也」字。
② 文津閣四庫本重「羽」字。

京兆長安人，以孝行聞。劉鄩辟爲保大軍節度推官，仕後唐，至光禄少卿。

周必大曰：「唐文宗在御，儲精經籍，有意復古，而緗素謬盭。時惟鄭覃體上之意，憫道之衰，慨然有請於朝，願與鉅學鴻儒協力讎校，準漢舊事，鏤石太學，帝欣然可之。於是周墀、崔球、張次宗、孔温業等咸預其選，群經是正，視漢熹平蓋無愧焉。」

李應祥曰：「雍石經，唐文宗詔刻國子監，鄭覃以經籍刓繆，建言願與鉅學鴻生共力讎勘，準漢舊事，鏤石太學，乃表周墀、崔球、張次宗、孔温業等正其文。太和七年，勑唐玄度覆定石經字體於國子監，講論堂兩廊創立石九經，并孝經、論語、爾雅共一百五十九卷，字様四十卷，開成二年告成，今在文廟碑洞中即其刻也。」

趙崡曰：「唐天寶中刻九經於長安，禮記以月令爲首，從李林甫之請，此石經第五刻也。文宗時，鄭覃以經籍刓繆，建言讐刊，準漢故事。太和七年，勑唐玄度覆定石經字體於國子監，立石九經，并論語、孝經、爾雅，共一百五十九卷，字様四十卷，開成二年告成，此石經第六刻也。」又曰：「今西安府學石經乃唐文宗時所勒，舊在務本坊，韓建築新城，棄之於野。朱梁時劉鄩用尹玉羽之請，遷故唐尚書省之西隅。宋元祐中，汲郡呂公始遷今學。嘉靖乙卯，地震，石經倒損。西安府學生員王堯惠等按舊文集其闕字，別刻小字立於碑旁，以便摹補。按：唐書謂文宗朝石經違棄師法，不足觀，然其用筆雖出衆人，不離歐、虞、褚、薛法，要非今人所及。惟王堯惠等補字大爲紕謬，今華州東生文豸家有乙卯以前搨本，庶幾稱善焉。」

顧炎武曰：「九經并孝經、論語、爾雅、字樣等，都計六十五萬二百五十二字。易二萬四千四百三①十七字，書二萬七千一百三十四字，詩四萬八百四十八字，周禮四萬九千五百一十六字，儀禮五萬七千一百一十一字，禮記九萬八千九百九十四字，春秋左氏傳一十九萬八千九百四十五字，公羊傳四萬四千七百四十八字，穀梁傳四萬二千八十九字，孝經二千□百□十三字②，論語一萬六千五百九字，爾雅一萬七百九十一字。今在西安府學，其末有年月一行，題名十行，曰：『開成二年丁巳歲月次於玄日維丁亥，書石學生前四門館明經臣艾居晦、書石學生前四門館明經臣陳玠、書石學生前文學館明經臣□□□□、書石官將仕郎守潤州句容縣尉臣段絳、校勘兼看書上石官將仕郎守祕書省正字臣柏暠、校勘兼看書上石官將仕郎守四門助教臣陳莊士、覆定字體官翰林待詔朝議郎權知沔王友、上柱國賜緋魚袋臣唐玄度、校勘官兼專知都勘定經書檢校刊勒上石朝議郎守國子毛詩博士上柱國臣章師道、朝散大夫守國子司業騎都尉賜緋魚袋臣楊敬之、都檢校官銀青光禄大夫右僕射兼門下侍郎國子祭酒同中書門下平章事太清宮使監修國史上柱國滎陽郡開國公食邑二千户臣覃。』按：舊唐書開成元年正月，中書門下奏起居舍人集賢殿學士周墀、監察御史張次宗、禮部員外郎孔温業、兵部員外郎集賢殿直學士崔球等同勘校。經典釋文又云：『令率更令韓泉充詳定石經官。』新唐書亦列墀等四人，而碑並不載。」又曰：「舊唐書謂石壁九經字乖師法，名儒皆不窺之，愚初讀而疑焉。又見新書無貶辭，以爲石壁九經雖不逮古文，亦何遽不賢於寺碑冢碣？及得其本而詳校之，乃知經中之

① 「三」，備要本誤作「二」。
② 「二千□百□十三字」，文津閣四庫本作「二千二百三十三字」。

繆戾非一，而劉昫之言不誣也。如周易『君子以裒多益寡』，『裒』誤『褒』。『悔吝者言乎其小疵也』，『言』誤『存』。『其孰能與于此哉』，脱『于』字。周易繫辭下第八脱『下』字。『易窮則變，變則通，通則久，是以自天祐之，吉无不利』，下多『也』字。『力小而任重』，『小』誤『少』。『傷于外者必反其家』，『其』誤『于』。『決必有所遇』，脱『所』字。『蠱則飭也』，『飭』誤『飾』。『豐多故親寡旅也』，『故』下多『也』字。『姤遇也』，『姤』誤『遘』。其與今文不同而兩通者：『終來有他吉』，『他』作『它』。『剛健篤實輝光』，『輝』作『煇』。『君子以治曆明時』，『曆』作『歷』。『可與佑神矣』，『佑』作『祐』。『其受命也如嚮』，『嚮』作『響』。『兼三才而兩之，三才之道也』，『才』皆作『材』。其一字而前後不同者：『包蒙』、『包荒』、『包承』、『包羞』、『繫于包桑』，繫辭下同。『包』皆作『苞』。『包有魚』、『包无魚』、『以杞包瓜』，『包』皆作『包』。『問以辨之』、『由辨之』、『不早辨也』、『其辨明也』、『明辨晢也』、『辨吉凶者存乎辭』、『困，德之辨也』、『井以辨義』、『辨是與非』，『辨』皆作『辯』。『君子以類族辨物』、『剥床以辨』、『君子以慎辨物居方』、『復，小而辨于物』，『辨』皆作『辧』。其旁注者：『至静而德方』，『德』下添『也』字。『賁亨，小利，有攸往』，『利』下添『貞』字。其先誤而後改者：略例『筌』誤『荃』，『愈』誤『喻』，二『无』誤『無』，皆即其誤改之。其標題周易繫辭上第七，周易繫辭第八，周易説卦第九，皆八分書；而周易序卦第十，周易雜卦第十一，皆正書，雖依古注本附於第九之内，以正書爲别，終似未安。尚書『乃祖乃父，丕乃告我高后曰：作丕刑於朕孫』，『乃父』誤『先父』，『孫』上多『子』字。『臣下罔攸稟令』，『令』誤『命』。『若藥弗瞑眩』，『藥』誤『樂』。『王乃徇師而誓』，『徇』誤『循』。『乃汝世讎』，『世』誤『誓』。『太保乃以庶殷攻位於洛汭』，『攻』誤『公』。『用端命於上帝』，『于』誤『予』。其與今文不同而兩通者：『敢對揚天子之休命』，無『之』字。其旁注者：『予有亂臣十人』，『臣』字旁注。『惟婦言是用』，『是』字旁注。『釋箕子囚，封比干墓，式商容閭』，『干』下、『容』下各添『之』字。詩『昔育恐育鞠』，『鞠』誤『鞫』。小戎序：『國人則矜其車甲』，『甲』誤『田』。『舒懮受兮』，『懮』誤『憂』。『予尾翛翛』，『翛』誤『修』。『戎車既飭』，『飭』誤『飾』。『鞠爲茂草』，『鞠』誤『鞫』。『以祈黃耇』，『祈』誤『祁』。『涼曰不可』，『涼』誤『諒』。『鞠哉庶正』、『鞠人忮忒』，『鞠』皆誤作『鞫』。『無此疆爾界』，『界』誤『介』。『侯疆侯以』，『疆』誤『彊』①。其與今文不同而兩通者：『雝雝鳴雁』，『雝』作『雍』。『之死矢②靡他』，『他』作『它』。『不知我者，謂我士也驕』，作『不我知』。二章同。『和鸞雝雝』，『雝』作『雍』。何人斯序：『故蘇公作是詩以絶之也』，『以』作『而』。『維塵雝兮』，『雝』作『雍』。『既匡既勑』，『勑』作『敕』。『其政不獲』，『政』從鄭箋作『正』。『尚不愧于屋漏』，『愧』作『媿』。『于彼西雝』、『肅雝和鳴』、『有來雝雝』，『雝』皆作『雍』。『屢豐年』，『屢』作『婁』。其旁注者：『女雖湛樂從』，『樂』下添『克』字。『自今以始歲其有』，下添『年』字。『曰商是常』，『商』下添『王』字。其先誤而後改者：『抱衾與裯』，『裯』誤『稠』。『不瑕有害』，『瑕』誤『遐』。『鱣鮪發發』，『發』誤『撥』。『噂沓背憎』，『噂』誤『蹲』。『如彼遡風』，『遡』誤『愬』。『駉駉牡馬』，『牡』誤『牧』，皆即其誤改之。『云何其盱』，脱『其』字添。周禮：『女史八人』，『史』誤『使』。大宰：『三曰郊甸之賦』，『郊』誤『邦』。內饔：『豕盲視而交睫』，『豕』誤『施』。典枲：『掌布緦縷紵之麻草之物』，『緦』誤『絲』。牛人：

① 「侯疆侯以，疆誤彊」，四庫薈要本作「侯彊侯以，彊誤疆」。
② 「矢」，文津閣四庫本誤作「失」。

『軍事，共其犒牛①』，『犒』誤『槁』。司市：『市司帥賈師而從』，『賈』誤『胥』。肆長：『掌其戒令』，『令』誤『禁』。鞮鞻氏：『府一人』，『一』誤『八』。鬯人：『禜門，用瓢齎』，『用』誤『明』。司几筵：『設莞筵紛純』，『筵』誤②『席』。大司樂：『大磬』，『磬』誤『磬』、『王大食，三侑』，『侑』誤『宥』。大師：『令奏鼓朄』，『鼓』誤『瞽』。大祝：『四曰禜』，『禜』誤『榮』。司常：『家各象其號』，『象』誤『相』、『凡以神仕者』，『仕』誤『士』。小子：『史二人』，『二』誤『一』。大司馬：『旗居卒閒』，『居』誤『車』。考工記：『紛胡之笴』，『笴』誤『笱』。矢人：『前弱則俛』，『俛』誤『勉』。其與今文不同而兩通者：醫師：『疕瘍者』，『疕』上多『有』字。野廬氏：『有相翔者誅之』，『誅』上多『則』字、『邦之大師』，『大』上多『有』字。庭氏：『以救日之弓，與救月之矢射之』，『射』上多『夜』字。儀禮士冠禮：『捷柶興』，『捷』誤『建』。鄉射禮：『司射適堂西，袒決』，『袒』誤『祖』、『楅髤橫而奉之』，『奉』誤『拳』、『大夫與士射，袒纁襦』，『纁』誤『薰③』。燕禮：『右祭脯醢』，『脯』誤『酺』。大射儀：『賓升成拜』，『拜』誤『敗』、『坐授瑟乃降』，『授』誤『受』。聘禮：『賓既將公事，復見訝以其摯』，『訝』誤『之』。公食大夫禮：『陳鼎於碑南，南面西上』，脱一『南』字。覲禮：『天子賜舍曰伯父』，脱『曰』字。士喪禮④：『祭服不倒』，『倒』誤『到』。少牢饋食禮：『如筮日之儀』，『儀』誤『禮』、『主婦被錫衣侈袂』，『侈』誤『移』、下同。『祝延尸』，『延』誤『筵』。有司徹：『二手

① 「共其犒牛」，文淵閣四庫本脱「犒牛」二字。
② 「誤」，文淵閣四庫本作「設」。
③ 「薰」，文津閣四庫本作「熏」。
④ 「士喪禮」，文淵閣四庫本誤作「上喪禮」。

執挑匕枋」，「挑」誤「桃」、「主婦洗爵於房中」，脱「爵」字、「主婦北面答拜，受爵。尸降筵，受主婦爵以降」，誤作「受尸爵」、「主人降，洗爵」，「爵」誤「觶」、下「主人實爵」並同。「主人拜受爵，尸拜送」，脱「爵」字。其與今文不同而兩通者：鄉射禮：「適左个中亦如之」，「亦」作「皆」。燕禮：「小臣又請媵爵者，二大夫媵爵如初」，「大夫」下更有「大夫」二字。禮記御删定月令在曲禮之前，月令：「人乃遷徙」，「徙」誤「徒」。「其器宏以奄」，「奄」誤「掩」。檀弓上：「周公蓋祔」，「祔」誤「附」。王制：「示弗故生也」，「示」誤「亦」。禮器：「饗①帝于郊，而風雨節，寒暑時」，脱「節」字。學記：「燕辟廢其學」，「辟」誤「譬」。喪大記：「男子出寢門外」，脱「外」字、「子大夫公子衆士食粥」，脱「衆士」二字。祭義：「父母愛之，喜而勿忘」，「喜」誤「嘉」。哀公問：「如此則國家順矣」，脱「則」字。坊記：「民猶薄於孝而厚於慈」，「猶」下多「有」字。中庸：「待其人而後行」，「而」誤「然」、「君子之所不可及者」，脱「之」字。緇衣：「有國家者章義癉惡」，脱「家」字。儒行：「慎静而尚寬」，脱「而」字。大學：「人之其所親愛而辟焉」，五「辟」字皆誤作「譬」。「若有一个臣」，「个」誤「介」。其與今文不同而兩通者：檀弓上：「有亡惡乎齊」，「亡」作「無」、「歲壹漆之」，「壹」作「一」。樂記：「非聽其鏗鏘而已也」，「鏘」作「鎗」。雜記上：「客立于門西」，「于」作「於」。雜記下：「泄柳之母死」，「泄」作「世」。喪大記：「命婦氾拜衆賓於堂上」，「於」作「于」、「主人先俟于門外」，「于」作「於」。中庸：「可一言而盡也」，「一」作「壹」、「問喪祭之宗廟以鬼享之」，「享」作「饗」。大學：「堯、舜帥天下以仁」，二帥字皆作「率」。昏義：「祖廟既毀，教于宗室」，「于」作

① 「饗」，文淵閣四庫本作「響」。

『於』。射義：『是以諸侯君臣』，『以』作『故』。其先誤而後改者：學記：『教人不盡其材』，『材』誤『才』。『故人不耐無樂』，『耐』誤『能』，皆即其誤改之。春秋左傳隱元年：『且告之悔』，『且』誤『具』。五年：『僖伯稱疾不從』，『疾』誤『侯』。十年：『伐戴』，『戴』誤『載』。桓二年：『故封桓叔于曲沃』，『故』誤『政』。六年：『楚之羸』，『羸』誤『嬴』、『以類命爲象』，『類』誤『德』。閔二年：『從曰撫軍』，『軍』誤『國』。僖三年：『公子友如齊涖盟』，『涖』誤『泣』。四年：『歸胙于公』，脱『胙』字、『姬寘諸宮六日』，『宮』誤『公』、『公殺其傅杜原款』，『傅』誤『傳』。七年：『弗可改也已』，『改』誤『故』。十四年：『公怒，止之』，『止』誤『上』。十五年：『輅秦伯』，『輅』誤『轄』、『使郤乞告瑕呂飴甥且召之』，『且』誤『國』。二十五年：『昏而傅焉』，『傅』誤『傳』。二十七年：『責無禮也』，『責』誤『青』。『郤縠可』，『縠』誤『穀』。三十一年：『晉新得諸侯』，『新』誤『親』。『東傅于濟』，『傅』誤『傳』。三十三①年：『入險而脱』，『入』誤『人』、『爲從者之淹』，『淹』誤『流』。文元年：『王使毛伯衛來錫公命』，『錫』誤『賜』、『享江芊』，『芊』誤『芋』。二年：『廢六關』，『關』誤『闕』。七年：『寘文公子焉』，『焉』誤『曰』。十二年：『大子以夫鍾與郕邽來奔』，『邽』誤『封』。宣二年：『晉趙盾弑②其君夷皐』，『弑』誤『殺』。三年：『晉侯伐鄭，及郔』，『郔』誤『延』。『商紂暴虐』，『紂』誤『討』。四年：『秋，公如齊』，『秋』誤『利』。六年：『離卦』誤畫作『同人』。八年：『殺諸絳市』，『絳』誤『終』。十二年：『晉師在敖鄗之間』，『師』誤『帥』。十五年：

---

① 「三十三」，備要本作「三十二」。

② 「弑」，文淵閣四庫本誤作「殺」。

『吾獲狄土』，『土』誤『士』。十七年：『盟于卷楚』，『卷』誤『巷』、『郤子其或者欲已亂于齊乎』，『乎』誤『平』。十八年：『凡自虐其君曰弒』，『虐』上多『内』字。成二年：『及齊師戰于新築』，『師』誤『侯』。『且辟左右』，『且』誤『旦』。七年：『尋蟲牢之盟』，『蟲』誤『蠱』。十七年：『楚公子橐師襲舒庸』，『橐』誤『槖』。襄十年：『子蟜曰』，『蟜』誤『矯』、『今伐其師』，『今』誤『令』。十四年：『士鞅反』，『反』誤『及』。十七年：『苟過華臣之門必騁』，『騁』誤『聘』。十九年：『而視不可含』，『含』誤『舍』。『所不嗣事于齊者』，『事』誤『是』。『天子令德』，『天』誤『夫』。二十一年：『欒盈過于周』，『過』上多『奔楚』二字。二十三年：『郲畀我來奔』，『畀』誤『卑』。二十五年：『先夫當之矣』，『夫』誤『天』、『井堙木刊』，『堙』誤『煙』、『賦車兵徒卒甲楯之數』，『卒』誤『兵』。二十七年：『父子死余矣』，『余』誤『餘』、『免餘復攻甯氏』，『餘』誤『余』。二十八年：『重邱之盟未可忘也』，『忘』誤『志』。『使析歸父告晏平仲』，『晏』誤『宴』、『文子使召之』，『召』誤『君』、『慶氏之馬善驚』，『馬』誤『焉』、『武王有亂臣十人』，脱『臣』字。三十年：『蔡景侯爲太子般娶于楚』，『娶』誤『聚』、『單公子愆期』，『期』誤『旗』、『駟帶追之』，『駟』誤『四』。昭元年：『今武猶是心也』，『今』誤『令』。二年：『齊使上大夫送之』，『送』誤『逆』。三年：『少姜有寵而死』，『姜』誤『齊』、『知而復從』，『復』誤『弗』。四年：『恃險與馬』，『馬』誤『焉』。五年：『娶于子尾氏』，『娶』誤『聚』、『君若驩焉好逆使臣』，『若』誤『苦』。九年：『無囿猶可』，『囿』誤『宥』。十三年：『隱太子之子廬歸于蔡』，『廬』誤『盧』。十四年：『楚子使然丹簡上國之兵于宗邱』，『宗』誤『宋』。二十年：『余不忍其訽』，『訽』誤『詢』、『取人于萑苻之澤』，『苻』誤『符』。二十一年：『心是以感，感實生疾』，『感』誤『咸』。二十二年：『士平出奔楚』，『士』誤『氏』、『邊卬爲大司徒』，『卬』誤『印』。二十五年：『季公鳥生申』，『申』誤『甲』。二十七年：『入于堀①室』，『堀』誤『堁』。定元年：『榮駕鵝』，『鴐』誤『駕』。三年：『及邾子盟于拔』，『拔』誤『技』。八年：『子姑使溷代子』，『代』誤『伐』。十年：『駟赤謂侯犯曰』，『赤』誤『亦』。哀四年：『盜殺蔡侯申』，『殺』誤『弑』、『蔡昭侯將如吴』，『蔡』誤『葬』。十六年：『與晉人謀襲鄭』，『晉』誤『爲』。二十三年：『有不腆先人之産馬』，『馬』誤『焉』。二十六年：『四方其訓之』，『訓』誤『順』。其與今文不同而兩通者：宣二年：『以視諸朝』，『視』作『示』。哀十六年：『比事克則爲卿』，『事』下有『也』字。其續添者：昭二十二年辛丑：『伐京，毁其西南』，下添『子朝奔郊』四字。春秋公羊傳隱元年：『何以名字也』，『名』上多『不』字。二年：『婦人謂嫁曰歸』，『嫁』誤『稼』。三年：『曷爲或言崩或言薨』，脱上『或』字、『生毋相見，死毋相哭』，『毋』字並誤作『母』，『死毋』誤作『母死』。六年：『吾與鄭人末有成也』，『末』誤『未』。下同。十年：『宋人蔡人衛人伐載』，『載』誤『戴』。桓二年：『曰有，有則此何以書』，脱一『有』字、『隱賢而桓賊也』，『賊』誤『賤』。莊十九年：『此其言遂何』，脱『其』字。二十五年：『求乎陰之道也』，『陰』誤『隱』。三十二年：『狄伐邢』，『邢』誤『刑』。僖四年：『南夷與北狄交』，誤作『北夷』。六年：『此其言圍何』，『圍』下多一『者』字。二十六年：『乞師者何』，脱『師』字。三十年：『歸惡乎元咺也』，『乎』誤『于』。三十三年：『百里子與蹇叔子』，『百』誤『伯』。文四年：『其謂之逆婦姜于齊何』，『何』誤『河』。宣十五年：『然後歸爾』，『爾』誤『耳』。成十五年：『成公幼』，『幼』誤『憂』、『臧宣叔者相也』，『叔』誤『公』。襄十四年：『邾婁人于戚』，

① 「堀」，文淵閣四庫本作「堁」。

脱『人』字。十七年：『春王二月』，『二』誤『三』。十九年：『爲其驕蹇』，『爲』誤『或』。二十九年：『許人子者必使子也』，『人』下脱『子』字。昭九年：『其言陳火何』，脱『陳』字。定元年：『立煬宫』，『宫』誤『公』。四年：『夷狄也而憂中國』，『而』誤『其』。哀四年：『盜殺蔡侯申』，『殺』誤『弑』。六年：『齊國夏及高張來奔』，『高』上多『齊』字。十四年：『顔淵死，子曰』，『子』上多『孔』字。其與今文不同而兩通者：隱四年：『隱公曰否』作『隱曰吾否』。桓六年：『簡車徒也』，『徒』作『馬』、『淫乎蔡』，『乎』作『于』。十一年：『祭仲者何，鄭相也』，『相』上有『之』字。文六年：『何以謂之天無是月，非常月也』，『是月』下更有『是月』二字。宣六年：『此非弑君而何』，『而』作『如』。十年：『未絶於我也』，『於』作『于』。十二年：『是以君子篤於禮而薄於利』，下『於』作『于』。成二年：『得一貶焉爾』，『一』作『壹』。襄十二年：『春王正月』，『正』作『三』。二十九年：『爾殺吾君』，『殺』作『弑』。三十一年：『於是負孝公之周愬天子』，『愬』作『訴』。十四年：『有麐而角者』，『麐』作『麕』。其先誤而後改者：桓二年：『此其目言之何』，『目』誤作『月』。閔元年：『盍弑之矣，使弑子般』，『弑』並誤『殺』。僖十三年：『葬陳宣公』，『宣』誤『桓』。成二年：『及齊侯戰于鞌』，『侯』誤『師』。昭二十五年：『慶子免君于大難矣』，脱『矣』字，皆即其誤改之。春秋穀梁傳隱元年：『父者何？傅也①』，『傅』誤『傳』。四年：『弑而代之也』，『代』誤『伐』。九年：『所俠也』，『俠』誤『挾』。莊七年：『則是雨説也』，『雨』誤『兩』。下同。僖五年：『天子世子，世天下也』，誤作『士子』。二十二年：『春秋三十有四戰』，脱『有』字。二十八年：『晉侯齊師宋師

① 「父者何？傅也」，四庫薈要本作「父猶傅也」。

秦師』，誤作『齊侯』。文二年：『内大夫可以會外諸侯』，脱『外』字。三年：『王子虎卒』，誤作『壬子』。宣八年：『以譏乎宣也』，『譏』誤『饑』。襄元年：『晉侯使荀罃來聘』，『罃』誤『嬰』。二年、三年同。三年：『諸侯始失正矣』，『正』誤『王』。六年：『立異姓以涖祭祀』，『立』上多『非』字。哀元年：『此該之變而道之也』，『該』誤『郊』。六年：『入者内弗受也』，『弗』誤『不』。下同。其與今文不同而兩通者：僖十七年：『桓公常有存亡繼絶之功』，脱『公』字。文六年：『處父主境上事』，『事』上多『之』字。成五年：『帥群臣而哭之』，前作『率』，後作『帥』。其先誤而後改者甚多，不具載。論語：『賜也，爾愛其羊』，『爾』誤『女』。『不知其仁』，『仁』誤『人』。『子使漆雕開仕』，『雕』誤『彫』。『再斯可矣』，『斯』誤『思』。『三人行』，『三』上多『我』字。『必有我師焉』，『有』誤『得』。『冉有、子貢，侃侃如也』，『有』誤『子』。『告夫三子』，『三』上多一『二』字。『可與言而不與之言』，脱『之』字。『無求生以害仁』，『仁』誤『人』。『吾猶及史之闕文也』，脱『之』字。『稱諸異邦曰寡小君』，『諸』誤『謂』。『何德之衰』，『衰』下多『也』字。其與今文不同而兩通者：『女得人焉爾乎』，『爾』作『耳』。『人潔己以進』，『潔』作『絜』。其先脱而後添注者：陽貨篇：『子曰：巧言令色，鮮矣仁。』爾雅：『替戾厎廢』，誤作『底底』。『翿纛也』，『翿』誤『翢』。『皇華也』，誤『華皇』。『赫兮咺兮』，『咺』誤『烜』。『是刈是濩』，『濩』誤『穫』。『木謂之虡』，『木』誤『本』。『何鼓謂之牽牛』，『何』誤『河』。『澤烏蘾』，『蘾』誤『蕕』。『莩麻母』，『莩』誤『荸』。『檴橐含』，『檴』誤『擭』。『梡州木』，『梡』誤『祝』。『魚尾謂之丙』，『尾』上添『之』字。『燕白脰鳥』，『鳥』誤『烏』。『楊鳥白鷹』，『楊鳥』誤『鸉』。『鳶鳥醜』，『鳥』誤『烏』。『鳥鵲醜』，『鳥』誤『烏』。『鷽大鷽』誤作『大鷽』。凡經中『二十』字皆作『廿』，『三十』字皆作『卅』。經中凡『虎』字皆缺末筆作『虎』，虒、號、虢、饕、滮、篪、褫字皆同①，避太祖諱也。『淵』字皆缺筆作『勛』，媔亦作媥，避高祖諱也。『世』字皆缺筆作『世』，泄作洩，紲作絏，棄作弃，勩作勛，葉作䒟，渫、揲、韘、媟、諜、堞、偞皆改從云，『民』字皆缺筆作『巳』，氓作甿，岷作岻②，汦、昏、緍、痻、碈、睯、愍、蟁皆改從氏，避太宗諱也。亨皆從亨，避肅宗諱也。『豫』字皆缺筆作『豫』，避代宗諱也。『适』字皆缺筆作『适』，避德宗諱也。『誦』字皆缺筆作『誦』，避順宗諱也。『純』字皆缺筆作『紃』，避憲宗諱也。『恒』字皆缺筆作『恒』，避穆宗諱也。『湛』字皆缺筆作『湛』，甚作甚，椹作椹，避敬宗諱也。乃若高宗諱治，中宗諱顯，睿宗諱旦，玄宗諱隆基，文宗諱涵，皆不缺筆者。禮天子事七廟，自肅至敬七宗，而高祖、太宗③創業之君不祧者也。玄宗以上則祧廟也，故不諱。文宗則今上也，古者卒哭乃諱，故生不諱。經中左傳文公、宣公卷字更濫惡，而『成』、『城』字皆缺末筆。穀梁襄、昭、定、哀四公卷，儀禮士昏禮皆然。此爲朱梁所補刻，考之宋劉從乂、黎持二記，但言韓建、劉鄩移石而不言補刻，然『成』字缺筆，其爲梁諱無疑，昔人固嘗遍讀而博考也。」

〔補正〕

顧炎武條内「都檢校官銀青光禄大夫」下脱「守尚書」三字。「侯疆侯以，疆誤彊」當作「侯彊侯以，彊誤彊」。「冢盲視而交睫」，「視」當作「眂」。緇衣：「有國家者章義癉惡」，按今禮記作「章善癉惡」，蓋

---

① 以上七字文淵閣四庫本俱不缺末筆。

② 「岻」，文津閣四庫本誤作「氏」。

③ 「高祖、太宗」，文淵閣四庫本作「高祖太廟」。

金石文字記本之經典釋文也。隱元年：「父者何傅也者何」，二字當作「猶」字。爾雅：「替戾底廢」誤作「底底」。「翿纛也」，「翿」誤「彫」。「皇華也」誤「華皇」。「赫兮咺兮」，「咺」誤「烜」。「是刈是濩」，「濩」誤「穫」。「木謂之虡」，「木」誤「本」。「何鼓謂之牽牛」，「何」誤「河」。「澤烏蘾」，「蘾」誤「蕵」。「莩麻母」，「莩」誤「荸」。「檴橐含」，「檴」誤「攫」。「梖州木」，「梖」誤「祝」。「魚尾謂之丙」，「尾」上添「之」字。「燕白脰烏」，「烏」誤「鳥」。「楊鳥白鷢」，「楊鳥」誤「鸉鳶」。「鳥醜」，「鳥」誤「烏」。「鳥鵲醜」，「鳥」誤「烏」。「麔大麔」，誤作「大麢」。按：此所列爾雅石經異字，除「是刈是濩」，「濩」作「穫」。「何鼓」，「何」作「河」係石經之誤，餘皆各本傳刻失真，當以石經爲正。如「底廢」作「底底」，釋文「底底」二字俱有音，郭注引詩傳釋底，引國語釋底，不釋廢字之義，其替廢云云，蓋引釋言文解替字，非謂經文有廢字也，石經不誤。又「華皇也」，郭注釋草引之，釋文亦先「華」後「皇」。餘若烜、蕵、荸、攫、祝、鸉等字，明見釋文。「燕白脰烏」，見小爾雅及水經注。「鳶烏醜，烏鵲醜」，以上文「鵲鵙醜」等句例之可見。「麔大麢」以上文「麢大羊」等句例之可見。至「木謂之虡」，「木」誤「本」、「魚尾謂之丙」，「尾」上衍「之」字，乃明人王堯惠補刻闕字之誤，非石經本然，此所引顧炎武説似非確論。（卷十二，頁十三——十四）

經義考卷二百八十九

刊石三

後蜀石經

易十卷，略例一卷。書十三卷，詩二十卷，周禮十二卷，儀禮十七卷，禮記二十卷，春秋左氏傳三十卷，公羊傳十二卷，穀梁傳十二卷，論語十卷，孝經一卷，爾雅三卷。

俱佚。

〔校記〕

漢軍楊氏明文淵閣舊藏宋拓殘本。（刊石，頁七一）

吕陶曰：「五代之亂，疆宇割裂。孟氏有劍南，百度草創，猶能取易、書、詩、春秋、禮記、周禮刻於石，以資學者。國朝皇祐中，樞密直學士京兆田公加意文治，附以儀禮、公羊、穀梁傳，所謂九經者備焉。」

張俞曰：「唐之衰，侯王怙亂，崩裂區宇，盪削典法。惟孟氏踵有蜀漢，以文爲事，凡草創制度，多襲唐軌，紹漢學，遂勒石書九經。」

席益記略曰：「蜀儒文章冠天下，其學校之盛，漢稱石室禮殿，近世則石壁九經，今皆存焉。自孝景帝時，太守文翁始作石室，至東漢興平元年，太守高眹作周公禮殿於石室東，圖畫遂古以來君臣聖賢，然亦有魏、晉名流，以故世傳西晉太康中刺史張收始畫，非也，殿有畫自高眹始，收殆嘗增易之。今壁間又有東晉人士，蓋收之後繼有畫者，不知誰氏也。齊永明十年，刺史劉悛益以禮家器服制度。僞蜀廣政七年，其相毋昭裔按雍都舊本九經，命平泉令張德釗書而刻諸石，本朝因禮殿以祀孔子，爲宫其旁，置學官弟子講習傳授。故蜀帥尚書右丞胡公宗愈作堂於殿之東南隅，以貯石經。蓋自東漢興平元年歲在甲戌始作禮殿，逮我宋紹興六年丙辰，歷年六百七十有三，其閒僞蜀刻石經之歲，是爲晉開運甲辰，至是一百九十有三年矣。」

洪邁曰：「孟昶時所刻石本九經，其書『淵』、『世』、『民』字皆缺畫，猶避唐諱。」

雷叔聞曰：「僞蜀廣政七年，其相毋邱裔按雍都舊本九經，命平泉令張德釗書而刻諸石，是歲實晉開運甲辰也。蜀守胡宗愈作堂以貯石經，席益增葺爲記。」

〔補正〕

雷叔聞條內「其相毋邱裔」，「邱」當作「昭」。（卷十二，頁十四）

晁公武曰：「石經周易并略例十一卷，曾宏父石刻鋪敘作十二卷，又略例一卷。僞蜀廣政辛亥孫逢吉書。廣政，孟昶年號也。說卦『乾健也』以下有韓康伯註，略例有邢璹註，此與國子監本不同者也。以蜀中印本校邢璹註略例，不同者又百餘字，詳其意義，似石經誤，而無他本訂正，姑兩存焉。尚書十三卷，僞蜀周德貞書，經文有『祥』字，皆缺其畫，亦缺『民』字之類，蓋孟氏未叛唐時所刊也。以監本校之，禹貢『雲土夢作乂』，倒『土夢』字；盤庚『若網在綱』，皆作『綱』字。按沈括筆談云：『雲①土夢作乂，太宗時得古本，因改正；以綱爲網，未知孰是。』毛詩二十卷，僞蜀張紹文書，與禮記同時刊石。周禮十二卷，僞蜀孫朋吉書，以監本是正其註，或羨或脱或不同至千數。禮記二十卷，僞蜀張紹文書，不載年月，經文不缺唐諱，當是孟知祥僭位之後也。首之以月令，題云『御删定』，蓋明皇也；『林甫等註』，蓋李林甫也，其餘篇第仍舊，議者謂經禮三百、曲禮三千，毋不敬，一言足以蔽之，故先儒以爲首。孝明肆情變亂，甚無謂也。左氏傳三十卷，不題所書人姓名，亦無年月，按文不缺唐諱及國朝諱，而缺祥字，當是孟知祥僭位後刊石也。公羊傳十二卷，皇朝田況皇祐初知成都日刊石。國史藝文志云：『僞蜀刻五經，備註傳，爲世所稱。』以此言觀之，不應無公、穀，豈初有之，後散毀耶？穀梁傳十二卷，其後不載年月及所書人姓氏，按文不缺唐及僞蜀諱，而缺恆字，以故知刊石當在真宗以後，意者是田況乎？論語十卷，僞蜀張德釗書，缺唐諱，立石當在孟知祥未叛之前。其文脱兩字，誤一字，又述而第七『舉一隅』下有『而示之』三字；『三人行必有我師焉』上又有『我』字；衛靈公第十五『敬其事而後其食』作『後食其禄』，與李鶚本不同者此也。」又曰：「鴻都石經自遷徙鄴、雍，遂茫昧於人間。唐太和中，復刻十二經立石國學，後唐長興中，詔國子博士田敏與其僚校諸經鏤之板，故今世太學之傳，獨此二本爾。按：趙清

① 「雲」，文津閣四庫本误作「夢」。

獻公成都記，僞蜀相毋昭裔捐俸取九經琢石於學宮，而或又①云毋邱裔依太和舊本，令張德釗書。皇祐中，田元均補刻公羊、穀梁二傳，然後十二經始全。至宣和間，席升獻又刻孟子參焉。今考之，僞相實毋昭裔也，孝經、論語、爾雅，廣政甲辰歲張德釗書；周易，辛亥歲楊鈞、孫逢吉書；尚書，周德貞書；周禮，孫朋吉書；毛詩、禮記、儀禮，張紹文書，左氏傳不誌何人書，而『祥』字缺其畫，亦必爲蜀人所書。然則蜀人立石蓋十經，其書者不獨德釗，而能盡用太和本，固已可嘉，凡歷八年，其石千數，昭裔獨辦之，尤偉然也。公武異時守三營，嘗對國子監所摹長興板本讀之，其差誤蓋多矣。昔議者謂太和石本授寫非精，時人弗之許，而世以長興板本爲便。國初，遂頒布天下，收向日民間寫本不用，然有舛誤，無由參校判知其謬，猶以爲官既刊定，難以獨改。由是而觀，石經固脱錯，而監本亦難盡從。公武至少城，寒暑一再易節，暇日因命學官讐校之，石本周易説卦『乾健也』以下有韓康伯注，略例有邢璹注，禮記月令從唐李林甫改定者，監本皆不取外，周易經文不同者五科，尚書十科，毛詩四十七科，周禮四十二科，儀禮三十一科，禮記三十二科，春秋左氏傳四十六科，公羊傳三十一科石刻鋪敘作二十二。，穀梁傳一十三科石刻鋪敘作二十三。，孝經四科，論語八科，爾雅五科，孟子二十七科，其傳注不同者尤多，不可勝紀。獨計經文猶三百二科，迹其文理，雖石本多誤，然如尚書禹貢篇『夢土作乂』，毛詩日月篇『以至困窮，而作是詩也』，左氏傳昭公十七年『六物之占，在宋、衛、陳、鄭乎』？論語述而篇『舉一隅而示之』，衛靈公篇『敬其事而後食其禄』之類，未知孰是？先儒有改尚書『無頗』爲『無陂』，改春秋『郭公』爲『郭亡』

① 「又」，文津閣四庫本誤作「人」。

者，世皆譏之，此不敢決之以臆，姑兩存焉，亦鐫諸樂石，附於經後，將必有考①而正之者。」

〔補正〕

晁公武條内「昭裔獨辨之」，「辨」當作「辨」。（卷十二，頁十四）

趙希弁曰：「石經周易十卷，經注六萬六千八百四十四字石刻鋪敘：「經二萬四千五十二字，注四萬二千②七百九十二字。」，將仕郎守國子助教臣楊鈞、朝議郎守國子毛詩博士柱國臣孫逢吉書。尚書十三卷，經注并序八萬一千九百四十四字石刻鋪敘：「經二萬六千二百八十六字，注四萬八千九百八十二字，共七萬五千二百六十八字。」，將仕郎試祕書郎臣周德貞書、鐫玉册官陳德超鐫。毛詩二十卷，經注一十四萬六千七百四十字石刻鋪敘：「經四萬一千二十一字，注十萬五千七百一十九字，共十四萬六千八百十二字。」，將仕郎試祕書省校書郎張紹文書。周禮十二卷，經注一十六萬三千一百三字石刻鋪敘：「經五萬五百八字，注十一萬二千五百九十五字。」，將仕郎試祕書省校書郎孫朋吉書。儀禮十七卷，經注一十六萬五百七十三字石刻鋪敘：「經五萬二千八百二字，注七萬七千八百九十一字，共十三萬六百九十三字。」，將仕郎試祕書省校書郎張紹文書。禮記二十卷，經注一十九萬六千七百五十一字石刻鋪敘：「經九萬八千五百四十五字，注十萬六千四十九字，共二十萬四千五百九十四字。」，卷首題曰：『御删定禮記月令第一，集賢院學士尚書左僕射兼右相吏部尚書修國史上柱國晉國公臣林甫奉勅注』。曲禮爲第二，蓋唐明皇删定之本也，將仕郎試祕書省校書郎張紹文書。春秋經傳集

① 「考」，文津閣四庫本誤作「者」。
② 「二千」，備要本誤作「一千」，文津閣四庫本誤作「三千」。

解三十卷，經注并序三十四萬五千八百四十四字石刻鋪敘：「序一千六百一十七字，經傳十九萬七千二百六十五字，注四萬六千九百六十二字，共二十四萬五千八百四十四字。」，不題所書人姓氏。公羊傳十二卷，經注一十三萬一千五百一十四字石刻鋪敘：「傳四萬四千七百三十八字，注七萬七千三十七字，共十二萬一千七百七十五字。」，不題所書人姓氏。穀梁傳十二卷，經注八萬一千六百二十字石刻鋪敘：「傳四萬一千八百九十字，注三萬九千七百三十字。」，不題所書人姓氏。論語十卷，經注并序三萬五千三百六十八字石刻鋪敘：「序三百七十二字，經一萬五千九百十三字，注一萬九千四百五十四字，共三萬五千七百三十九字。」，將仕郎前守簡州平泉縣令兼殿中侍御史賜緋魚袋張德釗書，潁川郡陳德謙鐫字。孝經一卷石刻鋪敘作二卷。，經注并序四千九百八十五字石刻鋪敘：「序四百三十九字，經一千七百九十八字，注二千七百四十八字。」，不題所書人姓氏石刻鋪敘：「簡州平泉令張德釗書。」，但題潁川郡陳德謙鐫字。爾雅三卷石刻鋪敘作二卷。，將仕郎前守簡州平泉縣令賜緋魚袋張德釗書，武令昇鐫，不題經注字數若干。以上石室十三經，蓋孟昶時所鐫，故周易後書：『廣政十四年，歲次辛亥五月二十日。』惟三傳至皇祐初方畢，故公羊傳後書：『大宋皇祐元年，歲次己丑九月辛卯朔十五日乙巳工畢。』又書：『將仕郎試國子四門助教州學講說何維翰、將仕郎試祕書省校書郎州學說書黃柬、儒林郎試祕書省校書郎守華陽縣尉州學勾當王尚喆、朝奉郎祕書省著作佐郎簽署節度判官廳公事武騎尉管勾州學華參奉直郎尚書屯田員外郎通判軍州兼管内橋道勸農事及提舉渠堰騎都尉借緋提舉州學解程、朝奉郎尚書屯田員外郎通判軍州兼管内勸農事及提舉渠堰輕車都尉借緋提舉州學聶世卿、提點益州路諸州軍刑獄兼本路勸農提舉渠堰公事朝奉郎尚書比部員外郎護軍借紫孫長卿、益州路諸州水陸計度轉運使兼本路勸農使朝奉郎尚書刑部員外郎直史館上騎都尉賜緋魚袋借紫曹穎叔、樞密直學士朝散大夫右諫議大夫知益州軍州事兼管内橋道勸農使充益利路屯駐駐泊本城兵馬鈐轄提舉益利路諸州軍兵甲巡檢賊盜公事上騎都尉京兆郡開國侯食邑一千户賜紫金魚袋田況。』」

〔補正〕

趙希弁條内「春秋經傳集解」小注「石刻鋪敘：注四萬」，注下脱「十」字，當補。（卷十二，頁十四）

曾宏父曰：「古文尚書三册三卷，蓋唐天寶未廢古書前傳本，中汲郡呂大防得之宋次道、王仲至家，乃元豐五年壬戌鏤板。乾道六年庚寅，帥晁公武取以入石，教官張大固等監刊。」又曰：「益郡石經肇於孟蜀廣政，悉選士大夫善書者模丹入石。七年甲辰，孝經、論語、爾雅先成，時晉出帝改元開運，至十四年辛亥，周易繼之，實周太祖廣順元年。詩、書、三禮不書歲月，逮春秋三傳則皇祐元年九月訖工，時我宋有天下已九十九年矣。通蜀廣政元年肇始之日，凡一百一十二禩①成之，若是其艱。又七十五年，宣和五年癸卯，益帥席貢始湊鐫孟子，運判彭慥繼其成。凡十二卷。乾道六年庚寅，晁公武又鐫古文尚書暨諸經考略。洪文敏公邁謂孟蜀所鐫字體清謹，有止觀②遺風，續補經傳殊不逮前。且引魏證、虞世南相繼爲祕書監，日請選五品以上子孫工書者爲書手，蓋欲字畫清婉，可以傳久，是以自經傳以後，非士夫所書，皆不著姓氏。若漢石經今不易得，好古者所藏僅十數頁，蜀中又以翻刻入石，黄長睿謂開元中藏拓本於御府，以『開元』二字小印印之，是玄宗時已罕得，況今又六百年後耶？」

① 「禩」，文淵閣四庫本作「禩」。
② 「正觀」，四庫薈要本文淵閣四庫本作「貞觀」。

〔補正〕

曾宏父條内「席貢始湊鐫孟子，運判彭慥繼其成。凡十二卷。」案：晁作十四卷。（卷十二，頁十四）

王應麟曰：「僞蜀相毋昭裔取唐太和本琢石於成都學官，與後唐板本不無小異。乾道中，晁公武參校二本，取經文不同者三百二科，著石經考異，亦刻於石。張㚟又校注文同異爲石經注文考異四十卷。」又曰：「成都石經，孟蜀所刻，於唐高祖、太宗之諱皆缺畫，唐之澤深矣。」

陶宗儀曰：「張德釗、孫逢吉、張紹文、周德貞、孫朋吉五人皆善書。後蜀廣政七年被選，以右僕射毋昭裔所校勘定孝經、論語、爾雅、毛詩、尚書、儀禮、禮記、周禮模丹入石，鐫置益部。德釗，簡州平泉令；逢吉，國子毛詩博士；紹文、德貞、朋吉俱祕書省祕①書郎。」

〔補正〕

陶宗儀條内「祕書郎」，「祕」當作「校」。（卷十二，頁十四）

楊慎曰：「五代僭僞諸君，惟吴、蜀二主有文學。然李昪②不過作小詞、工畫竹而已，孟昶乃能表章六經③，立石成都，洵有功於經學矣。」又云：「蜀刻九經最爲精確，是時僭據之主，惟昪有文學，而蜀不受兵，又饒文士，故其所製尤善。朱子論語注引石經者，謂孟蜀石經也。」

---

① 「祕」，四庫薈要本作「校」。
② 「李昪」，應依補正、文淵閣四庫本、備要本作「李昪」。
③ 「六經」，文津閣四庫本誤作「立經」。

〔補正〕

楊慎條内「昇」當作「昪」。（卷十二，頁十四）

吴任臣曰：「蜀廣政十四年，詔勒諸經於石，祕書郎張紹文寫毛詩、儀禮、禮記，祕書省校書郎孫朋吉寫周禮，國子博士孫逢吉寫周易，校書郎周德貞寫尚書，簡州平泉令張德釗寫爾雅，字皆精謹。」

〔補正〕

吴任臣條内「孫朋古」，「古」當作「吉」。（卷十二，頁十四）

按：宋乾德三年收蜀，送降款者，通奏使伊審徵也；草降表者，翰林學士李昊也。自昊以下，從降者三十二人，入除目者二十六人，載句延慶續錦里耆舊傳，而昭裔、紹文、朋吉、逢吉、德貞、德釗皆不與焉。

宋國子監石經

七十五卷。

佚。

〔補正〕

方綱按：宋嘉祐石經内，尚書、周官石尚有存者，其篆與正書皆精善，愚嘗得其拓本，不可全謂佚也。

又按：明河南按察使陳鳳梧嘗立石紀其本末，見全祖望鮚埼亭集。（卷十二，頁十四—十五）

〔校記〕

今陳留尚存周禮殘石，山陽丁氏舊藏宋拓殘本。（刊石，頁七十一）

江休復曰：「宋子京判國子監，進禮記石經本。」

王應麟曰：「仁宗命國子監取易、詩、書、周禮、禮記、春秋、孝經爲篆隸二體，刻石兩楹。」又曰：「至和元年八月，命皇姪右屯衛大將軍克繼書國子監石經以上，所寫石經論語求書石國子監，帝欲旌勸宗室，特從其請。二年九月，工畢上之，賜銀幣。」又曰：「至和二年三月，國子監王洙言國子監刊立石經，至今一十五年，止孝經刊畢，尚書、論語見書，鐫未就，乞促近限畢工，餘經權罷，從之。」又曰：「石經七十五卷，楊南仲書。周易十，詩二十，書十三，春秋十二，禮記二十，皆具真、篆二體。」又曰：「嘉祐三年五月，王洙薦大理丞楊南仲石經有勞，賜出身。六年二月，國子監言草澤章友直篆石經畢，詔補試將作監主簿，友直不願仕，賜以銀絹。五月，以同篆石經殿中丞張次立與堂除。」

周密曰：「羅壽可游汴梁，見太學九經石板堆積如山，一行篆字，一行真字。」

長編：「嘉祐六年三月，以篆國子監石經成，賜草澤章友直銀百兩，絹百疋，除試將作監主簿，辭不就，故有是賜。友直，建安人，得象之叔。」

葉適曰：「瑞安沈彬老北游程氏，師生間得性命微旨經世大意，時方禁春秋學，石經甫刻即廢，彬老竊賂守者，自摹藏之後世，孫體仁閣以庋焉，名曰深明。」

朱翌曰：「本朝石經，胡恢所書。」

顧起元曰：「胡恢，金陵人，博物強記，善篆隸，臧否人物，坐法失官十餘年，潦倒貧困，赴選集於京師。是時韓魏公當國，恢獻詩自達，魏公憐之，令篆太學石經，因得復官，任華州推官而卒。」

按：宋史藝文志又有楊南仲石刻三體孝經一卷。

陳頎曰：「開封，宋建都處。予署府庠事，見諸碑刻多宋時太學中石經，皆磨滅破碎，罕有完者。周視齋廡，見石礎俱①斷碑，隱然文字在上。」

按：宋太學石經在開封，陳永之猶及見之，惜未有好事者摹搨，今則沈於黃河淤泥之下矣。

胡氏元質重刻漢石經

佚。

元質記曰：「漢靈帝時，博士試甲乙科，争第高下，至有行賂改蘭臺漆書經字者。諸儒受詔於熹平，成刻於光和，俾天下咸取則焉。碑高一丈，廣四尺。水經②云：『立石太學，其上悉刻蔡邕名。』隋志有一字石經七種，其論云：『漢鐫七經，皆蔡邕書。』史亦稱蔡邕自書丹，使工鐫刻。其書畫超詣，要非中郎不能到也，然至今存者，體各不同，雖中郎兼備衆體，而篇章之富，未必能辨③於一人之手。傳稱邕與堂谿典、楊賜、馬日磾、張馴、韓説、單颺等正定諸經，意者當時諸儒同涉筆於其閒，不可知也。歷年多更變故久，陵遷谷變，煨燼剥蝕之餘，甚至取爲柱礎、爲礮石者。唐初，魏鄭公首訪求之，十不得一，

---

① 「俱」，文津閣四庫本作「皆」。

② 四庫薈要本「水經」下有「注」字。

③ 「辨」，四庫薈要本、文淵閣四庫本、補正作「辦」。

況於今哉！兹來少城，得墜刻於一二故家，雖閒斷不齊，然殘圭裂璧，亦可寶也，因以鑱之錦官西樓，庶幾補古之缺文云爾。」

〔補正〕

自記内「水經云」，「經」下脱「注」字。「未必能辨」，「辨」當作「辦」。（卷十二，頁十五）

宇文紹奕跋曰：「内翰胡公每以天下自任，推六經精微，寓諸日用。至於屋壁所藏，殘編斷刻，收拾無遺。常歎石經隸畫最古，旁搜博訪，合諸家所藏，得蔡中郎石經四千二百七十字有奇，以楷書釋之。又得古人篆隸三體石經遺字八百一十九，並鑱諸石，永貽不朽。按：史稱蔡邕自書丹，使工鐫刻，酈道元注水經亦云：『光和六年立石太學，其上悉刻蔡邕名。』則一字石經出於邕筆似無可疑。若夫三體石經，以儒林傳考之，其書已出於東漢時，水經乃云刻之魏正始中，意者魏刻殆以補漢刻遺亡爾。」

姓譜：「胡元質，字長文，長洲人。官至敷文閣學士。」

佚。

宋洪氏适重刻漢石經

諸道石刻録：「漢石經遺字，在越州治蓬萊閣。」

洪适跋曰：「蔡中郎石經在承平時已不多見，今京、雒雍鬲，慮其遂泯没不傳也。予既輯隸釋，因以所得尚書、儀禮、公羊、論語千九百餘字鐫之會稽蓬萊閣，凡八石，庶幾見者有跫然之喜。」

吾邱衍曰：「石經遺字碑，會稽蓬萊閣翻本，破缺磨滅，不異真古碑，今亡矣。」

按：蓬萊閣重刻石經，詳見漢石經下。

蘇氏望**重刻魏三體石經遺字**

佚。

婁機曰：「魏三體石經，正始中刻。今在洛陽者，皇祐癸巳，蘇望於故相王文康家得左氏傳搨本，取其完者刻之，凡八百一十九，題曰石經遺字。」

經義考卷二百九十

刊石四

宋太學御書石經

闕。

〔補正〕

方綱按：宋紹興石經石刻今存，不可全謂闕也。（卷十二，頁十五）

〔校記〕

兩浙金石志存周易二石，尚書七石，毛詩十石，中庸一石，春秋左傳四十八石，論語七石，孟子十石，總八十六石。今左傳但存四十石，較阮氏時又佚八石矣。（刊石，頁七二—七三）

王應麟玉海曰：「紹興五年九月，賜汪應辰以下御書石刻中庸篇，廷試畢賜御書自此始。十二年，賜陳誠之周官。十八年六月，御書儒行篇賜進士王佐等。二十一年五月，賜趙達等大學。二十四年，賜張孝祥等皋陶謨。二十七年，賜王十朋等學記。三十年四月，賜梁克家等經解篇，皆就聞喜宴賜之。十三年二月，内出御書左氏春秋，宣示館職少監秦熺以下作詩以進。六月，内出御書周易。九月，上諭輔臣曰：『學寫字不如便寫經書，不惟可以學字，又得經書不忘。』既而尚書委知臨安府張澂刊石，頒諸州學。十四年正月，出御書尚書。十月，出御書毛詩。十六年五月，又出御書春秋左傳，皆就本省宣示館職作詩以進上。又書論語、孟子，皆刊石立於太學首善閣及大成殿後三禮堂之廊廡。」

李心傳中興繫年録曰：「紹興十三年十一月，秦檜奏前日蒙付出御書尚書，來日欲宣示從臣。時上寫六經、論、孟皆畢，因請刊石國學，仍頒墨本賜諸路州學，詔可。」

截江網：「紹興九年，上所寫六經、論語、孟子皆畢，因刊石于國子監，仍頒墨本賜諸路縣學。」

玉海：「淳熙四年二月，詔知臨安府趙磻老於太學，建閣奉安石經，置碑石於閣下，墨本於閣上，以光堯石經之閣爲名，朕當親寫。參政龔茂良等言：『自昔帝王未有親書經傳至數千萬言者，不惟宸章奎畫，照耀萬世，崇儒重道至矣。』上曰：『太上字畫天縱，冠絶古今。』五月，磻老奏閣將就緒，其石經易、詩、書、春秋左氏傳、論語、孟子外，尚有御書禮記中庸、大學、學記、儒行、經解五篇，不在太學石經之數。今搜訪舊本，重行摹勒，以補禮經之闕，從之。六月，御書光堯御書石經之閣牌賜國子監，百官表請觀視，從之。」

宋鑑：「知臨安府趙磻老具到兩學修造圖本，西北隅建閣，安頓太上皇帝御書石經。上曰：『太上於字畫蓋出天縱，朕嘗謂鍾繇字最工，猶帶隸體，如太上宸翰，冠絶古今。』參政龔茂良等奏誠如聖訓。」

陳騤中興館閣録：「紹興十三年二月，恭閣御書左氏春秋、史記列傳，少監秦熺、著作郎王揚英、周執羔、祕書郎張漢彦、校書郎嚴抑、張闡、趙衛、錢周材、范雲、正字洪遵、吴芾各進詩一首。六月，恭閲御書周易，少監姜師仲、祕書丞嚴抑、祕書郎張闡、著作佐郎錢周材、趙衛各一首，校書郎陳誠之二首，正字洪遵、吴芾、洪适、潘良能、沈介各一首。十四年正月，恭閲御書尚書，祕書丞嚴抑三首，祕書郎張闡、著作佐郎錢周材、趙衛、校書郎陳誠之、正字吴芾、沈介各一首。十月，恭閣御書毛詩，提舉祕書省秦熺一首，少監游操、吏部員外郎兼國史院檢討官嚴抑各二首，著作佐郎錢周材一首，趙衛二首，校書郎陳誠之二首，正字沈介二首。十六年四月，恭閲御書春秋左氏傳，提舉祕書省秦熺、著作佐郎王墨卿各二首，魏元若、校書郎沈介、正字湯思退、劉章、張本各一首。」

洪邁御書閣記略：「曰若稽古高宗皇帝，實天生德，既以聰明聖武，戡濟多難，垂中興億年之基，洎保大定功，投戈息馬，於世紛萬殊，泊乎無一嗜翫，惟翰墨梱域，天縱神與，不舍食息。詩、書、易、春秋、孝經、論語、孟軻氏書凡幾帙，帙凡幾字，一一肆筆而成，翥鳳翔鸞，震蕩輝赫，端正嚴重，肅如神明。當是時，每終一經①，輒詔玉册官摹刻，徧以石本，侈錫方夏，光天之内，群戴其書。」

曾宏父曰：「高宗即位十九年，干戈之日居多，乃能親御翰墨，作小楷以書周易、尚書、毛詩、春秋左傳全帙，又節禮記中庸、儒行、大學、經解、學記五篇，章草語、孟，悉送成均。」

〔補正〕

曾宏父條内「高宗即位」下當補云：「改元建炎至紹興十三年癸亥通。」凡十三字。末當補云：「九月

---

① 「經」，文淵閣四庫本誤作「輕」。

甲子鐫石以頒四方」。方綱按：紹興石經刻於十三年九月，故通計其前十九年言之，若不引曾氏全文，竟似高宗即位止十九年者矣。又按：九月甲子是九月初十日。（卷十二，頁十五）

按：此則紹興石經禮記未曾全寫。

楊冠卿曰：「太上皇中興以來，崇尚經術，親灑宸翰，刊之翠珉，蔭以豐宇。聖人之經，固已是正遺闕，昭如日月，傳諸無窮。聖上臨幸，兩學思有以盡寶藏尊崇之意，且又建爲傑閣，揭以璇題，棟宇翬飛，奎壁焕爛，窮今亙古，未之前聞。」

葉紹翁四朝聞見録曰：「高宗御書六經，嘗以賜國子監及石本於諸州庠。上親御翰墨，稍倦，即命憲聖續書，至今皆莫能辨。」

潛説友臨安志：「光堯石經之閣，孝宗皇帝御書扁。淳熙四年，詔臨安府守臣趙磻老建閣奉安石經，以墨本置閣上，御書石經易、詩、書、左氏春秋、禮記五篇、中庸、大學、學記、儒行、經解。論語、孟子。」

陳基西湖書院記曰：「杭西湖書院，宋季太學故址也。德祐内附學廢，今爲肅政廉訪司治所。宋御書石經、孔門七十二子畫像石刻咸在焉。」

吴訥曰：「昔宋太宗嘗曰：『朕退朝觀書外，留意字畫，雖非帝王事業，不愈遊畋聲樂乎！』迨後高宗亦曰：『寫字當寫書，不惟學字，又得經書不忘。』紹興二年宣示御書孝經，繼出易、詩、書、春秋左傳、論、孟及中庸、大學、學記、儒行、經解五篇，總數千萬言，刊石太學。淳熙中，孝宗建閣奉安，親書扁曰光堯石經之閣。新安朱熹修白鹿書院，奏請御書石經本是也。元初，西僧楊璉真伽①造塔行宫故址，取碑石壘塔，杭州路官申屠致遠力争而止。後因改學爲西湖書院，歲久閣廢，石經斷折零落。洪武中，移仁和學於書院，然石經久廢，人莫知留意也。宣德元年夏，予出按於杭，觀之慨歎，迺以屬郡守盧君玉潤率教官生員收拾，得全碑若干，碎折若干，一一補輳，共得經碑百片，舁置殿後及兩廡焉。」

楊一清記曰：「監察御史朝郡宋君廷佐奉命按治浙江之暇，嘗求所謂石經者，曰在仁和學。因往視之，多斥棄瓦礫中，曰：『噫嘻！此南宋太學中故物也，胡傾斥至是哉？』乃進杭州府知府晉江留君志淑問其故，留君稽閲誌籍，蓋宋高宗初渡江，都臨安，即詔建學養士。詔興二年，手書易、書、詩、春秋、論、孟、中庸、儒行諸篇，刻石於學。京兆尹趙彇老建尊經閣以儲之。二十四年，復製宣聖洎顔、曾以下七十二賢贊并李伯時舊所繪像，皆刻石置之學。理宗紹定五年，又以所製伏羲以來道統贊刻之，附諸石經之末，宋亡學廢。元西僧楊璉真伽②謀運致諸石爲寺塔址，賴廉訪經歷申屠致遠之力而止。國朝洪武十二年，即書院建仁和學。宣德二年，巡按御史海虞吳公訥慨石經殘缺，屬知府盧玉潤收集之，得全刻及斷毁者若干，分麗其中。天順三年，改建縣學於今所，其諸石悉徙以從，四十年於兹。宋君曰歲久而廢，物理固然，惟兹盛典，廢莫之興，則有由矣。豈不以學宫專崇於

①「西僧楊璉真伽」，四庫薈要本作「嘉木楊喇敕智」。
②「西僧楊璉真伽」，四庫薈要本作「嘉木楊喇敕智」，下皆同。

郡，蒞兹土者，朔望廟謁，春秋釋奠，亦惟知有郡學，縣雖有學，概莫之至，焉知所謂石經者而葺之。乃檄府命移置諸石於府學焉，屬留君理其事，又命通判咸寧喬遷董工役。因從圖像於尊經閣下，甃以瓴甓，石經及表忠觀諸碑則徙於櫺星門北之兩偏，周廊覆之，既甃既堅，其屋之數，左二十有二楹，右如之，石之數，圖像十有五，贊八，易二，書七，詩十，春秋四十有八，論、孟、中庸十有九，表忠觀諸碑十有四。既訖工，留君具書肅使者謁予記慨。惟經書之在世，猶日麗天，水行地，不假形器而存，與天地同悠久者也。顧秦燔漢鑿之餘，不絶如線，非常之變，或出於意料之所不及，有斯文之責者，不得不憂，託諸貞石以壽於無窮，亦維持世道計耳。漢中郎筆跡已不可見，唐長安石經實與臨安後先並美，今長安故無恙，而仁和學宫獨委棄至此，凡吏於兹、士於兹者，將不均有責哉！夫高宗之爲君，復仇撥亂，慚德多矣，史稱其博學强記，繼體守文，有足嘉者。理宗之嗣統，無足齒録，然能表章先賢，崇正學，變士習，功不可少，觀其所以圖不朽者，而其所存可知已。古書家李斯、鍾繇雖畔道，君子猶取其長。歐、虞以降，殘碑裂石，至一宫觀一浮圖之微，世寶之如金玉，矧兹文教所關，非崇長異端、游心末技者比，是固可重。而高宗之書，精麗有法，置之名家中，亦烏可棄哉？抑又聞長安古石刻尚多，散漫不一，往往爲都民鑱鑿，以至磨滅。宋韓縝修霸橋，督工急，民磨碑石以供之，經此二厄，存者遂鮮。後直移至西安郡庠，保全至今。夫寺塔之厄，略同霸橋，而郡學之遷，其設心行事正相類，雖物之興廢有數，然振厲修改，每存乎其人，必有儒者之心而後能及此，其他非惟不肯爲，亦固有不暇爲者矣。宋君讀書好古，其所猷爲，務關風教，留君志足以承上，才足以濟心而任勞於下，又有通判喬君，故一指畫之間，而百年之廢墜以集，是固可書，而謂後之人有復不能嗣守而保厥成者，則非今日之所知矣。正德十二年秋七月。」

文徵明曰：「小字石經殘本百葉，約萬有五千言，前後斷缺，無書人名氏，余考之，蓋宋思陵書也。按：紹興二年，帝宣示御書孝經，繼書易、詩、書、春秋左傳、論、孟及中庸、大學、樂記、儒行、經解總數千萬言，刻石太學。後孝宗建閣奉安，名曰：光堯石經之閣，即此是也。蓋思陵平時極留意字學，尤喜寫經，嘗曰：『寫字當寫經書，不惟學字，又得經書不忘。』此書楷法端重，結搆渾成，正思陵之筆，但所書惟易、春秋左傳，又皆不全，視全本百分之一耳。又按：元初楊璉真伽發宋諸陵造塔，取故經石爲塔址，爲路官申屠致遠所遏而止，然石經竟亦散落。國朝宣德初，吴文恪公按浙，命有司追訪，所存無幾矣。此本雖殘缺，要不易得，況紙墨佳好，猶是當時搨本，又可多得哉！唐君伯虎寶藏此帖，余借留齋中累月，因疏其本末，定爲思陵書無疑。正德十二年。」

〔補正〕

文徵明條内「大學、樂記」，「樂」當作「學」。（卷十二，頁十五）

郎瑛曰：「宋紹興二年，高宗宣示御書孝經、易、詩、書、春秋左傳、論語、孟子、中庸、大學、學記、儒行、經解五篇刻石太學。淳熙中，孝宗建閣藏之，親書扁曰：光堯石經之閣。朱子修白鹿書院，奏請石經本即此是也。元初西僧楊璉真伽造塔於行宫故址，欲取碑石壘塔，時杭州路官申屠致遠力争止之，幸而獲免。後更學爲西湖書院，碑閣俱廢，國朝改爲仁和學。洪武末，徙仁和學於城隅之貢院，而石經亦舁致焉。歲深零落，踣臥草莽閒，而龜趺螭首，十缺其半。宣德元年，侍御史吴訥屬郡縣收緝，凡得百片，置之大成殿後兩廡，已爲不全之器矣。近於正德十三年，宋侍御復移至杭州府學之廡。」

于慎行曰：「元人①破宋，用楊璉真伽之②言，將宋宮殿郊廟悉毀爲寺，復欲取高宗所書九經石刻爲浮屠臺，爲杭州推官申屠致遠所拒而止，此亦秦火之再見者也。致遠，壽張人。素有文名，蓄書甚富，號爲墨莊。」

按：南宋太學石經碑爲元僧楊璉真伽③取其材建白塔寺，其僅存者，明宣德二年，常熟吴公訥於杭州府儒學築廊先師廟儀門外貯之。崇禎甲申，後廊圮，乃嵌壁中，左壁易二碑，書六碑，詩十二碑，禮記惟中庸一碑，論語七碑，孟子十一碑。右壁春秋左傳四十八碑，共八十七碑。東壁南有理宗御製序四碑，當時臣寮如洪邁等記跋，皆遺失不可復問矣。

宋吴郡石刻御書六經

佚。

范成大吴郡志：「御書閣，淳熙十四年郡守祕閣修撰趙彦操即六經閣舊址爲之，以奉高宗皇帝所賜御書石刻六經，爲郡庠壯觀。洪邁爲記。」

① 四庫薈要本無「人」字。
② 四庫薈要本無「之」字。
③ 「元僧楊璉真伽」，四庫薈要本作「嘉木楊喇敕智」。

洪邁記略曰：「蘇爲吴盛府，故有六經閣，燬於兵。紹興中，守臣寶文閣學士王唤始改建學室，庋置石經於大成殿。淳熙十四年，祕閣修撰趙彦操即舊址爲三楹兩翼，三其檐爲高六十尺，爲廣七十有五尺，寫其製以告當塗守邁使識本末，刊表樂石，以誌不朽。」

〔補正〕

案：此是建閣藏紹興石經拓本，並非寫經刻石，不應載入刊石類。（卷十二，頁十五）

楊氏甲六經圖碑

佚。

王象之曰：「六經圖碑在昌州郡學，郡人楊甲鼎卿所著也。」

金太學石經

佚。

王惲修理大都南京石經事狀曰：「竊見大都南京廟學所有九經石刻，刊琢極精。近年以來，舊制既廢，舉皆散亂於荒煙草棘中，日就摧圮，甚可惋惜。且經之遺制，自漢、唐至今，歷代聖王無不尊崇修理，蓋重夫經世大法故也。今海宇混一，方息馬論道之時，據上項，石經理合修立，以彰國容。」

明一統志：「金國子學碑二在舊燕城南。」

于奕正曰：「金石經碑在舊燕城南。金國子學碑刻春秋、禮記，今磨滅不完。」

安世鳳曰：「石經自東漢以蔡邕名，今并其搨本亦不存。唐序注孝經始刻石立臺，而表章之功，不足償離經之罪。惟文宗以群經刻於碑院，至今嘉惠學者。乃經宋中葉之亂淪於燕，幾不能存。迨正隆四年方爲耶律隆所修，則石經之所以長至今日者，皆其功也。其記字仿石經亦稍形似，夫以金人之凶猛，宜不知經爲何如物，而能樹立如此，亦可嘉也。」

按：金時石經未審何年所刻，殆移自汴京，與石鼓同也。

元汴梁學修復石經

佚。

李師聖記曰：「宇宙之爲宇宙，造化之爲造化，皆一實理主①之。理之所寓，則斯文而已矣；文之所布，則六經而已矣。凡天之所以命聖人，聖人之所以代天言者，方策具在，迨我夫子出，從而删之正之，贊之修之，集群聖之大成，而萬世之標準於此乎定。其見而知之者，若顔若曾，若思若孟，述夫子之微旨，而六經之藴奥於此乎明，所謂賢於堯、舜而不在禹下者，其以垂世立教，有功於斯文而爲言歟？夫文之有六經也尚矣，或以五數之，蓋合禮與樂而撙其一也；或以九數之，蓋兼周禮、論語、孝經而附其三也，獨大學、中庸則混於禮記諸篇之中，孟子一書則雜於荀卿諸子之列，於是表裏經緯不相連屬，卒使學者不得其門而入於聖賢之域，亦獨何哉？惟汴梁舊有六經、論語、孝經石本，

---

① 「主」，備要本誤作「上」。

乃近代辟雝之所樹者，陵谷變遷，修而復毀，其殘缺漫剥者，蓋不啻十之五六，前政巨寮之賢而有文者亦不遑卹，將七十餘年於兹矣。今參政公也先帖木兒①一見而病之，慨然以完復爲己任，義聲所激，附和者衆，不數月而復還舊觀，奈何孟子七篇猶闕遺焉，公習讀四書而明於大義者也，亟欲增置，而期會拘迫，有司請爲後圖，公默然，蓋有待於後舉也。惟四書之著名於世，程子、朱子之前未之有也，無乃爲異議乎！噫！此正斯文之緒所以絶而復續也，何則？六經成於夫子之手，四書出於夫子之徒，其同然之與自然，殆所謂至精至妙者歟？我世祖皇帝聰明睿知，高出前古，雅知崇尚四書，以其聖學精要在是故也。嘗語一後生之不檢者曰：『曾讀四書否？』又嘗謂侍臣曰：『孔子之道，三綱也，五常也，彼綴緝詩賦者皆浮詞耳。』大哉言乎！真與二帝三王異世而同心，於六經之大法，可謂一言以蔽之矣，惜乎不刊之典，爲業雕蟲者磔裂而腐爛之也。相臣大儒許衡亦曰：『小學四書，吾敬信如神明。』其推尊如此，亦猶夫子有從周之語，初非外夫二代而不之取也。石經既完復，學士大夫咸謂是役也所關甚重，誠不可以無紀，且因而發揮諸經之大義，亦不爲無益，乃以記文屬之不肖。竊惟六經與四書之爲教，不過去人欲以復天理而已。夫一氣運行乎天地之閒，清者居上，濁者居下；明者居内，暗者居外；芳者居先，臭者居後。一則主乎生，一則主乎殺。天理人欲，各有攸屬，陰陽淑慝之大分然也。天以生道而福斯民，人以生道而福其身，姑即日用而觀之，如理髮頮面而彈冠振衣，灑掃室堂，滌濯器用，凡以致新致潔，附於陽明之會，而養之以福耳。物之有滓，顧所必去，

① 「也先帖木兒」，四庫諸本作「額森特穆爾」。

而況神明之府，得容私欲之僞而爲蠱於中邪？苟爲去之，去之卒盡，去之則天命之性，率性之道不遠復，而實有諸己矣。是理也，中庸一序備言之，斯文正傳之統，顧不在兹乎！此不肖之所與聞者蓋如此，覃思累日，於是乎書。」

經義考卷二百九十一

刊石五

宋高宗御書乾卦

未見。

張鉉金陵新志：「高宗書乾卦，并群臣書諸卦繫辭，秦梓刻在溧陽。」

唐蕪湖縣篆書易謙卦

存。

陶宗儀曰：「李陽冰，字少温，趙郡人。官至將作少監，唐三百年以篆稱者，惟陽冰獨步。」

曹昭格古要論曰：「唐李陽冰篆書謙卦爻辭，字方三寸大，四扇板門在太平府蕪湖縣民家。」

楊慎曰：「陽冰，唐人以小篆著者也。其書謙卦爻辭『謙』字二十餘，多搆別體，乃以謙代謙。按説文：『諞，多言也。从言冉聲。』地名有諞邯縣，汝閻切。謙，敬也，苦兼切。音義不同，相去千里，乃以充乏衒奇，徒以此學，人所罕習，是以欺人如此，豈知千載而下，爲識者所勘邪？」

于奕正天下金石志曰：「唐謙卦篆刻，李陽冰書，大小三種，在蕪湖民家。」

按：葉氏菉竹堂書目載之。

宋臨安府磨崖家人卦

一卷。

存。

宋鑑：「紹興六年十一月庚辰，上諭大臣曰：『司馬光隸字真似漢人，近時米芾輩所不能彷彿，朕有光隸字五卷，日夕置之座右，每取展玩。又所書乃中庸與家人卦，皆修身治國之道，不特玩其字而已。』趙鼎曰：『如光所謂動容周旋中禮，而無纖毫遺憾者也』。」

葉紹翁曰：「南屏山興教寺磨崖家人卦、中庸、大學篇，司馬温公書，新圖經不載。錢唐自五季以來，無干戈之禍，其民富麗多淫靡之尚，其於齊家之道或闕焉。故司馬公書此以助風教，非偶然爲之也。」

周密武林舊事曰：「南屏興教寺舊名善慶，有齊雲亭、清曠樓，米元章書琴臺及唐人磨崖八分家人卦、中庸、樂記篇，後人於石傍刊『右司馬温公書』六字，其實非也。」

吴自牧夢粱録曰：「南屏山怪石聳秀，中穽一洞，上有石壁，如屏幛可愛。司馬温公書家人卦刻之石，見存其跡矣。」

李日華六研齋筆記曰：「杭州邵皇親墳，吴越時法因寺基也。後山壁上有司馬温公篆家人卦，遒勁可觀。」

按：篆書家人卦今在浄慈寺之西。歲在辛丑，予與同里曹侍郎秋嶽山行見之，其旁題名尚多，惜未克摹搨。卦後書樂記篇「禮樂不可斯須去身」至「舉而措之」一段。又中庸「道不遠人」至「無入而不自得焉」一段。泗水潛夫謂非涑水書，然以宋鑑證之，似屬公所書矣。

宋休陽縣磨崖兑卦

未見。

曹學佺曰：「休陽縣治古城，淳熙中，縣令鄒補之磨崖隸兑卦本文于山上，因名兑卦峰。」

朱子熹**石刻易繫辭**

未見。

王佐續格古要論曰：「朱子書易繫辭自『易有太極』至『易逆數也』。末有朱熹書蔡元定刊字。正統三年，舊刻漫滅，知府周鼎重刊。」

程敏政書後曰：「右①晦菴先生書繫辭『易有太極』以下百十有二字，西山蔡氏刻石在常德府學，字有小失真處，殆翻刻本也。今先生八世孫婺源司訓貞復以鐫梓，惓惓手澤不忘，可謂賢矣。此乃聖人微言經世啓蒙所從出，而西山皆與討論焉，固宜其得之深也。體用一原，顯微無閒，學者豈可自安於凡近，而不沈心於此哉？」

宋昌州石刻六十四卦象碑

佚。

王象之輿地碑目曰：「六十四卦象碑在昌元縣。」

宋道州石刻太極圖

未見。

曹昭曰：「周子太極圖說石刻，一在南安府學，一在撫州府學，一在道州。」

明凌雲山石刻易圖

五篇。

---

① 「右」，文淵閣四庫本作「有」。

未見。

杜應芳續全蜀藝文志曰：「嘉州凌雲山注易洞，主事安佑讀易於此，知州梅羹題額，陳嘉言作序銘，袁子讓刻注易五碑。一圖龍馬象河洛數羲文卦序，二圖卦位及先後天，三圖直日及大小父母，四圖外循環内變通渾天六位卦納甲，五圖圓倍乘方，因重及卦氣運世配方司化，洞正方，可坐數十人。」

按：安佑，四川嘉定州人，弘治壬戌進士。

張氏奭**古文尚書石刻**

佚。

晁公武曰：「予抵少城，作石經考異之餘，因得此古文全編於學官，乃進或作延士張奭倣呂氏所鏤本書丹刻諸石，是不徒文字足以貽世，若二典曰若奥㚖之類，學者可不知與？今其石當已不存，而摹本亦未見傳之人閒也。世無好古之人，雖金石其能保與？」

盛熙明書法考曰：「古文尚書，乃後人不知篆者，以夏竦韻集成，全不合古。」

明太僕寺石刻冏命

一篇。

存。

王世貞跋曰：「周禮太僕秩下大夫，孔氏以下大夫無稱太者，定爲中大夫，要之非甚貴倨也。乃穆王於冋而特命之，至媲於大司徒，而俾之『繩愆糾謬，格其非心』。又戒以『慎簡乃寮，毋昵匪人』。則亦重矣。第讀其詞，則若後世所謂奉車駙馬都尉職耳。其於攻執撫和禁盜驅犨之責無與也。夫以穆王之賢，一侈心啓而七萃之士高奔，戎犨應之，八駿之迹徧天下而莫顧返。是時，伯冋者，無論其人在否，躬命之而躬與之左，甚可慨哉！夫子所以刪書而不廢者，非特以其文也。」

〔補正〕

王世貞跋内「高奔戎犨」，「犨」當作「輩」。（卷十二，頁十五）

按：冋命石刻在太僕寺廨，吴人周天球所書，勒石在萬曆甲戌四月。

石刻魯頌駉篇

四章。

未見。

魏正始石經大學僞本

一卷。

存。

許孚遠曰：「余觀石經大學，編次殊不可曉，二千餘年忽有此本，多出好事者爲之也。」

毛奇齡曰：「大學石經，今世所行係唐開成閒所鏤石，雖非漢熹平蔡邕舊跡，然與鄭注禮記原文並無異同。至明嘉靖間，忽有魏正始本石經出於甬東豐考功坊家，其文但有變纂不分章節，增『顔淵問仁』二十二字，删『此謂知本，此謂知之至也，此謂修身在正其心』一十八字。其時海鹽鄭端簡曉從同邑許黄門相卿宅得其書，極爲表章，其言曰：『魏政和中，詔諸儒虞松等爲正五經，衛覬、邯鄲淳、鍾會等以小篆八分刻之於石，始行禮記，而大學、中庸傳焉。考魏史正始中，諸儒虞松等校過石經，魏邯鄲淳、鍾會以古文小篆八分書之於石，豎在漢碑之西，則魏正始中原有五經書石之事。其云政和則宋徽宗年號，係政始筆誤。第是時無衛覬名，衛覬者，衛瓘之父，經典稽疑據傳謂覬當以太和三年死，死時虞松年十五，鍾會方五歲，斷不能同時作書，且鍾會母張氏傳稱會十三頌周禮、禮記，則禮記之行，斷不俟會之書而始傳於世。其言之紕漏，不辨自明。至萬曆甲申，南户曹唐氏伯元得其書於吉安鄒氏，遽疏請頒布學官，會其疏以別事與中貴忤，遂駁奏不行。然其疏詞則有云：『石經大學，魏虞松受之賈逵，逵父徽與其師杜子春俱受業劉歆。當漢武時，周禮出巖屋間，歸祕府，五家之儒皆不可得見。至成帝朝，歆始表而出之。其後逵官中祕，又注禮記傳義詁及論難百萬餘言，爲學者所宗。於時，友人鄭衆與逵各有解，而馬融推逵獨精，故逵解獨行於世，衆解不行。』考漢史賈逵傳：逵但受春秋，爲春秋五家説并周官傳，並不受禮記，爲禮記傳義，此皆借逵傳舊文影射立説，如周禮出巖屋間，即周官也，五家之儒，即春秋五家也，其爲傳義詁，即春秋之傳義也，唐氏不明五家爲何家，周禮何禮，謬加『禮記』二字於傳義之上，固屬可笑，且當時有兩賈逵，一在熹平間受春秋者，一在政始與虞松等同校石經，若前賈逵，則去松等遠，不及授受，而在後賈逵，則又焉得有馬融相推逵解獨行之事，此真囈語也。又其言曰：若注疏大學，則東漢鄭玄受之摯恂、馬融，而傳自小戴聖，聖出自后蒼、孟卿、蕭奮，奮本之高堂生，是爲高堂古文，當時以非祕府藏，不得與録。夫禮記出自高堂，固自可據，然並無高堂、劉歆兩本兼行之事，且慶、戴三家皆立博士，而小戴所傳，當時已著爲經，其曰非祕府不録，何以稱焉？」

毛先舒曰：「石經大學出於嘉靖時，豐道生自謂家藏魏政和中石搨古文，云其本傳自賈逵，復有虞松述賈逵之言曰：『孔伋窮居於宋，懼先聖之學不明，而帝王之道墜，故作大學以經之，中庸以緯之，此本是也。』方石經大學本出，一時諸公尊信之者，管登之著其八不可易，唐伯元奏請欲以易天下學者所習朱子章句本。王元美則謂其不可信。楊時喬刻大學三書以駁其僞，周從龍亦著遵古編謂大學當復注疏古本，以王文成守仁之論爲歸，考魏無政和年號，斷石經爲妄，且謂其有四大拙以攻管説。第石經本『食而不知其味』下有『顔淵問仁』二十二字，則從龍更從之謂舊原有之，爲唐玄宗削去者，今自應補入。又以『誠意』章有『曾子曰』，則從賈逵定以爲是子思之書。道生并有石經中庸『民鮮能久矣』句，後便接『道其不行矣夫』通爲一章，『辟如行遠』章在『費隱』章後，『鬼神爲德』章在『達孝』章後，則從龍又盡宗其本，且自謂幸得聞之，若寐而醒，蓋未免自相矛盾焉。豐道生初名坊，字存禮，嘗官考功，後廢，人故目爲狂生者也。」

南京國子監石刻大學

未見。

安世鳳墨林快事曰：「樗寮子書大學首簡，祭酒程公刻之南雍之東序。」

韓氏滉**石刻春秋通例**

一卷。

佚。

陸龜蒙曰：「貞元中，韓晉公嘗進春秋通例，刻之於石。」

王象之曰：「韓晉公春秋通例石刻，今在潤州文宣王廟。」

唐石臺孝經

四卷。

存。

張昔孝經臺賦曰：「孝惟行先，教實理本，故玄宗探宣尼之旨，爲聖理之閫。爰索隱以鈎深，或詞約而意遠，然後勒睿旨於他山之石，樹崇臺爲儒林之苑。天文焕發，知孝道之克宣；微旨高懸，示仁風之已返。上崇君德，下達人情，王猷玉潤，帝典金清，誼雖刑于子道，理實暢於家聲，施之於人，風俗可移於孝理；懸之於教，日月方比於貞明。不然，何以倬爾孤標，介然守正，金字累累以條貫，銀鈎歷歷而交映。故嚮之者修睦，就之者起敬，斯乃示生民之大端，仰高山之景行，至哉聖化，本本元元，酌其旨而薄俗可厚，毗於政而理道可敦。故政以肅教爲尊，非無詩、書，始務陳其行本；非無貴賤，心願宗其化源。且高而不危者尚乎臺，磨而不璘①者莫如石，揭貞質於庠序，殊祕府之竹帛，諒乃侔天地而始終，豈特垂載祀於千百，静而繹思，文固在兹。一人有作，比屋允釐，覽君君臣臣之閒，則心乎愛矣，於尊尊卑卑之道，則學而知之，矧乎雕琢成章，區分式序，方隅而不失其正，篇次而各得其所。三千子之鼓篋，邈矣具瞻；十八章之箴規，揭之備舉。乃知孝理馨香，有時而彰，不壞不朽，化被無疆，所以播弘休於玉葉，表嗣子於明王，故曰：孝者天之經也，宜乎配地久而天長。」

趙明誠曰：「明皇注孝經四卷，天寶四載九月八分書。」

陳振孫曰：「明皇孝經注，今世所行本也。始刻石太學，御八分書，末有祭酒李齊古所上表及答詔，且具宰相等名銜，實天寶四載，號爲石臺孝經。乾道中，蔡洸知鎮江，以其本授教授沈必豫、熊克，使刻石學宫云。歐陽公集古録無之，豈偶未之見邪？家有此刻，爲四大軸，以爲書閣之鎮，按唐志作孝經制旨。」

曹昭曰：「唐玄宗八分書孝經注作小隸字，末有御跋草書，字方三四寸，碑凡四大片，末具列廷臣官勳。」

王世貞曰：「唐玄宗書孝經，後有太子亨、右相林甫、左相適之等題名。韋郇公陟稱彭城縣男，蓋自吏部侍郎出爲河南采訪，始襲公爵，此本封爾。韋斌封平樂郡公，可補本傳之闕。書法豐妍匀適，與太山銘同，行押亦雄俊可喜。當其時爲林甫所蠱媚極矣，猶知有是經邪？」

①「璘」，文淵閣四庫本作「磷」。

趙崡曰：「此碑四面以蟠螭爲首，鏨嵌精工，故非後世所能。開元帝書法與太山銘同潤色，史惟則老勁豐妍，如泉吐鳳，爲海吞鯨，非虚語也。後有李齊古表，行書亦佳，同勒諸臣名字，字不草草。至如行押數十字，尤豪爽可喜，乃知前代帝王留心翰墨如此。」

李應祥曰：「天寶四載，唐玄宗八分書孝經在文廟碑洞中。」

顧炎武曰：「石刻孝經，今在西安府儒學前，第一行題曰：『御製序并注及書。』其下小字曰：『皇太子臣亨奉勅題額。』後有天寶四載九月一日銀青光禄大夫國子祭酒上柱國臣李齊古上表及玄宗御批大字草書三十八字，其下有特進行尚書左僕射兼右相吏部尚書集賢院學士修國史上柱國晉國公臣林甫、光禄大夫行左相兼兵部尚書弘文館學士上柱國渭源縣開國公臣李適之等四十五人姓名，惟林甫以左僕射不書姓。舊唐書王璠傳載李絳疏云：「左右僕射師長庶僚開元中名之，宰相表狀之，中不署其姓。」經序注俱八分書，其額曰：『大唐開元天寶聖文神武皇帝注孝經臺。』中間人名下攙入『丁酉歲八月廿六日紀』九字，是後人所添，是歲乙酉，非丁酉也，又末二人官銜不書臣，亦可疑。」

唐御注孝經雙石幢記

趙明誠曰：「在莫州，唐楊諫撰，劉景廉八分書，開元二十二年十二月。」

宋石刻草書孝經

一卷。

佚。

江少虞曰：「淳化三年十月，遣中使李懷節以御草書千字文一卷付祕閣。李至請於御製祕閣贊碑陰勒石，帝謂近臣曰：『千字文蓋梁武帝得鍾繇書破碑千餘字，俾周興嗣以韻次之，詞理固無可取，非垂世立教之文。孝經乃百行之本，朕嘗親書，勒之碑陰可也。』因賜李至。」

玉海：「太宗御草孝經一卷，刻石祕閣。」

宋建康府學御書孝經

一卷。

未見。

張鉉金陵新志曰：「高宗御書孝經賜秦檜，真草相間，守臣晁謙之刻石郡學，檜及謙之跋於下，今存，經火不全。」

〔補正〕

按：今安徽太平府有石刻孝經，一行真書，一行草書，不知何年何人書立也。僅存開宗明義章、卿大夫章。（卷十二，頁十六）

湖州學御書孝經

一卷。

未見。

徐獻忠吴興掌故曰：「高宗御書孝經，紹興十四年，太守張宇立石，在州學。」

常州學御書孝經

一卷。

未見。

毗陵志：「宋高宗御書孝經石刻，淳熙中，守臣林祖洽立，在州學御書閣。」

句氏中正石刻三體孝經

宋志：「一卷。」

佚。

宋史新編：「句中正嘗以大、小篆、八分三體書孝經摹石，咸平三年表上之。真宗召見，便殿賜坐，問所書幾許時？曰：『臣寫此書，十五年方成。』上嘉歎，賜金紫，命藏於祕閣。」

虞淳熙曰：「中正受詔以三體書孝經摹石。」

楊氏南仲三體孝經

宋志：「一卷。」

佚。

昌州石刻古文孝經

一卷。

佚。

王象之曰：「碑在昌州北山，元二十二章，與今文十八章小異。按：今文先出於漢初，而古文與尚書同出於孔子壞宅。今文已盛，而古文獨不得列之學官，惟孔安國、馬融爲之傳，及明皇注今文十八章孝經，爲古文者益微矣。司馬光、范祖禹皆曾繳進，光謂始藏之時，去古未遠，其書最真。祖禹又爲之說，亦云古文庶得其正。」

盛熙明曰：「古文孝經内一篇大謬，後人妄欲作古，以古文字集成者。」

李氏師德**石刻孝經**

一卷。

佚。

師德序曰：「萬勝使鄉里無秋毫之損，雖功烈不大著於時，與妻子剽掠拱手受刃者，蓋有間矣，事之本末，見吴王祠之石刻焉。師德獲嗣其後，天不降造，及長而孤，惸然一身，思願竭力以事朝夕，其可得乎？聖人之經，孝爲大行。爲人子者，不得躬而行之，食稻衣錦，於女安乎？每一念之，不覺涕之無從，且父母之愛於子孫，非止鞠之育之，衣之食之而已。凡一言一行，常恐恐然慮其有所失而淪於非道也，逮夫啓手足之際，尚諄復戒之飭之不能已者，誠以愛之之心無有窮盡也。以不可窮盡之愛，而限以死生之變，該人情之所不足也。師德雖不敏，上焉既不得竭力於其親，下焉敢忘於愛之乎！良田廣居，不足以有之也；兼金美玉，不足以寶之也。可寶而有之者，惟聖人之言乎！聖人之言，布在方策，爛若日月。至於立身治家，事君事親，其章句較然而易曉者，無如孝經之爲最。竊願摸之堅石，一植之於先壠，一置之於縣庠，以示其後。復愧於聲迹曖昧，不足以聳動人之耳目，取重來世，是用購求甚貴而有名於時者，人題一章，益之以敘，得一十九人，復且名之，庶有託焉。司馬遷曰：『閭巷之人，欲砥名勵行者，非附青雲之士，惡能施於後世哉！』師德竊慕之，是不徒使後之孫子知吾愛之之至，亦庶幾不肖之迹附見於來今，又以鄉里之光傳諸永永而無窮已也。朝請郎勾當東京排岸司輕車都尉賜緋魚袋李師德敘，元祐元年三月初九日，朝奉大夫充集賢校理劉定書。」

莫旦吴江志曰：「孝經石刻舊在縣庠，景奉中尚存。然則李師德蓋吴江人也。」

徐師曾吴江志曰：「吴江縣學，宋大中祥符始作，元祐中乃竟，邑人李師德刻孝經於石，樹其中，自爲序。」

亡名氏石刻孝經

未見。

曹昭曰：「吉安府學有真楷小字孝經，今不完，不知何人書。」

明國子監石刻孝經

一卷。

存。

按：萬曆間，蔡毅中進孝經注於朝，毅中復刊石嵌於國子監西廂左壁，今尚存。

〔補正〕

竹垞按：「萬曆閒，蔡毅中進孝經注於朝，毅中復刊石嵌於國子監西廂左壁，今尚存。」

按：毅中官左春坊左諭德，掌國子監司業事，此石刻是天啟三年癸亥孟冬集唐虞世南書也。「西廂左壁」當作「西廂左右兩壁」。（卷十二，頁十六）

席氏益石刻孟子

十四卷。

佚。

晁公武曰：「孟子十四卷，皇朝席益宣和中知成都刊石置於學官，云僞蜀時刻六經於石，而獨無孟子，經爲未備，夫經大成於孔子，豈有闕邪？其論既謬，又多誤字，如以『頻』『顣』爲『類』，不可勝計。」

趙希弁曰：「孟子十四卷，不題經注字數若干，亦不題所書人姓氏。」

經義考卷二百九十二

書壁

唐太學壁經

佚。

封演曰：「大曆十年，有司上言經典不正，取捨莫準，詔儒官校定經本送尚書省，并國子司業張參共相驗考，參遂撰定五經字樣，書於太學講堂之壁，學者咸就取正焉。」

李肇曰：「張參爲國子司業，年老常手寫九經，以爲讀書不如寫書。」

通鑑注：「大曆中，張參爲司業，定五經，書於論堂東西廂之壁。」

按：唐舒元輿問國學記云：「元輿欲觀禮於太學，謁者許諾，遂前導之。初過朱門，門閫，問，曰：『此魯聖人之宫也。』遂拜之。次至於西，有高門，門中有廈屋，問之，曰：『此論堂也。』又至一門，問之，曰：『此國子館也。』其庭其堂，如入論堂云云。」會要、通典諸書不詳論堂之制，後學不知，疑論堂爲講堂之誤，故具疏之。

唐會要：「太和七年二月，敕覆定九經字體，令依司業張參五經文字爲準。」

册府元龜：「鄭餘慶以太子少師判國子祭酒，元和十三年十一月，以太學荒墜日久，生徒不振，奏請率文武俸禄修廣兩京國子監。十四年十二月，又奏請京官每月料錢每貫抽一十文，以充國子監造先師廟，并繕壁經，制可。」又曰：「開成二年八月，翰林待詔唐玄度狀張參五經舊字樣歲月將久，畫點參差，傳寫相承，漸致乖誤，今依字書商較是非，取其適中，新加九經字樣一卷，請附於五經字樣之末，用證謬誤。敕旨依奏。」

劉禹錫記曰：「初，大曆中，名儒張參爲國子司業，始詳定五經，書於論堂東西廂之壁，辨齊、魯之音取其宜，考古今之文取其正，繇是諸生之師心曲學、偏聽臆説，咸束而歸於大同，揭揭高懸積六十載，崩剥污衊，澳然不鮮。今天子尚文章，尊典籍，於苑囿不加尺椽，而成均以治學上言，遽賜千萬，時祭酒齊皥實尸之，博士韋公肅實佐之。國庠重嚴，過者必軾，遂以羡贏再新壁書，懲前土塗不克以壽，乃析堅木負墉而比之。其制如版牘而高廣，其平如粉澤而潔滑，背施陰關，使衆如一，附離之際，無跡而尋，堂皇靚深，兩廡相照。申命國子能通法書者，分章揆日遂其業而繕寫焉，筆削既成，校讎既精，白黑彬斑，瞭然飛動，以蒙來求，焕若星辰；以敬來趨，肅如神明；以疑來質，決若蓍蔡，由京師而風天下，覃及九譯，咸知宗師，非止服縫掖者鑽仰而已。於是學官陳師正等，暨生徒凡四百二十有八人請金石刻，且歌之曰：『我有學宇，既傾而成之；我有壁經，既昧而明之，孰規模之？孰發揮之？祭酒維齊，博士維韋，俾我學徒，絃歌以時，切切祁祁，不敖不嬉，庶乎遒人，來采我詩。』時余爲禮部郎，凡瞽宗之事得以闕決，故書之以移史官，宜附於藝文云。」

按：唐新、舊史均不爲齊暤立傳，新書宰相世系表：「瀛州齊氏暤，京兆府司録參軍。」而不言其官祭酒，昌黎韓子集有送齊暤下第序文稱：「高陽齊生兄爲時名相，出藩於南，生舉進士，有司用是連枉生。」所云名相者，映也。王定保摭言載隴西李舟與映書，稱三十三官足下。韋公肅，舊史無傳，新書入之，儒學諸臣之列表云是逍遥公房，元和初太常博士兼修撰。

王履貞賦云：「國家覃敷文命，建學崇政，置六經於屋壁，作群儒之龜鏡，剪遺文以辨謬，俾雅詁以詳正，是以儒業益敷，皇風載盛，斆學既闡，廓宇斯分。飾素壁而照月，搆丹梁而結雲，於是集青衿之侶，延鴻鵠之群，貞八索，起三墳，採典謨之淪翳，次編簡之繽紛，稽古至今，從百家之正義，歸真背僞，俾四海之同文。於是博考群臣，宣明舊典，既科斗之互缺，亦魚魯之相舛，依鳥跡而難從，訪蛇形而莫辨。定兹金簡，規程邈之隸書；遵彼古文，參史籀之大篆，然後命鍾、張之藝，詔文學之官，界四壁以繩直，擇五色之毫端①，粲爾其采，昭然可觀，雖一勞之克定，乃千載之不刊。錯綜既備，班列有次，欲昭明於六書，先褒貶於一字，俾去顛訛之惑，用全述作之意，苟不絶於韋編，將永齊於石記。至於止戈爲武，反正爲文，將爲後生之式，必憲先王之法。爰及垂露懸鍼，鶴頭蚊足，酌前後②之模楷，爲後來之軌躅。瞻彼垣牆，代兹簡牘，篇章焕炳，文雅照燭。正以先王之修，則曲禮三千；習以孔門之徒，則冠者五六，

①「端」，備要本誤作「瑞」。
②「前後」，依四庫薈要本應作「前修」。

所謂一人作則，京國儀型，光我廊廟，異彼丹青，示人範於古訓，正國常於典經，既文明於天下，宜遠域而來庭。」

〔補正〕

王履貞賦內「酌前後之模楷」，「後」當作「修」。（卷十二，頁十六）

按：是賦載文苑英華，當日試官以「六經典法刊正文字」爲韻，篇中既有「俾四海之同文」句，不應後復轉入文韻，且法韻在乏部，韻雖險，亦無止押一字之理，然則「反正爲文」句，非文字有誤，必其下尚有闕文，刊本失去也。

郭忠恕曰：「五經文字以屯陟倫切。卦之『屯』音『豚』，其濫讀有如此者。又五經字書不分『挍』、『校』，張氏皆从木，非也。」又曰：「驗張司業云久訛而不敢改，其順非有如此者。」

錢易南部新書曰：「大曆十一年制國子監，置書學博士，立說文、石經、字林之學，舉其文義，歲登下之。」

按：此正張參爲司業時事。

釋贊寧續高僧傳：「大曆中，敕定四分律疏。建中改元，其年五月疏草畢，六月望，敕僧圓照依國子學大曆新定字樣抄寫進。」

程大昌曰：「知者創物，雖則云創，其實必有因，藉以發其知也。蔡邕雖曰能書，若無堊帚，亦無以發其飛白之智。吾獨怪夫刻石爲碑，蠟墨爲字，遠自秦、漢，而至於唐張參輩，於五經文字皆已立板傳本，乃無人推廣其事以概經史，其故何也？」

王應麟曰：「唐儒學傳序：『文宗定五經，鑱之石，張參等是正譌文。』按：劉禹錫國學新修五經壁記云：『初，大曆中名儒張參爲司業，始詳定五經，書於論堂東西廂之壁』，序以參爲文宗時人，誤矣；參所定乃書於壁，非鑱石也。」

按：張參自序五經文字有云：「十年夏六月，詔委國子儒官勘校經本送尚書省，參幸承詔旨，得與二三儒者分經鈎考，互發字義，書於屋壁，凡三千二百三十五字。」所謂「十年夏」者，大曆十年也，今西安府碑洞石刻九經後附五經文字，於參序「十年」句上增「貞觀」二字，論世者遂疑不能決。考孟浩然集有送張參明經舉覲省詩，蓋參在開元、天寶閒舉明經，至大曆年爲國子司業，無足異者，其「貞觀」字不知何妄人所增。宋錢塘陳思撰書苑菁華，卷中載參序無此二字，而後有「大曆十一年六月七日國子司業張參序」一十六字，讀之積疑始釋，可知碑洞石本非唐人之舊矣。

又按：劉夢得國學新修五經壁記稱參爲名儒，參所書壁經至發題以試士。今文苑英華載有王履貞賦，其辭有曰：「置六經於屋壁，作群儒之龜鏡。」又曰：「一人作則，京國儀型，光我廊廟，異彼丹青。」其推詡之至矣。唐人多專攻詩賦，留心經義者寡，作史者宜以參入儒林傳，而舊史、新書俱不及焉，其姓名僅一見於宰相世系表，一見於藝文志小學類而已，闕事一也。參謂讀書不如寫書，度其書法必工，故當時壁經，群儒奉爲龜鏡，縱不得與儒林之列，書家姓氏亦宜載之，而書苑、書譜、書史均未之及，闕事二也。壁經雖無存，然參所定五經文字與唐玄度九經字樣同刻石附九經之後，歐陽永叔最嗜金石文字，其序集古録云：「上自周穆王，下更秦、漢、隋、唐、五代，外至四海九州，名山大澤，窮厓絶谷，荒林破冢，神仙鬼物，詭怪所傳，莫不皆有。」乃獨唐所刻石經，録中跋尾三百九十六篇，此獨無有，是唐刻石經，永叔當日反失於摹搨，未免類於昌黎韓子所云：「掎摭星宿，遺義娥矣。」闕事三也。今諸事皆有雕本，獨五經文字、九經字樣止有拓本無雕本，闕事四也。惟因參所詳定文字，務從簡要，以便士子作式，不能如説文、釋文之詳，此學者所易忽，因之末有開雕者矣。

〔補正〕

聘珍按：唐太學壁經亦張參所定，然非五經文字也。壁經是五經本文，並無音注，故張參自序云：「經典之文六十餘萬，既字帶惑體，音非一讀，學者傳授，義有所存，離之；若有失，合之，則難並至當之餘，但朱發其傍而已。」此蓋謂本文之中，不能參以音注，但朱發其傍使知音讀也。又云：「猶慮歲月滋久，官曹代易，儻復蕪汙，失其本真，乃命孝廉生顏傳經收集疑文互體，受法師儒以爲定例。」此蓋謂恐壁經不能垂久，故書壁之，外復撰五經文字也。其書作于大曆之年，及太和閒，國子學刊石經，唐元度奉勅復定字體，一以參書爲本，至開成二年石經成，元度復即參書刪補冗漏，又新加九經字樣一卷，並刊石列于石經之末。唐書儒學傳序以張參爲文宗時人固謬，而王深甯謂參所定乃書于壁，非刊石也。案：書壁者乃諸經本文，刊石者則諸經音義，所云五經文字者也，竹垞未嘗深考，故此條下所摭拾唐會要、册府元龜、郭忠恕諸條并其所作案語，皆言五經文字者也。（卷十二，頁十六—十七）

又案：封演曰：「大曆十年，有司上言經典不正，取捨莫準，詔儒官校定經本。」通鑑注：「大曆中張參爲司業，定五經書于論堂。」劉禹錫修壁經記曰：「名儒張參爲國子司業，始詳定五經。」案：此云校定經本、詳定五經，亦如熹平之時文字多謬，俗儒穿鑿疑誤，後學乃寫經刊石立于太學，使後儒晚學咸取正焉。崑山顧亭林謂五經文字自土塗而木板，自木板而石壁，不知土塗、木板乃所云太學壁經，皆是經本，而非五經文字，蓋五經文字未嘗書壁也。（卷十二，頁十七—十八）

經義考卷二百九十三

鏤板

五代會要：「後唐長興三年二月，中書門下奏請依石經文字刻九經印板，勑令國子監集博士儒徒將西京石經本，各以所業本經句度抄寫注出，子細看讀，然後顧召能雕字匠人各部隨帙刻印板，廣頒天下，如諸色人要寫經書，並須依所印勑本，不得更使雜本交錯。其年四月，勑差太子賓客馬縞、太常丞陳觀、太常博士段顒、路航、尚書屯田員外郎田敏充詳勘官，兼委國子監於諸色選人中召能書人端楷寫出，旋付匠人雕刻，每日五紙，與減一選，如無選可減，等第據與改轉官資。漢乾祐元年閏五月，國子監奏在雕印板九經內，有周禮、儀禮、公羊、穀梁四經未有印板，今欲集學官校勘四經文字鏤板，從之。周廣順三年六月，尚書左丞兼判國子監事田敏進印板九經書、五經文、字樣各二部，一百三十册。顯德二年二月，中書門下奏國子監祭酒尹拙狀，稱準勑校勘經典釋文三十卷雕造印板，欲請兵部尚書張昭、太常卿田敏同校勘。勑經典釋文已經本監官員校勘，外宜差張昭、田敏詳校。」

册府元龜：「長興三年四月，勑近以編注石經雕刻印板委國學，每經差專知業博士儒徒五六人勘讀并注，今更於朝官内别差五人充詳勘官：太子賓客馬鎬、太常丞陳觀、祠部員外郎兼太常博士段顒、太常博士路航、屯田員外郎田敏等。朕以正經事大，不同諸書，雖以委國學差官勘注，蓋緣文字極多，尚恐偶有差誤，馬鎬以下皆是碩儒，各專經業，更令詳勘，貴必精研，兼宜委國子監於諸色選人中召能書人謹楷寫出，旋付匠人鏤刻，每五百紙與減一選，所減等等優與遷轉官資。時宰相馮道以諸經舛謬，與同列李愚委學官等，取西京鄭覃所刻石經，雕爲印板，流布天下，後進賴之。」「廣順三年六月，田敏獻印板九經、五經文字、九經字樣各二部，奏曰：『臣等自長興三年校勘雕印九經書籍，經注繁多，年代殊邈，傳寫紕繆，漸失根源。臣守官膠庠，職司校定，旁求援據，上備雕鐫，幸遇聖朝，克終盛事，播文德於有截，傳世教以無窮，謹具陳進。先是後唐宰相馮道、李愚重經學，因言漢時崇儒，有三字石經，唐朝亦於國學刊刻，今朝廷日不暇給，無能别有刊立，常見吴、蜀之人鬻印板，文字色類絶多，終不及經典，如經典校定雕摹流行，深益於文教矣，乃奏聞。』勅下儒官田敏等考校經注，敏於經注長於詩傳，考訂刊正，援引證據，聯爲篇卷，先經奏定而後雕刻，乃分政事堂廚錢及諸司公用錢，又納及第舉人禮錢以給工人，賜敏襲衣繒綵銀器，并賜司業趙銖襲衣繒綵。」「樊倫爲國子司業，太祖廣順末，尚書左丞田敏判國子監獻印板九經，書流行而儒官數多是非，倫掇拾舛誤訟於執政，又言『敏擅用賣書錢千萬，請下吏訊詰。』樞密使王峻素聞敏大儒，左右之，密訊其事，搆致無狀，然於其書，至今是非未悉。」

玉海：「端拱元年三月，司業孔維等奉勅校勘孔穎達五經正義百八十卷，詔國子監鏤板行之。易則維等四人校勘，李説等六人詳勘，又再校。十月板成，以獻，書亦如之。二年十月以獻春秋，則維等二人校，王炳等三人詳校，邵世隆再校，淳化元年十月板成。詩則李覺等五人再校，畢道昇等五人詳勘、孔維等五人校勘，淳化三年壬辰四月以獻。禮記則胡迪等五人校勘，紀自成等七人再校，李至等詳定，淳化五年五月以獻。咸平元年正月，劉可名上言諸經板本多誤，上令崔頤正詳校，可名奏詩、書正義差誤事；二月，孫奭等改正九十四字；二年，命祭酒邢昺領其事，舒雅、李維、李慕清、王渙、劉士元與焉，五經正義始畢。三年三月，命邢昺等校定周禮、儀禮、公羊、穀梁傳正義，又重定孝經、論語、爾雅正義。四年九月，翰林侍講學士邢昺等及直講崔偓佺表上重校定周禮、儀禮、公、穀傳、孝經、論語、爾雅七經疏義，凡一百六十五卷。賜宴國子監，昺加一階，餘遷秩。十月，命摹印頒行，於是九經疏義備矣。景德二年五月，幸國子監，歷覽書庫，觀群書漆板，問祭酒邢昺曰：『板數幾何？』昺曰：『國初印板止及四千，今至十萬，經史義疏悉備。』帝曰：『非四方無事，何以臻此。』因益書庫十步以廣所藏，又詔褒之。九月，命侍講學士邢昺與兩制詳定尚書、論語、孝經、爾雅文字，先是國子監言群經摹印歲深，字體訛缺，請重刻板，因命崇文檢討杜鎬、諸王侍講孫奭詳校，至是畢，又詔昺與兩制詳定而刊正之。祥符七年九月，又并易、詩重刊板本，仍命陳彭年、馮元校定，自後九經及釋文有訛缺①，皆重校刊板。天禧元年九月，詔國子監群書更不增價。五年五月，令國子監重刻經書印板，以歲久刓損也。」

宋史藝文志曰：「周顯德中始有經籍刻板，學者無筆札之勞，獲覩古人全書。」又李至傳②：「雍熙中，判監李至上言：『本監先校定諸經音疏，其間文字訛謬尚多，深慮未副仁君

---

① 四庫薈要本於「缺」下有「者」字。

② 「李至傳」，依四庫薈要本、文津閣四庫本應作「崔頤正傳」。

好古誨人之意，蓋前所遣官多專經之士，或通春秋者未習禮記，或習周易者不通尚書，至於旁引經史，皆非素所傳習，以是之故，未得周詳，伏見國子博士杜鎬、直講崔頤正、孫奭皆苦心彊學，博貫九經，問義質疑，有所依據，望令重加刊正，冀除舛謬。』從之。咸平初，又有學究劉可名言諸經板本多舛謬，真宗命擢①官詳正。」

〔補正〕

按：此條下所引李至傳當作崔頤正傳。「真宗命擢官詳正」，「擢」當作「擇」。（卷十二，頁十八）

又邢昺傳：「景德二年夏，上幸國子監閱庫書，問昺：『經板幾何？』昺曰：『國初不及四千，今十餘萬，經傳正義皆具。臣少從師業儒，時經典有疏者百無一二，蓋力不能傳寫，今板本大備，士庶家皆有之，斯乃儒者逢辰之幸也。』」

又趙安仁傳：「國子監刊五經正義板，以安仁善楷、隸，遂奏留書之。」

長編：「咸平四年，先是詔國子祭酒邢昺等校定周禮、儀禮、公羊、穀梁傳正義，九月丁亥，昺等上其書，凡一百六十五卷，命摸印頒行，賜宴國子監，並加階勳，於是九經疏義悉具矣。」

〔補正〕

長編：「咸平四年，先是詔國子祭酒邢昺等校定周禮、儀禮、公羊、穀梁傳正義，九月丁亥，昺等上其書，凡一百六十五卷。」按：上文所引玉海作周禮、儀禮、公、穀傳、孝經、論語、爾雅七經疏義，凡一百

---

① 「擢」，應依補正、四庫諸本作「擇」。

六十五卷，檢宋志七經卷數亦合，此引長編止云周禮、儀禮、公、穀傳，而不及孝經、論語、爾雅，似脱。（卷十二，頁十八）

國史志：「唐末益州始有墨板，多術數字學小書，後唐詔儒臣田敏校九經，鏤本①於國子監，國初廣諸義疏音釋，令孔維、邢昺讎定頒布，於是經書大備。」

楊億曰：「雍熙中，太宗以板行九經尚多譌謬，俾學官重加刊校。史館先有宋臧榮緒、梁岑之敬所檢左傳，諸儒引以爲證，祭酒孔維上言其書來自南朝，不可案據章下，有司檢討杜鎬引貞觀四年勅『經籍訛舛，今後並以六朝舊本爲正』持以語維，維不能對。」

孔平仲曰：「昔時文字未有印板，多是寫本。齊宗室傳衡陽王鈞嘗手自細寫五經置於巾箱中，巾箱五經自此始也。至後唐明宗長興三年，宰相馮道、李愚請令判國子監田敏校正九經刻板印賣，朝廷從之，是雖在亂世，九經傳播甚廣。至周廣順中，蜀毋昭裔又請刻印板九經，於是蜀中文字復盛。」

葉夢得曰：「唐以前凡書籍皆寫本，未有摸印之法，人以藏書爲貴，人不多有，而藏者精於讎對，故往往皆有善本，學者以傳録之艱，故其誦讀亦精詳。五代時，馮道始奏請官鏤板印行。國朝淳化中，復以史記、前、後漢書付有司摹印，自是書籍刊鏤者益多，士大夫不復以藏書爲意，學者易於得書，其誦讀亦因滅裂。然板本初不是正，不無訛誤，世既一以板本爲正，而藏本日亡，其訛謬者遂不可正，甚可惜也。」又曰：「今天下印書以杭州爲上，蜀本次之，福建最下。京師比歲印板，殆不減杭州，但紙不佳，蜀

① 「本」，文淵閣四庫本作「板」。

與福建多以柔木刻之，取其易成而速售，故不能工。福建本幾徧天下，正以其易成故也。」

江少虞曰：「板印書籍，唐人尚未盛爲之，自馮瀛王始印五經之後，典籍皆爲板本。慶曆中，有布衣畢昇又爲活板，其法用漆泥刻字，薄如錢，每字爲一印，火燒令堅。先設一鐵板，其上以松脂、蠟和紙灰之類冒之，欲印則以銀範置鐵板上，乃密布字印，滿鐵爲一板，持就火煬之，藥稍鎔，則以一平板按其面，則字平如砥，若止印三、二本，未爲簡易，若印數十百千本，則極爲神速。常作二鐵板，一板印刷，一板已用布字，此印者纔畢，則第二板已具，更互用之，瞬息可就。每一字皆有數印，如之、也等字，每字有一十餘印，以備一板内有重複者，不用則以紙貼之，每韻爲一貼，木格貯之。有奇字素無備者，旋刻之以草火燒，瞬息可成。不以木爲者，木理有疏密，沾水則高下不平，兼與藥相粘，不可取，不若燔土。用訖，載火令藥鎔，以手拂之，其印自落，殊不沾污。昇死，其印爲予群從所得，至今保藏之。」

洪邁曰：「予家有舊監本周禮，其末云：『大周廣順三年癸丑五月雕造九經』，書畢，前鄉貢三禮郭嵠書列宰相李穀、范質、判監田敏等銜於後。舊五代史：『漢隱帝時國子監奏周禮、儀禮、公羊、穀梁四經，未有印板，欲集學官考校雕造，從之。』」

王明清曰：「毌丘儉貧賤時嘗借文選於交游閒，其人有難色，發憤異日若貴，當板以鏤之遺學者，後仕王蜀爲宰，遂踐其言刊之，印行書籍創見於此，事載陶岳五代史補。後唐平蜀，明宗命太學博士李鍔書五經，倣其製作，刊板於國子監，監中印書之始，今則盛行於天下，蜀中爲最。明清家有鍔書五經印本存焉，後題長興二年也。」

朱子曰：「建陽板本書籍，上自六經，下及訓傳，行四方者，無遠不至。」

朱翌曰：「雕印文字，唐以前無之，唐末益州始有墨板，後唐方鏤九經，悉收人間所有經史，以鏤板爲正。」

戴埴曰：「今之刊印小册謂巾箱本，起於南齊衡陽王鈞手寫五經置巾箱中，賀玠曰：『家有墳素，何須蠅頭細書？』答曰：『檢閲既易，且手寫不忘。』諸王從而效之。古未有刊本，雖親王亦手自抄録，今巾箱刊本無所不備。嘉定間，從學官楊璘之奏禁毁小板，近又盛行，第挾書非備巾箱之藏也。」

岳珂曰：「九經本行於世多矣，率以見行監本爲宗，而不能無譌謬脱略之患，監中大小本凡三，歲久磨滅散落，未有能修補之者。蓋京師胄監經史多仍五季之舊，今故家往往有之，實與俗本無大相遠。晁公武云：「公武守三榮，嘗對國子監所摸長興板本讀之，其差誤蓋多，昔議者謂太和石本授寫非真，時人弗之許，而以長興板本爲便，宋朝初，遂頒布天下，收向日民間寫本不用，然有訛舛，無由參校判知其謬，猶以爲官既刊定，難於獨改，由是而觀，石經固脱錯，而監本亦難盡從。」紹興初，僅取刻板於江南，諸州視京師承平，監本又相遠甚，與潭、撫、閩、蜀諸本互爲異同。柯山毛居正誼父以其父晃所增注禮部韻，乾淳間進之朝，後又校訂增益，申明於嘉定之初，其於經傳亦既①博攬精擇。辛巳春，朝廷命胄監刊正經籍，司成謂無以易誼父，遂取六經三傳諸本，參以子史字書選粹文集，研究異同，凡字義音切，毫釐必校，儒官稱歎，莫有異詞。刊修僅及四經，猶以工人憚煩，詭竄墨本，以紿有司，而誤字實未嘗改者什二三。繼欲修禮記、春秋三傳，誼父以病目移告，事遂中輟，自時厥後，無復以爲意矣。予每惜之，誓欲修刊，有所未暇，且以世所傳本，互有得失，難於取正，前

---

①「既」，備要本誤作「蜀」。

輩謂興國于氏及建余氏本爲最善，逮詳考之，亦此善於彼爾，又於本音義不列於本文下，率隔數葉始一聚①見，不便尋索，且經之與注遺脱滋多；余本間不免誤舛，要皆不足以言善也。今以家塾所藏唐石刻本、晉天福銅板本、京師大字舊本、紹興初監本、監中見行本、蜀大字舊本、蜀學重刊大字本、中字本、又中字有句讀附音本、潭州舊本、撫州舊本、建大字本、俗謂無比九經。俞紹卿家本、又中字凡四本、婺州舊本、并興國于氏、建余仁仲凡二十本，又以越中舊本注疏、建本有音釋注疏、蜀注疏，合二十三本，專屬本經名士反覆參訂，始命良工入梓，固自信以爲盡善，正恐掃塵隨生，亦或有之也。」

李心傳曰：「監本書籍者，紹興末年所刊也，國家艱難以來，固未暇及。九年九月，張彦實待制爲尚書郎，始請下諸道、州學取舊監本書籍鏤板頒行，從之，然所取者多殘闕，故胄監刊六經無禮記，正史無漢、唐。二十一年五月，輔臣復以爲言，上謂秦益公曰：『監中其他闕書亦令次第鏤板，雖重有所費，不惜也。』由是經籍復全。先是王瞻叔爲學官，嘗請摹印諸經義疏及經典釋文，許郡學以瞻學或係省錢，各市一本置之於學，上許之，令士大夫仕於朝者率費紙墨錢千餘緡，而得書於監云。」

李燾曰：「前代經史皆以紙素傳寫，雖有舛誤，然尚可參讐。至五代官始用墨版摹印六經，誠欲一其文字，使學者不惑。太宗朝又摹印遷、固諸史，與六經並傳，於是世之寫本悉不用，然墨版訛駁，初不是正，而後學者更無他本可以勘驗矣。」

祝穆曰：「建寧麻沙、崇化兩坊産書，號爲圖書之府。」

---

① 「聚」，備要本誤作「誤」。

洪咨夔曰：「前代書皆褚素傳抄，至五季始有六經墨板，今則靡書不板矣。」

羅璧曰：「蔡氏有云：『古書自篆、籀變而爲隸，竹簡變而爲縑素，縑素變而爲紙，紙變而爲摹印，摹印便而書反輕，後生童子習見以爲常，與器物等藏之者，秖觀美而已。』予謂書少而世不知讀固可恨，書多而世①不知重尤可恨也。唐末書猶未有摸印，多是傳寫，故古人書不多而精審，作册亦不解線縫，只疊紙成卷，後以幅紙概粘之，猶今佛、老經然，其後稍作册子。後唐明宗長興二年，宰相馮道、李愚始令國子監田敏校六經板行之，世方知鐫本甚便。宋興，治平以前猶禁擅鐫，必須申請國子監，熙寧後乃盡弛此禁，然則士生于後世者何其幸也。」

王應麟曰：「唐陸德明尚書釋文用古文，後周顯德六年，郭忠恕定古文尚書并釋文刻板，太祖命判國子監周惟簡等重修。開寶五年二月，詔翰林學士李昉校定上之，詔名開寶新定尚書釋文，咸平二年十月，孫奭請摹印古文尚書音義與新定釋文並行，從之。天聖八年九月，雕新定釋文。」

宋鑑：「紹興五年二月，尚書兵部侍郎王居正言四庫書籍多闕，乞下諸州縣將已刊到書版，不論經、史、子、集、小説、異書各印三帙赴本省，係民閒者，官給紙墨工賃之直，從之。」

中興館閣録：「祕書省石渠在祕閣後道山堂前，東廊圖畫庫、祕閣書庫、經庫，西廊祕閣書庫、印板書庫、編修會要所，北爲印書作。」又曰：「祕閣書庫儲藏諸州印板書六千九十八卷，一千七百二十一册。」

① 「世」，文淵閣四庫本無此字。

中興館閣續録：「淳熙十三年九月，祕書郎莫叔光上言：『今承平滋久，四方之人益以典籍爲重，凡搢紳家世所藏善本，外之監司郡守搜訪得之，往往鋟板以爲官書，然所在各自板行，與祕府初不相關，則未必其書非祕府之所遺者也。乞詔諸路監司郡守各以本路、本郡書目解發至祕書省，聽本省以中興館閣書目點對，如見得有未收之書，即移文本處取索印本，庶廣祕府之儲，以增文治之盛。』有旨令祕書省將未收書籍徑自關取。」

潛説友曰：「書板庫在著庭之右。」

高麗史：「文宗十年八月，西京留守報京内進士、明經等諸業舉人所業書籍，率皆傳寫，字多乖錯，請分賜祕閣所藏九經、論語、孝經置於諸學院，命有司各印一本送之。十三年①四月，知南原府事試禮部員外郎李靖恭進新雕三禮圖五十四版，詔置祕閣。肅宗六年三月，制以祕書省經籍板本委積損毁，命置書籍鋪於國子監移藏之，以廣摹印。」

按：高麗史所稱文宗，仁孝王徽也；肅宗，明孝王顒也。文宗以宋仁宗慶曆七年立，肅宗以哲宗紹聖二年立。

元史：「太宗八年夏六月，耶律楚材請立經籍所於平陽，編集經史。世祖至元四年，改經籍所爲②弘文院。六年九月，徙平陽經籍所於京師。十二年九月，括江西諸郡書板。十五年三月，遣使至杭州

---

① 「十三年」，文淵閣、文津閣四庫本作「十二年」。
② 「爲」，文津閣四庫本作「謂」。

取在官書籍板刻至京師。二十七年正月，立興文署掌經籍板。」

吴澂曰：「古之書在方册，其編褒繁且重，不能人人有也，經師率口傳，而學者以耳受，有終身止通一經者焉，可謂難矣。自紙代方①册以來，得書非如古之難，而亦不無傳録之勤也。鋟板肇於五季，筆工簡省，而又免於字畫之訛，不謂之有功於書者乎？宋三百年閒，鋟板成市，板本布滿於天下，而中祕所儲，莫不家藏而人有，無漢以前耳受之艱，無唐以前手抄之勤，讀書者事半而功倍，何其幸也。」

虞集曰：「承直郎松江府上海縣尹李君璋，世家濟寧之鉅野，去闕里二百里，而近頻遊孔林，先是六經板本中原絶少，學者皆自抄寫成書，其後朱子論語、孟子集註，大學、中庸章句傳至北方，學者傳授，板本尚寡，猶不能無事手録。及至元混一東南，書頗易致，而闕里無專本，君大父謙齋翁諱從原，欲刻梓，未及如志，年九十五而卒。君從事江右憲幕，辟淛閫掾，製錦海濱，秩滿少閒，願成大父之志，易、詩、書、禮先就，既北還，而春秋左氏傳及朱子四書至江右而後克成。四書版加厚，字加大，慮北方風高木善裂，取生漆加布其四端，歸諸孔廟之下，俾摸印以應四方之求焉。」

吾邱衍曰：「刊書板始於周邦彦，謂之倚書床，見周美成文集。」

趙希鵠曰：「鏤板之地有三：吴也，越也，閩也。蜀本宋最稱善，近世已希。燕、粤、秦、楚今皆有刻，類自可觀，而不若三方之盛。其精吴爲最，其多閩爲最，越皆次之，其直重吴爲最，其直輕閩爲最，越皆次之。」

① 「代方册」，文淵閣四庫本誤作「方代册」。

謝應蘭曰：「古者毫楮未興，書用刀筆，故六經往往口傳耳受，不能無誤，然識者正焉，其失猶未遠也。毫楮既作，書道乃備，轉相傳寫，譌謬滋多。至近代板刻之誤，人有不敢遽易者，況俗徒規利，至有節去其辭，章斷句裂，以誤學者，正復不少，然板本既行，聖經賢傳乃得家傳而人誦之，固亦有功名教矣。」

楊守陳曰：「古之書汗簡裁帛點漆磨石液筆書刀削，皆科斗文字，篆籀分書，蓋甚難也。漢、魏閒始有今紙、墨與楷書，筆之易矣，然未有不筆而成書者。至魏太和有石經，晉天福有銅板九經，皆可紙墨摹印，無庸筆寫，傳亦未廣。後唐以降，迺有木板，昔以梓，今以梨，刊摹甚便，於是五經皆有印本徧天下，人不復傳寫，易易甚矣。」

陸容曰：「古人書籍多無印本，皆手自抄録，聞五經印板自馮道始，學者蒙其澤多矣。國初，書板惟國子監有之，觀宋潛溪送東陽馬生序可知矣。宣德、正統閒，書籍印板尚未廣，今各處書板日增月益，動刊無益詩文，考元時詔書籍必經中書省看議過，事下有司，方敢刻印，想當時無擅刻者，此法甚好。」

郎瑛曰：「印板在唐時少有，至五代刻五經後始盛，然板本最易得，未免差訛。宋時試策以爲井卦何以無彖，正坐閩本失落耳，蓋閩俗專事取利，書坊村夫遇各省所刻書價高即便翻刻，卷數目録相同，而篇中多所減去，使人不知，故一部止貨半部之價，人争購之。嗚呼！秦火燔而六經不全，勢也，今爲利而使古書不全，爲斯文計者，寧可不深懲之乎？」

南雍志：「洪武十五年，命修國子監舊藏書板。」

實録:「永樂二年二月乙未,命工部修補國子監經籍板。」

太學志:「弘治四年,南京國子監祭酒謝鐸上言:『國子監所有東、西書庫,屋既隘陋,地亦卑濕,以致各樣書板朽壞日甚,所損匪細,乞改爲東、西書樓,上以爲庋置之所,下以爲印造之局,不惟經籍之奉安極其高潔,抑且工匠之出入有所拘檢,如此則歷代緊要書板不致朽壞散漫矣。』嘉靖十五年,祭酒吕柟上言:『士必知古,斯可通今,儀禮一書,乃成周致太平之具,世行高堂隆所傳十七篇,宋儒楊復爲之圖解,乞勑部重刊印裝一二百部以便諸生肄業。』從之。」

南雍續志:「萬曆二年,祭酒張位上疏謂辟雍乃圖書之府,故自昔辨譌證謬必以祕書及監本爲徵,今監有十七史,而十經注疏久無善本,請命工部給資鏤刻。」「西庫見存四書集注板四百五十一面,易經傳義板五百一十三面,詩經集注板三百四十二面,書經集注板三百二面,春秋四傳板八百九十三面,禮記集説板七百一十八面,東庫見存論語集注考證板五十面。」

天下書目:「北京國子監所藏經籍版,周易二十三片,周易音訓二十五片,書傳二百五十六片,又大字書傳二十五片,喪禮一千二百八十三片,論語一百六十七片,論語正文一十八片,論語集注三十五片,論語集義六百二十七片,孟子二百片,孟子集注六十片,孟子節文五十六片,孟子集義,數闕。中庸七十八片,中庸集義二百八十二片,大學四十五片,大學集義二百三片。」

按:喪禮自許敬宗等删去國恤,先儒論議①之,存於今者,僅杜氏通典所載,餘皆散佚無稽,國子監舊

①「議」,文淵閣四庫本作「義」。

存一千三百餘版，未知何代何人之書，惜乎今亦亡矣。

楊慎曰：「孟蜀後主崇尚六經，恐石經本傳流不廣，乃易爲木板，宋世稱刻本書始於蜀也。」又曰：「宋世書傳，蜀本最善。」

胡應麟曰：「葉少藴云：世言雕本始自馮道，此不然，但監本五經始馮道耳。柳玭訓序言其在蜀時，嘗閲書肆鬻字書小學，率雕本，則唐固有之。陸子淵豫章漫抄引揮麈録云：『毋昭裔貧時嘗借文選，不得，發憤云：『異日若貴，當板鏤①之以遺學者。後至宰相，遂踐其言。』子淵以爲與馮道不知孰先，要之皆出柳玭後也。載閲陸子淵河汾燕閒録云：『隋文帝開皇十三年十二月八日，勑廢像遺經悉令雕板，此印書之始。』據斯説，則印書實自隋朝始，又在柳玭先，不特先馮道、毋昭裔也。第有可疑者，隋世既有雕本矣，唐文皇何不擴其遺制，廣刻諸書，復盡選五品以上子弟入弘文館鈔書，何耶？意隋世所雕，特浮屠經像，蓋六朝崇奉釋教致然，未及概雕他籍也。唐至中葉以後，始漸以其法雕刻諸書，至五代而行，至宋而盛，於今而極矣。」又曰：「今人事事不如古，固也，亦有事什而功百者，書籍是已。三代漆文竹簡，冗重艱難，不可名狀。秦、漢以還，寖知鈔録，楮墨之功，簡約輕省，數倍前矣。然自漢至唐猶用卷軸，卷必重裝一紙，表裏常兼數番，且每讀一卷或每檢一事，紬閲展舒甚爲煩數，收集整比彌費辛勤。至唐末宋初，鈔録一變而爲印摹，卷軸一變而爲書册，易成、難毁、節費、便藏，四善具焉。溯而上之，至於漆書竹簡，不但什百，而且千萬矣，士生三代後，亦未爲不厚幸也。」

---

① 「異日若貴，當板鏤之」，文淵閣四庫本作「異日若富貴，板鏤之」。

顧起元曰：「宋史藝文志云：『周顯德中始有經籍刻板』，沈括夢溪筆談以爲始於馮道奏鏤五經，是後唐時事，柳玭①訓序又云：『常在蜀時書肆中閲印板小學書』，則印板非始於五代矣，意唐時不過少有一二，至五代刻五經後始盛，宋則群集皆有之也。」

秦鏷曰：「刊板昉於五代，至宋咸平始頒州縣，較漢、唐石經傳布廣矣。」

徐學聚曰：「嘉靖五年，時建陽書坊刊本盛行，字多訛舛，巡按御史楊瑞、提學副使邵鋭疏請專設儒官校勘經籍，上允其請，特遣侍讀汪佃行詔，校畢還京，勿復差官更代。」

① 「柳玭」，文淵閣四庫本誤作「後玭」。

經義考卷二百九十四

著録

漢書藝文志：「成帝時詔光禄大夫劉向校經傳，每一書已，向輒條其篇目，撮其指意，録而奏之。會向卒，哀帝復使向子侍中奉車都尉歆卒父業，歆於是總群書而奏其七略，有六藝略：易十三家，二百九十四篇；書九家，四百一十二篇；詩六家，四百一十六卷；禮十三家，五百五十五篇；樂六家，百六十五篇；春秋二十三家，九百四十八篇；論語十二家，二百二十九篇；孝經十一家，五十九篇；爾雅附。孟子十一篇。」

〔補正〕

案：此所引漢書藝文志六藝略「孝經十一家，五十九篇」下接「孟子十一篇」，案：孟子雖與群經並著，然班氏以孟子列于儒家類，不在六藝之中，既引漢書，則其篇目不可假也。（卷十二，頁十八）

案：漢書藝文志「孝經十一家，五十九篇」下接「小學十家，四十五篇」，末云：「凡六藝一百三家，三千一百二十三篇。」古人以小學與六藝竝列，誠以小學所以通知古今文字，乃六藝之指要也。至于後

世小學，幾爲絶學矣，而輯略之家，亦往往不著于録，雖竹垞此書，亦復於六藝略中删去小學矣。（卷十二，頁十八—十九）

按：班固漢書依七略作藝文志，誠良史用心，而史家體例之不可少者也，其後惟袁山松撰後漢書亦有藝文志，顧不傳。他若晉有荀勖中經簿、元帝書目、義熙祕閣目，宋有殷淳四部、王儉七志，齊有永明祕閣新録，梁有文德殿、尚書閣、華林園諸書，任昉所部，劉孝標所校。殷鈞、祖暅、阮孝緒所撰名録，乃自晉以下國史皆無述焉，至隋書始勒成經籍志，附著七録之目於下，經典藉①是略存，而劉知幾反訕之，謂「騁其繁富」，凡撰志者宜除此篇，抑何見之褊乎！

梁阮孝緒七録序略曰：「孝緒少愛墳籍，長而弗倦，遺文隱記，頗好搜集。自宋、齊以來，王公搢紳之館，苟能蓄聚墳籍，必思致其名簿，凡在所遇，若見若聞，校之官目，多所遺漏，遂總集衆家，更爲新録。其方内經史至於術伎，合爲五録，謂之内篇，方外佛道各爲一録，謂之外篇，凡爲録有七，故名七録。昔劉向校書，子歆撮其指要，著爲七略，有六藝略，今以六藝之稱不足標榜，經目改爲經典，故序經典録爲内篇第一：易部五百九十卷，尚書部一百九十卷，詩部三百九十八卷，禮部一千五百七十卷，樂部二十五卷，春秋部一千一百五十三卷，論語部四百一十六卷，孝經部一百四十四卷，小學部三百一十三卷，内見於隋志注者，爾雅一十七卷，石經四十二卷。② 統計四千七百一十卷，又術伎録緯讖部二百五十四卷。」

---

①「藉」，備要本誤作「籍」。

② 此段注文四庫薈要本爲正文。

〔補正〕

梁阮孝緒七録序内「今以六藝之稱」句，今下當補云「所撰七録斟酌王劉王」九字；「改爲經典」句下當補「今則從之」四字；「小學部」二十八字當接寫作大書，不應附注。（卷十二，頁十九）

按：阮氏七録其書久亡，僅附見於隋經籍志注，闕焉不詳。唐終南山釋道宣撰廣弘明集特載其序目，所謂禮失而求之野也，今節録之。

隋書經籍志：「魏祕書郎鄭默始制中經，祕書監荀勖又因中經更著新簿，分爲四部，總括群書，一曰甲部，紀六藝及小學等書。宋元徽元年祕書丞王儉別撰七志，一曰經典志，紀六藝、小學、史記、雜傳。梁有祕書監任昉、殷鈞四部目録，其術數之書更爲一部，故梁有五部目録。普通中，處士阮孝緒更爲七録，一曰經典録，紀六藝。隋平陳以後，經籍漸備，祕書内外之閣凡三萬餘卷。唐武德元年克平僞鄭，盡收其圖書，命司農少卿宋遵貴載之以船，泝河西上，將致京師，行經砥柱，多被漂没，其所存者十不一二，其目録亦漸濡殘缺，今考見存分爲四部，易六十九部，五百五十一卷；通計亡書合九十四部，八百二十九卷。書三十二部，二百四十七卷；通計亡書合四十一部①，二百九十六卷。詩三十九部，四百四十二卷；通計亡書合七十六部，六百八十三卷。禮一百三十六部，一千六百二十二卷；通計亡書二百一十一部，二千一百八十六卷。春秋九十七部，九百八十三卷；通計亡書合一百三十部，一千一百九十二卷②。孝經十八部，六十三

① 「四十一部」，文津閣四庫本誤作「九十一部」。

② 「九十二卷」，四庫薈要本作「九十卷」。

卷；通計亡書合五十九部，一百一十四卷。論語、爾雅、五經、六經七十三部，七百八十一卷；通計亡書合一百一十六部，一千二十七卷。緯十三部，九十二卷，通計亡書合三十二部，二百三十二卷。又儒家類孟子三家二十八卷。」亡書九卷。

〔補正〕

隋書經籍志内「唐武德元年」，按：「元」當作「四」，隋書經籍志又訛作「五年」，今據舊唐書高祖紀改；春秋條小注内「一千一百九十二卷」，「二」字當删；孝經「十八部」，當作「二十部」。（卷十二，頁十九）

唐六典：「祕書郎掌四部圖籍，分庫以藏之，以甲乙景丁爲之部①。甲部爲經，其類有十，一曰易，以紀陰陽變化；二曰書，以紀帝王遺範；三曰詩，以紀興哀誦歎；四曰禮，以紀文物體制；五曰樂，以紀聲容律度；六曰春秋，以紀行事褒貶；七曰孝經，以紀大經地義；八曰論語，以紀先聖微言；九曰圖緯，以紀六經讖候；十曰小學，以紀字體聲韻。易六十九部，五百五十一卷；書三十二部，二百三十七卷；詩三十九部，四百三十三卷；禮一百三十六部，一千六百二十二卷；樂三十二部，二百四十三卷；春秋九十七部，九百八十三卷；孝經一十八部，六十三卷；論語并五經異義七十二部，七百八十一卷；圖緯一十三部，九十二卷；小學三部，四十六卷。」

〔補正〕

① 「以甲乙景丁爲之部」，四庫薈要本作「以甲乙丙丁爲之部目」。

唐六典條内「以甲乙景丁爲之部」，句下脱「目」字。（卷十二，頁十九）

王鍇曰：「開元五年寫四部書以充内庫，共二萬五千九百六十卷。一曰甲，爲經，經庫書白牙軸、黄帶、紅牙籤。」

韋述曰：「開元十九年冬，駕發京，時集賢院經庫凡一萬三千①七百五十三卷，用白牙木書軸、赤黄暈帶、黄牙錦花織、竹書帙籤。天寶三載，經庫七千七百七十六卷。」

唐會要：「開元七年九月，勑令麗正殿寫四庫書。十九年冬，車駕發京時，集賢院四庫書總八萬九千卷，經庫一萬三千七百五十二卷。二十四年十月，車駕從東都還京，勑百司從官皆令減省，集賢書籍三分留一貯在東都。至天寶三載六月，四庫更造見在庫書目，經庫七千七百七十六卷。」

舊唐書經籍志：「開元三年，左散騎常侍褚無量、馬懷素侍宴，言及經籍，玄宗曰：『内庫皆是太宗、高宗先代舊書，嘗令宫人主掌，所有殘闕，未遑補緝，篇卷錯亂，難於檢閲，卿試爲朕整比之。』至七年，詔公卿士庶之家所有異書，官借繕寫，及四部書成，上令百官入乾元殿東廊觀之。九年十一月，殷踐猷、王愜、韋述、余欽、毋煚、劉彦真、王灣、劉仲等重修，成群書四部録二百卷，右散騎常侍元行沖奏上之，自後毋煚又略爲四十卷，名爲古今書録，大凡五萬一千八百五十二卷。禄山之亂，兩都覆没，舊籍亡散。文宗時，鄭覃侍講，禁中以經籍道喪，屢以爲言，詔令祕閣搜訪遺文，日令添寫。開成初，四部書至五萬六千四百七十六卷。廣明初，黄巢再陷兩京，曩時遺籍無存。昭宗即位，祕書省奏曰：『常省

① 「三千」，文淵閣四庫本作「二千」。

元掌四部御書共七萬餘卷，廣明之亂，一時散失，省司購募尚及二萬餘卷，及先朝再幸山南，尚存一萬八千卷。竊知京城制置，使孫惟晟收在本軍，望付當省校其殘缺，漸令補輯。』從之。及遷都洛陽，又喪其半，今録開元四部諸書以表藝文之盛。四部者，甲、乙、丙、丁之次也，甲部爲經，其類十二：一曰易，二曰書，三曰詩，四曰禮，五曰樂，六曰春秋，七曰孝經，八曰論語，九曰圖緯，十曰經解，十一曰詁訓，十二曰小學，凡經録十二家，五百七十五部，六千二百四十一卷。易七十八部，凡六百七十三卷；尚書二十九部，凡二百七十二卷；詩三十部，凡三百十三卷；禮一百四部，凡一千九百四十五卷；樂二十九部，凡一百九十五卷；春秋一百二部，凡一千一百八十四卷；孝經、論語六十三部，凡三百八十七卷；經緯、七經雜解三十六部，凡四百七十四卷；小學一百五部，凡七百九十七卷。又儒家類孟子四部，三十五卷。」

〔補正〕

舊唐書條内「嘗令宫人」，「嘗」當作「常」。（卷十二，頁十九）

新唐書藝文志：「六經之道，簡嚴易直而天人備，故其愈久而益明，今著於篇，有其名而亡其書者，十蓋五六也。易七十六家，八十八部，六百六十五卷；失姓名一家，不著録十一家，三百二十九卷。書二十五家，三十三部，三百六卷；不著録四家，二十卷。詩二十五家，三十一部，三百三十二卷；失姓名三家，不著録三家，三十三卷。禮六十九家，九十六部，一千八百二十七卷；失姓名七家，不著録十六家，二百九十五卷。春秋六十六家，一百部，一千一百六十三卷；失姓名五家，不著録二十二家，四百三卷。孝經二十七家，三十六部，八十二卷；失姓名一家，不著録六家，一十三卷。論語三十家，三十七部，三百二十七卷；失姓名三家，不著録二家，十二卷。讖緯二家，九部，八十四卷；經解十九家，二十六部，三百八十一卷；失姓名一家，不著録十家，一百二十七卷。小學六十九家，一百三部，七百二十一卷；失姓名二十三家，不著録二十三家，二千四十五卷。又儒家類孟子六家，四十五卷。」

〔補正〕

新唐書藝文志條内「十蓋五六也」，下當補云：「甲部經録其類十一，凡著録四百四十家，五百九十七部，六千一百四十五卷，不著録一百一十七家，三千三百六十卷。」（卷十二，頁十九）

宋三朝志：太祖、太宗、真宗。「易二十七部，二百四十卷；書十一部，一百一卷；詩十三部，一百四十一卷；禮四十部，一千五十六卷；内十一部儀注。春秋七十二部，六百五十八卷；論語十六部，一百三十九卷；孟子五家，二十七卷；孝經六部，十卷；經解十五家，一百七十一卷；讖緯四部，三十二卷①；小學六十七部，六百八卷。」

孫逢吉曰：「龍圖閣藏太宗御書，閣之四壁設五經圖，其下立六閣，經典閣三千三百四十一卷。」

按：岳珂愧郯録載龍圖閣經典卷帙，與孫逢吉職官分紀同。

李燾曰：「龍圖經典閣爲卷三千七百六十二。」

按：林駉源流至論載龍圖閣經典卷帙，與李燾長編同。

長編：「景祐元年閏六月辛酉，命翰林院學士張觀、知制誥李淑、宋祁編三館祕閣書目，仍命判館

① 「卷」，文淵閣四庫本誤作「部」。

閣盛度、章得象、石中立、李仲容覆視之。」「慶曆元年十二月己丑，翰林學士王堯臣等上新修崇文總目六十卷。先是景祐初，以三館祕閣所藏書，其閒亦有謬濫及不完者，命官定其存廢，因倣開元四部録爲總目，至是上之。所藏書凡三萬六百六十九卷，然或相重，亦有可取而誤棄不録者。」

崇文總目：「易一十八部，一百七十一卷；書七部，八十一卷；詩八部，一百一十五卷；禮三十三部，一千九十七卷；樂四十八部，一百八十一卷；春秋三十三部，三百九十六卷；孝經五部，九卷；論語一十三部，二百一十卷；小學二十八部，三百卷。」

按：崇文總目當時撰定諸儒，皆有論說。凡一書大義，必舉其綱，法至善也；其後若郡齋讀書志、書録解題等編，咸取法於此，故雖書有亡失，而後之學者覽其目録，猶可想見全書之本末焉。乃夾漈鄭氏持論，謂崇文目録每書之下必著說，據標類自見，何用更爲之說，又何用一一强爲之說，使人意怠於是。紹興中改定此書，僅存六十六卷之目，悉去論說，書之散佚者，學者遂無由知撰述之本旨矣。幸而尚存其概者，則鄱陽馬氏之功也。

宋兩朝志：仁宗、英宗。「易十一部，七十三卷；書二部，一十三卷；詩一部，一卷；禮三部，五十二卷；內一部儀注。春秋十七部，一百一十四卷；論語二部，二十卷；孝經一部，一卷；經解二家，七十九卷；小學二十部，六百四十二卷。」

宋四朝志①：神宗、哲宗、徽宗、欽宗。「易三十七部，二百一十九卷；書一十二部，一百二十卷；詩二

① 「四朝志」，文淵閣四庫本誤作「兩朝志」。

十一部，三百二十八卷；禮二十五部，三百六十七卷；內一部儀注。春秋三十六部，三百七十五卷；論語十三部，七十八卷；孟子九家，九十二卷；孝經六部，五卷；經解四家，一百九十五卷；小學二十二部，二百七十七卷。」

宋中興志：「易一百四十家，一百八十四部，一千三百六十六卷；書四十二家，五十一部，七百一十六卷；詩五十三家，六十四部，八百七十一卷；禮六十四家，九十一部，一千二百六十五卷；春秋一百二十九家，一百七十四部，二千二百七十一卷；論語五十五家，六十三部，四百九十八卷；孟子二十二①部，二百八十五卷；孝經二十一家，二十一部，二十九卷；經解二十二家，一百四十九卷；讖緯三家，五部，十二卷；小學一百三十八家，一百五十五部，一千一百一十三卷。」

紹興中祕書省續編到四庫闕書目：「易三百三十七卷，書四十二卷，詩一百六十二卷，禮四百六十六卷，春秋一百三十三卷，孝經一十四卷，論語九十九卷。」

宋史藝文志：「始太祖、太宗、真宗三朝，次仁、英兩朝，次神、哲、徽、欽四朝，三朝所録，則兩朝不復登載，而録其所未有者，四朝於兩朝亦然。自太祖至寧宗，爲書凡四，志藝文者，前後部帙有亡，增損互有異同，今删其重複，合爲一志。易二百十三部，一千七百四十卷；不著録十九部，一百八十六卷。書六十部，八百二卷；不著録十三部，二百四十四卷。詩八十二部，一千一百二十卷；不著録十四部，二百四十五卷。禮一百十三部，一千三百九十九卷；不著録二十六部，四百六十九卷。春秋二百四十部，二千七百九十九

① 「二十二」，四庫薈要本、備要本作「二十一」。

卷；不著録二十三部，四百八十八卷。孝經二十六部，三十五卷；不著部①二部，六卷。論語七十三部，五百七十九卷；不著録八部，八十二卷。經解五十八部，七百五十三卷；不著録九部，一百四十六卷。爾雅十五部，九十九卷。又儒家類孟子三十部，三百一十四卷。」

〔補正〕

宋史藝文志條内「今刪其重複合爲一志」，下當補云：「經類十一」；「孝經二十六部」下小注「不著部」，「部」當作「録」。（卷十二，頁十九—二十）

柯維騏宋史新編藝文志：「易二百三十一部，一千八百四卷；書七十三部，一千一十五卷；詩一百部，一千三百三十四卷；禮一百三十三部，二千卷；春秋二百六十三部，三千二百六十五卷；孝經二十八部，四十二卷；論語八十二部，六百五十一卷；孟子二十八部，三百九卷；爾雅九部，五十四卷；經解五十二部，七百六十八卷。」

鄭樵通志略：「易二百四十一部，一千八百九十卷；書八十部，五百九十八卷；詩九十部，九百四十二卷；春秋二百四十六部，一千三百三十三卷，又外傳儿部，一百三十二卷；孝經六十一部，一百六十一卷；論語六十五部，四百八十二卷；爾雅二十四部，一百三卷；經解五十八部，七百四十四卷；周官二十一部，二百六十五卷；儀禮十五部，一百一十八卷；喪服傳八十八部，三百四十七卷；禮記四十九部，八百一十八卷；月令十七部，五十六卷；三禮及圖十六部，三百九十卷；參同契十九部，三

①「部」，當據四庫諸本作「録」。

十一卷；孟子九部，五十卷。」

按：夾漈鄭氏疑詩序之非古，而所輯六藝略反信僞三墳書爲真，未免多學而寡識也。

馬端臨經籍考：「易一百七家，一千七十六卷；書四十四家，五百五十卷；詩三十五家，四百八十九卷；禮六十一家，一千八十四卷；春秋九十六家，一千五百二十八卷；孝經十四家，一十八卷；論語四十三家，四百二十八卷；孟子二十七家，二百七十一卷；爾雅十一家，七十六卷。」

元祕書志：「至正二年五月簿録在庫書，先次送庫經六部，一百一十三册；後次發下經書二百四十四部，二千一百四十五册；續發下經一百六十六部，一千九百四十六册。」

按：元祕書志十一卷，至正二年著作郎王士點、著作佐郎商企翁同編，統計經類四百一十六部，四千三百四册，而史子集不與焉。元之儲藏富矣，惜不分著其目，而洪武初修元史，命吕復、歐陽佑等采書北平，當時若一關取則諸書具在，以撰藝文志無難，顧元史闕焉，不能不致憾於宋、王諸公也。

明文淵閣書目：「易七百六册，書二百八十二册，詩三百八十八册，春秋一千一百四十一册，禮一千四百二十九册，經解二百七十四册，四書八百五十册。」

按：古書著録，未有不詳其篇卷及撰人姓氏者，故其卷帙寧詳無略，殷淳四部書目三十九卷，毋煚古今書録四十卷，王拱辰等崇文總目六十六卷，陳騤中興館閣書目七十卷，而殷踐猷等群書四録多至二百卷，昔之人豈好騁其繁富哉，蓋以述作者之意，俾論世者知其概焉爾。迨明正統六年，少師楊士奇、學士馬愉、侍講曹鼒編定文淵閣書目，有册無卷，兼多不著撰人姓氏，致覽者茫然自失，其後藏書之家往往效之。雖以葉文莊之該洽，而菉竹堂目都不分卷，鄞縣范氏天一閣目亦然，惟涿州高氏百川書志、連江陳氏一齋書目、山陰祁氏澹生堂藏書、周藩西亭宗正聚樂堂藝文目録皆詳列篇卷、姓名，而祁氏於類書、説部、文集中遇有經解，悉行列出，差足法也。

萬曆重編内閣書目：「易一十九册，書五十册，詩七十二册，春秋七百一十九册，禮一千三百二十五册，孝經一十九册，論語一百册，孟子六十七册，爾雅四十九册，經解二百四十五册，四書三百九十一册。」

按：宋靖康二年，金人索祕書監文籍，節次解發，見丁特起孤臣泣血録，而洪容齋隨筆亦云：「宣和殿、太清樓、龍圖閣所儲書籍，靖康蕩析之餘，盡歸於燕。」迨元之平金也，楊中書惟中於軍前收伊、洛諸書載送燕都。及平宋，王承旨構首請輦宋三館圖籍，至元中，又徙平陽經籍所於京師，且括西江諸郡書板，又遣使杭州，悉取在官書籍板刻至大都。明永樂間，勅翰林院凡南内所儲書各取一部，於時修撰陳循督舟十艘，載書百櫝送北京，又嘗命禮部尚書鄭賜擇通知典籍者，四出購求遺書，皆儲之文淵閣，相傳雕本十三，抄本十七，蓋不特合宋、金、元之所遺而匯於一，且奉使者復命，必納書於庫，縹緗之富，古未有也，惟因著録者不詳篇卷、不著撰人，故遠遜崇文、中興館閣諸目。考唐、宋、元藏書咸極其慎重，獻書有賚，儲書有庫，勘書有員，曝書有會，至明以百萬卷祕書顧責之典籍一官守視，其人皆貲生，不知愛重，而又設科專尚帖括，四子書、易、詩第宗朱子，書遵蔡氏，春秋用胡氏，禮主陳氏，其有稍別於學官所頒者，輒獲罪戾，以是愛博者窺大全而止，不敢旁及諸家，祕省所藏，土苴視之，盗竊聽之，百年之後，無完書矣。迨萬曆乙巳，輔臣諭内閣勅房辦事大理寺左寺副孫能傳、中書舍人張萱、秦焜、郭安民、吴大山校理遺籍，惟地志僅存，經典散失，寥寥無幾，萱等略述作者之旨，較正統書目大爲過之，惜已殘闕無足觀，有識者惟有撫卷浩歎而已。

王圻續文獻通考：「易一百七十四家，書八十七家，詩六十二家，春秋一百二十八家，禮九十六家，論語五十六家，孟子二十一家，四書六十二家，孝經一十二家，經解四十三家。」

按：王氏續通考本以續鄱陽馬氏之書，乃中間有卷帙者，僅十之一二而已，兼之世次之後先紊亂，名字之稱謂錯雜，典籍之篇目重複，其牽率爲已甚矣。亡友嘉定陸元輔翼王，毅然欲別撰續經籍考一書，以洗王氏之陋，窮年抄撮，積至數十册，未經删定而殁，然元、明遺籍索隱抉微不少；又晉江黄虞稷俞邰在明史館分撰藝文志，摭采特詳，二子皆功崇稽古者也。

朱睦㮮授經圖：「諸儒經解，周、漢而下至金、元，作者凡一千一百三十二人，國朝三十九人，經解凡一千七百九十八部，二萬一千七十一卷。」

按：西亭王孫授經圖原本所載如右，錢塘龔御史翔麟未仕時刊於白門，俾黄徵君虞稷增益之，凡增入古今作者二百五十五人，經解凡七百四十一部，六千二百一十八卷。

焦竑國史經籍志：「易二千二百一十八卷，書一千二百四十九卷，詩一千五百七十八卷，春秋三千二百五十九卷，三禮四千一百三十九卷，孝經一百九十九卷，論語一千三百七十四卷，孟子四百三十九卷，爾雅三百九卷，群經一千一百六十三卷，四書六百五十一卷。」

按：焦氏經籍志，萬曆中分撰明史而作，故曰國史經籍志，既非據見存之書，而歷代史所載又重複録，且考證未詳，方諸鄭氏通志，又遜之矣。

經義考卷二百九十五

通説一 説經上

經解：「孔子曰：『入其國，其教可知也。其爲人也，温柔敦厚，詩教也；疏通知遠，書教也；廣博易良，樂教也；潔静精微，易教也；恭儉莊敬，禮教也；屬辭比事，春秋教也。故詩之失，愚；書之失，誣；樂之失，奢；易之失，賊；禮之失，煩；春秋之失，亂。其爲人也，温柔敦厚而不愚，則深於詩者也；疏通知遠而不誣，則深於書者也；廣博易良而不奢，則深於樂者也；潔浄精微而不賊，則深於易者也；恭儉莊敬而不煩，則深於禮者也；屬辭比事而不亂，則深於春秋者也。』」

大戴禮：「春秋之『元』，詩之關雎，禮之冠、昏，易之乾、坤，皆慎始敬終云爾。」

論語：「子所雅言，詩、書、執禮，皆雅言也。」

春秋演孔圖曰：「孔子作法五經，運之天地，稽之圖象，質於三王，施之四海。」

春秋説題辭曰：「六經所以明君父之尊。」

管仲曰：「内不考孝弟，外不正忠信，澤其四經而誦學者，是亡其身者也。」

趙衰曰：「詩、書，義之府也；禮、樂，德之則也。」

齊太史子與曰：「孔子生於衰周，先王典籍錯亂無紀，而乃論百家之遺記考正其義，祖述堯、舜，憲章文、武，删詩述書，定禮理樂，制作春秋，讚明易道，垂訓後嗣，以爲法式，何甚盛也。」

子思子曰：「夫子之教，必始於詩、書，而終於禮、樂，雜説不與焉。」

莊周曰：「詩以道志，書以道事，禮以道行，樂以道和，易以道陰陽，春秋以道名分。」

尸佼曰：「孔子云：『誦詩讀書，與古人居；讀詩誦書，與古人謀。』」

慎到曰：「詩，往志也；書，往誥也；春秋，往事也；至於易，則吾心陰陽消息之理備焉。」

荀卿曰：「學惡乎始，惡乎終？曰：其數則始乎誦經，終乎讀禮，故書者，政事之紀也；詩者，中聲之所止也；禮者，法之大分、群類之綱紀也，故學至乎禮而止矣，夫是之謂道德之極。禮之敬文也，樂之中和也，詩、書之博也，春秋之微也，在天地之間者畢矣。」又曰：「聖人也者，道之管也，天下之道，管是矣；百王之道，一是矣，故詩、書、禮、樂之歸是矣，詩言是其志也，書言是其事也，禮言是其行也，樂言是其和也，春秋言是其微也。」又曰：「善爲詩者不説，善爲易者不占，善爲禮者不相。」

孔鮒曰：「不讀詩、書、易、春秋，則不知聖人之心。」

按：孔叢子此爲孔子語子張之辭，然實不類。

陸賈曰：「天生萬物，以地養之，聖人成之，定五經，明六藝。鹿鳴以仁求其群，關雎以義鳴其雄，春秋以仁義貶絶，詩以仁義存亡，乾、坤以仁和合，八卦以義相承，書以仁敘九族，君臣以義制忠，禮以仁盡節，樂以禮升降，學之者明，失之者昏，背之者亡。」

韓嬰曰：「千舉萬變，其道不窮，六經是也。」

賈誼曰：「書者，著德之理於竹帛而陳之，令人觀焉以著所從事。詩者，志德之理而明其指，令人緣之以自成。易者，察人之精德之理與弗循而占其吉凶。春秋者，守往事之合德之理與不合而紀其成敗，以爲來事師法。禮者，體德理而爲之節文，成人事。樂者，書、詩、易、春秋、禮五者之道備則合於德矣，合則讙然大樂矣。」

劉安曰：「五行異氣而皆和，六藝異科而皆道。温惠柔或作「淳」。良者，詩之風也；純龐敦厚者，書之教也；清明一作「静」。條達者，易之義也；恭儉尊一作「揖」。讓者，禮之爲也；寬裕一作「和」。簡易者，樂之化也；刺譏辨議者，春秋之靡也。故易之失，鬼；樂之失，淫；詩之失，愚；書之失，拘；禮之失，忮；春秋之失，訾。」又曰：「易之失也卦，書之失也敷，樂之失也淫，詩之失也辟，禮之失也責，春秋之失也刺。」

董仲舒曰：「詩無達詁，易無達旨，春秋無達辭。」説苑作「詩無通故，易無通占，春秋無通義。」又曰：「詩、書序其志，禮、樂純其養，易、春秋明其知，六學皆大而各有所長。詩道志，故長於質；禮制節，故長於文；樂詠德，故長於風；書著功，故長於事；易本天地，故長於數；春秋是非，故長於治。」

司馬遷曰：「易著天地、陰陽、四時、五行，故長於變；禮經紀人倫，故長於行；書紀先王之事，故長於政；詩紀山川、谿谷、禽獸、草木、牝牡、雌雄，故長於風；樂樂所以立，故長於和；春秋辨是非，故長於治人。是故禮以節人，樂以發和，書以道事，詩以達意，易以道化，春秋以道義。」

按：趙蕤長短經注謂爲司馬談之言，恐誤。

夏侯勝曰：「學經不明，不如歸耕。」

匡衡曰：「六經者，聖人所以統天地之心，著善惡之歸，明吉凶之分，通人道之正，使不悖於其本性者也。及論語、孝經，聖人言行之要，宜究其意。」

翼奉曰：「聖人見道，知王治之象以視賢者，名之曰經，賢者見經知人道之務，則詩、書、易、春秋、禮、樂是也。」

史游曰：「宦學諷詩、孝經論，春秋、尚書律令文，治禮掌故砥礪身，智能通達多見聞，名顯絶殊異等倫，積學所致非鬼神。」

王鳳曰：「五經，聖人所制，萬事靡不畢載。」

揚雄曰：「詩、書、禮、春秋，或因或作，而成於仲尼。」又曰：「大哉！天地之爲萬物郭，五經之爲衆説郛。書不經，非書也；言不經，非言也。」又曰：「説天者莫辯乎易，説事者莫辯乎書，説體者莫辯乎禮，説志者莫辯乎詩，説理者莫辯乎春秋。」又曰：「古者之學耕且養，三年通一經。」又曰：「或問：『天地簡易而聖人法之，何？』『五經之支離曰支離，蓋其所以爲簡易也，已簡已易，焉支焉離。』」又曰：「五經括矩。」又曰：「舍五經而濟乎道者，末矣。」

范升曰：「五經之本自孔子始。」

桓譚曰：「經與傳猶衣表裏，相待而成。」

牟子傳曰：「孔子不以五經之備，復作春秋、孝經，欲博遠術恣人意爾。」

班固曰：「古者以易、書、詩、禮、樂、春秋爲六經，至秦燔書，樂經亡，今以易、書、詩、禮、春秋爲五經。」又曰：「孔子以聖德遭季世，知言之不用而道不行，究觀古今之篇籍，敘書則斷堯典，稱樂則法韶舞，論詩則首周南，綴周之禮，因魯春秋舉十二公行事，繩之以文、武之道，成一王法，至獲麟而止，蓋晚而好易，讀之韋編三絕而爲之傳，皆因近聖之事以立先王之教。仲尼既没，七十子之徒散游諸侯，子張居陳，澹臺、子羽居楚，子夏居西河，子貢終於齊，如田子方、段干木、吴起、禽滑釐之屬，皆受業於子夏之倫，至於威、宣之際，孟子、孫卿之列，咸遵夫子之業而潤色之。及秦燔詩、書，殺術士，六學從此闕矣。漢興，言易自淄川田生，言書自濟南伏生，言詩於魯則申培公、於齊則轅固生、燕則韓太傅，言禮則魯高堂生，言春秋於齊則胡毋生、於趙則董仲舒，天下學士靡然鄉風矣。」又曰：「六藝之文，樂以和神，仁之表也；詩以正言，義之用也；禮以明體，明者著見，故無訓也；書以廣聽，知之術也；春秋以斷事，信之符也，五者蓋五常之道，相須而備，而易爲之原。古之學者耕且養，三年而通一藝，存其大體，玩經文而已，是故用日少而畜德多，三十而五經立。」又曰：「經，常也，有五常之道，故曰五經，樂仁、書義、禮禮、易知、詩信也。」

王符曰：「聖人之制經以遺後賢也，譬猶巧倕之爲規矩、準繩以遺後工也。」

王充曰：「聖人作其經，賢者造其傳，述作者之意，采聖人之志，故經須傳也。」又曰：「孔子之門，講習五經，五經皆習，庶幾之才也。」又曰：「魯恭王壞孔子宅以爲宫，得佚尚書百篇、禮三百、春秋三百篇、論語二十一篇。」又曰：「王莽之時，省五經章句皆爲二十萬，博士弟子郭路夜定舊説，死於燭下。」又曰：「著作者爲文儒，説經者爲世儒。」又曰：「儒者説五經，多失其實，前儒不見本末，空生虚説，後儒信前師之言，隨舊述故，滑習辭語，苟名一師之學趨爲師教授，及時蚤仕，汲汲競進，不暇留精用心考實根核，故虛說傳而不絕，實事没而不見，五經並失其實。」又曰：「夫經熟講者要妙乃見。」又曰：「知屋漏者在宇下，知政失者在草野，知經誤者在諸子。秦雖無道，不焚諸子，諸子之文具在，可觀讀以正說。」

〔補正〕

王充曰：「王莽之時，省五經章句皆爲二十萬，博士弟子郭路夜定舊說，死於燭下。」按：漢書不載莽此事，以後漢書「桓榮減尚書朱普章句爲二十三萬言，伏恭減齊詩伏黯章句爲二十萬言」參考之，此當作皆爲「二十萬言」，脱去「言」字。檢論衡效力篇與此同，姑仍之。（卷十二，頁二十）

牟融曰：「珠玉少而貴，凡屬多而賤，聖人七經而已，佛遂萬億言，煩而無當也。」

魯丕曰：「説經者傳先師之言，非從己出，不得相讓，相讓則道不明，若規矩權衡之不可枉也，難者必明其據，説者務立其義，浮華無用之言不陳於前，故精思不勞而道術愈章。」

高彪曰：「雜藝爲庖廚，五經爲府庫。」

傅幹曰：「六經爲庖廚，百家爲異饌。」

張奮曰：「五經同歸，而禮、樂之用爲急。」

徐防曰：「詩、書、禮、樂定自孔子，發明章句始於子夏，其後諸家分析，各有異說。漢承亂秦，經典廢絶，本文略存，或無章句，收拾缺遺。建立明經，博徵儒術，開置太學，孔聖既遠，微旨將絶，故立博士十有四家，設甲乙之科以勉勸學者，所以示人好惡、改敝就善者也。伏見太學試博士弟子皆以意說，不修家法，論議紛錯，互相是非，孔子稱『述而不作』，又曰『吾猶及史之闕文』，疾史有所不知而不肯闕也。

今不依章句，妄生穿鑿，以遵師爲非義，意説爲得理，輕侮道術，寖以成俗，雖所失或久，差可矯革。」

翟酺曰：「孝文皇帝始置一經博士，武帝大合天下之書，孝、宣論六經於石渠，學者滋盛，弟子萬數。」

應劭曰：「經五藝六，其枝别葉布，繁華無已也。」

乙瑛曰：「孔子作春秋，制孝經，演易繫辭，經緯天地，幽讚神明。」

延篤曰：「吾常昧爽櫛梳坐於客堂，朝則誦羲、文之易，虞、夏之書，歷周公之典禮，覽仲尼之春秋。夕則消搖内階，詠詩南軒，洋洋乎其盈耳也，焕爛兮其溢目也，紛紛欣欣兮其獨樂也。當此之時，不知天之爲蓋，地之爲輿，不知世之有人，己之有軀也。」

鄭康成曰：「詩者，弦歌諷諭之聲也；禮者，序尊卑之序，崇讓合敬也；春秋者，古史所記之制，動作之事也。」

荀悦曰：「仲尼作經，本一而已，古今文不同，而皆自謂真本經，古今先師義一而已，異家别説不同而皆自謂古。」又曰：「道之本，仁義而已矣，五典以經之，群籍以緯之，施之當時則爲道德，垂之後世則爲典經。」

秦宓曰：「河、洛由文興，六經由文起。」

後漢書儒林傳曰：「光武中興，愛好經術，未及下車，先訪儒雅，采求闕文，補綴漏逸。先是四方學士多懷挾圖書，遁逃林藪，自是莫不抱負墳策，雲會京師，范升、陳元、鄭興、杜林、衛宏、劉昆、桓榮之徒繼踵而集，於是立五經博士，各以家法教授，易有施、孟、梁邱、京氏；尚書歐陽、大、小夏侯；詩齊、魯、韓;禮大、小戴;春秋嚴、顏,凡十四博士,太常差次總領焉。建武五年迺修起太學,中元元年初建三雍,明帝正坐自講,諸儒執經問難於前,冠帶搢紳之人,圜橋門而觀聽者蓋億萬計,其後復爲功臣子孫、四姓末屬別立校舍,搜選高能以受其業,自期門羽林之士悉令通孝經章句,濟濟乎!洋洋乎!盛於永平矣。建初中,大會諸儒於白虎觀,考詳同異,連月乃罷,肅宗親臨稱制,如石渠故事,顧命史臣著爲通義,又詔高才生受古文尚書、毛詩、穀梁、左氏春秋,雖不立學官,然皆擢高第爲講郎給事近署,所以網羅遺逸,博存衆家。孝和亦數幸東觀,覽閱書林,及鄧后稱制,樊準、徐防並陳敦學之宜,順帝感翟酺之言,更修黌序。本初元年,詔大將軍下至六百石悉遣子就學,自是游學增盛至三萬餘生。熹平四年,靈帝詔諸儒正定五經,刊於石碑,樹之學門,使天下咸取則焉。」又曰:「自光武中年以後,干戈稍戢,專事經學,自是其風世篤焉,其服儒衣、稱先王、游庠序、聚黌塾者,蓋布之於邦域矣。若迺經生所處,不遠萬里之路,精廬暫建,贏糧動有千百,其耆名高義開門授徒者,編牒不下萬人,皆專相傳祖,莫或訛雜,至有分争主庭,樹朋私里,繁其章條,穿求崖穴,以合一家之說,揚雄所謂『譊譊之學,各習其師』也。」

徐幹曰:「六籍者,群聖相因之書也,其人雖亡,其道猶存,學者勤心以取之,亦足以到昭明而成博達矣。」

張遼叔曰:「六經爲太陽,不學爲長夜。」

晉孝武帝曰:「古之帝王,受經必敬。」

張華曰:「聖人制作曰經,賢者著述曰傳、曰記、曰章句、曰解、曰論、曰讀。」

傅休奕曰：「詩之雅、頌，傳之典，謨，文足以相副，翫之若近，尋之則遠，浩浩乎文章之淵府也。」

虞溥曰：「聖人之道淡而有味，故始學者不好也。及至期月，所觀彌博，所習彌多，日聞所不聞，見所不見，然後心開意朗，敬業樂群，忽然不覺大化之陶己，至道之入神也。」

楊泉曰：「夫五經則海也，傳記則四瀆，諸子則涇、渭也。」

葛洪曰：「五經爲道德之淵海。」又曰：「儒者周、孔也，其籍則六經也，蓋治世存正之所由也，立身舉動之準繩也，其用遠而業貴，其事大而辭美，有國有家不易之制也。」

袁宏曰：「記載廢興謂之典謨，集敘歌謠謂之詩頌，擬議吉凶謂之易象，撰録制度謂之禮儀，編述名跡謂之春秋，然則經籍者，寫載先聖之軌跡者也。聖人之跡，不同如彼，後之學者欲齊之如此，焉可得哉？」

劉熙曰：「經，徑也，常典也，如徑路無所不通，可常用也。易，變易也。禮，體也，得其事體也。詩，之也，志之所之也，興物而作謂之興，敷布其義謂之賦，事類相似謂之比，言王政事謂之雅，稱頌成功謂之頌，隨作者之志而別名之也。尚書，尚，上①也，以堯爲上始而書其時事也。春、秋、冬、夏終而成歲，春秋書人事，卒歲而究備，春、秋，温涼中象政和也，故舉以爲名也。」

蘇彦曰：「立君臣，設尊卑，杜將漸，防未萌，莫過乎禮；哀王道，傷時政，莫過乎詩；導陰陽悔吝，莫過乎易；明善惡廢興，莫過乎春秋；量遠近，賦九州，莫過乎尚書；和人心，勸風俗，莫過乎樂。」

① 文津閣四庫本奪「上」字。

陶潛曰：「顏氏傳詩爲道，爲諷諫之儒；孟氏傳書爲道，爲疏通致遠之儒；漆雕氏傳禮爲道，爲恭儉莊敬之儒；仲梁氏傳樂爲道以和陰陽，爲移風易俗之儒；樂正氏傳春秋爲道，爲屬辭比事之儒；公孫氏傳易爲道，爲潔浄精微之儒。」

釋道安曰：「書稱知遠，遠極唐、虞，春秋屬辭，辭盡王業。禮、樂之敬良，詩、易之温潔，皆以明夫身也。」

范泰曰：「六經典文本在濟俗。」

謝靈運曰：「六藝以宣聖教。」

梁武帝曰：「建國君臣在教爲首，砥身礪行由乎經術。」

梁元帝曰：「讀書必以五經爲本，所謂非聖人之書勿讀，讀之百徧，其義自見，此外衆書皆可汎而觀爾。」又曰：「通聖人之經者謂之儒。」又曰：「六經庖廚，百家異饌，三墳爲瑚璉，五典爲笙簧。」

陶弘景曰：「經者，常也，通也，謂常通而無滯，亦猶布帛之有經矣。」

劉勰曰：「三極彝訓，其書言經，經也者，恆久之至道，不刊之鴻教也。自夫子删述，而易張十翼，書標七觀，詩列四始，禮正五經，春秋五例。論説辭序，則易統其首，詔策章奏，則書發其源，賦頌歌贊，則詩立其本，銘誄箴祝，則禮總其端，紀傳銘檄，則春秋爲其根。徵之周、孔，則文有師矣，是以子政論文，必徵於聖，稚圭勸學，必宗於經。」又曰：「聖哲彝訓曰經，述經敘理曰論。」又曰：「敷讚聖旨，莫若注經。」又曰：「秦延君之注堯典十餘萬字，朱普之解尚書三十萬言，所以通人惡煩差①學章句，若毛公訓詩，安國傳書，鄭君釋禮，王弼解易，要約明暢，可爲式矣。」

〔補正〕

劉勰條内「則春秋爲其根」，以上所引俱文心雕龍宗經篇文，已下乃徵聖篇文，誤相連屬。（卷十二，頁二十）

項岱曰：「孔子一定五經，垂之萬世，後人不能改也。」

李先曰：「經書，三皇五帝治化之典，可以補王者神智。」

孫惠蔚曰：「六經乃承天之正術，治人之貞範，是以温柔疏遠，詩、書之教；恭儉易良，禮、樂之道。爻、象以精微爲神，春秋以屬辭爲化，斯實太平之樞宗，勝殘之要道，有國之靈基，帝王之盛業。」

顔之推曰：「文章者，原出五經：詔命策檄，生於書者也；敘述論議，生於易者也；歌詠賦頌，生於詩者也；祭祀哀誄，生於禮者也；書奏箴銘，生於春秋者也。」

王通曰：「九師興而易道微，三傳作而春秋散。齊、韓、毛、鄭，詩之末也；大戴、小戴，禮之衰也。書殘於古今，詩或曰當作「論」。失於齊、魯。」又曰：「昔聖人述史三焉：其述書也，帝王之制備矣，故索焉而皆獲。其述詩也，興衰之由顯，故究焉而皆得。其述春秋也，邪正之跡明，故考焉而皆當。」又曰：「書以辨事，詩以正性，禮以制行，樂以和德，春秋以舉往，易以知來，先王之藴盡矣。」

① 「差」，備要本作「羞」。

姚義曰：「教之以詩則出辭氣，斯遠暴慢矣；約之以禮則動容貌，斯立威嚴矣。不學春秋，無以主斷；不學樂，無以知和；不學書，無以議制；不學易，無以通理。」

牛弘曰：「周德既衰，經籍紊棄，孔子以大聖之才，開素王之業，憲章祖述，制禮刊詩，正五始而修春秋，闡十翼而弘易道。」

隋書經籍志曰：「經籍也者，機神之妙旨，聖哲之能事，其爲用大矣，今之所以知古，後之所以知今，其斯之謂也。」

北史儒林傳曰：「漢世鄭玄並爲衆經注解，服虔、何休各有所説。玄詩、書、易、禮、論語、孝經，虔左氏春秋，休公羊傳，大行於河北，王肅易亦閒行焉。晉世杜預注左氏，預玄孫坦、坦弟驥於宋朝並爲青州刺史，傳其家業，故齊地多習之。自魏末大儒徐遵明門下講鄭玄所注周易，遵明以傳盧景裕及清河崔瑾，景裕傳權會、郭茂，權會早入鄴都，郭茂恆在門下教授，其後能言易者多出郭茂之門。河南及青、齊之閒，儒生多解王輔嗣所注，師訓蓋寡。齊時儒士罕傳尚書之業，徐遵明兼通之。遵明受業於屯留王聰，傳授浮陽李周仁及勃海張文敬、李鉉、河閒權會，並鄭康成所注，非古文也。下里諸生，略不見孔氏注解。武平末，劉光伯、劉士元始得費甝義疏，乃留意焉。其詩、禮、春秋，尤爲當時所尚，諸生多兼通之。三禮並出遵明之門，徐傳業於李鉉、祖儁、田元鳳、馮偉、紀顯敬、吕黄龍、夏懷敬，李鉉又傳授刁柔、張買奴、鮑季詳、邢峙、劉晝、熊安生，安生又傳孫靈暉、郭仲堅、丁恃德，其後生能通禮經者多是安生門人，諸生盡通小戴禮，於周、儀禮兼通者十二三焉。通毛詩者多出於魏朝劉獻之，獻之傳李周仁，周仁傳董令度、程歸則，歸則傳劉敬和、張思伯、劉軌思，其後能言詩者多出二劉之門。河北諸儒能通春秋者，並服子慎所注，亦出徐生之門，張買奴、馬敬德、邢峙、張思伯、張奉禮、張彫、劉晝、鮑長宣、王元則並得服氏之精微，又有衛覬、陳達、潘叔虔，雖不傳徐氏之門，亦爲通解。又有姚文安、秦道静，初亦學服氏，後兼更講杜元凱所注，其河外儒生，俱服膺杜氏。其公羊、穀梁二傳，儒者多不厝懷。論語、孝經，諸學徒莫不通講，諸儒如權會、李欽、刁柔、熊安生、劉軌思、馬敬德之徒，多自出義疏，雖曰專門，亦皆相祖習也。大抵南北所爲章句，好尚互有不同。江左，周易則王輔嗣，尚書則孔安國，左傳則杜元凱；河、洛，左傳則服子慎，尚書、周易則鄭康成，詩則並主於毛公，禮則同遵於鄭氏。南人約簡，得其英華；北學深蕪，窮其枝葉。考其終始，要其會歸，其立身成名，殊方同致矣。」

長孫無忌曰：「昔者聖人制作謂之爲經，傳師所説則謂之爲傳，邱明、子夏於春秋、禮經作傳是也。近代以來，兼經注而明之則謂之爲義疏。疏之爲字，本以疏闊、疏遠立名，又廣雅云：『疏者，識也。』按疏訓識，則書疏記識之道存焉。」

陸德明曰：「五經六籍，先後次第互有不同，如禮記經解之説以詩爲首，七略、藝文志所記周易居前，阮孝緒七録亦同此次，而王儉七志，孝經爲初，原其後前，義各有旨，今當以著述早晚、經義總別以成次第。周易雖文起周代，而卦肇伏羲，既處名教之初，故易爲七經之首。尚書起五帝之末，理後三皇之經，故次於易。詩起周文，又兼商頌，故在堯、舜之後，次於書。周、儀二禮，並周公所制，宜次文王。禮記雖爲戴聖所録，然忘名①已久，又記二禮闕遺，宜相從次於詩下。春秋孔子所作，理當後於周公，故

① 文津閣四庫本無「名」字。

次於禮。孝經與春秋雖俱夫子述作，然春秋周公垂訓，史書舊章，孝經專是夫子之意，故宜在春秋之後。論語是門徒所記，故次孝經。爾雅，周公，復爲後人所益，且以釋經，故殿末焉。」

姚思廉曰：「兩漢登賢，咸資經術，魏、晉浮蕩，儒教淪歇，公卿士庶罕通經業矣。夫砥身礪行，必先經術，樹國崇家，率由茲道，故王政因之而至治，人倫得之而攸序。」

劉知幾曰：「聖賢述作，是曰經典，句皆韶、夏，言盡琳琅。」又曰：「書編典、誥，宣父辨其流；詩列風、雅，卜商通其義。」又曰：「尚書古文，六經之冠冕也；春秋左氏，三傳之雄霸也。」又曰：「昔詩、書已成，而毛、孔立傳，傳之時義，以訓詁爲主，亦猶春秋之傳，配經而行也。降及中古，始名傳曰注，蓋傳者，轉也，轉授於無窮；注者，流也，流通而靡絶，惟此二名，其歸一揆。鄭玄、王肅述五經而各異，何休、馬融論三傳而競美，欲加商確，其流實繁。」

趙僎曰：「昔犧后作易，周公創禮，孔父修雅，若三聖不作，則後王何述？故天地非宓皇不昭，長幼非周公不序，雅、頌又非孔子不列矣。」

李元瓘曰：「三禮、三傳、毛詩、尚書、周易並聖賢微旨，今明經所習，咸以禮記文順，人皆競讀。周禮，經邦之軌則；儀禮，莊敬之楷模；公羊、穀梁歷代宗習，今兩監及州縣以獨學無友，四經殆絶，事資訓誘，不可因循，宜令四海均習，九經該備。」

吴兢曰：「貞觀四年，太宗以經籍去聖久遠，文字訛謬，詔前中書侍郎顔師古於秘書省考定五經，及功畢，復詔尚書左僕射房玄齡集諸儒重加詳議。時諸儒傳習師説，舛謬已久，皆共非之，異端蜂起，師古輒引晉、宋以來古本，隨方曉答，援據詳明，皆出其意表，諸儒莫不歎伏。太宗稱善者久之，賜帛五百段，加授通直散騎常侍，頒其所定書於天下，令學者習焉。太宗又以儒家多門，章句繁雜，詔師古與國子祭酒孔穎達等諸儒撰定五經疏義凡一百八十卷，名曰五經正義，付國學施行。」

薛放曰：「經者，古先聖之至言，多仲尼所發明，皆天人之極致，萬代不刊之典也。論語者，六經之菁華；孝經者，人倫之大本。」

成伯瑜曰：「何晏論語、杜元凱春秋，名爲『集解』，蔡邕注月令，謂之『章句』，范甯注穀梁，謂之『解』，何休注公羊，謂之『學』，鄭玄謂之『箋』。蓋序者，緒也，如繭絲之有緒，申其述作之意也。詁者，古也，謂古人之言與今有異；古謂之厥，今謂之其；古謂之權輿，今謂之始是也。訓者，謂別有意義。傳者，注之別名也，傳承師説謂之爲傳，出自己意即爲注。箋者，表也，毛公之傳，有所滯隱及不曲盡義類，重表明之，述作之體，不欲相因耳。」

趙匡曰：「立身入仕，莫先於禮，尚書明王道，論語首百行，孝經德之本，學者所宜先習。」

陸贄曰：「仲尼敘禮、樂，删詩、書，修春秋，廣易道，六經之義，所尚各殊。」

權德輿曰：「漢用經術以都貴位，傳古義以決疑獄，誠爲理之本也。」

韓愈曰：「書與易、春秋，經也，聖人於是乎盡其心焉。」又曰：「春秋謹嚴，左氏浮夸，易奇而法，詩正而葩。」

柳宗元曰：「文者以明道，本之書以求其質，本之詩以求其恒，本之禮以求其宜，本之春秋以求其斷，本之易以求其動，此所以取道之原也。」

李翺曰：「六經之辭，創意造言皆不相師，故其讀春秋也，如未嘗有詩也；其讀詩也，如未嘗有易也；其讀易也，如未嘗有書也。義深則意遠，意遠則理辨，理辨則氣直，氣直則辭盛，辭盛則文工，此因學而知者也。」

白居易曰：「天之文，三光首之；地之文，五材首之；人之文，六經首之。講詩者，以六義風賦爲宗，不專於鳥獸草木之名也。讀書者，以五代典謨爲旨，不專於章句訓詁之文也。習禮者，以上下長幼爲節，不專於俎豆之數、裼襲之容也。學樂者，以中和友孝爲德，不專於節奏之變、綴兆之度也。夫然，故温柔敦厚之教，疏通知遠之訓，暢於中而發於外矣；莊敬威嚴之貌，易直子諒之心，行於上而流於下矣。」

歸崇敬曰：「五經六籍，古先哲王致理之式也。」

陸龜蒙曰：「六籍者，聖人之海也。」又曰：「六籍中，獨詩、易、春秋經聖人之手，禮、樂二記雖載聖人之法，近出二戴，未能通一純實，故時有齟齬不安。」又曰：「經解篇名出於戴聖，王輔嗣因之以易爲經，杜元凱因之以春秋爲經。按：經解則六籍悉謂之經，區而別之，則詩、易爲經，書與春秋其實史爾。」

王讜曰：「大曆以後學士，蔡廣成周易，強蒙論語，啖助、趙匡、陸質①春秋，施士丐毛詩，袁彝、仲子陵、韋彤、韋茝講禮，章庭珪、薛伯高、徐閎通經。」

〔補正〕

---

①「陸質」，文津閣四庫本作「陸贄」。

王讜曰：「大曆以後學士，蔡廣成周易，强蒙論語，啖助、趙匡、陸質春秋，施士丐毛詩，袁彝、仲子陵、韋彤、韋茝講禮，章庭珪、薛伯高、徐閡通經。」按：上文蔡廣成至韋茝諸人俱見唐書儒學傳，惟章庭珪以下三人不載，撿字書亦無「閡」字。（卷十二，頁二十）

徐寅曰：「温柔敦厚，出風、雅之咏歌；比事屬辭，本春秋之黜陟；協彼典教，諧斯禮文，廣博而樂章具有，精微而易象攸分，先王所以總斯御物也。」

新唐書藝文志曰：「自六經焚於秦而復出於漢，其師傳之道中絶，而簡編脱亂訛闕，學者莫得其本真，於是諸儒章句之學興焉，其後傳注箋解義疏之流轉相講述，而聖道粗明①，然其爲説，固已不勝其繁矣。」

---

① 「粗明」，四庫薈要本作「麗明」。

經義考卷二百九十六

通説二　説經中

宋太宗曰：「六經之旨，聖人用心固與子、史異矣。」

真宗曰：「經籍立言各有旨趣，自不能無異同。」

孝宗曰：「六經斷簡闕疑可也，何必強爲之説。」

理宗曰：「治國平天下之道，無出於六經，易明其理，書正其事，詩通其情，周典詳其禮，春秋志其變，記禮則雜紀焉者也。人主視六經格言如金科玉條，罔敢踰越，則逸德鮮矣。」

王禹偁曰：「夫文傳道而明心也，古聖人既不得已而爲之，又欲句之難通、義之難曉，必不然矣，請以六經明之，夫豈難通、難曉耶？今爲文而舍六經，又何法焉？若第取書之所謂『弔由靈』，易之所謂『朋盍簪』者，摹其語而謂之古，亦文之敝矣。」

李塗曰：「易、書、詩、春秋、儀禮、禮記、周禮、論語、大學、中庸、孟子皆聖賢明道經世之言，雖非爲作文設，而千萬代文章從是出焉。」又曰：「六經是治世之文，左傳、國語是衰世之文。」

羅處約曰："六經，易以明人之權，禮以節民之情，樂以和民之心，書以敘九疇之祕、煥二帝之美，春秋以正君臣而敦名教，詩以正風雅而存規戒。"

張詠曰："五常所以正天地之功，六籍所以抉天地之塞，萬古而下，其誰異諸。"

田錫曰："聖人之道，布在方策，六經言高旨遠，非講求討論，不可測其淵深。"

趙抃曰："易之吉凶，詩之美刺，禮之汙隆，樂之治亂，春秋之美惡，先代得失存亡無不紀述。今經筵侍講者，講吉不講凶，講治不講亂，侍讀者讀得不讀失，讀存不讀亡，非所以廣聰明也。"

李朴曰："書道治亂興衰之迹，故其辭顯；春秋賞善辨惡歸諸正，故其辭微；易以四象告吉凶，故其辭深而通；禮以齊莊恭敬之心達於籩豆玉帛，故其辭典以嚴；詩以君臣父子之情吹於竹、絃於絲，故其辭婉以順，下三代而①道德之意不傳矣。"

孫復曰："虞、夏、商、周之治在於六經，舍六經而求虞、夏、商、周之治，猶泳斷潢汙瀆之中，屬望於海也，其可至哉？"

文彥博曰："國重六經，禮、樂、詩、書備矣。刪詩、書，正義始典墳之素；定禮、樂，明述作同和之制；贊易象，洞窮理盡性之旨；修春秋，深屬辭比事之傳，故曰『夫子之文章可得而聞』。"

尹洙曰："今博士受經，發明章句，究極義訓，亦志於祿仕而已。天下業經以萬數，而傳師學者百不一二也，若俾業太學者異其科試，惟以明經爲上第，則承學之士，孰不承於師氏哉。"

---

① 「下三代而」，四庫薈要本作「三代而下」。

歐陽修曰：「六經之法，所以法不法、正不正，由不法與不正，然後聖人者出，而六經之書作焉。」又曰：「仲尼之業，垂之六經，其道閎博。君人治物，百王之用，微是無以爲法。」又曰：「九經正文通不過四十七萬八千九百九十五字，童子日誦三百，不五年略可上口。」又曰：「當漢之時，易與論語分爲三，詩分爲四，禮分爲二，及學者散亡，僅存其一而餘家皆廢，獨春秋三傳並行至今。」又曰：「妙論精言不以多爲貴，余嘗聽人讀佛書，其數十萬言，謂可數言而盡，乃溺其說者，以謂欲曉愚下人，故如此爾。然則六經簡要，愚下人獨不得曉耶？」

呂陶曰：「治性、修身以及國家天下，大略本之仁義，其文莫詳於經。」

李清臣曰：「五經之道，易可以潛而書可以彰，春秋可畏而詩可樂，禮嚴而不可踰，其辭不同，而爲道一也。」又曰：「漢儒之治經，終其身而無所倦，能名其師說者，上或召用之，高下其材，爲博士郎、大夫部、刺史至九卿、丞相、御史者，接跡而有，已不以經爲進，至聽上之自擇，故其人識趨向、重名節。今之學者，徒焉玩章句而已，取人之格定之一日之間，有未能通經而適合於程度者，有治經知道而偶絀於倉卒之對者，取之多失實，故學者愈不篤，苟借經術以射禄利，得則撥棄，不復置力，如賤丈夫，今日穫而明日舍其耒耜，故其徒華而不根，未至於道而止，不知致君行己之大操，而天下之治因是而日衰。蓋古之學者，樂之者也，今之學者，利之者也，樂之與利，於道之淺深，豈可同概而論哉？」

劉安世曰：「易直其正也，方其義也，君子敬以直内，義以方外，當爲正以直内。」又曰：「能説諸心，能研諸侯之慮，當爲能研諸慮，如此類者，五經中極多，五經其來已遠，前輩恐倡後生穿鑿之端，故不著論，若或爲之倡，則後生競生新意以相夸尚，六經無全書矣。」

方慤曰：「經者，緯之對，經有一定之體，故爲常，緯則錯綜往來，故爲變。聖人之言，道之常也；諸子百家之言，道之變也，故聖人之言特謂之經焉。詩言其志，書言其事，樂言其情，易言其道，禮言其體，春秋言其法，六經之教，先王之所以載道也。」

馬晞孟曰：「天生蒸民，莫不有其善性，循而達之者教也，所以爲教者，六經而已。」

程子曰：「聖人六經皆不得已而作。」又曰：「聖人之道傳諸經，學者必以經爲本。」又曰：「治經，實學也。」又曰：「古之學者皆有傳授，如聖人作經本欲明道，今人若不先明義理，不可治經，蓋不得傳授之意云爾。」又曰：「經所以載道也，器所以適用也，學經而不知道，治器而不適用，奚益哉？」又曰：「看書各有門庭，詩、易、春秋不可逐句看，尚書、論語可以逐句看。」

張子曰：「聖人文章無定體，詩、書、易、禮、春秋只隨義理如此而言。」又曰：「學者信書，且須信論語、孟子，詩、書無舛雜，禮雖雜出諸儒，亦無害義，如中庸、大學出於聖門，均無可疑者。」

司馬光曰：「取士之道，當以經術爲先，辭采爲後，立周易、尚書、詩、周禮、儀禮、禮記、春秋、孝經、論語爲九經，令天下學官依注疏講說，學士博觀諸家，自擇短長，各存所見，春秋止用左氏傳，其公羊、穀梁、陸淳等說並爲諸家。」又曰：「近歲公卿大夫務爲高奇之說，流及新進後生，口傳耳剽，讀易未識卦、爻，已謂十翼非孔子之言；讀禮未知篇數，已謂周官爲戰國之書；讀詩未盡周南、召南，已謂毛、鄭爲章句之學；讀春秋未知十二公，已謂三傳可束之高閣；循守注疏者謂之腐儒，穿鑿臆說者謂之精義。且性者，子貢之所不及；命者，孔子之所罕言，今人發口秉筆，先論性命，乃至流蕩忘返，入於老、莊，以此欺惑考官，獵取名利，非國家教人之正術也。」又曰：「誦諸經、讀注疏以求聖人之道，宜取其合人情物理目前可用者而從之。」又曰：「經猶的也，一人射之，不若衆人射之，其中①者多也。」

邵子曰：「昊天之盡物，聖人之盡民，皆有四府焉。昊天之四府者，春、夏、秋、冬之謂也，陰、陽升降於其間矣。聖人之四府者，易、書、詩②、春秋之謂也，禮、樂汙隆於其間矣。昊天以時授人，聖人以經法天。」又曰：「皇、帝、王、霸者，易之體也；虞、夏、商、周者，書之體也；文、武、周、召者，詩之體也；秦、晉、齊、楚者，春秋之體也。意言象數者，易之用也；仁義禮智者，書之用也；性情形體者，詩之用也；聖賢才術者，春秋之用也。」又曰：「孔子贊易，自羲、軒而下，序書自堯、舜而下，刪詩自文、武而下，修春秋自桓、文而下。自羲、軒而下，祖三皇也；自堯、舜而下，宗五帝也；自文、武而下，子三王也；自桓、文而下，孫五霸也。」又曰：「仲尼修經周平王之時，書終於晉文侯，詩列於王國風，春秋始於魯隱公，易盡於未濟卦。」又曰：「聖人六經，渾然無跡，如天道焉。」又曰：「學以人事爲大，今之經典，古之人事也。」又曰：「易始於三皇，書始於二帝，詩始於三王，春秋始於五霸。」

蘇軾曰：「孔子聖人，其學必始於觀書。當是時，惟周之柱下史聃爲多書，韓宣子適魯，然後見易象與魯春秋；季札聘於上國，然後得聞詩之風、雅、頌；而楚獨有左史倚相能讀三墳、五典、八索、九邱，士之生於是時，得見六經者蓋無幾，其學可謂難矣，而皆習於禮、樂，源於道德，非後世君子所及。自秦、漢以來，作者益衆，紙與字畫日趨於簡便，而書益多，世莫不有，學者益以苟簡，何哉？」

---

① 「中」，文津閣四庫本作「衆」。

② 「書、詩」，文淵閣四庫本作「詩、書」。

蘇轍曰：「六經之道，惟其近於人情，是以永傳而不廢，而世之迂學乃皆曲爲之説，雖其義之不至於此者，必強牽合以爲如此，故其論委曲而莫通也。」

鄒浩曰：「聖人之道備在六經，千門萬户何從而入，大略在中庸一篇，其要在謹獨而已。」

張耒曰：「六經之文莫奇於易，莫簡於春秋。」

李廌曰：「天地之情，陰陽之理，吉凶之變，失得之故，備在乎易。一國之事繫諸侯之本，天下之事形四方之風，美盛德告成功，皆在於詩。尊王正法，謹始善終，詳天地之災祥，著君臣之美惡，無尚於春秋。堯、舜、禹、湯、文、武、成、康之世，典、謨、訓、誥、誓、命之文，百王之心迹，治亂之大略，無尚於書。欲以正六職以治六官，必也學夫周禮。欲正其威儀，詳其辭令，必也學夫儀禮。」

晁説之曰：「五采具而作繪，五藏完而成人，學者於五經可舍一哉？」又曰：「典籍之存、詁訓之傳，皆漢儒之力，漢儒於學者何負，而例貶之與？」又曰：「學者當以論語、孟子爲本，論語、孟子既治，則六經可不治而明矣。」又曰：「聖人之意具載於經，天地萬物之理管於是矣，後世復有聖人，尚不能加毫髮爲輕重，況他人乎？譬如日月光明莫知其終始，寧辨其新，故彼一己之所謂新也，乃六經之所故有也，尚何矜哉？」

李潛曰：「吾徒學聖人，當用意看易、詩、書、春秋、論語、孟子、孝經而已，中心既有所主，則散看諸書，方圓、輕重之來，必爲規矩、權衡所正矣。」

田腴曰：「李君行説聖人之言易曉，看傳解則愈惑矣。讀書須是不要看别人傳解，此不然，須是先看古人解説，但不當有所執，擇其善者從之，若都不看，不知用多少工夫方可到先儒見處也。」

陳瓘曰：「五經之文，久而愈新。」又曰：「凡欲解經，必先返諸其身而安，措之天下而可行，然後爲之説焉，縱未能盡聖人之心，亦庶幾矣。若不如是，雖辭辨通暢，亦未免鑿也。」

陸佃曰：「古之學者，先明詩而書次之，書已明而禮、樂次之，禮、樂已明而春秋次之，春秋已明而易次之。故五變而春秋可舉，九變而易可言也。」

周諝曰：「詩者，人之所以興，故先之。既興矣，則事之所以辨，故書次之。事既辨矣，則和之所以成，故樂次之。既成矣，則極乎天道之高明，故易次之。既極矣，則必遵乎人道之中庸，故禮次之。而必終於春秋者，以救亂反正爲餘事也。」又曰：「六經，先王經世之迹在焉，是亦足用矣。」又曰：「六經之義，驗之於心而然，施之行事而順，然後爲得。驗之於心而不然，施之行事而不順，則非所謂經義。今之治經者爲無用之文，徼幸科第而已，果何益哉？」

蘇籀曰：「昔仲尼於詩、書、易、禮、樂、春秋惟舉要發端，不詳其言，非不能詳也，以爲詳之則隘，故略之，使仁智者自求而得。」

崔鶠曰：「馮澥之言云：『士無異論，太學之盛也。』此姦言也。昔王安石斥除異己，名臣如韓琦、司馬光輩既以異論逐，而其所著三經，士子宗之者得官，不用者黜逐，則天下靡然無一人敢可否矣。陵夷至於大亂，則無異論之禍也。」

陳過庭曰：「五經義微，諸家因而異見，所不能免也，以所是者爲正，所否者即爲邪，此乃一偏之大失也。」

吕本中曰：「學問當以孝經、論語、中庸、大學、孟子爲本，熟味詳究，然後通求之詩、書、易、春秋，必有得也，既自做得主張，則諸子百家長處皆爲吾用矣。」

楊時曰：「六經，先聖所以明天道，正人倫，致治之成法也。其文自堯、舜歷夏、周之季，興衰治亂成敗之迹，救敝通變，因時損益之，理皆焕然可考，網羅天地之大，文理象器幽明之故，死生終始之變，莫不詳喻曲譬，較然如數一二。」

尹焞曰：「讀書者，當觀聖人所以作經之意，與聖人所以用心，與聖人所以至聖人，而吾之所以未至者，句句而求之，晝誦而味之，中夜而思之，平其心，易其氣，闕其疑，則聖人之意見矣。」

林疑獨曰：「六經者，各有所道，同歸於治而已。六經判，而百家各是其所是，道術所以不明也。」

程俱曰：「漢興，諸儒以經義專門教授，故學者必有師承，源流派别皆可推考，東漢、二晉以迄有唐，餘風猶有存者。」

葉夢得曰：「六經、諸史與諸子之善者，通三千餘卷，以二十年計之，日讀一卷，亦可以再周，其餘一讀足矣，惟六經不可一日去手。」

鄭樵曰：「易雖一書，而有十六種學：有傳學、有注學、有章句學、有圖學、有數學、有讖緯學；詩雖一書，而有十二種學：有訓詁學、有傳學、有注學、有圖學、有譜學、有名物學。班固有言：自武帝立五經博士，開弟子員，設科射策，勸以官禄，訖於元始百有餘年，傳業者寖盛，枝葉繁滋，一經説至百餘萬言，大師衆至千餘人，蓋利禄之路然也。三百篇之詩盡在聲歌，自置詩博士以來，學者不聞一篇之詩；六十四卦之易該於象數，自置易博士以來，學者不見一卦之易，儒家之弊，至此而極。」

胡寅曰：「易、詩、書、春秋，全經也，先賢以之配皇、帝、王、霸，言世之變，道之用，不出乎是矣。論語、孟子，聖賢之微言、諸經之管轄也。孝經非曾子所爲，蓋其門人識所聞而成之，故整比章指又未免有淺近者，不可以經名也。禮記多出於孔子弟子，然必去呂不韋之月令及漢儒之王制，仍博集名儒，擇冠、昏、喪、祭、燕、鄉、相見之經，與曲禮以類相從，然後可以爲一書。若大學、中庸，則孟子之倫也，不可附之禮篇；至於學記、樂記、閒居、燕居、緇衣、表記格言甚多，非經解、儒行之比，當以爲大學、中庸之次也；禮運、禮器、玉藻、郊特牲之類又其次也。若周官則决不出於周公，不當立博士使學者傳習，姑置之足矣。」

范浚曰：「士生叔世，去聖人數千百歲，雖不復見聖人之儀形，而即遺經所傳以求所不傳之妙，尚可以見聖人之心也。」

林光朝曰：「文王演周易而爲卜筮之書，箕子作洪範，流而爲災異五行之説，聖人之經何其不幸也。」

王質曰：「文章根本在六經。」

鄭耕老曰：「立身以力學爲先，力學以讀書爲本。今取六經及論語、孟子、孝經以字計之，毛詩三萬九千二百二十四字，尚書二萬五千七百字，周禮四萬五千八百六字，禮記九萬九千二十字，周易二萬四千二百七字，春秋左氏傳一十九萬六千八百四十五字，論語一萬二千七百字，孟子三萬四千六百八十五字，孝經一千九百三字，大小九經合四十八萬四千九十五字。且以中才爲率，若日誦三百字，不過四年半可畢，或以天資稍鈍，減中材之半，日誦一百五十字，亦止九年可畢，苟能熟讀而温習之，使入耳著心久不忘失，全在日積之功耳。里諺曰：『積絲成寸，積寸成尺，寸尺不已，遂成丈匹。』此語雖小，可以喻大，後生其勉之。」

喻樗曰：「六經數十萬言，只十個字能盡其義，要之，不出乎君臣、父子、夫婦、長幼、朋友而已。」

洪邁曰：「晉、唐至今，諸儒訓釋六經，否則自立佳名，蓋各以百數，其書曰傳、曰解、曰章句而已，若戰國迨漢則其名簡雅：一曰故，故者，通其指義也，書有夏侯解故，詩有魯故、后故、韓故也，毛詩故訓傳，顔師古謂流俗改『故訓傳』爲『詁』字，失真耳。小學有杜林倉頡故；二曰微，謂釋其微指，如春秋有左氏微、鐸氏微、張氏微、虞卿微傳；三曰通，如洼丹易通論名爲洼君通、班固白虎通、應劭風俗通、唐劉知幾史通、韓滉春秋通，凡此諸書惟白虎通、風俗通僅存耳。又如鄭康成作毛詩箋申明傳義，他書無用此字者，論語之學但曰魯論、齊論、張侯論，後來皆不然也。」

陸游曰：「唐及國初學者不敢議孔安國、鄭康成，況聖人乎？自慶曆後，諸儒發明經旨，非前人所及，然排繫辭、毀周禮、疑孟子、譏書之胤征①、顧命、黜詩之序，不難於議經，況傳注乎？」

胡銓曰：「詩、書、禮、樂、易、春秋，蓋堯、舜、禹、湯、文、武、周公、孔子數聖人之心法在焉。觀於易，則由多識以畜其德；觀於禮，則由強識以敦其行；觀於論語，則由默識以進乎道，亦識其大者而已。」

王炎曰：「士志學必志乎道，六經，載道之器也，聖人詔天下與後世者甚厚也，故志乎道者，其學自經始。」

---

① 「胤征」，四庫薈要本、文淵閣四庫本作「胤征」。

楊萬里曰：「有六經則有異説，劉歆曆法引武成咸劉商王之句，鄭氏詩注引伊訓載孚在亳之辭，荀爽易解於乾爲木果之後，復有爲龍爲直之言，桓寬鹽鐵論引其故察察之語以爲出於春秋，按書、易、春秋初無是也，蓋諸儒各出臆見，以其私説簧鼓世俗之觀聽，而聖人之六經，化爲諸儒之六經矣。」

汪應辰曰：「六經典籍，政事之本也。」

吕祖謙曰：「漢儒經學大抵專門，旁通者少。通詩、禮者，后蒼也；通詩、書者，徐敖、夏侯始昌也；通書、春秋者，胡常也；通禮、春秋者，孟卿也；通詩、春秋者，申公、江公也；通易、詩者，韓嬰也；通三傳者，尹更始也；五經悉通者，王吉、夏侯始昌也。至鄭康成通集諸家之長。」又曰：「漢經學興廢不以理之是非，而以時之好惡。」

朱子曰：「古之聖人作爲六經以教後世：易以通幽明之故，書以記政事之實，詩以導性情之正，春秋以示法戒之嚴，禮以正行，樂以和心，其於義理之精微、古今之得失，所以該貫發揮，究竟窮極，可謂盛矣，而總其書不過數十卷，蓋其簡易精約又如此。」又曰：「世之解經者有三：一儒者之經；一文人之經，東坡、陳少南輩是也；一禪者之經，張子韶輩是也。」又曰：「諸家説有異同，如甲説如此，且挦扯住甲窮盡其辭，乙説如此，且挦扯住乙窮盡其辭，兩家之説既盡，又參考而窮究之，必有一真是者出矣。」又曰：「讀書必先讀大學以定其規模，次讀論語以立其根本，次讀孟子以觀其發越，次讀中庸以求古人之微妙處。」又曰：「看講解不可專狥他説，不求是非，便道前賢言語皆的當。」又曰：「治經者必因先儒已成之説而推之，借曰未必盡是，亦當究其所以得失之故，而後可以反求諸心而正其謬，此漢之諸儒所以專門名家，各守師説而不敢輕有變焉者也，但其守之太拘，而不能精思明辨以求其是，則爲病耳。」又曰：「聖人作經以詔後世，將使學者誦其文，思其義，有以知其事理之當然，見道義之全體，而身力行之以入聖賢之域也，其言雖約，而天下之故，幽明巨細靡不該焉，欲求道以入德者，舍此爲無所用其心矣。」又曰：「易、書、詩、禮、春秋、孔、孟氏之籍，本末相須，人言相發，皆不可以一日而廢焉者也。」

李方子曰：「昔者易更三古而混於八索，詩、書煩亂，禮、樂散亡，而莫克正也，夫子從而贊之、定之、刪之、正之，又作春秋，六經始備，以爲萬世道德之宗主。」

陳淳曰：「讀四子書毋過求、毋巧鑿、毋旁搜、毋曲引，惟平心以玩其指歸，而切己以察其實用而已，果能於是融會貫通，由是而稽諸經，與凡讀天下之書、論天下之事，輕重長短，截然一定，自不復有錙銖分寸之或紊矣。」

劉爚曰：「治道原於士風，士風本於學術。周衰，孔子取先王之大經大法，與其徒誦而傳之，雜見於六經，千載之後，學者習焉，故以事父則孝，以事君則忠。」又曰：「帝王之學，當本之大學，探之中庸，參之論語、孟子，然後質之詩、書，玩之周易，證之春秋，稽之周官，求之儀禮，博之禮記，於修身治天下之道猶指掌矣。」

周孚曰：「聖人之經，其以爲名皆因舊而不改，易之爲易，書之爲書，詩之爲詩，聖人未出，其名固已如是。至於春秋則猶三經也，晉謂之乘，楚謂之檮杌，魯謂之春秋，錯舉四時以爲之名，聖人何加損焉？」

陳騤曰：「六經之道既曰同歸，六經之文容無異體，故易文似詩，詩文似書，書文似禮。中孚九二曰：『鳴鶴在陰，其子和之。我有好爵，吾與爾縻之。』使入詩雅，孰別爻辭？抑二章曰：『其在於今，與迷亂于政。顛覆厥德，荒湛于酒。女雖湛樂從，弗念厥紹。罔敷求先王，克共明刑。』使入書誥，孰別雅語？顧命：『牖閒南嚮，敷重篾席，黼純，華玉，仍几。西序東嚮，敷重底席，綴純，文貝，仍几。東序西嚮，敷重豐席，畫純，雕玉，仍几。西夾南嚮，敷重筍席，玄紛純，漆，仍几。』使入周官司几筵，孰別命語？」又曰：「經傳之文有相類者，非故出於蹈襲，實理之所在，不約而同也。」

高似孫曰：「書紀事，詩考俗，春秋以明道，禮、樂以稽政，易之作，極聖人之藴奥，而天下無遺思矣。」又曰：「漢人以通五經爲重，其曰『五經無雙許叔重』，許慎也；『五經縱横周宣光』，周舉也；『五經紛綸井大春』，井丹也；『五經興復魯叔陸』，魯丕也。」

真德秀曰：「六經於五常之道無不包者，班固乃以五常分屬於六藝，是樂有仁而無義，詩有義而無仁也。」又曰：「古者君臣上下共由六經之道，上之所以爲教者此也，下之所以爲學者此也。」又曰：「古之學者學一經必有一經之用，其視後世通經之士，徒習章句訓義而無益於性情心術者，何如哉？」

魏了翁曰：「自圖書出於河、洛，天地之祕始露，迨八卦畫，九疇敘，六經作，而天地之文備矣。」

應鏞曰：「樂正崇四術以訓士，則先王之詩、書、禮、樂其設教固已久，易雖用於卜筮，而精微之理，非初學所可語；春秋雖本於紀載，而策書亦非民庶所得盡窺。故易象、春秋，韓宣子適魯始得見之，則諸國之教未必盡備六者，蓋自夫子删定讚繫筆削之餘，而後傳習始廣，經術流行。」

戴栩曰：「詩壞於衛宏之序，春秋誤於公羊之傳，易由於三聖繫爻、彖、象之互入，書失於孔壁序、傳簡編之相亂，周禮特周公大約之書，當時有未必盡行者。」

洪咨夔曰：「易者，文之太極也；詩、書、禮、樂、春秋、論語，文之兩儀也。」

方鎔曰：「家庭日用起無非六經之道。」

包恢曰：「理備於經，經明則理明矣。」

方岳曰：「六經四十三萬字。」

羅璧曰：「六經皆根人事而作：周易著吉凶悔吝之理，春秋録是非善惡之迹，毛詩載政教美刺之分，尚書陳唐、虞、三代之治，禮記威儀之詳備，周禮制度之纖悉，論語立身行己之大防，孟子發明王道之極致，無有空言者。」

林駉曰：「聖人六經與天地並，漢自中世以來，上以表章自任，下以授受名家，朝廷之上非經不能立事，搢紳之間非經不敢建議，賈捐之請勿擊珠厓，王商則曰：『經義何以處？』龔勝之奏王嘉，公孫禄則曰：『君議一無所據。』一時君臣相與從事於經學亦善矣。董仲舒以元年謹始之意，勉時君之初政；雋不疑以蒯聵出奔之事，辨一時之疑獄，以此立論，豈不爲聖經之幸。若夫『來歸自鎬，我行永久』，詩雖有是言，而無關於邊功也，乃援之以頌陳湯之功，何泥也？『乃眷西顧，此維與宅』，詩雖有是語，初無關於郊祀也，乃取以定南北郊，何鑿也？甚者欲附姦臣，則援『不語怪力亂神』之言；張禹傳。欲行榷酤，則援『有酒酤我』之文；欲奪民利，則援周禮五均之法，王莽傳。假託以文姦，援引以濟私，是先王學術反爲禍天下之具也。」又曰：「聖經不幸於後世者三：曰議經，曰僭經，曰叛經。夫以聖人之經，天地鬼神不能易，而易之者，諸儒也，孔子不敢議『夏五』、『郭公』之疑，游、夏高弟不敢一辭之措，莊周異端之流，猶知尊聖人之教，君子以是知議經、僭經、叛經者之罪矣。」

王應麟曰：「記之經解指詩、書、禮、樂、易、春秋之教，未始正六經之名，莊子天運篇始述老子之言曰『六經』，先王之陳迹實昉乎此。太史公滑稽傳以禮、樂、詩、書、易、春秋爲六藝，而班史因之，又以五學配五常，而論語、孝經並紀於六藝略中，自時厥後，或曰五經，或曰六經，或曰七經。至唐貞觀中，谷那律淹貫群書，褚遂良稱爲『九經庫』，九經之名又昉乎此。其後明經取士以禮記、春秋左傳爲大經，詩、周禮、儀禮爲中經，易、尚書、春秋公、穀爲小經，所謂九經也。國朝方以三傳合爲一，又舍儀禮，而以易、詩、書、周禮、禮記、春秋爲六經，又以孟子升經，論語、孝經爲三小經，今所謂九經也。」又曰：「漢世經先出者，不如後出盛傳於後世，費氏易、古文尚書、毛詩、小戴禮、左氏春秋是也。」又曰：「自漢儒至於慶曆閒，談經者守訓故而不鑿，七經小傳出而稍尚新奇矣，至三經義行，視漢儒之學如土梗。古之講經者執卷而口説，未嘗有講義也，元豐閒陸農師在經筵始進講義，自時厥後，上而經筵，下而學校，皆爲支離曼衍之辭，説者徒以資口耳，聽者不復相問難，道愈散而習愈薄矣。」又曰：「六經即聖人之心，隨其所用，皆切至理。」

葉時曰：「六經更秦火而不全者多矣，書亡四十三篇，周雅亡六篇，周禮六官缺一，河閒獻王求考工記以足其書。嗟夫！書亡而張霸僞書作，詩亡而束晳補詩作，適資識者捧腹爾，曾是考工記而可補禮經乎？」

方回曰：「近世以老注易，以六典傳尚書，以三禮箋詩，以司馬法釋周禮，以災異讖緯説春秋，以鄭、衛淫聲制樂，真學者之大不幸也。」

張卿弼曰：「聖賢之學載在六經，明於日月，漢、魏以來，諸儒或以讖緯爲奥，或以老、莊爲高，使異端百家之説，與六經參錯於天地之閒千有餘年，自濂、洛諸公之出，辭而闢之，廓如也。」

蔣岩①曰：「道之大原出於天，天有是道而不能言，故託諸聖人言之。易、書、詩、禮、樂、春秋，此聖人之言而天地之道也。非易無以立天地之心，非書無以紀帝王之迹，詩以導風俗之美，春秋以嚴王霸之辨，禮以節民，樂以和人，用是訓天下萬世一日不可廢，豈無用之空言哉？」又曰：「以通書讀易可以會太極，以經世書觀洪範可以建皇極，中庸之慎獨可以位天地、育萬物，大學之致知可以齊家、治國、平天下，論語一書無非言仁，孟子七篇無非道性善。」

馬端臨曰：「秦燔經籍而獨存醫藥、卜筮、種樹之書，學者抱恨終古，然以今考之，易與春秋二經本末具存，詩亡其六篇，或以爲笙詩原無其辭，是詩亦未嘗亡也；禮本無成書，戴記雜出漢儒所編，儀禮十七篇及六典最晚出，六典僅亡冬官，然其書純駁相半，其存亡未足爲經之疵也；獨虞、夏、商、周之書亡其四十六篇爾。然則嬴秦所燔，除書之外，俱未嘗亡也。若醫藥、卜筮、種樹之書，當時雖未嘗廢錮，而並無一卷流傳至今者，以此見聖經賢傳終古不朽，而小道異端雖存必亡，初不以世主之好惡爲之興廢也。」

王柏曰：「六經雖同一道而各有體，猶四時均一氣而各有用。」

陳普曰：「五經四書無一句一字無義理。」又曰：「五經傳注豈可無，視其是與非足矣，豈宜一切屏之？」

曹淇曰：「聖經賢傳無非示天下後世以當行之道，食之必用五穀，衣之必用桑麻，所以開悟後學

① 「蔣岩」，備要本作「蔣巖」。

者，無以易此。」

六經奧論曰：「六經厄秦，殘編斷簡，口授壁藏，遺文僅見，是以禮籍無傳，曲臺撰述；樂書淪没，河閒採獻；科斗古文，遭難不傳；泰誓僞書，公行射策；李氏五篇，幸存於世；考工有記，強足周官；易託卜筮，爻、繫俱全，説卦一篇，曷傳女子；詩因歌頌，篇次無缺，由庚六義，豈得無辭。解經比事，體制不同，筆録口傳，煩省亦異，道之與貌，制而爲儀，委曲三千，古人所重，或東都而論定，或晉室而書顯，或至於唐而後篇第字義始得其倫理。甚矣！厄於秦之易而出於漢之難也。」又曰：「唐貞觀中，孔穎達奉詔撰五經正義，與馬嘉運等參議，於禮記、毛詩取鄭，於尚書取孔傳，於易取王弼，於左氏取杜預。自正義作而諸家之學始廢，獨疑周禮、儀禮非周公書，不爲義疏。其後永徽中，賈公彦始作儀禮、周禮義疏。本朝真宗，又詔邢昺校定周禮、儀禮、公羊、穀梁正義，於是九經之義疏始備。仁宗朝，歐陽文忠公上言曰：『自唐太宗詔名儒定九經正義，邇年以來，著爲定論，不本正義者爲異説，然所載既博，所擇不精，多引讖緯之説以相雜亂，異乎『正義』之名，臣欲乞特賜詔諸臣儒學官悉取九經之疏，删去讖緯之文，使經義純一，無所駁雜。』其用功至多，爲益最大，使歐陽删定正義，必有大可觀者，惜乎其不果行也。」

李世弼曰：「道散而有六經，六經散而有子、史，子、史之是非取證於六經，六經之折衷必本諸道。國家所以稽古重道者，以六經載道所以重科舉也；後世所以重科舉者，以維持六經能傳帝王之道也。」

党懷英曰：「六藝者，夫子所以傳唐、虞、三代之道，衆流之所從出，而儒爲之源也。」

郝經曰：「昊天之四府，春、夏、秋、冬之謂也。聖人之四經，易、詩、書、春秋之謂也。昊天以時授人，聖人以經法天，是則四經也，謂之『五』，何哉？其一則禮、樂也，夫論性者，言四端而不及信，序五行者，土配旺於木、火、水、金，故易、書、詩、春秋之閒，禮、樂爲之經緯，雖五而爲四也。」又曰：「盡天下之情者，詩也；盡天下之辭者，書也；盡天下之政者，春秋也；易也者，盡天下之心者也。」又曰：「六經一理爾，自師異傳，人異學，各窮其所信，而遂至於不一，彼以爲是而此以爲非，彼以爲非而此復以爲是，師弟異而父子不同，誕妄者入於讖緯，馮藉者入於叛逆，刻深者入於刑名，噫！甚矣。」

劉因曰：「治六經必自詩始，古之人十三誦詩，蓋詩吟咏性情，感發心志，中和之音在焉，人之不明，血氣蔽之爾，詩能導性情而開血氣，使幼而常聞歌誦之聲，長而不失刺美之意，雖有血氣，焉得而蔽也。詩而後書，書所謂聖人之情見乎辭者也，即辭以求情，情可得矣，血氣既開，性情既得，大本立矣，本立則可徵夫用，用莫大於禮。三代之禮廢矣，見於今者，漢儒所集之禮記，周公所著之周禮也，二書既治，非春秋無以斷也。春秋以天道王法斷天下之事業也，春秋既治，則聖人之用見。本諸詩以求其情，本諸書以求其辭，本諸禮以求其節，本諸春秋以求其斷，然後以詩、書、禮爲學之體，春秋爲學之用，□□①一貫，本末具舉，天下之理窮，理窮則性盡矣。窮理盡性以至於命，而後學夫易，易也者，聖人所以成終而成始②也，學者於是用心焉。是故詩、書、禮、樂不明，不可以學春秋，五經不明，不可以學易。」又曰：「世人往往以語、孟爲問學之始，而不知語、孟聖賢之成終者，所謂博學而詳說之，將以反說約

---

① 「□□」，四庫薈要本作「體用」，文津閣四庫本作「精粗」。

② 「成終而成始」，文津閣四庫本作「成始而成終」。

也。聖賢以是爲終，學者以是爲始，未説聖賢之詳，遽説聖賢之約，不亦背馳乎？」

吴澂曰：「先王教士以詩、書、禮、樂爲四術，若易者，卜筮之繇辭；春秋者，侯國之史記爾，自夫子贊易修春秋之後，學者始以易、春秋合先王教士之四術而爲六經。」又曰：「通天、地、人曰儒，一物不知，一事不能，恥也。洞觀時變不可無經，廣求名理不可無諸子，游戲詞林不可無諸集，旁通多識不可無紀録，而其要在聖人之經。聖人之經非如史、子、文集、雜記、雜録之供涉獵而已，必飲而醉其醇，食而飽其胾，斯可矣。」

趙孟頫曰：「六經之爲文，一經之中，一章不可少，一字一句不可闕，蓋其謹嚴如此，故立千萬年爲世之經也，學文者當以六經爲師，舍六經無師矣。」

陳櫟曰：「明理然後能作文，講學然後能明理，於何下手，不出乎讀六經、四書而已。」

張頴曰：「學者讀四書，以朱子章句、集注爲本，次讀儀禮、詩朱氏傳、書蔡氏傳，易先朱子啓蒙、本義以達程傳，春秋胡氏傳、張氏集注。」

鄧文原曰：「經籍之弗墜，緊漢儒是賴。」又曰：「六經之書，先聖王之道在焉，故六經在天地，亘萬古而無敝。有興衰理亂之不常者，人也，而非書也。」

孛朮魯翀①曰：「孔子經法，於易則溯伏羲以本無言，書則始唐、虞以道政事，詩則采殷、周以正性

① 「孛朮魯翀」，四庫諸本作「富珠哩翀」。

情，春秋則黜五霸以嚴名分，禮、樂升降以鑑污隆，天人之道至①矣。」

蒲道源曰：「漢置五經博士，取其專且精也。今之學者恥一經之不該，及究其歸趣，則茫然莫據，又或以注釋經義媒仕進者，視其書皆掇拾先儒已成之書，初無自得之實，而徒耗蠹紙劄，厖亂經訓，益使人厭之。今欲令學者各守一經則不免於陋，欲兼通諸經則汗漫而不精，欲拒注釋之煩雜則恐或廢其善，欲容而受之則易惑學者，其何以矯其弊而適其中乎？」

虞集曰：「昔者周公因堯、舜、禹、湯之傳，制典禮以成文、武之業，布之天下，傳之後世。周道之衰，有司廢墜，仲尼思周公之遺緒，無其位以行之，贊其辭於易，載其蹟於書，詠其聲於詩，正其法於春秋，而周公之制作盡在是矣。」又曰：「古人制作見於後世者，學士大夫求之詩、書、易、春秋，而儀禮、周官其專書也。」

吴師道曰：「道散於群經，會於四書。經者，道之所存，而事之本也。」

許謙曰：「六經，載道之器，欲求道者不可外乎經。」又曰：「詩以順性情之正，易以謹事變之幾，禮以固其外，樂以和其中，書以示聖賢之功用，春秋以誅賞其善惡。」又曰：「欲聞道者必求諸經，經非道也，而道以經存；傳注非經也，而經以傳顯。由傳注以求經，由經以知道，藴而爲②德行，發而爲文章事業，則所謂行道也。」

① 「至」，文津閣四庫本作「全」。
② 「爲」，備要本誤作「僞」。

袁桷曰：「漢武表章六經，興太學，至後漢尤盛，唐附益之，制愈詳密，今可考也。自宋末年，學者屑腐舌敝，止攻四書之注，凡刑獄簿書金穀户口靡密出入，皆以爲俗吏而鄙棄之，卒至國亡而莫可救。近者江南學校教法止於四書，近於宋世之末尚，甚者知其學之不能通也，於是大言以蓋之，議禮止於誠敬，言樂止於中和，其不涉史者謂自漢而下皆霸道，其不能辭章也，謂之玩物喪志，殊不知通達之儒，灌膏養根，非本於六經不可也。」

柳貫曰：「六經垂世立教之言，不可一日不明於天下也。」

吴萊曰：「古之學者常得其師傳，每因經以明道，後之學者既失其師傳，苟非明道則不能以知經。」又曰：「聖人之言記諸論語，垂在六經，其一體一用，妙道精義之發，昭然若揭日月而行諸天也。」

歐陽起鳴曰：「聖經未作，吾道一天地也，斯時也，六經之道藏於人心。聖經既作，吾道一日月也，斯時也，人心之道藏於六經。秦人累經書而畀炎火，孔子、周室之藏始灰，吾道一晦蝕也，然而六經之藏未始灰。漢人噓聖經之燼而復然，孔氏①屋壁之藏始出，吾道一吐氣也，然而六經之藏未始出。六經之道先太極而始，後太極而終，無古無今，無顯無晦，道無不在也。」

張采曰：「學校庠序之設，非六經無以教天下之大且衆，舍六經無以學見諸事物，則民生日用之不可離，措諸②天下國家，則亘千萬世而不可易。」

① 「孔氏」，文淵閣四庫本作「孔子」。
② 「措諸」，文淵閣四庫本作「措之」。

洪希文曰：「九經四十八萬字。」

陳樵曰：「秦、漢而下，説經而善者不傳，傳者多未善，淳熙以來，講説尤與洙、泗不類。」又曰：「後世之詞章乃士之脂澤、時之清玩耳，舍六經弗講而事浮詞綺語，何與？」又曰：「近時學經者，如三尺之童觀優於臺下，但聞臺上語笑聲而弗獲覩其形，所以不知妍媸，惟人言是信。」

黄澤曰：「唐人考古之功，如孔穎達、賈公彦最精密，陸德明亦然。宋代諸儒經學極深，但考古之功卻疎，若以宋儒之精，用漢、魏、晉諸儒考古之功，則全美矣。」

朱隱老曰：「聖人之於經也，其託始有原，其要終有柢，其指事有情，其命名有義。」又曰：「仲尼之修經，爲天下計，爲來世計也，苟有志乎爲學，則上自天子下至匹夫，皆可以學仲尼也。」

楊維楨曰：「善讀易者以知來，善讀書者以辨事，善讀詩者以正性，善讀春秋者以知往，善讀禮、樂者以制行和德，聖人其無餘藴矣。學者幸有聖人之書可讀，則聖人之藴在我不在聖人也。」

鄭元祐曰：「與天地相久遠者，聖人之道也，六藝百家莫不折衷於聖人而後定，觀於詩而性情得其正，於書而政紀得其宜，於禮而敬，於樂而和，於易則有以驗陰陽，於春秋則有以定名分。聖人之功與天地高深，迄於今而不墜者，六經所以統天地之心也。」

經義考卷二百九十七

通説三 説經下

明孝宗曰：「六經載聖人之道，宜講明體行，務臻實用。」

朱升曰：「大哉六籍之功乎！立天地之心，植生民之命，措斯人於至治，傳是道於無涯，先聖後聖因時而起，制作傳述其事不同，而此心此理則未嘗異也。是故詩者，人情之宣也；書者，政事之紀也；禮者，列義理之序；而樂者，陶天地之和也；易者，上古聖人所以開物成務；而春秋者，夫子所以正王道而明大法者也。聖人之道載於經，聖人之心無窮，經之理亦無窮也。」

王褘曰：「載籍以來，六經之文至矣，凡其爲文，皆所以載道者也。陰陽之變化載於易，帝王之政事載於書，人之情性①、草木鳥獸之名物載於詩，君臣内外之名分、人事之善惡載於春秋，尊卑貴賤之等、聲容之美、以建天地之中和載於禮、樂，此其爲道，實至著至久，與天地同化而同運者，而皆託於文

① 「情性」，文津閣四庫本作「性情」。

以見。嗚呼！此固聖人之文也與，世有作者，舍聖人則無所爲學，其爲文也，苟以載夫道，雖未至於聖人之文，其必不謬於聖人者矣。」又曰：「聖人之文厥有六經，易以顯陰陽，詩以道性情，書以紀政事之實，春秋以示賞罰之明，禮以謹節文之上下，樂以著氣運之虧盈。凡聖賢傳心之要，帝王經世之具，所以建天衷、奠民極、立天下之大本、成天下之大法皆於是乎在。是故世之學者，本之詩以求其恆，本之易以求其變，本之書以求其質，本之春秋以求其斷，本之樂以求其通，本之禮以求其辨，夫如是，則六經之文爲我之文，而我之文一本於道矣。」又曰：「六經者，聖人致治之要術、經世之大法，措諸實用，爲國家天下者所不可一日或廢也。孔子嘗曰：『我欲託諸空言，不如載諸行事之深切著明也。』後世學者因以謂聖人未嘗見諸行事，而惟六經是作，顧遂以空言視六經，而訓詁講説之徒，又從而浮詞曲辨淆亂之，於是聖人致治經世之用微矣。」又曰：「治易必自中庸始，治書必自大學始，治春秋必自孟子始，治詩及禮、樂必自論語始。易以明陰陽之變，推性命之原，然必本之於太極，太極即誠也，而中庸首言性命，終言天道，人道必推極於至誠，故曰：『治易必始於中庸』也。書以紀政事之實，載國家天下之故，然必先之以德，峻德一德三德是也，而大學自修身以至治國、平天下，亦本原於明德，故曰：『治書必始於大學』也。春秋以貴王賤霸、誅亂討賊，其要則在乎正誼不謀利，明道不計功，而孟子尊王道、卑霸烈、闢異端、距邪説，其與時君言，每先義而後利，故曰：『治春秋必始於孟子』也。詩以道性情，而論語之言詩有曰：『關雎樂而不淫，哀而不傷』，又曰：『可以興，可以觀，可以群，可以怨』；禮以謹節文，而論語之言禮，自鄉黨以至於朝廷，莫不具焉；樂以象功德，而論語之言樂，自韶、武以及翕純皦繹之説，莫不備焉，故曰：『治詩及禮、樂必始於論語』也。此四子六經相通然也。」又曰：「聖人之經，儒者之傳，諸子百家之著述，歷代太史之紀録，以及天文、地理、陰陽、律曆、兵謀、術數、字學、族譜之雜出敷落旁行，虞初稗官燕談脞語之並興，其爲説不同，爲教亦異，而其爲書類皆學者所當讀而通之者也。雖然，學問無窮，歲月有限，誠有不能偏觀而盡識者，而惟聖人之經，則弗可以莫之究也。先王之道所以立天下之大本，先王之制所以成天下之大業，皆於是乎在。乃厄於秦，讖緯於漢，聖遠言湮，愈傳而愈失，時異事易，愈變而愈非，其流弊遂有不可勝言者矣。宋河南程子、關中張子者出，始克實踐精討，而聖賢明德之要，帝王經世之規，所以垂憲後世者乃大有所發明，其後朱文公、張宣公、吕成公一時並興，而當其時，如永嘉薛氏、鄭氏、陳氏、葉氏、閩中林氏、永康陳氏後先迭出，各以所學自成其家，大抵均以先王之道爲己任，以先王之制爲必行，而所以立天下之大本、成天下之大業者，咸粲然方册閒矣。學者之於經，不可徒誦其文而已也，必將求其道以淑諸身，明其法以用於世，而所學始不徒爲空言也。」

宋濂曰：「聖人之言曰經，其言雖不皆出於聖人，而爲聖人所取者亦曰經。經者，天下之常道也，易、書、春秋用其全，詩與禮擇其純而去其僞，未有不合乎道而不可行於世者也，故易、詩、書、春秋、禮皆曰經。五經之外，論語爲聖人之言，孟子以大賢明聖人之道，謂之經亦宜，其他諸子所著，正不勝譎醇不逮疵，烏足以爲經哉？」又曰：「文當以聖人爲宗，古之立言，簡奇莫如易，又莫如春秋；序事精嚴莫如儀禮，又莫如檀弓，又莫如書，書之中又莫如禹貢，又莫如顧命；論議浩浩而不見其涯，又莫如易之大傳；陳情託物莫如詩，詩之中反覆詠歎又莫如國風，鋪張王政又莫如二雅，推美盛德又莫如三頌；有闔有開，有變有化，脈絡之流通，首尾之相應莫如中庸，又莫如孟子，孟子之中，又莫如養氣、好辨等章。人能致力於斯，得之深者，固與天地相始終，得其淺者，亦能震盪翕張，與諸子較所長於一世，蓋文之所存，道之所在也，文不繫道，不作焉可也。」又曰：「孔子傳易、孟子釋詩，加數言而其意炳如，辭不費也。辭之費，經之離乎？漢儒訓經，使人緣經以求義，優柔而自得之有見乎爾也。近世傳文或累千言，學者復求傳中之傳，離經遠矣，造端者唐之孔穎達乎？」又曰：「五經自孟氏後無兼通之者。」又曰：「世求聖人於人，求聖人之道於經，斯遠已。我可聖人也，我言可經也，弗之思耳。」

戴良曰：「仁義禮智皆人所固有，聖人因人之所固有而爲之教焉。喜怒哀樂之情，人之所固有也，以其固有之情而美刺之，於是乎有詩。詩者，人之情也，情雖易放，而辭讓之心則其所固有也，以其固有之心而爲之節文，於是乎有禮。禮者，敬也，敬則自處卑矣，以其自卑之勢而又有書。書者，上所以通乎下之言也，上下既通，然後以其吉凶悔吝之機而作易焉。易作而春秋繼之，蓋至於春秋，則人之固有者舉亡之矣，然亦以其是是非非而爲之斷焉，聖人爲教之備如此。」

朱右曰：「貫三才而一之者，文也。羲、軒之文，見諸圖畫，唐、虞稽諸典謨，三代具諸易、書、詩、禮、春秋。故易以闡象，其文奥；書道政事，其文雅；詩發性情，其文婉；禮辨等威，其文理；春秋斷以義，其文嚴。然皆言近而指遠，辭約而義周，固千萬世之常經不可尚已。」

胡翰曰：「六藝之文，易也、書也、詩也、春秋也、禮、樂也。樂亡，而禮僅存其三，曰儀禮也、周禮也、禮記也，漢儒概而言之，以爲六藝。史遷曰：『六藝經傳以千萬數，窮年不能究其說，累世不能通其學。』聖人之言，豈越□①若是哉？火於秦，汨於漢，加之傳注日以滋蔓，故習於訓詁者溺於專門，流於術

---

① 「越□」，四庫薈要本作「高遠」。

數者拘於災異，否則辭章而已，學者誠以身體之，以心會之，則聖人之道，不在於書，而在吾身、吾心矣。」

劉迪簡曰：「漢儒多分章句，有破碎五經之患；宋儒詳衍義説，有傅會五經之患。」

劉三吾曰：「六經，載道之書也；四書，明理之書也。易以道陰陽，書以道政事，詩以詠性情，春秋以正名分，禮以謹節文，樂以宣功德，道無乎不在也。大學其入道之户庭乎，中庸其造道之閫奥乎，論語無非教人操存涵養之要，孟子無非教人體驗擴充之功。故求道必自六經始，求六經必自四書始。」

季應期曰：「窮經以致其用，反躬以踐其實，不如是，讀書奚益？」

王紳曰：「聖人垂訓方來，於六經尤著。六經非聖人之所作，因舊文而删定者也。易因伏羲、文王之著而述之大傳，所以明陰陽變化之理；書因典謨訓誥之文而定之，所以紀帝王治亂之迹；春秋因魯史之舊而修之，所以明外霸内王之分；詩因列國歌謡風雅之什而删之，所以陳風俗之得失；禮所以著上下之宜；樂所以導天地之和，皆切於日用，當於事情，而爲萬世之準則也。其於取舍用意之際，似寬而實嚴，若疎而極密，故學者舍六經無以爲也。」又曰：「聖人因自然之道著爲自然之文，故因其變化之理而成易，因其訓誥之體而成書，因其治化之蹟而成詩，因其褒貶之法而成春秋，因其□□之□①而成禮，因其和暢之用而成樂，此六經之文，所以終天地、亙古今而不易者，以其出於自然也。」

方孝孺曰：「五經者，天地之心、三才之紀、道德之本也。善學者，學諸易以通陰陽之故、性命之

---

① 「□□之□」，四庫薈要本作「節文之宜」，文津閣四庫本作「揖讓之儀」。

理；學諸詩以求事物之情、倫理之懿；學諸禮以識中和之極、節文之變；學諸書以達治亂之由、政事之序；學諸春秋以參天人之際、君臣内外之分，而學之大統得矣。然不可驟而進也，蓋有漸焉，先之大學以正其本，次之孟子之書以振其氣，則之論語以觀其中，約之中庸以逢其原，然後六經有所措矣。」又曰：「三五之道具六經乎？六經委棄，曷作程乎？易辨治亂，政之禎乎？書著訓謨，道之英乎？禮以範俗，樂和以成乎？詩以蕩邪，善之萌乎？春秋賞罰，人倫之城乎？措之孔易，施之孔明乎？」又曰：「聖人嘗言：『誦詩三百，不達於政，雖多，亦奚以爲？』是學詩可以爲政也，豈惟詩爲然？傳稱書以道政事，漢儒春秋斷大政，則書與春秋亦政事所自出也。易以冒天下之道，舉而措之民謂之事業，則可爲政者莫大乎易。記禮者，謂班朝、治軍、涖官、行法、教訓、正俗、分争、辨訟，非禮皆不可，則禮又政之本也。」又曰：「聖人之言不可及，上足以發天地之心，次足以道性命之原，陳治亂之理，而可法於天下，後世垂之，愈久而無弊，是故謂之經。」又曰：「堯、舜、禹、湯、文、武、周公、孔子八聖人之言行、文章具在六經，故後之學聖人者，舍六經無以爲也。」又曰：「經者治天下之具也，豈直文辭云爾哉。」又曰：「齊桓公欲取魯，仲孫湫曰：『魯猶秉周禮，未可伐也。』則古者以治經與否觀國之興廢也。周原伯魯不悦學，閔子馬曰：『學猶殖也，不學將落，原氏其亡乎！』則以學經與否觀家之存亡也。經之於人，其重也如此。」又曰：「明乎春秋者得其斷，明乎易衍者得其中，明乎詩、書者得其正，明乎禮、樂者得其文。」又曰：「法時乎易，取政乎書，主敬乎禮，體和於樂，雅言以詩，制事以春秋。」

練子寧曰：「經所以載道，士之欲明聖賢之道者必急於治經，經既治，則天下之理有不足明，而天下之事有不足識者矣。」

王達曰：「古者作爲六經以教後世，易以通幽明，開物成務；書以紀政事，著道統之傳；詩以道性情，俾人知感創；春秋示法戒，嚴内外之辨；禮以正行；樂以和心，總而計之，不過數十卷，簡易精切，莫踰於兹，君子誠欲求道，舍此而他求，可乎？」

胡儼曰：「經者常行之典，所以載道也，堯、舜、禹、湯、文、武、周公、孔子之法言大訓存焉。曰易、詩、書、禮、樂，此五經之見於白虎通者；曰易、書、禮、詩、春秋，此五經之見於法言者；曰詩、書、禮、樂、春秋，此五經之見於藝文志者；其見於經解者，曰詩、書、樂、易、禮、春秋爲六經；曰七經者，於易、書、詩、春秋而益以三禮；曰九經者，於七經而益以孝經、論語；至於十經，則又於五經而加以五緯也。夫經之名與數雖不一，所以載道則一耳，君子窮理以達道，力學以致用，必以讀書爲本，讀書者必以經爲之本。」

林文曰：「自夫子之删述，顔、曾、思、孟之授受，六經之道，煥然大明，如日中天，有志於學者誦其經而究其心，則聖人之道不可勝用矣。」

葉儀曰：「聖賢言行盡於六經、四書，其微辭奥義，則近世先儒之説備矣。由其言以求其心，涵泳從容，久自得之，不可先立己意而妄有是非也。」

薛瑄曰：「六經、四書皆聖賢之言也，由其言以得其心，則在人焉爾。」又曰：「聖賢之書，其中必有體要，如『明德』爲大學之體要，『誠』爲中庸之體要，『仁』爲論語之體要，『性善』爲孟子之體要，以至五經各有體要。體要者何？一理而足以該萬殊也。荀、揚諸子之書，辭亦奇矣，論亦博矣，其中果有體要如聖賢之書乎？」又曰：「舍五經、四書與周、程、張、朱之書不讀而讀他書，是猶惡覩泰山而喜邱垤也。」

彭勗曰：「堯、舜、禹、湯、文、武、周公之道，非孔子删述六經，垂憲萬世，則其道無傳，所謂集群聖之大成也。濂、洛、關、閩之學，非朱子裒集諸子之言而注釋六經，則其學不明，所謂集群賢之大成也。」

曹端曰：「六經、四子書，天下萬世言行之繩墨也，不可不使之先入於心。」

劉定之曰：「群經皆仲尼删述垂訓，然詩、書、禮尤切實，故雅言之。觀夫孝經每章之末以詩語結焉，論語全篇之終以書事證焉，上而至於一拱手之尚左尚右，下而至於一動足之蹜如蹜如，既切切執其禮，又孜孜言其故，信乎雅言之在詩、書、禮也。後之學者苟非心惟①其義，口誦其文，用功無閒，其何以得温柔敦厚之仁於國風、雅、頌之辭，廣疏通知遠之智於虞、夏、殷、周之載，成恭儉莊敬之禮於制度品節之閒，内以淑身，外以用世哉？」

楊守陳曰：「古者卜筮也而有易，歌詠也而有詩，紀載也而有書、有春秋，行有禮，奏有樂，皆烝民日用之常，皇帝王治世之典，而天下之道自一而萬，無弗載於是矣。」

張寧曰：「六經、四書其言皆弘妙而淵懿，周密而精純，渾渾焉，噩噩焉，而相爲備具，未始致意於文字也。」

何喬新曰：「經以載道，道本於心，夫子祖述憲章，垂六經以詔萬世。易作而吉凶禍福之驗該矣，書作而治亂存亡之戒明矣，詩作而吟詠性情之美極矣，動盪天地之中和而爲禮、樂，斧袞二百四十年之

---

①「惟」，文淵閣四庫本作「維」。

善惡而爲春秋，由是二帝、三王之道益明於天下。然六經，心學也，是故説天莫辨於易，由吾心即太極也；説事莫辨乎書，由吾心政之府也；説志莫辨乎詩，由吾心統性情也；説理莫辨乎春秋，由吾心分善惡也；説體莫辨乎禮，由吾心有天序也；導民莫過乎樂，由吾心備人和也，聖人因其心之所有，而以六經教之。秦、漢以來，心學不傳，京房溺於名數，世豈復有易？孔、鄭專於訓詁，世豈復有書、詩？董仲舒流於災異，世豈復有春秋？樂固亡矣，至於大、小戴氏之所記，亦多未純，世豈復有全禮哉？經既不明，心則不正，國家安得而善治，鄉閭安得有善俗乎？」又曰：「漢宣帝詔諸儒講經於石渠，章帝會諸儒講五經於白虎觀，如蕭望之之經術，劉向之精忠，則講論於石渠者也；如丁鴻之至行，賈逵之博學，則講論於白虎觀者也。宋之經筵尤重擇人，文彦博以三朝元老而與經筵，程伊川以一代大儒而爲講官，他如賈昌朝、范祖禹，無非端人正士，其所以發聖人之經，窮典籍之奥者，班班可考。以水喻政，得之小旻，烹鮮喻治，得之匪風，此學詩也；薄刑緩征，荒政講之，修德承天，視祲論之，此學禮也；上承下施，蓋取諸鼎，亂極生治，蓋取諸萃，易學明也；説命三篇特誦三句，五子之歌再誦六句，書學深也；論魯封疆，講鄭鑄刑，此明春秋而知之；大學修身，中庸入德，此講禮記而知之，得人如此，其有裨於君德，豈淺也哉？」

程敏政曰：「道原於天，性於人，具於聖人之六經。經也者，聖人修道之教，而人所以爲窮理、盡性、明善、誠身之學者也。自性學既微，六經常爲空言，於天下，凡師之所以授徒，上之所以取士者，亦徒曰明經，而經反晦者千餘年。至宋，兩程夫子始得聖學於遺經，紫陽夫子實嗣其傳，其説經以詔來學，於易、於詩皆手筆也，於書、於禮、於樂則指授其及門之士，而學、庸、語、孟四書，所以爲治經之階梯者，又皆煥乎炳如，無復遺憾。夫然後天下後世之人，知明經將以復性，而足致夫體用一原，隱微無閒之極功。嗟夫！六經明晦，世道之汙隆繫焉，必窮理明善以求經之明，盡性誠身以求經之所以明，則有功於世教，豈不盛哉。」又曰：「宋末元盛之時，學者於六經、四書纂訂編綴，曰集義、曰附録、曰纂疏、曰集成、曰講義、曰通考、曰發明、曰紀聞、曰管窺、曰輯釋、曰章圖、曰音考、曰口義、曰通旨，棼起蝟興，不可數計，六經注腳抑又倍之。」

章懋曰：「聖賢之道載諸經，具之吾心，而著于日用事物人倫之閒。若大學之敬，中庸之誠，論語之操存涵養，孟子之體驗擴充，一一反之身心，實踐而力行之，求之吾心而無慊，斯考之聖賢而不謬，驗之内外而無怨矣。」

黄諫曰：「書之可信者，經焉耳矣，經之外未足盡信也。」

桑悦曰：「易始于皇，書始于帝，詩始于王，春秋始于伯①，禮之與樂，所以經緯皇、帝、王、伯②者也。由伯③而下，棄禮絶樂有不可勝言者矣，聖人因作春秋以閑世變，明王道，抑霸功，以達易、書、詩、禮、樂之事業。是故存乎易以全春秋之變，存乎書以全春秋之蘊，存乎詩以全春秋之恆，存乎禮以全春秋之序，存乎樂以全春秋之和，而易、書、詩、禮、樂又所以存乎春秋者也。六經各一其體用，論其大分，五經者春秋之體，春秋者五經之用。」又曰：「孔、孟既没，六經、七篇之傳所以續其亡以施教也，苟讀孔、孟之書而不潛心，其爲人不爲徒讀也邪？」

---

①②③　「伯」，文津閣四庫本皆作「霸」。

王鏊曰：「世謂六經無文法，不知萬古義理，萬古文字皆從經出也。即如七月一篇，敘農桑稼圃，内則敘家人寢興烹飪之細，禹貢敘山川脈絡原委，如在目前，論語記夫子在鄉、在朝使儐等容，宛然畫出一箇聖人，孰謂六經無文法。」又曰：「漢初六經皆出秦火煨燼之末，孔壁剥蝕之餘，然去古未遠，尚遺孔門之舊，諸儒掇拾補葺，專門名家，各守其師之説，其後鄭玄之徒，箋注訓釋不遺餘力，雖未盡得聖經微旨，而其功不可誣也。宋儒性理之學行，漢儒之説盡廢，然其閒有不可得而廢者，好古者不可不考也。」

張吉曰：「學者不讀五經，遇事便覺窒礙。今士子業一經，豈聖人之言，亦有當去取者耶？」

石珤曰：「聖人之道載在六經，王者用之以定四海，其臣用之以弼其治，其民用之以親親、長長、幼幼，養生送死而無憾，何莫非六經之功哉。」

王啓曰：「自夫子删述六經，而伏羲、堯、舜、禹、湯、文、武、周公之道寓於易、書、詩、春秋、禮、樂，如天之不可階而升。夫子恐人好高而反失之也，故其爲教，博文約禮之外，性與天道罕言，而論語一書，不出問答思辨之閒。當時曾子傳其學，專用心於内，其作大學則曰『格物致知』，猶吾夫子也。曾子傳之子思，其作中庸則曰『擇善思誠』，猶吾曾子也。子思傳之孟子，其作七篇則曰『知言明善』，猶吾子思也。惜乎其書存，其人亡，異端之説始熾，猥以百家之言厠於其閒，學者莫知所宗，幸而四子之澤未泯，漢董子思所以禁之，首請罷黜百家以尊孔子，其後始置五經博士，四子得列講師，而百家不致與六經抗衡矣。」

楊廉曰：「先六經而後諸子百氏，此讀書之要也。」又曰：「大學以格物爲先，格物以讀書爲先，所讀之書，五經、四書其本領也。」

楊廷和曰：「六經，自古聖賢正學之心法在焉，諸賢之所謂學者不出乎是。」

顧璘曰：「六經者，禮義之統紀，文章之準繩也，學者不根六經，無以成學。」又曰：「孔、孟所引詩、書多斷章取義，不拘拘於章句，蓋義理乃其精微，文辭特糟粕耳。至宋儒泥章句，立主意，雖於文字之際有所發明，卒使六經之旨拘牽執滯，而無曲暢旁通之趣，實訓詁之學爲之害也。」又曰：「六經之文，非仕與學者限於禁而不得爲也，奈何排其户不歷其奧乎？」又曰：「六經，道之綱也，苟舉其綱，萬目咸正。」

何瑭曰：「聖賢之道，昭在六籍，如日星，後學愧不能知而行之，自宋以來儒者之論太多，此吾之所深懼也。」

王廷相曰：「六經者，道之所寓，故仲尼取以訓世，八索、九邱、連山、歸藏非不古也，道不足以訓，仲尼則棄之，故後世無聞。」

崔銑曰：「先王之道存乎經，學者倦於行，於是乎深性命之談，亡其本矣。夫慕父母者，孝子之行也；履六經者，醇士之學也，是故經明而習同，習同而德立，德立而化行，化行而後天下國家可從而理矣。」又曰：「圖象繁而易荒矣，小序廢而詩蕪且淺矣，左氏輕而春秋虚矣，喜新變古，君子無樂乎斯焉爾。」

方鵬曰：「五經、四書一也，漢人讀之爲訓詁之學，唐人讀之爲辭章之學，今人讀之爲科舉之學，蓋讀之者同，而用之者異也。」

邵鋭曰：「經也者，天地之心、聖賢之精蘊皆於是乎在，故經明則道明，道明則天極以立，地維以張，人紀以定，而天下之能事於是乎畢矣。」

王道曰：「學者讀聖人之經於千載之下，求聖人之意於千載之前，必須虚懷觀理以求至當歸一之趨，不可横立偏見而反牽引聖言以狥己意也。」

薛蕙曰：「易之言有不同乎書者矣，書之言有不同乎詩者矣，各經之言，或先或後，或彼或此，何必一一强同乎？直要其歸，觀其所以同可耳。」

桂萼曰：「讀大學必如親見孔子、曾子，讀中庸必如親見子思，讀論語必如親問孔子於洙、泗之上，讀孟子必如親事孟子於齊、梁之閒。」

王守仁曰：「經，常道也，以言陰陽消息之行則謂之易，以言紀綱政事之施則謂之書，以言歌詠性情之德則謂之詩，以言條理節文之著則謂之禮，以言欣喜和平之生則謂之樂，以言誠正邪僞之辨則謂之春秋。六經者，吾心之紀籍也，而六經之實，則具於吾心。」

許誥曰：「六經所載，皆聖王治民之道，欲求道者，舍是無所用心矣。」

陸深曰：「書莫尚於經，經，聖人之書也，後有作焉，凡切於經者咸得附矣。」

湛若水曰：「聖人之治本於一心，聖人之心見於六經，故學六經者，所以因聖言以感吾心，而達於政治者也。」

祝允明曰：「經業自漢儒迄於唐，或師弟子授受，或朋友講習，或閉户窮討，敷布演繹，難疑訂謁，益久益著。宋人都掩廢之，或用爲己説，或稍援他人，必當時黨類，吾不知先儒果無一義一理乎，亦可謂厚誣之甚矣。其謀深而力悍，能令學者盡棄其學，隨其步趨，迄數百年不悟不疑而愈固。太祖皇帝令學者治經用古注疏，參以後説，而士不從也。嗚呼！試閲兩漢、魏、晉、南北朝、隋、唐之學，其義指理致，度數章程，何等精密弘博，宋人不見何處及之，況並之，又況以爲過之乎？此非空言可強辨解也。」

黄焯曰：「六經，文之至也，不可以擬而續也，後之爲文者，舍六經奚以哉？」

龐嵩曰：「孔子集百王大成，非不可博取，然所删述六經而已，所信用者周禮而已，所傳授者論語而已。」

楊慎曰：「宋儒説經，其失在廢漢儒而自用己見，夫六經作於孔子，漢世去孔子未遠，傳經之人雖劣，其説宜得其真；宋儒去孔子千五百年矣，雖其聰穎過人，安能一旦盡棄其舊而獨悟於心乎？然今之人安之不怪，則科舉之累，先入之説膠固而不可解也。」又曰：「六經，日用之五穀也，人豈有一日不食五穀者乎？」

楊天祥曰：「五經備天地萬物之理，讀之每徹一卷，心曠神怡，視聽俱新，不出户庭，十年徧之矣，雖不足以喻人，亦足以自喻也。」

鄒守益曰：「五經、四書，聖人救世方之藥方也。」

徐公階曰：「經也者，聖人以扶人極，以開來學，其道甚大，群籍不得並焉。」

鄭公曉曰：「宋儒有功於吾道甚多，但開口便説漢儒駁雜，又譏訕訓詁，恐未足以服漢儒之心。宋儒所資於漢儒者十七八，只今諸經書傳注儘有不及漢儒者，宋儒議漢儒太過，近世又信宋儒太過，要之，古注疏終不可廢也。」

林雲同曰：「天地聖人之藴，盡於六經，六經垂憲之功，成於夫子。」

蘇祐曰：「聖人垂教，六籍森列，立天人之極，達皇王之軌，究陰陽之變，溯聲化之原，謹名分之微，約性情之正，則皆心之用，而經之所由著也，雖有易、詩、書、春秋、禮、樂之殊，弗外於心，苟善治焉，其於經不合者寡矣。」

孔天胤曰：「六經者，聖人之心也，所謂天地之道，民物之彝，宇宙之極，而非言語文字云爾也。繇是變通之而爲易，經綸之而爲書，歌詠之而爲詩，節文之而爲禮，和暢之而爲樂，法制之而爲春秋，皆自其心出之者也。」

王崇曰：「聖人不可得見，所可見者，聖人之書，易、書、詩、春秋、禮、樂是也。易言乎其命也，書言乎其行也，詩言乎其思也，春秋言乎其識也，禮言乎其體分也，樂言乎其風氣也，皆聖人之所爲文也。是故君子能遂義不愆於時，則庶乎易矣；遹德不詭於中，則庶乎書矣；慎動不離於正，則庶乎詩矣；鑒微不闇於公，則庶乎春秋矣；修則①不欺於敬，則庶乎禮矣；軌物不失於和，則庶乎樂矣。」

〔補正〕

王崇條内「修則不欺於敬」，「則」當作「己」。（卷十二，頁二十）

薛應旂曰：「聖人作經，易以道化，書以道事，詩以達意，禮以節人，樂以發和，春秋以道義，先後聖

① 「則」，四庫諸本作「己」。

哲，上下數千言，究其指歸，無非所以維持人心於不壞也，人乃任末棄本，各出意見，競爲訓疏，支辭蔓説，炫博務奇，門户争高，相傾交毁，而彼此枘鑿，後先矛盾，遂使學者之耳目應接不暇，而本然之聰明反爲所蔽焉。況乎不遵經而遵傳，今日之經已爲世儒之經，非復古聖人之經矣，正猶讀方書而不知治病，反以庸醫之説而亂炎、黄之真也，其害可勝言哉！」又曰：「漢之窮經者，易如田何以及施、孟、梁邱，書如伏生以及歐陽、大、小夏侯，詩如申公以及轅、韓、大、小毛公，禮如高堂生以及后蒼、大、小二戴，春秋如公羊、穀梁以及劉氏、嚴氏。其諸若馬融、劉歆、鄭玄、孔穎達諸人轉相授受，而注疏作焉，雖其人未必皆賢，所言未必皆當，然於秦火之後，而非此數人，則六經幾乎息矣。至宋鄭樵乃謂秦人焚書而書存，漢儒窮經而經絶，信斯言也，則是漢儒之罪，蓋又不止於秦火也。然自今觀之，漢去古未遠，而聖人之遺旨，猶或有得於面承口授之餘，故宋儒釋經遂多因之，而闕文疑義一以注疏爲正，如九六老變，孔穎達之説也；文質三統，馬融之説也；河洛表裏之符、宗廟昭穆之數，劉歆之説也；五音六律，還相爲宫，鄭玄之説也，其擇言之廣，取善之公，要在明乎經而不失聖經之意耳，豈得盡如夾漈之論哉？蓋漢儒之學長於數，若儀文節度之煩，蟲魚草木之變，皆極其詳，其學也得聖人之博；宋儒之學長於理，若天地陰陽之奥，性命道德之微，皆究其極，其學也得聖人之約。合是二者而虚心體認，則天機相爲感觸，當自默會於燕閒静一之中，超然悟於意言象數之表，而吾心之全體大用可一以貫之，而不溺於先入之説，不蔽於淺陋之見矣，尚何有衆言之淆亂哉？」

王文禄曰：「大學之道，問學之宏規；論語之言，踐履之實理；孟子七篇，擴充之全功；中庸一書，感化之大義。」

吴桂芳曰：「惟精惟一者，聖人之心，而其經綸之迹，則今六經之所載者備焉，聖人非故以迹而示人也，蓋其仁天下之心無窮，故不忍以其有盡之身，而廢天下萬世可繼之治，是故六經作焉。六經者，道法兼備，聖人雖往，而循之者足以立政，明之者足以立教，此聖人爲萬世至深且遠之計也。故其舉之於口，筆之於書，或删或述，若易、詩、書、禮、樂、春秋，其爲言雖殊，然皆不離乎彝倫日用之常，此吾儒之學所以爲萬世不易之道，而與天壤均無敝者也。」

林燫曰：「聖人之道不明，諸儒晦之也。易、詩、書、春秋、禮、樂，聖人所以垂訓也。自漢以來，傳經者無慮數百家，其書學者多有之，然聖人之旨愈鬱而不章，則諸儒之過也。夫六經之道，同條共貫，第諸儒言之有同有不同：易以道陰陽，而厄之於數，至作太玄、潛虚以擬之，其失也拘而不通；書以道政事，武成之篇，孟子疑之，金縢之册，周公或不爲此也，必曲爲之説，則其失也誣而難信；詩以道性情，而鄭、衛之風皆目爲淫奔所自作，何以被之管絃，又欲盡廢小序，則其失也疎而起後世之疑；春秋以道名分，誅亂臣，討賊子，其大旨固也，滕侯以黨惡貶其後世，許止以不嘗藥被之弒君，故其失也鑿而多端；至於禮、樂，則漢儒之附會爲已甚矣。蓋傳注愈繁，則聖人之經愈晦，曰：『盡廢傳注可乎？』曰：『何可之廢也，傳注所以明經也，與其過而廢之，孰若過而存之。』」

王維楨曰：「經者，常也，言萬世可常用也，故天有常星，不見則爲異；聖人有常言，不用則爲乖。六經各一，體不相沿也，易布卦以經緯相錯，書序事以都俞造端，詩紀德以比興發義，禮、樂陳器數以問答成章。六經之道，明哲所不能踰也。」

皇甫汸曰：「道散於天地而載於書謂之文，文以載道謂之經。六經作而天地之道闡矣，天下之文肇矣。」

周子義①曰：「聖人之作經也，因人心自然之理，而爲之闡明開發，其言明白簡切而可深思，故因人心之有陰陽也而爲之贊易，因人心之有政事性情也而爲之删詩、書，因人心之有名分節文也而爲之修春秋、定禮、樂。理如是而至，聖人之言亦如是而止。」

田一儁曰：「昔者聖人之作經也，樞紐造化，陶冶性情，綱紀政事，宣達中和，扶植名分，垂恆久之至教，洩神化之奥旨，莫非道也。經以載道，而後世之書多僞，則聖人之經紊矣；學以致道，而後世之儒多雜，則聖人之學病矣。經不可使紊也，是故惡夫僞也；學不可使病也，是故惡夫雜也。」

馮時可曰：「六經無浮字。」又曰：「漢儒之於經，臺史之測天也，不能盡天而觀象者莫能廢。」

吴中行曰：「秦人坑燔之後，經術熄矣，漢儒傳經之義，而六經賴以不亡。叔世汨溺之餘，理學晦矣，宋儒窮經之理，而六經因之益顯。」

王敬臣曰：「六經，文之本，爲文者舍六經而效子、史，本之則無，如之何？」

陳師曰：「太昊畫八卦，則易之始也，又有網罟之歌，則詩之始也，伏羲、神農、黄帝之書謂之三墳，則書之始也。」

章潢曰：「經，常道也。以言陰陽消息之行，則謂之易；以言紀綱政事之施，則謂之書；以言歌詠性情之發，則謂之詩；以言條理節文之著，則謂之禮；以言懽喜和平之生，則謂之樂；以言誠僞邪正

①「義」，文淵閣四庫本作「儀」。

之辨，則謂之春秋。故易也者，志吾心之陰陽消息者也；書也者，志吾心之紀綱政事者也；詩也者，志吾心之歌詠性情者也；禮也者，志吾心之條理節文者也；樂也者，志吾心之懽喜和平者也；春秋也者，志吾心之誠僞邪正者也。君子之於六經也，求之吾心之陰陽消息而時行焉，所以尊易也；求之吾心之紀綱政事而時施焉，所以尊書也；求之吾心之歌詠性情而時發焉，所以尊詩也；求之吾心之條理節文而時著焉，所以尊禮也；求之吾心之懽喜和平而時生焉，所以尊樂也；求之吾心之誠僞邪正而時辨焉，所以尊春秋也。」又曰：「易以道人心之中正，書以道人心之祇敬，詩以道人心之和平，禮以道人心之品節，春秋以道人心之是非，則是人心爲五經之本也。」又曰：「五經，聖賢述作不齊，要皆定之孔子以垂教萬世，易以象教，書以身教，詩以聲教，禮以理教，春秋以名分教，若各一其義也，然道一也。」

何洛文曰：「五經非他，聖人之心也，聖人之心即天地之心，古今人所同也，故易不過道吾心之時，書不過道吾心之中，詩不過道吾心之無邪，春秋不過道吾心之公，禮、樂不過道吾心之序與和。使人人各得其心之自然，則天地常位，萬物常育，五經可以無作，而顧有不能者，是以聖人筆之于書，俾反求而自得之，蓋非有意于立言，而不得不作也。」

沈堯中曰：「道統之在天下，由伏羲而堯、舜，而禹、湯，而文、武、周公、孔子，上下數千百年，若斷若續，迄今猶可尋繹者，經是已。伏羲，吾得之易；堯、舜、禹、湯、文、武，吾得之詩、書；周公，得之禮；孔子，得之春秋。合五經而序之，迺知數聖人之統系存焉。」

陳于陛曰：「聖賢垂世立教，莫備于五經，五經者，天地自然之文，生人日用之具。五經之道明，則諸子百家之説，若權設而不可欺以輕重，繩陳而不可欺以曲直，賴以見聖人之心者，獨此而已。」

葉向高曰：「九經者，聖言之至約、至博者也。」

唐公文獻曰：「經之存於世，若日星麗天，岳瀆亙地，學者見作者之心於千載之上，賴有注疏存焉。漢之諸儒磨礱以歲月，窮殫以心力，然後成一家之言，其所持論皆師門所授，搢紳長老之所傳，闡要以發明聖學，澤於道德者多也。自談者謂漢儒窮經而經絶，至以訓詁支離，烈於燔燄，抉瑕摘釁，掩其弘美，往哲羽翼之功，幾不存於世矣。」

劉曰寧曰：「今之談經者專主濂、洛諸儒，當秦火既燔，關、洛未起，微漢諸儒，彼宋人豈真能於夢想羹牆之閒，遂彷佛其意而接其傳耶？不見夫越人之治絲乎，漢儒三繅拮据，尺櫛寸比，疏之引之，緒井井然理也，宋人則因之以收組織章甫之效，世徒見其爲章、爲甫也，而遂忘拮据者之爲力，可乎哉？」

〔補正〕

劉曰甯曰：「漢儒三繅拮据，尺櫛寸比，疏之引之，緒井井然理也，宋人則因之以收組織章甫之效，世徒見其爲章、爲甫也，而遂忘拮据者之爲力，可乎哉？」杰按：章甫，殷冠名，章甫者，所以表明丈夫也，緇布爲之，説見儀禮士冠禮鄭注，及禮記郊特牲孔疏甚明，此説乃以爲織絲爲之，且以二字折開對舉，亦奇。（卷十二，頁二十一——二十一）

鄭瑗曰：「六經言道而不遺法，四書言理而不外事。」

胡應麟曰：「夏、商以前，經即史也，尚書、春秋是已；周、秦之際，子即集也，孟軻、荀況是已。」又曰：「尚書，經之史也；春秋，史之經也；中庸、孟子，子也，而其理則經也。」又曰：「六經之學，廣大閎深，歷世名儒第專其一，有專於易者，有專於書者，有專於詩者，有專於禮者，有專於春秋者，有專於爾雅者，若馬融、鄭康成、賈逵、王肅、劉炫、崔浩、孔穎達、陸德明數子，諸經並釋，六籍兼該，義或未精，博斯稱極。宋世鉅儒精於析理，博匪所先，新安後出，兼綜二家，既精且博矣。」又曰：「宋初邢昺、孫奭等尚多以注疏顯，至閩、洛談理，而經學迥別前代。」

鄧㦿曰：「文莫粹於經，聖賢以其精藴而形諸辭，辭可以已，聖賢必無事於作，作焉者不得已也。」

焦竑曰：「經者，性命之奥，政治之樞，文章之祖也。」

顧起元曰：「漢建初八年，詔選高才生受四經，乃左氏、穀梁春秋、古文尚書、毛詩也。漢藝文志云：『學五經』，乃詩、書、禮、樂、春秋也。建元五年立五經博士，乃書、詩、禮、易、公羊春秋也。揚子法言『五經爲辨』，乃易、書、禮、詩、春秋也。唐五經博士，乃周易、尚書、毛詩、左氏春秋、禮記也。孔穎達與諸儒撰定五經正義，乃周易、尚書、毛詩、禮記、春秋也。禮記經解『六藝政教得失』，乃詩、書、樂、易、禮、春秋也。史記孔子曰：『六藝於治一也』，乃禮、樂、書、詩、易、春秋也。莊子天下篇『六經』，與上同。漢武表章六經，乃易、書、詩、禮、樂、春秋也。秦宓曰：『文翁遣司馬相如東受七經』，又傅咸有七經詩，隋樊深有七經義綱、七經論，乃易、書、詩、三禮、春秋也。宋劉敞有七經小傳，乃詩、書、春秋、周禮、儀禮、禮記、論語也。經典釋文序録『九經』，乃易、書、詩、三禮、春秋、孝經、論語也。漢書藝文志『九經』、唐谷那律稱『九經庫』，韋表微著九經師授譜，後唐校九經鏤板於國子監，乃易、書、詩、禮、樂、春秋、論語、孝經、小學也。南史『周續之通十經』，乃五經、五緯也。宋百官志『國子助教十人分掌十經』，乃周易、尚書、毛詩、禮記、周官、儀禮、春秋左氏、公羊、穀梁、論語、孝經也。莊子『孔子繙十二經以説老聃』，云詩、書、禮、樂、易、春秋，又加六緯；一説易上、下經并十翼也；一云春秋十二公經也。

今十三經注疏國子監刊本，乃易、詩、書、禮記、周禮、儀禮、左氏春秋、公羊傳、穀梁傳、論語、孝經、孟子、爾雅也。」

高攀龍曰：「三代而後，聖王不作，於是孔子出，以六經治天下，決是非，定好惡，使天下曉然知如是爲經常之道，越志者欲有所肆焉，民得執常道以格之，故亂臣賊子不旋踵而誅。是六經者，天之法律也，天下之所以治而亂，亂而復治者，以六經在也。」又曰：「六經皆聖人傳心，明經乃所以明心，明心乃所以明經，明經不明心者，俗學也；明心不明經者，異端也。」

陳懿典曰：「甚哉！王通氏之黜漢而自尊其續經之功也，其言曰：『九師興而易道微，三傳作而春秋散。齊、韓、毛、鄭，詩之末也；大戴、小戴，禮之衰也，書殘于古、今，詩失于齊、魯。』其訟言而攻之也，無非欲自尊其所述七制之書，關朗①之易元經、禮、樂與六籍並而卑，訾漢人之注疏爲不足道也。自文中子之言出，而訓詁家絀矣。傳至宋儒，則詆訾漢儒愈力，甚且曰：『秦人焚書而書存，漢人窮經而經絶』，則又陰祖通之言而益重漢人之罪也。嗟夫！貶漢所以尊宋也，不知秦灰方熸，孔壁乍起，自漢始除挾書律之歲以至於宋，其閒千有餘載，六籍之文不至于澌滅殆盡，以竢後人之講明而表章者，伊誰之力也？設令遺經散逸，異端縱横，即有宋諸儒，何所據以加論著之功，續不傳之祕哉？」

謝肇淛曰：「宋儒貶經太過者，至目春秋爲斷爛朝報；信經太過者，至以周禮爲周公天理爛熟之書，不知春秋非孔子不能作，而周禮實非周公之書也。至歐陽永叔以繫辭非孔子之言，抑又甚矣。」

---

① 「朗」，備要本誤作「郎」。

錢謙益①曰：「十三經之有傳、注、箋、解、義、疏也，肇于漢、晉，粹于唐，而是正于宋熙寧中，王介甫憑藉一家之學，創爲新義，而經學一變。淳熙中，朱元晦折衷諸儒之學，集爲傳注，而經學再變。再變之後，漢、唐章句之學或幾乎熄矣。宋之學者自謂得不傳之學于遺經，而近代儒者遂以講道爲能事，漢儒謂之講經，今世謂之講道，聖人之經即聖人之道也，離經而講道，則亦宋儒埽除章句者導其先路也。宋史儒林與道學分，而古人傳、注、箋、解、義、疏之學轉相講述者無復遺種，此亦古今經術升降絶續之大端也。經學之熄也，降而爲經義；道學之偷也，流而爲俗學，輇材小儒，敢于嗤點六經，呰毁三傳，學術蠱壞，世道偏頗。孟子曰『我亦欲正人心』，君子反經而已矣，誠欲正人心，必自反經始，誠欲反經，必自正經學始。」

趙樞生曰：「讀經者，求天地之道于易，求帝王之道于書，求諸侯之道于春秋，求大夫士之道于禮，求民物之道于詩。」

喬可聘曰：「六經之義，驗之于心而然，施之行事而順，然後爲得。今人讀孔、孟書，乃袛爲榮肥計，便是異端，如何又闢異端。」

柴紹炳曰：「春秋載『夏五』、『郭公』、『杞子伯』、『甲戌』、『己丑』之類，以其傳疑未嘗輒加增損，論語曰：『君子於其所不知，蓋闕如也。』至宋代儒者多以己意删訂經文，二程改大學，朱子作孝經刊誤，將舊文併省，分屬經傳而删其字句。夫仲尼不敢改魯史，而程、朱改孝經、大學，此等事聽先儒自爲之，

①「錢謙益」，四庫諸本作「錢陸燦」。

勿效之也。」

顧炎武曰：「攷定經文如程子改易繫辭『天一地二』一節於『天數五』之上，論語『必有寢衣』一節於『齊必有明衣布』之下；蘇子瞻改書洪範『曰王省惟歲』一節於『五曰曆數』之下，改康誥『惟三月哉生魄』一節於洛誥『周公拜手稽首』之上；朱子改大學『康誥曰』至『止於信』於『未之有也』之下，改『詩云瞻彼淇澳』二節於『止於信』之下，論語『誠不以富』二句於『齊景公有馬千駟』一節之下，詩小雅以南陔足鹿鳴之什，而下改爲白華之什，皆至當無復可議。後人效之，妄生穿鑿，周禮五官互相更調，而王文憲作二南相配圖、洪範經傳圖，重定中庸章句圖，改甘棠、野有死麕、何彼襛矣三章於王風；仁山金氏本此改『斂時五福』一節於『五曰考終命』之下，改『惟辟作福』一節於『六曰弱』之下。使鄒、魯之書，傳於今者幾無完篇，殆非所謂畏聖人之言者矣。」又曰：「古人之文變化不拘，況六經出自聖人，傳之先古，非後人所敢擅議也。」又曰：「讀書不通五經者，必不能通一經。」

□□□①曰：「六經自秦煨燼而後，非漢儒專門訓詁，後即有濂、洛大儒，亦無從得不傳之學於遺經，在當時各自名家，至今日而存亡或異，然其源流猶可取而考證也。」

黄虞稷曰：「五經逮婺源朱子出而學益明，雙湖、雲峰兩胡氏之於易，慶源輔氏之於詩，九峰蔡氏之於書，勉齋黄氏、信齋楊氏之於禮，清江張氏之於春秋，闡明羽翼，等于漢儒家法，而義理過之。」

陸隴其曰：「諸經皆學者所當用力，今人只專守一經，而於他經則視爲没要緊，此學問所以日陋。」

① 「□□□」文津閣四庫本誤作「黄虞稷」。

又曰：「漢儒多求詳於器數，而闊略於義理，聖人之遺言雖賴之以傳，而聖人之精微亦由之而湮。至濂、洛、關、閩諸儒出，即器數而得義理，然後聖人之旨昭若白日，而六經之學於是爲盛。」

按：西漢經師各有家法，其授受流派，儒林傳載之詳矣。其後費直、京房之説行，而爲施、孟、梁邱之易者寡；杜林古文興，而爲歐陽、大、小夏侯之書者踈；毛傳廣，而齊、魯、韓詩漸衰；左傳立，而嚴、顏春秋幾輟。范史述儒林不能如班氏之備，稽之歐陽子、趙氏、洪氏所録碑碣，治梁邱易則有重安侯相杜暉慈明；治歐陽書則有郎中王政季輔、鄭固伯堅、綏氏、校尉熊喬、郟令景君，又有閻葵、龔叔謙；治小夏侯書則有閻葵、廉仲絜；治魯詩則有司隸校尉魯峻仲嚴、執金吾丞武榮含和；治韓詩則有郎中馬江元海、山陽太守祝睦元德、廣漢屬國都尉丁魴①叔河、從事武梁綏宗、費縣令田君、中常侍樊安子佐；治嚴氏春秋則有祝睦、處士閻葵、班宣高、暨子讓公謙、泰山都尉孔宙季將、巴郡太守樊敏升達、祝長、嚴訢少通、文學掾百石卒史孔龢；治顏氏春秋則有魯峻。此皆史傳所不載，考古君子續九經師授之譜所當補入者也。」

又按：五經始出多係古文，辭義艱晦，非得訓故，其何能通？博士轉相授受，不無異同。石渠、虎觀講説紛綸，帝臨親決，歷久而後論定。漢之經師用力勤而訓義艱，有功於經大矣。而又兢兢各守其師説，遇文有錯互，一字一句不敢移易，其尊經也至，莫有侮聖人之言者，平心以揆之，漢人亦何罪之有？乃宋人之論，謂詩因序而亡，經因窮而絶，至以訓詁之害等于秦火之燔，毋乃過與？嗚呼！帖

① 「丁魴」，文淵閣四庫本作「于魴」。

括盛而經義微，語録多而經義少，于是孔子之廡配食祧漢而躋宋，説經者退而高談性命者始得進矣。

又按：五經垂世，昔賢方之于海，比之日月，久而常新，挹而不竭，蓋合羲、農、軒、堯、舜、禹、湯、文、武、周公、孔子數聖人而成，非一人一家之言也。朱子注論語，從禮記中摘出中庸、大學爲之章句，配以孟子，題曰『四書』，諄諄誨人，以讀書之法，先從四子始，由是淳熙而後，諸家解釋四書漸多于説經者矣。元皇慶二年定爲考試程式，凡漢人、南人，第一場試經疑二問，于大學、論語、孟子、中庸内出題，並用朱氏章句集注，經義一①道各治一經；若蒙古、色目人，第一場試經問五條，以大學、論語、孟子、中庸内設問，亦用朱氏章句集注，則舍五經而專治四書矣。明代因之，學使者校士以及府、州、縣試，專以四書發題，惟鄉、會試有經義四道，然亦先四書而後經，沿習既久，士子於經義僅涉略而已。至于習禮者，恆删去經文之大半，習春秋者，置左氏傳不觀，問以事之本末，茫然不知，經學于是乎日微。海其可枯乎？日月其可晦乎？此學者之所深懼也。檮昧之見，斟今酌古，謂試士之法，學使而下宜經書並試，先經後書，鄉、會試亦然，蓋書所同而經所獨，專精其所獨而同焉者不肯後于人，則經義、書義庶幾並治矣。若夫元人之試經義，詩以朱氏爲主，尚書以蔡氏爲主，周易以程氏、朱氏爲主，二經兼用古注疏，春秋許用三傳及胡氏傳，禮記用古注疏，迨明洪武中損益之，春秋得兼用張洽集注，禮記則用陳澔集説，要仍不廢古注疏，而永樂諸臣纂修大全，類攘竊一家之書以爲書，廢注疏而不采，先與取士程式不協，何得謂之「大全」乎？所當覈諸書所本，各還原著書之人，别事纂修可也。

① 「一」，文津閣四庫本注「闕」。

經義考卷二百九十八

通説四　説緯

桓譚曰：「凡人情忽於見事，而貴於異聞，觀先王之所紀述，咸以仁義正道爲本，非有奇怪虚誕之事。蓋天道性命，聖人所難言也，自子貢以下，不得而聞，况後世淺儒，能通之乎！今諸巧慧小才技數之人，增益圖書，矯稱讖記，以欺惑貪邪，詿誤人主，焉可不抑遠之哉！其事雖有時合，譬猶卜數隻偶之類。」又曰：「讖出河圖、洛書，但有朕兆，而不可知。後人妄復加增依託，稱自孔子，誤之甚也。」

張衡曰：「聖人明審律曆，以定吉凶，重之以卜筮，雜之以九宮，經天驗道，本盡於此，或觀星辰逆順，寒燠所由，或察龜策之占，巫覡之言，其所因者，非一術也。立言於前，有徵於後，故智者貴焉，謂之讖書。讖書始出，蓋知之者寡，自漢取秦，用兵力戰，功成業遂，可謂大事。當此之時，莫或稱讖，若夏侯勝、眭孟之徒，以道術立名，其所述著，無讖一言。劉向父子領校秘書，閲定九流，亦無讖録，成、哀之後，乃始聞之。尚書堯使鮌理洪水，九載績用不成，鮌則殛死，禹乃嗣興，而春秋讖云共工理水。凡讖皆云黄帝伐蚩尤，而詩讖獨以爲蚩尤敗，然後堯受命。春秋元命包中，有公輸班與墨翟事見戰國，非春秋時也。又言别有益州，益州之置，在於漢世，其名三輔諸陵世數可知，至於圖中，訖於成帝，一卷之書，互異數事，聖人之言，埶無若是，殆必虚僞之徒，以要世取資。往者侍中賈逵摘讖，互異三十餘事，諸言讖者，皆不能説。至於王莽篡位，漢世大禍，八十篇何爲不戒，則知圖讖成於哀、平之世也。且河、洛、六藝篇録已定，後人皮傅，無所容篡。永元中，清河宋景遂以曆紀推言水災，而僞稱洞視玉版；或者至於棄家業，入山林，後皆無效，而復采前世成事，以爲證驗，至於永建復統，則不能知。此皆欺世罔俗，以昧勢位，情僞較然，莫知糾禁。且律曆卦候，九宫風角，數有徵效，世莫肯學，而競稱不占之書，譬猶畫工，惡圖犬馬，而好作鬼魅，誠以實事難形，而虚僞不窮也，宜收藏圖讖，一禁絶之，則朱紫無所眩，典籍無瑕玷矣。」

尹敏曰：「讖書非聖人所作，其中多近鄙別字，頗類世俗之辭，恐疑誤後生。」

班固曰：「聖人作經，賢者緯之。」

蘇竟曰：「孔丘秘經，爲漢赤制，玄包幽室，文隱□①明。」

〔補正〕

蘇竟條内「文隱□明」，「隱」下是「事」字。（卷十二，頁二十一）

王充曰：「神怪之言，皆在讖記，所表皆效圖、書。」

韓勑曰：「八皇三代，至孔乃備，三陽吐圖，二陰出讖。」

荀悦曰：「世稱緯書仲尼之作，臣悦叔父故司空爽辯之，蓋發其僞也。或曰：以己雜仲尼乎，以仲尼

① 「文隱□明」，補正、四庫諸本、備要本「隱」下作「事」字。

雜已乎，若彼者，以仲尼雜己而已，然則所謂八十一首，非仲尼之作矣。或曰：燔諸？曰：仲尼之作則否，有取焉則可，曷其燔。」

孟達曰：「夫不經之言，而有驗應者，號曰：世讖也。」

劉熙曰：「緯，圍也，反覆圍繞以成經也。圖，度也，盡其品度也。讖，纖也，其義纖微也。」

摯虞曰：「圖讖之屬，雖非正文之制，然取其縱横有義，反覆成章。」

范曅①曰：「桓譚以不善讖流亡，鄭興以遜辭僅免。賈逵能附會文致最差貴顯，世主以此論學，悲矣哉。」又曰：「河、洛之文，龜龍之圖，箕子之術，師曠之書，緯候之部，鈐決之符，皆所以探抽冥賾，參驗人區，時有可聞者焉。漢自武帝好方術後，王莽矯用符命，及光武猶信讖言，士之赴趨時宜者，皆馳騁穿鑿争談之，故王梁、孫咸名應圖籙，越登槐鼎之位。鄭興、賈逵以附同稱顯，桓譚、尹敏以乖忤淪敗，自是習爲内學，尚奇文，貴異數，不乏於時矣。」

〔補正〕

范蔚宗條内「登槐鼎之位」，「位」當作「任」（卷十二，頁二十一）

蕭綺曰：「童謡信於春秋，讖辭煩於漢末。」

劉勰曰：「六經彪炳而緯候稠疊，孝論昭晰而鉤讖葳蕤，按經驗緯，其僞有四：蓋緯之成經，其猶織綜，絲麻不雜，布帛乃成，今經正緯奇，倍擿千里，其僞一矣。經顯，聖訓也；緯隱，神教也，聖訓宜廣，神教

① 「曅」，文津閣四庫本避作「氏」。

宜約，而今緯多於經，神理更繁，其僞二矣。有命自天，迺稱符讖，而八十一篇，皆託於孔子，則是堯造録圖，昌制丹書，其僞三矣。商周以前，圖録①頻見，春秋之末，羣經方備，先緯後經，體乖織綜，其僞四矣。僞既倍擿，則義異自明，經足訓矣，緯何豫焉。乃技數之士，附以詭術，或説陰陽，或序災異，若鳥鳴似語，蟲葉成字，篇條滋蔓，必假孔氏，通儒討覈，謂起哀平，東序秘寶，朱紫亂矣。至於光武之世，篤信斯術，風化所靡，學者比肩，沛獻集緯以通經，曹褒撰讖以定禮，乖道謬典，亦已甚矣。是以桓譚疾其虚僞，尹敏戲其深瑕，張衡發其僻謬，荀悦明其詭誕，四賢博練，論之精矣。」

劉昭曰：「緯候衆書，宗貴神鬼，出没隱顯，動挾誕怪，該覈陰陽，徼迎起伏，或有先徵，時能後驗，故守寄搆思，雜稱曉輔，通儒達好，時略文滯，公輸、益州，具於張衡之詰，無口漢輔，炳乎尹敏之諷，圖讖紛僞，其俗多矣。」

隋書經籍志曰：「説者云：孔子既敘六經以明天人之道，知後世不能稽同其意，故别立緯及讖以遺來世，其書出於前漢，有河圖九篇、洛書六篇，云自黄帝至周文王所受本文，又别有三十篇，云自初起至於孔子，九聖之所增演，以廣其意，又有七經緯三十六篇，並云孔子所作，并前合爲八十一篇。而又有尚書中候、洛罪級、五行傳、詩推度災、氾曆樞、含神霧、孝經句命決、援神契、雜讖等書。漢代有郗氏、袁氏説，漢末郎中郗萌集圖緯讖雜占爲五十篇，謂之春秋災異，宋均、鄭玄並爲讖律②之注，然其文辭淺俗，顛倒舛

① 「圖録」，文淵閣四庫本作「圖籙」。
② 「讖律」，四庫薈要本作「讖緯」。

謬，不類聖人之旨，相傳疑世人造爲之後，或者又加點竄，非其實録，起王莽好符命，光武以圖讖興，遂盛行於世。漢時又詔東平王蒼正五經章句，皆命從讖，俗儒趨時，益爲其學，篇卷第目轉加增廣，言五經者皆憑讖爲説，至宋大明中始禁圖讖，梁天監以後又重其制，及高祖受禪，禁之愈切，煬帝即位，乃發使四出搜天下書籍，與讖緯相涉者皆焚之，爲吏所糾者至死，自是無復其學，祕府之内亦多散亡。」

〔補正〕

隋書經籍志曰：「又有七經緯三十六篇，並云孔子所作，并前合爲八十一篇，而又有尚書中候、洛罪級、五行傳、詩推度災、氾曆樞、含神霧、孝經句命決、援神契、雜讖等書。」按：後漢書方術傳載七緯篇目止三十五，而此云三十六，疑後漢書注有脱。又案後漢書方術傳注，此推度災至援神契五種俱在七緯之内，此云七緯三十六篇外又有此五篇，疑誤，檢隋志與此同，姑仍之。（卷十二，頁二十一）

唐章懷太子賢曰：「七緯者：易緯稽覽圖、乾鑿度、坤靈圖、通卦驗、是類謀、辨終備也；書緯璇璣鈐、考靈耀、刑德放、帝命驗、運期授也；詩緯推度災、氾曆樞、含神霧也；禮緯含文嘉、稽命徵、斗威儀也；樂緯動聲儀、稽耀嘉、汁圖徵也；孝經緯援神契、鉤命決也；春秋緯演孔圖、元命包、文耀鉤、運斗樞、感精符、合誠圖、考異郵、保乾圖、漢含孳、佑助期、握誠圖、潛潭巴、説題辭也。」

孔穎達曰：「緯文鄙近，不出聖人，前賢共疑，有所不取。」又曰：「龜負洛書，經無其事，中候及諸緯多説黃帝、堯、舜、禹、湯、文、武受圖書之事，皆云龍負圖，龜負書，緯候之書不知誰作，通人討覈，謂僞起哀、平者也。」

楊侃曰：「緯書之類謂之祕經，圖讖之書謂之内學，河、洛之書謂之靈篇。」

徐鍇曰：「圖讖之興，興於兩漢，自唐堯申四岳之命，箕子陳五行之書，河圖、洛書聖人則之，此天所以陰騭下民，而聖人知命之術也。自董仲舒、劉向博極其學，自餘諸子多非兼才，其陳説圖讖皆玄契將來，然離合文字本非其術，至使所作符命文字皆俗體相兼，顔之推論之詳矣。又童謡符讖亦天所以告俗人，或時之識占候者隨事而作以傳俗聞，未可以文字言也。」

余靖曰：「緯候相高，號雖同於怪牒，典墳一貫，理終異於神經。齊七政於璣衡，本殊象祕立，五經之管鑰，當備微文。」

歐陽修曰：「士之所本在乎六經，而自暴秦燔書，聖道中絶，漢興，收拾亡逸，所存無幾，或殘篇斷簡出於屋壁，而餘齡昏眊得其口傳，去聖既遠，莫可考證，偏學異説，因自名家，然而授受相傳，尚有師法。暨晉、宋而下，師道漸亡，章句之篇，家藏私蓄，其後各爲箋傳附著經文，其説存亡，以時好惡，學者茫昧莫知所歸。至唐太宗時始詔名儒撰定九經之疏，號爲正義，凡數百篇，自爾以來，著爲定論，凡不本正義者謂之異端，則學者之宗師、百世之取信也。然其所載既博，所擇不精，多引讖緯之書以相雜亂，怪奇古僻，所謂非聖之書，異乎正義之名也。臣欲乞特詔名儒學官悉取九經之疏，删去讖緯之文，使學者不爲怪異之言之所惑亂，然後經義純一無所駁雜，其用功至少，其爲益則多。臣愚以謂欲使士子學古勵行而不本六經，欲學六經而不去其詭異駁雜，欲望功化之成，不可得也。」又曰：「自周衰，禮樂壞於戰國，而廢絶於秦。漢興，六經在者皆錯亂散亡雜僞，而諸儒方共補緝，以意解詁，未得其真。而讖緯之書出以亂經，鄭玄之徒，號稱大儒，皆主其説，學者由此牽惑没溺，而時君不能斷決，由是郊邱明堂之論，至於紛然而莫知所止。禮曰：『以禋祀祀昊天上帝。』此天也，玄以爲：『天皇大帝者，北辰耀魄寶也。』又曰：『兆五帝于四郊。』此五行精氣之神也，玄以爲：『青帝靈威仰、赤帝赤熛怒、黄帝含樞紐、白帝白招拒、黑帝汁光紀者，五天也。』由是有六天之說，後世莫能廢焉。雖然，禮之失也，豈獨緯書之罪哉？在於學者好爲曲說，而人君一切臨時申其私意，以增多爲盡禮，而不知煩數之爲黷也。」

鄭樵曰：「讖緯之學起於前漢，及王莽好符命，光武以圖讖興，遂盛行於世。漢時又詔東平王蒼正五經章句，皆命從讖，俗儒趨時，益爲其學，惟孔安國、毛公、王璜、賈逵獨非之。至宋大明中始禁圖讖，梁天監已後又重其制，隋煬帝發使四方搜天下書籍，與讖緯相涉者皆焚之，爲吏所糾者至死，自是無復有其學。至唐惟餘書、易、禮、樂、春秋、論語、孝經七緯，詩二緯，共九緯而已。」

胡寅曰：「讖書原於易之推往以知來，周家卜世得三十，卜年得八百，此知來之的也。易道既隱，卜筮者溺於考測，必欲奇中，故分流别派，其說寖廣，要之各有以也。易道所明，時有所用，知道者以義處命，理行則行，理止則止，術數之學蓋不取也。光武早歲，從師長安受尚書大義，夷考其行事，蓋儒流之英傑也，何乃蔽於讖文，牢不可破邪？」又曰：「緯書原本於五經而失之者也，而尤紊於鬼神之理，幽明之故，非知道者不能識。自孟子而後，知道者鮮矣，所以易惑而難解也。斷國論者誠能一決於聖人之經，經所載者雖有緯書讖記，屏而不用，則庶乎其不謬於理也。」

晁公武曰：「緯書起漢哀、平，光武既以讖立，故篤信之，陋儒阿世，學者甚衆，鄭玄、何休以之通經，曹褒以之定禮，歷代革命之際，莫不引讖爲符命，故桓譚、張衡之徒皆深嫉之，自苻堅之後，其學殆絶，使其尚存，猶不足信，況又非其真也。」

洪邁曰：「圖讖星緯之學豈不或中，然要爲誤人，聖賢所不道也。眭孟覩公孫病已之文，勸漢昭帝求素賢人，禮以帝位，而不知宣帝實應之，孟以此誅；孔熙先知宋文帝禍起骨肉，江州當出天子，故謀立江州刺史彭城王，而不知孝武實應之，熙先以此誅；當塗高之讖，漢光武以詰公孫述；袁術、王淩，皆自以姓名，或父子應之，以取滅亡，而其兆爲曹操之魏；兩角犢子之讖，周子諒以劾牛仙客，李德裕以議牛僧孺，而其兆爲朱温；隋煬帝謂李氏當有天下，遂誅李金才之族，而唐高祖乃代隋；唐太宗知女武將竊國命，遂濫五娘子之誅，而阿武婆幾易姓；武后謂代武者劉，劉無强姓，殆流人也，遂遣六道使悉殺之，而劉幽求佐臨淄王平内難，韋、武二族皆殄滅。晉張華、郭璞，魏崔伯深皆精於天文占筮，言事如神，然皆不免於身誅家族，况其下者乎？」

呂祖謙曰：「讖記之僞易知，只緣光武以符命起，故篤信之，亦是欲蔽明也。楊春卿有祖傳祕記，而爲公孫述將以殺身，讖記之學何益？讖記出于術數之士，豈無小驗，然無益于治亂，徒足爲害耳。人主以讖害政，學者以讖害身，隋文帝創業大類始皇，然始皇焚書，文帝焚讖，利害相反也。」又曰：「讖記之學以術數推天人，以爲天災人事皆有定數，如此將怠於修省，急于消伏。以天變言之，君子雖可假此以去小人，小人亦將假此以害君子，以正治邪，猶慮不勝，况以邪治邪乎？襄楷以天文星象言宫女之禍，雖感帝能寬其死，至上琅邪于吉神書，其不以左道誅者，幸也。」

葉適曰：「河出圖，洛出書，孔子之前已有此論，其後隨有讖緯之説，起于畏天而成于誣天矣。」

陳善曰：「五經正義多引讖緯，反害正經，皆可删。」

陳振孫曰：「按後漢書緯候之學註言：『緯，七緯也；候，尚書中候也。』讖緯之説，起於哀、平、王莽之際，莽以此濟其篡逆，公孫述效之，而光武紹復舊物，乃亦以赤伏自累，篤好而推崇之，甘心與莽、述同志，於是佞臣陋士從風而靡，賈逵以此論左氏學，曹褒以此定漢禮，作大予樂，大儒如鄭玄專以讖言經，何休又不足責矣，二百年閒，惟桓譚、張衡力非之，而不回也。魏、晉以革命受終，莫不傅會符命，其源實出於此。隋、唐以來，其學寖微矣，攷唐志猶存九部八十四卷，今其書皆亡，惟易緯僅存，及孔氏正義或時援引，先儒蓋嘗欲删去之以絶僞妄矣。使所謂七緯者皆存，猶學者所不道，況其殘闕不完，於僞之中又有僞者乎！唐志數内有論語緯十卷，七緯無之，太平御覽有論語摘輔象、撰考讖者，意其是也；御覽又有書帝驗期、禮稽命曜、春秋命曆序、孝經左右契、威嬉拒等，皆七緯所無，要皆不足深攷。」

真德秀曰：「讖緯者，末世之邪説，張衡以爲起於哀、平之閒，蓋得之矣。夫異端小數，豈無或驗，要非六經之法言，先王之正道，故劉歆見之而改名，公孫述因之而僭畔，是徒足以起亂臣賊子之心而已，果何益於世教哉？」

魏了翁曰：「凡緯書皆三字名，如乾鑿度、參同契等皆然，鄭康成俱有注，是經書、緯書盡讀也。」

劉炎曰：「或問六經讖緯之是非，曰：夫子不語怪力亂神，讖緯不足信明矣，用以釋經，是則漢儒之罪也。」

王應麟曰：「鄭康成引圖讖皆謂之『説』，易緯曰『易説』，書緯曰『書説』，嫌引秘書也。」又曰：「宋符瑞志云：『孔子齋戒向北辰而拜，告備於天，曰孝經四卷、春秋、河、洛凡八十一卷，謹已備矣。』是以聖人爲巫史也，緯書謬妄，而沈約取之，無識甚矣。」

黄震曰：「讖書謂孔子預知『秦皇上我之堂』，然始皇實未至魯。」

陳普曰：「王莽以哀章金匱用賣餅兒王盛爲四將，天下所共笑也；光武初興，又按赤伏符用王梁爲大司空，以讖文用孫咸爲大司馬，群情不悦，始以吴漢易咸，後欲以罪誅梁，夫名應赤伏符而有可誅之罪，則所謂劉秀者何足道哉？且人情所不悦，而與河、洛圖、書同寶，抑何誖也。」

王褘曰：「緯書，漢儒以爲孔子所演，七經之緯凡三十六篇，及河圖九篇、洛書六篇，又别有三十篇，與七緯各①八十一篇，而尚書中候、論語讖又不與焉。大抵緯書之説，以謂孔子既叙六經以明天人之道，知後世不能稽同其意，故别立緯讖以遺來世，其書出於漢哀、平之世，蓋夏賀良之徒爲之，以爲有經則有緯，故曰『緯書』，其言誕謾詭譎不可致詰，是時王莽好符命，將以此濟其簒逆，而公孫述效之。至光武亦以赤伏自命，篤好而推崇焉，當世儒者習爲内學，賈逵以此論左氏學，曹褒以此定漢禮、樂，大儒如鄭玄輩專以讖言經，而何休之徒又不足言矣，然惟桓譚、張衡力非之，而不能回也。先是孔安國、毛公以來，皆相承以爲妖妄亂中庸之典，因魯共王、河閒獻王所得古文，參而考之，以成其義，謂之古學，而世儒惑於讖緯，毁之，至魏王肅推引古學，王弼、杜預從而明之，自是古學稍立，而讖緯之學寖微。逮宋大明中始禁讖緯之書，及隋末遣使搜天下書籍，與讖緯相涉者悉焚之，唐以來其學遂熄矣。然考之唐志，猶存九部四十八卷，而孔穎達作九經正義②，往往援引緯書之説，宋歐陽公嘗欲删而去之，以絶僞妄，使學者不爲其所亂惑，然後經義純一，其言不果行，迨鶴山魏氏作九經要義，始加黜削，而其言絶焉。」

〔補正〕

① 「各」，四庫諸本作「合」。
② 「九經正義」，應依補正、四庫薈要本、文津閣四庫本作「五經正義」。

王禕條内「與七緯各」，「各」當作「合」；「而孔穎達作九經正義」，「九」當作「五」。（卷一二，頁二一）

張九韶曰：「讖緯之説，秦以前未之聞也。始皇時方士盧生入海，還，奏録圖書，此圖讖之所始乎？其後王莽以金匱符命而篡漢，遣五威將師頒符命四十二篇於天下，光武即位，以赤伏符之文信用圖讖，終漢之世，儒者鮮不傳習，至引之以釋經。先儒歐陽子嘗議取九經注疏删去讖緯之文，惜乎當時未之能行也。」

胡應麟曰：「讖緯之説，蓋起於河、洛圖、書，當西漢末，符命盛行，俗儒增益，舛訛日繁。其學自隋文①二主禁絶，世不復傳，稍可見者，惟類書一二援引，及諸家書目具名而已。易則稽覽圖、乾鑿度、坤靈圖、通卦驗、是類謀、辨終備、乾坤鑿度、乾元序制；書則中候、璇璣鈐、考靈曜、②帝命驗、運期授；詩則含神霧、推度災、氾曆樞；禮則含文嘉、稽命徵、斗威儀、禮記默房；樂則動聲儀、稽曜嘉、叶圖徵；春秋則元命包、演孔圖、文曜鈎、運斗樞、感精符、合誠圖、考異郵、保乾圖、漢含孳、佐助期、握誠圖、潛潭巴、説題辭；論語則摘輔象、撰考讖；孝經則孝經雜緯、孝經内事、句命決、援神契、元命包、左右握、左右契、雌雄圖、分野圖、弟子圖、口授圖、應瑞圖。太平御覽又有帝驗期③、禮稽命曜、春秋命曆序、孝經威嬉拒等，然隋世所存僅十之三。馬氏通考正④易緯數種，晁、陳俱斥爲僞書，今惟乾坤鑿度行世，蓋易緯又幾盡矣。」

---

① 「隋文」，四庫諸本作「隋代」。
② 文津閣四庫本「考靈曜」後有「刑德放」。
③ 「帝驗期」，四庫諸本作「書帝驗期」。
④ 「止」，備要本誤作「正」。

又曰：「太平御覽又有易卦統通圖、尚書鈎命決、禮記稽命曜、春秋命曆序，又河圖括地象、河圖稽命曜、河圖挺佐輔、河圖帝通紀、河圖録運法、河圖真鈎、河圖著命、河圖矩起、河圖天靈、河圖秘徵、河圖玉版、洛書録運法、洛書稽命曜等，尋其命名，亦易緯之數①，第御覽所引用亦甚希，而諸史藝文志、馬、鄭經籍略并其名亦無之，蓋自唐已亡，高士濂②等編文思博要，或掇拾於宋、齊諸類書中，御覽又得之博要諸書，決非宋初所有也。」又曰：「乾坤鑿度所載緯書，太古文目有元皇介，次萬形經，次乾文緯，次乾鑿度、坤鑿度，次考靈經，次制靈圖，次河圖八文，次希夷名，次含文嘉，次稽命圖，次墳文，次八文，次元命包，共一十四緯，今見於類書者，惟含文嘉、元命包、乾坤二鑿度而已。垂皇策、乾文緯、乾坤二鑿度説易者也，含文嘉則禮，而元命包，春秋、孝經皆有之，不知何者在先，而衛③元嵩、易元包則又因是命名者也。今乾坤鑿度全書存，其理欲深而甚淺，其文欲怪而甚庸，其他雜見類書者往往不相遠也。」又曰：「坤鑿度又有地靈母經、含靈孕、易靈緯經，又洛書有靈準聽、又地形經、又制靈經，甚矣！其名之衆也，蓋此又宋世僞撰乾坤鑿度者，依仿御覽所存諸目，創立新題，故尤可笑。」又曰：「世率以讖緯並論，二書雖相表裏而實不同。緯之名所以配經，故自六經、語、孝而外，無復別出，河圖、洛書等緯皆易也。讖之依附六經者，但論語有讖八卷，餘不概見，以爲僅此一種，偶閲隋經籍志注附見十餘家，乃知凡讖皆託古聖賢以名其書，與緯體制迴

① 「數」，文淵閣、文津閣四庫本作「類」。
② 「濂」，文淵閣、文津閣四庫本作「廉」。
③ 「衛」，四庫薈要本作「衡」。

別，蓋其説尤誕妄，故隋禁之後永絶，類書亦無從援引，而唐、宋諸藏書家絶口不談，以世所少知，附其目於此：孔老讖十二卷、老子河洛讖一卷、尹公讖四卷、劉向讖一卷、雜讖書二十九卷、堯戒舜禹一卷、孔子王明鏡一卷、郭文金雄記一卷、王子年歌一卷、嵩山道士歌一卷。又有以緯候並稱者，今惟尚書中候見目中，他不可攷云。」

〔補正〕

胡應麟曰：「書則中候、琁璣鈐、考靈曜、帝命驗、運期授。」按：後漢書方術傳注及尚書孔疏所引書緯俱有刑德放，此似誤脱；又云：「有帝驗期」，「有」下脱「書」字；顧起元曰：「記書有期中候」，「記」字、「期」字當删。（卷十二，頁二十一—二十二）

朱載堉曰：「俗謂緯書出于哀、平之世，王莽好讖，乃有妄人撰作諸緯，玆説不然。蓋緯書之文未必盡出妄人之手，其閒繆妄雖亦不無，要在學者擇焉而已，一切皆以爲妄而棄之則過矣。太史公、大、小戴皆在哀、平之前，已有通卦驗之書，而引『差之毫釐，繆以千里』之文，豈待王莽而後有哉？大抵緯書起自前漢，去古未遠，彼時學者多見古書，凡爲著述必有所本，不可以其不經而忽之也。」

徐常吉曰：「緯書八十一篇，然乾鑿度外又有乾坤鑿度，魏伯陽參同契亦易緯也，而説者以其入道家，遂不列於緯書之目；尚書中候、論語讖亦不與八十一篇之數，則漢之緯書何啻八十一篇已也。」

顧起元曰：「易緯六篇，書緯五篇，詩緯三篇，禮緯三篇，樂緯三篇，孝經緯二篇，春秋緯十三篇，是爲七緯，共三十五篇。目與前章懷太子所舉同。諸書所載，又有論語緯及河圖九篇、洛書六篇，共八十一篇，其書實不出於孔子。蓋漢武購求遺書，當時儒者多僞作以應命，孔安國、毛公輩皆目以爲妖妄，哀、平之世，夏賀良之徒又增爲之，王莽謀篡漢，因符命以濟其奸，光武中興，復以赤伏爲援，於是其書始行。當時張衡、桓譚力争之而不能也，賈逵以此論左氏，曹褒以此定禮樂，京房、翼奉以此言易，鄭玄、何休又以此談經，末流既濫，不可復障。先是毛公、孔安國諸人因魯恭王、河閒獻王所獻表而章之，謂之古學，至魏王肅注釋孝經，推引古學，王弼、杜預從而和之，宋大明中始禁讖緯之書，及隋末搜天下書籍，與讖緯相涉者悉焚之，而緯書稍戢。至唐以來，則李淳風輩專明讖學，而孔穎達作九經正義亦多引緯書以證其説，是時唐志所存緯書尚有九部四十八卷，蓋亦不能障其流也，至宋歐陽公、魏鶴山輩删而正之，而緯學始息。然鶴山所作九經要義多引孔穎達正義之説，則亦豈能盡斥而遠之哉？本朝王子充以爲緯書盡亡，今所存者惟易緯乾鑿度，不知六經緯書世尚有繕寫之者，不止一乾鑿度已也。」又曰：「讖緯前記之外，易又有坤鑿度、運期讖，乾元序制記，書有朝中候①、洛罪級，春秋有演義圖、玉版讖，孝經有中黄讖，論語有素王受命讖、比考讖，河圖有會昌符、括地象、稽曜鈎、握拒起、帝通紀、叶光篇、著命篇、揆命篇，洛書有甄曜度、寶號命、録運期，共二十一種②，大都此等多係漢人僞作，東漢人所著録如參同契之名皆三字，其爲假託者多，難可斷決也。」

譚浚曰：「從曰經，横曰緯；四方南北曰經，東西曰緯；天象定者爲經，動者爲緯；文心曰：『經顯聖訓也，緯隱神教也。』緯之成經，猶絲麻不雜布帛乃成，若讖緯乃書之曲説，桓譚、尹敏、張衡、荀悦論之

① 「書有朝中候」，四庫薈要本作「尚書又有中候」。
② 「種」，備要本作「篇」。

詳矣。」

項德棻曰：「秦火六經，隋火七緯。」

黄秉石曰：「漢好讖緯，極爲不經，僉謂起于哀、平之世，然公孫卿稱黄帝鼎書，其作俑者也。史記天官書曰：『雖有明天子，必視熒惑所在。』注言：『春秋文曜鉤有此語。』是則讖緯之説久矣。」

孫瑴曰：「緯候之興，其生於『河出圖』一語乎？自前漢世有河圖九篇、洛書六篇，云自黄帝至周文王所受本文；又别三十篇，云自初起至於孔子，九聖增演，以廣其意，蓋七緯之祖也。其録有曰括地象、曰絳象、曰始開圖，皆以鈎山河之賾；曰帝覽嬉、曰稽曜鈎，皆以扶星象之玄；曰挺佐輔、曰握矩記，皆以闡運曆之要，而又有帝通紀、真紀、鈎著命、秘徵要、元考曜，視諸緯爲富云。」

顧炎武曰：「史記趙世家扁鵲言秦穆公寤而述上帝之言，公孫支書而藏之，秦讖於是出矣；秦本紀燕人盧生使入海，還，以鬼神事因奏録圖書，曰：『亡秦者胡也。』然則讖記之興，實始於秦人而盛於西漢之末也。」又曰：「自漢以後，凡世人所傳帝王易姓受命之説，一切附之孔子，如沙邱之亡、卯金之興，皆謂夫子前知而預爲之讖，其書蓋不一矣。魏高祖太和九年詔『自今圖讖、秘緯及名爲孔子閉房記者一皆焚之，留者以大辟論』，舊唐書王世充傳：世充將謀篡位，有道士桓法嗣者自言解圖讖，乃上孔子閉房記，畫作丈夫持一竿以驅羊，釋云：『隋，楊姓也，干①一者，王字也，王居羊後，明相國代隋爲帝也。』世充大悦。詳此乃似今人所云推背圖者，今則託之李淳風而不言孔子。」

① 「干」，四庫薈要本、文津閣四庫本作「于」。

胡渭曰：「圖讖之術，自戰國時已有之，漢武帝表章聖籍，諸不在六藝之科者，皆不得進。及其衰也，哀、平之際，緯候繁興，顯附于六藝而無所忌憚，王莽矯用符命，光武尤信讖言，鄭興、賈逵以附同稱顯，桓譚、尹敏以乖忤淪敗，自是習爲内學，實六經之稂莠也。」

按：緯讖之書相傳始於西漢哀、平之際，而小黄門譙敏碑稱其先故國師譙贛深明典奥讖録圖緯，能精微天意，傳道與京君明，則是緯讖遠本於譙氏、京氏也。徵之於史，如『亡秦者胡』、『明年祖龍死』、『楚雖三户，亡秦必楚』，已爲緯讖兆其端矣。迨新莽之篡，丹書白石金匱銅符海内四出，於是劉京、謝囂、臧洪、哀章、甄尋、西門君惠等争言符命，遂遣五威將軍王奇等乘乾文車，駕坤六馬，將軍持節稱天一之使，帥持幢稱五帝之使，頒符命四十二篇於天下，不過藉以愚一時之耳目爾。迺光武篤信不疑，至讀之廡下，終東漢之世，以通七緯者爲内學，通五經者爲外學，蓋自桓譚、張衡而外，鮮不爲所惑焉。其見於范史者無論，謝承後漢書稱姚浚尤明圖緯秘奥；又稱姜肱博通五經，兼明星緯。載稽之碑碣：於有道先生郭泰則云：考覽六經，探綜圖緯；於太傅胡廣則云：探孔子之房奥；於琅邪王傅蔡朗則云：包洞典籍，刊摘沈秘；於郎中周勰則云：總六經之要，括河、洛之機；於大鴻臚李休則云：既綜七籍，又精群緯；於國三老袁良則云：親執經緯，隰括在手；於太尉楊震則云：明河、洛緯度，窮神知變；於山陽太守祝睦則云：七典並立，又云：該洞七典，探賾窮神；於成陽令唐扶則云：綜緯河、洛，咀嚼七經；於酸棗令劉熊則云：敦五經之緯圖，兼古業，覈其妙，七業勃然而興；於高陽令楊著則云：窮七道之奥；於郃陽令曹全則云：甄極毖緯，靡文不綜；於槀長蔡湛則云：少耽七典；於從事武梁則云：兼通河、洛；於冀州從事張表則云：該覽群緯，靡不究窮；於廣漢屬國都尉丁魴則云：兼究秘緯；於廣漢屬國候李翊則云：通經綜緯。至於頌孔子之聖，稱其鈎河擿雒，蓋當時之論咸以内學爲重，及昭烈即位，群臣勸進，廣引洛書、孝經緯文，蕭綺所云：『讖辭煩於漢末。』不誣也。然鄭康成注周官，目孝經緯爲説；賈公彦疏以漢時禁緯故，則又未始不禁之矣。自晉以降，其學寖微，然釋慧皎作高僧傳，稱法護博覽六經，游心七籍；沈約作宋書，於天文、五行、符瑞亦備引緯候之説；蕭子顯南齊書志亦然，而周續之兼通五經、五緯，號爲『十經』。直至隋焚禁之後，流傳漸罕，乃孔氏、賈氏、徐氏猶援以釋經，杜氏、歐陽氏、虞氏、徐氏編輯類書，閒亦引證，今則樊英傳注所載，隋、唐經籍志所録，太平御覽所採，學士大夫能舉其名者寡矣。」

本書工作人員簡介

第一次

指一九九四年三月開始執行之「點校補正經義考」專題研究計劃之工作人員。此計劃，次年六月完成。研究成果由「中研院」中國文哲研究所於一九九七年六月至一九九九年八月出版。全書精裝八册。

一、編審人員

林慶彰　東吴大學中國文學博士（國家文學博士），「中研院」中國文哲研究所研究員。

蔣秋華　臺灣大學中國文學博士，「中研院」中國文哲研究所副研究員。

楊晉龍　臺灣大學中國文學研究所博士，「中研院」中國文哲研究所助研究員。

張廣慶　臺灣師範大學中國文學博士，亞東工專共同科國文組副教授。

二、點校人員

張廣慶　臺灣師範大學中國文學博士，亞東工專共同科國文組副教授。

陳恒嵩　東吴大學中國文學研究所博士，東吴大學中文系副教授。

江永川　中正大學中國文學碩士，東方工專共同科國文組講師。
侯美珍　政治大學中國文學系博士班肄業，臺南女子技術學院共同科國文組講師。
馮曉庭　東吴大學中國文學系博士班肄業。
許維萍　東吴大學中國文學系博士班肄業。
汪嘉玲　東吴大學中國文學碩士。
張惠淑　臺灣師範大學中國文學碩士。
游均晶　東吴大學中國文學碩士。
黄智明　東吴大學中國文學碩士。
黄智信　東吴大學中國文學碩士。

第二次

指與上海古籍出版社合作，於二〇〇七年九月開始執行合作計劃之工作人員。
合作成果由上海古籍出版社出版經義考新校。

一、編審人員

林慶彰　東吴大學中國文學博士（國家文學博士），現任「中研院」中國文哲研究所研究員。
蔣秋華　臺灣大學中國文學博士，現任「中研院」中國文哲研究所副研究員。

楊晉龍　臺灣大學中國文學博士，現任「中研院」中國文哲研究所副研究員。
黄復山　輔仁大學中國文學博士，現任淡江大學中國文學系教授。
陳恒嵩　東吴大學中國文學博士，現任東吴大學中國文學系副教授。
張曉生　東吴大學中國文學博士，現任臺北市立教育大學中國語文學系副教授。
丁亞傑　東吴大學中國文學博士，現任「中央大學」中國文學系副教授。
蔡長林　臺灣大學中國文學博士，現任「中研院」中國文哲研究所副研究員。
馮曉庭　東吴大學中國文學博士，現任嘉義大學中國文學系副教授。
范麗梅　臺灣大學中國文學博士，現任「中研院」中國文哲研究所助研究員。
黄智明　東吴大學中國文學系博士班肄業，現任東吴大學中國文學系兼任講師。

二、點校人員

馮曉庭　東吴大學中國文學博士，現任嘉義大學中國文學系副教授。
葉純芳　東吴大學中國文學博士。
黄智明　東吴大學中國文學系博士班肄業，現任東吴大學中國文學系兼任講師。
簡逸光　佛光大學文學博士。
鄭于香　「中央大學」中國文學碩士。
陳亦伶　臺北大學古典文獻學碩士。

倪瑋均　高雄師範大學經學研究所碩士。
洪楷萱　臺北市立教育大學中國語文學系碩士。
陳洛嘉　「中央大學」中國文學系博士班肄業。
曾怡慧　嘉義大學中國文學系碩士班肄業。